SV

Edition Zweite Moderne
Herausgegeben von
Ulrich Beck

Michael Zürn
Regieren jenseits des Nationalstaates

Globalisierung und Denationalisierung als Chance

Suhrkamp

Redaktion: Raimund Fellinger

Erste Auflage 1998
© Suhrkamp Verlag Frankfurt am Main 1998
Alle Rechte vorbehalten, insbesondere das
der Übersetzung, des öffentlichen Vortrags
sowie der Übertragung durch Rundfunk und Fernsehen,
auch einzelner Teile.
Satz: Hümmer, Waldbüttelbrunn
Druck: Wagner, Nördlingen
Umschlag gestaltet nach einem Konzept
von Willy Fleckhaus: Rolf Staudt
Printed in Germany

Inhalt

Teil A
Aufstieg und Niedergang der nationalstaatlichen Politik

I. Regieren und Nationalstaat in
historischer Perspektive

II. Was ist Denationalisierung und
wieviel gibt es davon?

III. Sicherheit: Wie sicher lebt es sich in einer
denationalisierten Welt?

IV. Soziale Wohlfahrt:
Wiederholt sich die große Krise?

TEIL B

DIE ZWIESPÄLTIGE ROLLE INTERNATIONALER INSTITUTIONEN –
DIE GEGENWART DES REGIERENS

V. Regieren jenseits des Nationalstaates –
Konzeptionelle Vorüberlegungen

VI. Positives Regieren jenseits des Nationalstaates –
Das Beispiel der internationalen Umweltregime

VII. Genügen internationale Institutionen den
Anforderungen?

Teil C
Das Projekt komplexes Weltregieren – Die Zukunft des Regierens?

X. Die Grenzen der Denationalisierung

XI. Globale Konfliktlinien als Hindernis für komplexes Weltregieren?

XII. Die Zukunft des Nationalstaates und das Projekt komplexes Weltregieren

Einleitung
Denationalisierung und die Krise des Regierens

Frankreich, Großbritannien, Deutschland, die USA, Japan: Das sind große Nationalstaaten, die überall in der Welt für ihre Macht, für ihre starken und unabhängigen Bürokratien, kurz: für ihre Steuerungsfähigkeit bewundert wurden und als Vorbilder galten. In diesen Ländern entwickelte sich ein politisch-administratives System, das über ausreichend Ressourcen und Kenntnisse verfügte, um komplexe Gesellschaften einigermaßen erfolgreich zu regieren. Es wird kolportiert, daß der damalige Bundeskanzler Helmut Schmidt das erste Gipfeltreffen der G-7 (die genannten fünf Länder sowie Kanada und Italien) mit den Worten begründete: »Wir wollen ein privates und informelles Treffen derjenigen, die in der Welt wirklich etwas zu sagen haben« (Putnam/Bayne 1985: 23). Mit Nachdruck und Geschick traten diese Länder unter amerikanischer Führung seit Ende des Zweiten Weltkriegs für eine im Prinzip liberale und offene Weltordnung ein. Als Resultat davon wurden die politischen Grenzen innerhalb der westlichen Welt durchlässiger: Auslandsreisen nahmen zu, der Welthandel wuchs schneller als die Volkswirtschaften, und auch Umweltschadstoffe kümmerten sich immer weniger um nationale Grenzen. Von dieser Ausweitung gesellschaftlicher und wirtschaftlicher Handlungszusammenhänge über die politischen Grenzen des Nationalstaates hinaus – also das, was häufig Globalisierung genannt wird – haben alle demokratischen Wohlfahrtsstaaten entscheidend profitiert. Ohne die liberale Weltordnung hätte es den Traum von der immerwährenden Prosperität nie gegeben. Und noch direkt nach dem Ende des Ost-West-Gegensatzes wurde ein Zukunftsszenario gezeichnet, das eine »Zone des Friedens«, die OECD-Welt, kategorial von der »Zone des Aufruhrs« (bestehend aus dem Rest der Welt) unterschied (Singer/Wildavsky 1993). Heute aber ist der Prozeß der Globalisierung – oder Denationalisierung, wie der m. E. präzisere Begriff lautet – für viele furchteinflößend. Diejenigen, die in der Welt etwas zu sagen und die Zone des Friedens geschaffen haben, sind heute, 20 Jahre nach dem ersten G-7-Treffen, selbst in Schwierigkeiten.

»Schneller, als wir gedacht haben, wird sich erweisen, daß der traditionelle Nationalstaat überholt ist«, so die deutlichen Worte eines ansonsten eher moderat auftretenden Justizministers eines der OECD-Länder (Eberhard Schmidt-Jortzig in: *Der Spiegel*, Nr. 11/1996, 104).

Dieses Buch handelt von der *Krise des Regierens* in der OECD-Welt. Weshalb sind nun selbst die reichsten Länder im Kern der OECD-Welt in Schwierigkeiten geraten? Das gleichzeitige Auftreten von Krisenerscheinungen in fast allen OECD-Ländern legt jedenfalls die Vermutung nahe, daß die Ursachen jenseits der einzelnen Länder liegen. Wie wäre es sonst zu erklären, daß sie zur selben Zeit auftreten, obwohl die ökonomischen, aber auch die politisch-institutionellen und kulturellen Unterschiede sehr groß sind?[1] Als Ursache für die Krise wird also angeführt, daß die Reichweite der Gültigkeit von nationalstaatlichen Regelungen die realen Grenzen des betroffenen Handlungszusammenhangs als Folge der gesellschaftlichen Denationalisierung *häufig unterschreitet*. Mit Blick auf wirtschaftliche Prozesse hat der Harvard-Ökonom Richard Cooper die politische Konsequenz dieser Entwicklung bereits 1968 in die schlichten Worte gefaßt: »Wenn Märkte in ihrer Reichweite international werden, ist die Effektivität traditioneller wirtschaftspolitischer Instrumente häufig stark reduziert oder zunichte gemacht.« (Cooper 1986: 96; Übersetzung M.Z.). Dieser Zusammenhang gilt nicht nur für die Wirtschaftspolitik. Gesellschaftliche Denationalisierung hebt generell die Kongruenz der sozialen und politischen Räume auf. Dies stellt aber die Effektivität

1 Die OECD-Welt umfaßt alle die Staaten, die Mitglieder der »Organisation für wirtschaftliche Zusammenarbeit und Entwicklung« sind. Dazu zählten 1996 29 Staaten als Vollmitglieder von A wie Australien bis V wie Vereinigte Staaten von Amerika, deren Volkswirtschaften marktwirtschaftlich organisiert und äußerst erfolgreich auf dem Weltmarkt sind. Es handelt sich namentlich um: Australien, Belgien, Deutschland, Dänemark, Finnland, Frankreich, Griechenland, Großbritannien, Island, Irland, Italien, Japan, Kanada, Luxemburg, Mexiko, Niederlande, Neuseeland, Norwegen, Österreich, Polen, Portugal, Schweden, Schweiz, Spanien, Südkorea, Tschechien, Türkei, Ungarn und die Vereinigten Staaten von Amerika. Die ärmsten Länder der OECD sind die Türkei und Mexiko mit zwischen 6000 und 7000 US-Dollar Bruttoinlandsprodukt (BIP) pro Kopf, die reichsten neben Luxemburg (31 303 US-Dollar) die Schweiz und die USA, die beide jährlich um die 25 000 US-Dollar pro Kopf erwirtschaften (Kaufkraftwerte nach OECD 1997). Selbst die Werte der armen OECD-Länder Mexiko und Türkei liegen aber immer noch ungefähr fünfmal so hoch wie die der Volksrepublik China und ca. 50mal so hoch wie die von Ruanda.

der Politiken des modernen Nationalstaats in Frage. Mehr denn je scheint das *bon mot* zuzutreffen, wonach der Staat für die großen Probleme zu klein und für die kleinen Probleme zu groß ist. Die Krise des Regierens besteht also darin, daß nationale Maßnahmen bei vielen der aktuellen Probleme keine Lösung bieten.

Obgleich der gegenwärtigen Krise des nationalstaatlichen Regierens die wirtschaftliche und gesellschaftliche Denationalisierung zugrunde liegt und sich damit die Hochglanzprognosen aus den Chefetagen der multinationalen Unternehmen über das globale Konsumentenparadies als Ideologie erwiesen haben, darf die Denationalisierung nicht für alle Übel unserer Zeit verantwortlich gemacht werden. Daß »Ungleichheitsproduktion (...) der soziale Kern des Transnationalisierungsprozesses ist« (Narr/Schubert 1994: 43), scheint in manchen der sog. kritischen Analysen uneingeschränkt akzeptiert zu werden. In gewisser Weise taucht dabei die Vorstellung auf, als ob nun »endlich« die wahre Fratze des Kapitalismus offengelegt und gemäß dem Motto »wir hatten doch recht« die Wiederkehr der wahren Lehre gefeiert wird. Statt aufgeregtem Moralisieren ist jedoch eine möglichst nüchterne Analyse der Folgen der Denationalisierung angesagt. Diese sind vielfältig, teils besorgniserregend und teils erfreulich. Fraglos ruft die Denationalisierung neue Probleme für das nationalstaatliche Regieren hervor, von denen jedoch bereits heute zumindest in der OECD-Welt viele durch transnationale und internationale institutionelle Arrangements aufgefangen werden.

In den ersten beiden Teilen dieses Buches geht es darum, möglichst präzise herauszuarbeiten, wo die größten Schwierigkeiten für das Regieren im Zeitalter der Denationalisierung liegen. Dabei wird keine Gesamterklärung der Krise des Regierens unter Berücksichtigung von so unterschiedlichen Veränderungen wie »Individualisierung«, »funktionale Differenzierung« oder »Ausbreitung sozialer Reflexivität« angestrebt. Vielmehr werden die Folgen *einer* dieser großen Transformationen in der OECD-Welt betrachtet, nämlich der Denationalisierung. Deskriptiv wird also eine Art Denationalisierungsfolgenabschätzung vorgenommen. Präskriptiv werde ich im dritten Teil argumentieren, daß der Weg zurück zu einer Welt ohne Denationalisierung nicht mehr offensteht, und Möglichkeiten eines produktiven Umgangs mit der Denationalisierung diskutieren. Es ist notwendig, ein politisches Modell zu denken, das bei aller berechtigten Kritik an den destruktiven Nebenfolgen der Denationalisierung der Suggestion einer Re-Nationalisierung widersteht. Eine Re-Nationalisierung wird die Probleme keinesfalls lösen, sondern zur Regression mit unkalkulierbaren Kosten führen. Das zentrale Problem der Gegenwart besteht vielmehr darin, Formen des guten Regierens jenseits des Nationalstaates zu finden. Die Krise des nationalstaatlichen Regierens kann nicht bewältigt werden, indem ihre gesellschaftlichen und wirtschaftlichen Ursachen rückgängig gemacht werden. Das wäre gleichzeitig ahistorisch und rückwärtsgewandt. Es bedarf einer politischen Lösung, die die veränderten wirtschaftlichen und sozialen Bedingungen aufnimmt. »Jenseits des Nationalstaates« heißt aber nicht »Ende des Nationalstaates«. Notwendig ist vielmehr ein Projekt *komplexes Weltregieren*, in dem der Nationalstaat eine neue Rolle zugewiesen bekommt.

1. Aufstieg und Niedergang der nationalstaatlichen Politik

Worin bestehen die historischen Errungenschaften des demokratischen Wohlfahrtsstaates? Was ist Denationalisierung und wieviel gibt es davon? In welchen Bereichen stellt die Denationalisierung wirklich die Steuerungsfähigkeit der demokratischen Wohlfahrtsstaaten in Frage? Von diesen Fragen handeln die vier Kapitel im ersten Teil des Buches.

Regieren ist die zielgerichtete Regelung gesellschaftlicher Beziehungen und der ihnen zugrundeliegenden Konflikte mittels verläßlicher und dauerhafter Maßnahmen und Institutionen statt durch unvermittelte Macht- und Gewaltanwendung.[2] Regieren ist wün-

2 Diese Verwendung des Begriffs Regieren greift die angelsächsische Unterscheidung zwischen »*governance*« und »*government*« auf. Folglich kann die zielgerichtete Regelung gesellschaftlicher Prozesse (*governance*) auch ohne einen von oben agierenden Staat (*government*) gedacht werden. Vgl. hierzu Rosenau (1992), Kohler-Koch (1993) und Mayer et al. (1993). In der deutschen Rechtswissenschaft wird der in dieser Literatur thematisierte Unterschied insofern negiert, als die Tätigkeit des Regierens dem Staat in Form der Rechtsetzung vorbehalten bleibt. Recht ist dann »der Inbegriff der vom Staat garantierten allgemeinen Normen zur Regelung des menschlichen Zusammenlebens und zur Beilegung zwischenmenschlicher Konflikte durch Entscheidung« (Horn 1996: 3).

schenswert, wenn das ungeregelte Verhalten Auswirkungen hat, die entweder die Interessen der Mehrheit der Beteiligten oder die Interessen von Dritten beeinträchtigen. Das Regieren zielt heute im wesentlichen auf vier Ziele, die sich in demokratischen Wohlfahrtsstaaten in historischer Abfolge herausgebildet haben: auf den inneren und äußeren Frieden (Sicherheit), auf ein zivil konstituiertes Zusammengehörigkeitsgefühl, das ein politisches Gemeinwesen ermöglicht (Identität), auf demokratische Entscheidungsverfahren (Legitimation) und auf eine für alle Seiten akzeptable Balance von wirtschaftlicher Effizienz und Verteilungsgerechtigkeit (soziale Wohlfahrt). Wo Regieren ausfällt, da werden diese Ziele, wenn überhaupt, nur unzureichend erreicht, es herrscht dann unproduktives Durcheinander und letztlich der Hobbessche Zustand des Krieges aller gegen alle.

In *Kapitel I* wird ein stilisierter Typus des *demokratischen Wohlfahrtsstaates* skizziert, der in den siebziger Jahren dieses Jahrhunderts alle vier Ziele des Regierens in bis dahin ungekanntem Maße verwirklicht hat. Sicherheit und soziale Wohlfahrt, demokratische Legitimität und kollektive Identität waren gleichzeitig in einer relativ austarierten Weise gegeben. Kapitel I erfüllt im Kontext der Gesamtargumentation zwei Aufgaben. Zum einen dient der stilisierte demokratische Wohlfahrtsstaat gleichsam als Maßstab für erfolgreiches Regieren heute und in der Zukunft. Zum zweiten ist zu zeigen, daß die Ausbildung der nationalstaatlichen Fähigkeit zu regieren in ihrer vollständigen Form historisch gewachsen ist und Hand in Hand mit der Ausbildung nationaler Verkehrswirtschaften und nationaler Kommunikationszusammenhänge ging. Obgleich mancherorts erst der Staatsapparat die Nation begründete, war die Ausbildung des demokratischen Wohlfahrtsstaates erst nach einer weitgehenden »Nationalisierung« von Wirtschaft und Gesellschaft bzw. der Auflösung von lokalen Handlungszusammenhängen möglich.

Gesellschaftliche Denationalisierung erfolgt, wenn sich die verdichteten gesellschaftlichen und wirtschaftlichen Handlungszusammenhänge über die nationalstaatlich definierten Grenzen hinweg ausdehnen. Genauso wie die Ausdehnung sozialer Räume im 19. Jahrhundert zur Auflösung dörflicher Gemeinschaften (gleichsam zur Nationalisierung) geführt hat, überschreiten die verdichteten Handlungszusammenhänge spätestens seit den siebziger Jahren dieses Jahrhunderts in beschleunigter Form die nationalen Grenzen. Spektakuläre Beispiele für die Denationalisierung gibt es genügend:

– Die Einführung der neuen Informations- und Kommunikationstechnologien hat zu einem Quantensprung in den Möglichkeiten transnationaler Kommunikation geführt. Man denke nur an die finnische Studentin, die am 14. April 1997 spät abends noch im Computerlabor saß und erst bei einem schweren Asthmaanfall merkte, daß sie eingeschlossen war. Es ist schließlich ein zwölfjähriger Junge in Denton, Texas, den ihre über das Internet verbreiteten Hilferufe erreichen. Mit Unterstützung seiner Mutter, des örtlichen Sheriffs, der internationalen Auskunft und finnischer Notfallhelfer gelingt es, die junge Frau vor dem Erstickungstod zu retten (Associated Press, 25.4.97). Neben der computergestützten Kommunikation haben aber auch Satellitenprogramme, globale Nachrichtensender wie CNN sowie die weltweite Ausbreitung von Faxgeräten die transnationale Kommunikation ausgeweitet.

– Noch in den siebziger Jahren dieses Jahrhunderts ist Umweltverschmutzung als lokales oder in seltenen Fällen als Problem zwischen höchstens zwei oder drei Anrainerstaaten gesehen worden. Die Luftverschmutzung in Städten, die Verschmutzung einiger größerer Seen und Flüsse standen damals im Mittelpunkt der Umweltpolitik. Spätestens seitdem industrielle Schwermetalle bei Pinguinen in der Nähe des Südpols nachgewiesen wurden, ist der wahrhaft globale Charakter der Umweltverschmutzung jedoch offenbar geworden: die Zerstörung der stratosphärischen Ozonschicht, die Klimaerwärmung, die Abnahme der Artenvielfalt, die zunehmende Wüstenbildung sind heute Ausdruck einer Weltrisikogesellschaft.

– Die transnationalen Unternehmen verquicken sich in einem beachtlichen Tempo untereinander. Als Vorbild gilt unter Managerkollegen Percy Barnevik, der aus einem schwedischen Elektrounternehmen und einer schweizerischen Firma den *global player* ABB formte: Er verlegte die ABB-Zentrale nach Zürich, feuerte in Westeuropa und Nordamerika 54000 Mitarbeiter und heuerte in Osteuropa und Asien 46000 neue an. Nebenher kaufte er über 200 Firmen hinzu. Heute steuern 171 Angestellte von Zürich aus einen

Konzern mit 212 000 Mitarbeitern. Barnevik jettet derweil von Fabrik zu Fabrik und betrachtet die Zentrale als Ort, »an dem meine Post eintrifft, bevor die wichtigsten Briefe dorthin gefaxt werden, wo ich mich gerade befinde« (*Der Spiegel*, 39/1996, 85).

– Die Finanzmärkte haben sich in einem atemberaubenden Tempo denationalisiert und sind längst der staatlichen Kontrolle entglitten. Dabei überschreitet der Wert von Wertpapieren und Spekulationsgeldern den Wert der Aktien inzwischen bei weitem (1993 um das fünffache). François Mitterrands frustrierter Ausruf während der europäischen Währungskrise 1992 ist bezeichnend für die Situation: »Es ist unvernünftig und unmoralisch, daß die Spekulationen mit Mrd. von Dollars das tägliche Leben von Millionen von Menschen aus der Bahn werfen und sich gegenüber den Staaten durchsetzen können, welche die Interessen der Bevölkerung vertreten« (*Time Magazine*, 30. 8. 1993, 9; Übersetzung M.Z.).

– Ganz so hilflos scheinen die Menschen ohne die schützende Hand des Nationalstaates aber doch nicht zu sein: Unter der Überschrift »Reizwäsche aus Paris landet bei Sydneys Müllabfuhr« berichtete die *Frankfurter Rundschau* (20. 6. 1995, 3): »Französische Restaurants, Patisserien, Geschäfte und Autosalons werden weitgehend boykottiert (…) Französischer Sekt wird kistenweise weggeschüttet und für französisches Parfüm gibt es *down under* kaum noch Käufer. So heftig ist die Entrüstung über die Entscheidung des französischen Präsidenten Jacques Chirac, die von seinem Vorgänger eingestellten Atomversuche wieder aufzunehmen, nicht nur in Australien und Neuseeland. Von Papua-Neuguinea und den Cook-Inseln und Tonga hagelt es Protest.«

Derartige Schlaglichter dürfen indes nicht die Analyse verhindern. Es ist vielmehr systematisch zu prüfen, inwieweit gesellschaftliche Denationalisierung tatsächlich stattfindet. Denn nicht wenige Kritiker argumentieren, der Begriff »Globalisierung« sei eine Modeerscheinung, die kaum eine Entsprechung in der Realität findet und kaum Auswirkungen auf die Staatenwelt habe (vgl. z.B. Thomson/Krasner 1989). Unsere heutige Welt sei auch nicht mehr globalisiert als die vor dem Ersten Weltkrieg. Als Zeuge für diese Position kann Milton Friedman dienen, der sie freilich in seiner gewohnten Radikalität vertritt: »Die Welt ist in jedem unmittelbaren, relevanten, einschlägigen Sinne weniger internationalisiert, als sie es 1913 oder 1929 war« (zit. nach Ruggie 1996: 216; Übersetzung M.Z.). Das Ziel von *Kapitel II* ist es daher, das Ausmaß der gesellschaftlichen Denationalisierung in seiner gesamten Breite zu skizzieren. Dabei zeigt sich zum einen, daß Globalisierung in der Tat ein unangemessener Begriff ist: Obwohl sich viele grenzüberschreitende Austausch- und Produktionsprozesse sowohl territorial hinsichtlich der Reichweite als auch hinsichtlich der beteiligten Akteure in den letzten zwei Jahrzehnten signifikant ausgeweitet haben, sind die meisten weit von der Globalität entfernt. Auch ist ein Prozeß hin zur Globalität nicht überall erkennbar. Die verdichteten sozialen Handlungszusammenhänge weiten sich zwar aus und überschreiten meist die Grenzen des Nationalstaates, nicht selten aber entstehen neue Grenzen. Der Begriff der *gesellschaftlichen Denationalisierung* ist daher dem der Globalisierung vorzuziehen. Zum zweiten zeigt sich, daß Friedman ökonomistisch reduziert denkt und deshalb irrt. Die heutige Welt ist in vielerlei Hinsicht denationalisierter als 1913. Während vor dem Ersten Weltkrieg einige wenige spezifische wirtschaftliche Bereiche stark denationalisiert waren, handelt es sich heute um eine breite Entwicklung, die nicht nur Waren und Kapital, sondern auch Umweltschadstoffe, Kulturgüter, Menschen und militärische Bedrohungen umfaßt. Zudem ist heute bereits der Produktionsprozeß selbst grenzüberschreitend – die meisten Autos, das Ozonloch oder das Internet sind Beispiele für grenzüberschreitende Produkte. Drittens zeigt sich schließlich, daß Denationalisierung ein vielfältig gebrochener Prozeß ist, der sich je nach Sachbereich und je nach betroffenem Land sehr unterschiedlich darstellt. Es ist nicht immer sinnvoll, von der gesellschaftlichen Denationalisierung *per se* zu sprechen. Vielmehr sind spezifische Herausforderungen zu identifizieren, die sich aufgrund spezifischer Denationalisierungsprozesse ergeben und je nach Land und Sachbereich variieren.

Schon die Dreielementenlehre des Völkerrechts geht bei der Definition von »Volk«, »Gebiet« und »Staatsgewalt« davon aus, daß diese in einem Zusammengehörigkeitsverhältnis stehen müssen. Nach dieser Vorstellung erstreckt sich die Staatsgewalt auf das Gebiet, in dem das Volk lebt. Derartige territoriale Einheiten haben in den Worten Carl Schmitts »mathematisch scharf« voneinander abgetrennt zu sein. Soziologischer formuliert: Der Raum, in dem sich gesellschaftliche Austauschbeziehungen und Handlungszusammenhänge verdichtet haben, darf nicht größer sein als der Raum, der durch politische Regelungen erfaßt wird. Solange also die wirtschaftlichen Aktivitäten, der Brief- und Telefonverkehr, die Verschmutzung der Umwelt, die Herstellung und der Gebrauch von Kultur sich größtenteils im Rahmen nationaler Grenzen vollzogen, konnten derartige Aktivitäten durch Maßnahmen des Nationalstaates geregelt werden. In dem Maße, wie die Denationalisierung voranschreitet, geht jedoch diese unabdingbare Voraussetzung effektiven Regierens durch den Nationalstaat und damit ein wesentliches Element seiner Legitimation verloren. Nur wenn der Kreis der Betroffenen (bisher: die Nation) einigermaßen mit dem Raum des zu regelnden Handlungszusammenhangs (bisher: der Territorialstaat) übereinstimmt, kann eine Regelung ihre Ziele erreichen. Wenn dies nicht der Fall ist und sich die Entsprechung von Nationalstaat und Nationalgesellschaft auflöst, treten Probleme auf, dann wird eine grundlegende Bedingung effektiven Regierens – ich nenne sie im folgenden die *Kongruenzbedingung* – verfehlt.[3] Dabei lassen sich drei Typen von Problemen, gleichsam drei Denationalisierungsherausforderungen, unterscheiden.

Effizienzproblem: Viele nationale Regelungen stellen Barrieren für den freien internationalen Austausch von Gütern dar und behindern deren effiziente Allokation. Im Zuge des verschärften Wettbewerbs auf dem Weltmarkt entsteht ein Effizienzdruck, der zu Forderungen nach einem Abbau von nationalen Handelsbarrieren aller Art bzw. nach der Schaffung von internationalen Regelungen führt, die nationale Eingriffe in die freien Austauschprozesse verbieten. So ist der Autohersteller, dessen Auto zu über 50 Prozent aus Teilen besteht, die in einem anderen Land gefertigt werden, daran interessiert, daß diese sog. Halbfertigwaren zollfrei und mit möglichst geringen Transaktions- und Transportkosten bezogen werden können. Ein allgemeiner Zoll in Höhe von 10 Prozent des Warenwerts erhöht die Gesamtproduktionskosten gegenüber einem im Ausland gefertigten Auto nämlich um 5 Prozent, d.h. bei einem 20000 DM teuren Auto um 1000 DM, was bei harter Kon-

---

3 Die Kongruenz sozialer und politischer Räume als Voraussetzung sowohl des effektiven als auch des demokratischen Regierens wird u. a. von Held (1995: 16) und Scharpf (1993a) diskutiert.

kurrenz auf dem Weltmarkt bereits die Exportchancen des Produktes zunichte machen kann. Ähnliche Größendimensionen können sich sehr schnell aufgrund von Wechselkursschwankungen ergeben. Die Autohersteller und viele andere für den Weltmarkt produzierende Unternehmen werden daher für die Abschaffung von Zöllen und anderen Handelsbarrieren eintreten. Ein anderes Beispiel: Das national organisierte und geschützte Post- und Telekommunikationswesen geriet in den achtziger Jahren zunehmend unter Druck, als multinationale Unternehmen unabhängig von ihrem Standort das Telekommunikationssystem mit dem besten Preis-Leistungs-Verhältnis nutzen wollten. Da die Kommunikationskosten bei den Unternehmen anwuchsen, nahmen sie angesichts der großen Konkurrenz nicht mehr die Ineffizienzen und Schwächen des jeweiligen nationalen Telekommunikationsmonopols in Kauf. Multinationale Unternehmen forderten daher die Aufhebung der nationalen Monopole und die Einführung eines Wettbewerbs zwischen verschiedenen Anbietern von Telekommunikation. Abstrakt formuliert: Auf den Weltmarkt ausgerichtete Unternehmen fordern politische Integration in Gestalt von politischen Regelungen auf der internationalen Ebene, die *nationale Eingriffe* in freie grenzüberschreitende Austauschprozesse *untersagen*. Wenn derartige internationale Vereinbarungen unterzeichnet werden, hat dies zur Folge, daß nationale Regelungen unterminiert werden können. Im Falle der Einheitlichen Europäischen Akte (1986) geschah das v. a. durch das Prinzip der gegenseitigen Anerkennung, demzufolge ein Produkt, welches in einem der Mitgliedsstaaten der Europäischen Gemeinschaft zum Verkauf zugelassen ist, auch in den anderen Ländern verkauft werden darf. Durch die zielstrebige Rechtsprechung des Europäischen Gerichtshofes setzte sich das Prinzip schnell durch. Als Folge davon mußten die Deutschen mitansehen, wie in bundesrepublikanischen Getränkemärkten Biermarken feilgeboten wurden, die nicht ihrer Vorstellung von »hoher Braukunst« entsprachen. Den Italienerinnen und Italienern erging es kaum besser: Sie sahen sich gezwungen, den Verkauf »minderwertiger« Pasta auf dem italienischen Markt zu akzeptieren.

Externalitätenproblem: Angesichts der Ausweitung sozialer und ökonomischer Handlungszusammenhänge sind marktkorrigierende Eingriffe auf der nationalen Ebene ineffektiv, wenn sie nur einen Teil des betroffenen Handlungszusammenhangs abdecken, da dann die Wirkung einer nationalen politischen Regelung durch soziale Aktivitäten anderswo unterlaufen wird. In der Bundesrepublik Deutschland beispielsweise gibt es aus guten Gründen striktere Verbote für rechtsradikales Propagandamaterial als in anderen Ländern. Wenn nun aber jemand seinen Wohnsitz in den USA hat und von dort entsprechendes Material in das Internet einspeist, so laufen die deutschen Verbote ins Leere. Selbst wenn das Material von Fahndern ausgemacht würde und auf allen Internet-Servern sowie von allen Internet-Servern in Deutschland gesperrt werden könnte (was schon sehr unwahrscheinlich ist), kann der Anbieter nicht strafrechtlich verfolgt werden. Ein anderes Beispiel: Die Menschen in Australien sind in besonderer Weise vom »Ozonloch« über der Antarktis betroffen. Auf dem fünften Kontinent liegt die Hautkrebsrate bei über 10 Prozent und ist damit so hoch wie nirgendwo sonst in der Welt. Um diesen fraglos ungewünschten Zustand zu korrigieren, könnte die australische Regierung die Produktion und Verwendung all jener Stoffe, die ozonzerstörende Wirkung haben, mit sofortiger Wirkung verbieten. Das Resultat einer solchen Maßnahme wäre aber kläglich: Die Maßnahme würde das Ziel verfehlen, die Hautkrebsrate zu senken, da die in Australien verwendeten Halone und FCKWs (und Ersatzstoffe) im Weltmaßstab nur einen Bruchteil der emittierten ozonzerstörenden Stoffe ausmachen. Die stratosphärische Ozonschicht über Australien wird nämlich nicht nur von den australischen, sondern von den vereinigten FCKWs und Halonen aller Länder angegriffen.

Problem des Politikwettbewerbs: Nationalstaatliche Regelungen, die Kosten für die wirtschaftliche Produktion zur Folge haben, sind angesichts der Denationalisierung unter Umständen nicht nur untauglich, um das gewünschte Ziel zu erreichen, sie können auch ein Land als attraktiven Wirtschaftsstandort schwächen. Wer kennt sie nicht, die Klage über den Standort Deutschland, der aufgrund zu hoher Lohnnebenkosten und überzogener Umweltregelungen an Wettbewerbsfähigkeit verliere. Die Logik der Klage ist klar: Überzogene soziale Leistungen erhöhen die Produktionskosten in einer Weise, daß die Produkte im Ausland mit geringeren Lohnnebenkosten billiger produziert werden können. Das hat dann zum Ergebnis, daß man sich die anspruchsvolle Sozialpolitik erst recht nicht mehr leisten kann. Das gleiche Argument kann auch auf produktionsbezogene Umweltvorschriften angewendet werden. Leider sticht das Argument in gewisser Weise. Das Problem ist nur, daß in anderen Ländern genauso gedacht wird. Es besteht also die akute Gefahr einer Deregulierungsspirale, eines »Wettbewerbs der Besessenen« (Paul Krugman). Wer davon überzeugt ist, daß marktkorrigierende Maßnahmen notwendig sind, um politisch gewünschte Ergebnisse zu erreichen, wird vor diesem Hintergrund nach internationalen Regelungen streben, die aktive nationalstaatliche *Eingriffe harmonisieren*. Dabei geht es um nicht weniger als die Rückgewinnung der politischen Kontrolle über Marktprozesse. So wurden in Europa in manchen Fällen, in denen das Prinzip der gegenseitigen Anerkennung zu nachteiligeren Ergebnissen als bei Bier und Pasta geführt hätte, wie etwa bei der Ausstattung der Autos mit (oder ohne) Katalysatoren, durch die Europäische Kommission Regelungen entwickelt, die dann europaweit Gültigkeit erlangten.

Allgemein formuliert: Technologische und politische Entwicklungen haben in den letzten zwei bis drei Jahrzehnten in unvorhergesehener Weise dazu geführt, daß die Bedeutung des Raumes als Hindernis sozialer Interaktion abgenommen hat. In dem Maße, wie sich Ortsbindungen auflösen, entpuppt sich die Gleichung von räumlicher und sozialer Entfernung als falsch. Folglich liegen heute die Grenzen sozialer Handlungszusammenhänge in vielen Bereichen jenseits der politischen Grenzen des Nationalstaates. Wo die relativen Kosten der Raumüberwindung gegen Null streben, da bilden sich potentiell globale Handlungszusammenhänge, und es findet eine weitgehende Entterritorialisierung statt. Das Internet ist ein Beispiel. Wo die Kosten der Raumüberwindung zwar deutlich reduziert worden sind, aber dennoch fortbestehen, haben sich je nach Sachbereich neue soziale Räume konstituiert, die in vielen Fällen grob den Grenzen der OECD-Welt entsprechen. Ein Beispiel dafür sind die Handelsströme. Die gegenwärtigen politischen Institutionen und Regelungen, also die Instrumente des Regierens, beziehen sich demgegenüber in ihrer Mehrzahl nach wie vor auf den Nationalstaat. Noch immer werden »Gesellschaft und Staat deckungsgleich gedacht, organisiert, gelebt« (Beck 1997b: 115). Dies führt zu einer reduzierten staatlichen Fähigkeit zu regieren, d.h. zu einem Abbau der Fähigkeit, politisch gewünschte Zustände durch nationale Maßnahmen herbeizuführen: Sicherheitsbedrohungen von außen können immer weniger durch nationale Verteidigungsanstrengungen abgewehrt oder abgeschreckt werden. Weder die Weitergabe von Nuklearwaffen noch die Zerstörung der Ozonschicht, die Klimaerwärmung oder die Organisierte Kriminalität lassen sich durch die Stationierung neuer Mehrfachsprengkopfraketen mit erhöhter Zielgenauigkeit verhindern. Eine keynesianische Steuerung der Wirtschaft durch eine staatliche Ankurbelung der Nachfrage ist angesichts hoher Außenhandelsquoten und sensibler Finanzmärkte kaum noch erfolgversprechend. Gleichzeitig scheinen sich die nationalstaatlichen Handlungsspielräume für sozialpolitische Maßnahmen zunehmend einzuengen. Auch beim Versuch, die nationale Kultur vor »fremden« Einflüssen zu schützen, wirkt rein nationalstaatliche Politik eher lächerlich. Spätestens als aus dem »Hamburger« ein »Hamburgienne« wurde und damit die armen Hansestädter statt des Schinkens zwischen die Brötchen gerieten, erlangte der Versuch, die französische Sprache durch staatliche Dekrete vor Amerikanismen zu schützen, das gebührende Maß an Absurdität.

Die Analyse von Problemen, die nur noch schwerlich durch nationalstaatliches Regieren aufgefangen werden können, ist das Ziel der Kapitel III und IV. Beim Ziel der Bereitstellung von *Sicherheit (Kapitel III)* lautet der Befund: Die Staaten der OECD-Welt werden relativ weniger durch die kriegerischen Absichten anderer Staaten, dafür aber relativ mehr durch terroristische Vereinigungen sowie Autonomie- und Separationsbewegungen bedroht. Das Dasein der Individuen in der OECD-Welt wird relativ weniger durch staatliche Grundrechtsverletzungen, dafür relativ mehr durch die Organisierte Kriminalität und insbesondere durch globale Umweltschäden bedroht. Dieser Befund läßt sich auf einen einfachen Nenner bringen: Staatsinduzierte Bedrohungen nehmen ab, während (welt)gesellschaftsinduzierte Risiken zunehmen.

Für *soziale Wohlfahrt* als Ziel des Regierens *(Kapitel IV)* stellt sich die Sachlage gleichfalls differenziert dar: Während wirtschaftliche Effizienz besser denn je erreicht wird und die soziale Sicherung zwar unter Druck geraten ist, aber in historischer Perspektive immer noch bemerkenswert gut funktioniert, hat die volkswirtschaftliche Steuerung zur Stabilisierung der Wirtschaftsabläufe am meisten unter der Denationalisierung gelitten. Gleichzeitig entstehen im Zuge der wirtschaftlichen Denationalisierung neue Handlungsspielräume. Es sieht also nicht so aus, als ob der Wohlfahrtsstaat aufgrund der wirtschaftlichen Denationalisierung zwingend abgebaut wird. Allerdings untergräbt er sich selbst, wenn er sich als reform- und anpassungsunfähig erweist.

2. Die zwiespältige Rolle internationaler Institutionen – Die Gegenwart des Regierens

Wie erklärt sich die Zunahme politischer Integration jenseits des Nationalstaates? Kann die Zunahme internationaler Institutionen als adäquate Antwort auf die Defizite des nationalstaatlichen Regierens gedeutet werden? Welche Konsequenzen hat es für den Zusammenhalt politischer Gemeinschaften und für die demokratische Qualität der Politik, wenn Regieren zunehmend jenseits des Nationalstaates erfolgt? Und wie erklärt sich die parallele Zunahme von politischer Fragmentierung innerhalb der Nationalstaaten? Von diesen Fragen handelt der zweite Teil.

Politische Integration ist ein Prozeß, bei dem sich die Gültigkeitsreichweite von politischen Regelungen und der sie tragenden politischen Organisationen entweder ausweitet oder sich ganz neue Regelungen und Organisationen ausbilden. Ausdruck von politischer Integration sind alle jene gewaltfreien politischen Aktivitäten, die beabsichtigt oder tatsächlich auf die Schaffung von politischen Regelungen zielen, die ein größeres Territorium oder einen größeren Kreis von Adressaten abdecken als die bestehende Regelung. Politische Integration bedeutet heute v. a. die Bildung und Stärkung von internationalen und transnationalen Institutionen mit substantiellen Regelungen, die in ihrem spezifischen Zusammenspiel mit nationalstaatlichen Gesetzen »Regieren jenseits des Nationalstaates« bzw. »Mehrebenenpolitik« ausmachen.

Die Auflösung der Kongruenzbedingung stellt eine wichtige, aber keinesfalls hinreichende Bedingung für die Entstehung von internationalen Institutionen dar. Wenn die Kongruenzbedingung verletzt wird, besteht wohl häufig ein Bedürfnis nach politischen

Regelungen jenseits des Nationalstaates. Ob ein solches Bedürfnis politisch umgesetzt wird, ist jedoch eine ganz andere Frage. Tatsächlich haben die letzten beiden Jahrzehnte einen deutlichen Zuwachs an politischer Integration jenseits des Nationalstaates gebracht. Das beste Beispiel hierfür ist die Europäische Union. Noch in den späten siebziger Jahren wurde die westeuropäische Integration als Muster ohne Wert angesehen, und der Begriff der »Eurosklerose« machte die Runde. Dann setzte jedoch die Dynamik ein, die zur Einheitlichen Europäischen Akte (1986) und damit zur Errichtung eines westeuropäischen Binnenmarktes führte. Darauf baute der Maastrichter Vertrag (1992) auf, mit dem titularisch eine »Europäische Union« ins Leben gerufen und die Schaffung einer Europäischen Währung vereinbart wurde. Beschleunigte regionale politische Integration läßt sich auch in allen anderen Teilen der OECD-Welt beobachten, allerdings im allgemeinen auf der Grundlage eines deutlich niedrigeren Ausgangsniveaus.

Neben den regionalen Integrationsbemühungen sind in den letzten Jahren in vielen Sachbereichen internationale Vereinbarungen ausgearbeitet worden, die für den gesamten OECD-Raum und teils sogar weltweit Gültigkeit haben. Nach langen und zähen Verhandlungen ist 1994 die sog. Uruguay-Runde des GATT (General Agreement on Tariffs and Trade) abgeschlossen worden. Damit wurde eine neue Welthandelsorganisation (WTO) gegründet, das Freihandelsprinzip für den Bereich des Handels mit Industriegütern vertieft und gleichzeitig sowohl auf den Handel mit Dienstleistungen als auch (mit Einschränkungen) auf den Handel mit Agrargütern übertragen. Auch im Umweltbereich kam es in den letzten Jahren zu zahlreichen internationalen Abkommen. Auf globaler Ebene wurden beispielsweise die Klimarahmenkonvention von 1992, die Wiener Konvention zum Schutz der Ozonschicht von 1985, die Seerechtskonvention von 1982, die am 16. November 1994 endlich in Kraft getreten ist, die Konvention zur Bekämpfung der Wüstenbildung und der Dürrefolgen (1994) und die Biodiversitätskonvention von 1992 unterzeichnet. Hinzu kommen zahlreiche regionale Konventionen wie beispielsweise über die weiträumige grenzüberschreitende Luftverschmutzung in Europa (1979) oder den Schutz regionaler Meere.

Staaten versuchen zwar, durch die Schaffung von internationalen

Institutionen die Gültigkeitsreichweite von Maßnahmen auszudehnen und damit die Steuerungsfähigkeit zurückzugewinnen, die internationale Institutionenbildung kann aber aufgrund ihrer Schwerfälligkeit den Verlust der Effektivität nationaler Politiken kaum vollständig ausgleichen. Von dem Zeitpunkt an, an dem ein Bedürfnis nach einer internationalen Regelung artikuliert wird, braucht die Errichtung von internationalen Institutionen in der Regel ein oder zwei Jahrzehnte. Trotz der voranschreitenden politischen Integration ergibt sich also, verglichen mit den siebziger Jahren, insgesamt ein Regelungsabbau. Hinzu kommt ein weiteres: Viele internationale Institutionen untersagen Staaten, in die Marktprozesse zugunsten der nationalen Volkswirtschaft regelnd einzugreifen. Eine derartige *negative politische Integration* ist von einer *positiven politischen Integration*, bei der nationale Maßnahmen auf der internationalen Ebene harmonisiert werden, zu unterscheiden. Während negative politische Institutionen den Regelungsabbau beschleunigen, halten ihn positive internationale Institutionen auf.

Die Frage lautet also, ob effektives Regieren jenseits des Nationalstaates tatsächlich möglich und inwieweit es bereits realisiert ist. In *Kapitel V* werde ich zunächst verschiedene Formen des Regierens diskutieren. Ausgangspunkt ist dabei ein traditionelles Verständnis, demzufolge Regieren die exklusive Aufgabe des mit einem Monopol der legitimen Gewaltsamkeit ausgestatteten Leviathan ist. Das traditionelle Staatsverständnis spiegelt sich im Ideal der politischen Souveränität wider. Demnach hat der Staat innerhalb eines gegebenen Territoriums die Macht, Gesetze zu erlassen, durchzuführen und durchzusetzen (innere Souveränität). Ob und inwieweit es Grenzen der staatlichen Eingriffe gibt und ob die Gesellschaft an den staatlichen Entscheidungen partizipieren kann, ist im traditionellen Verständnis eine der Souveränität nachgeordnete Frage. Äußere Souveränität heißt Freiheit im Handeln gegenüber anderen Staaten, die sich in der konsequenten Durchsetzung der eigenen Interessen äußert.[4] In dieser Sichtweise stellt der Staat die einzige Quelle des Regierens und mithin den Fokus des politischen Handelns dar. Dieser traditionellen Sichtweise gilt es eine Perspek-

---

4 Die klassischen Formulierungen dieser Theorie stammen von Jean Bodin und Thomas Hobbes. Vgl. Knieper (1991: Teil 1 und 2) für eine kritische Darstellung dieser Perspektive im Lichte der Denationalisierung.

tive entgegenzusetzen, derzufolge nicht nur hierarchisches Regieren *durch* Staaten, sondern auch horizontales Regieren *mit* Staaten als gleichberechtigten Partnern oder gar Regieren *ohne* Staaten möglich ist. Erst die Anerkennung aller drei Formen des Regierens eröffnet die Möglichkeit des Projektes »komplexes Weltregieren«.

Man kann allerdings das Projekt komplexes Weltregieren, d. h. ein Regieren jenseits des Nationalstaates, das alle vier Ziele des Regierens (Sicherheit, Identität, Demokratie und soziale Wohlfahrt) in befriedigender Weise erreicht, auch dann als schlechte Utopie abtun, wenn man die Möglichkeit eines effektiven Regierens jenseits des Nationalstaates zwar grundsätzlich konzediert, aber eben nur für negative Regelungen (vgl. z. B. Streeck 1997). In *Kapitel VI* möchte ich daher zeigen, daß positive Regelungen jenseits des Nationalstaates zwar schwerer zu erzielen sind als negative, sie aber durch eine kluge Ausgestaltung im *Bereich des Möglichen* liegen und insbesondere im Umweltbereich auch bereits zahlreich existieren.

In *Kapitel VII* ist vor diesem Hintergrund dann zu fragen, inwieweit das Wachstum internationaler Institutionen mit der Geschwindigkeit der gesellschaftlichen Denationalisierung Schritt hält. Dabei zeigt sich, daß in überraschend vielen Sachbereichen die Nachfrage nach internationalen Institutionen befriedigt wird. Gleichzeitig lassen sich einige Problemfelder ausmachen, in denen systematische Regelungsdefizite infolge der gesellschaftlichen Denationalisierung bestehen. Globale Umweltrisiken, Organisierte Kriminalität sowie die verteilungspolitischen Folgen von integrierten Kapitalmärkten und Produktionsketten stellen einige der konkreten Manifestationen dieser Defizite dar.

Hinzu kommt ein weiteres Problem. Das diagnostizierte Wachstum internationaler Institutionen vergrößert die Unübersichtlichkeit und Komplexität der Politik, was zu einer *Reduzierung demokratischer Kontroll- und Einflußmöglichkeiten* führt, insbesondere solange keine befriedigenden Mechanismen zur Demokratisierung internationaler Institutionen geschaffen werden. Die Frage der demokratischen Qualität des Regierens jenseits des Nationalstaates wird in *Kapitel VIII* aufgegriffen. Internationale Institutionen erfüllen nur schwerlich die Voraussetzungen, um

Entscheidungen demokratisch legitimieren zu können: Insbesondere beruhen sie erstens nicht auf einem identifizierbaren politischen Gemeinwesen, bei dem alle Mitglieder die Möglichkeit haben, sich an einem öffentlichen Diskurs zu beteiligen, und sie verletzen zweitens häufig den Grundsatz der Zuordnung bestimmter Sachentscheidungen zu den verantwortlichen Amtsträgern. Während die Kongruenzbedingung es nahelegt, die Gültigkeitsreichweite politischer Regelungen möglichst umfassend zu gestalten, um wirksames Regieren überhaupt zu ermöglichen und um Externalitäten abzubauen, weist die Praxis internationaler Institutionen exakt in die gegenteilige Richtung. Darin besteht ein grundlegendes Dilemma des Regierens jenseits des Nationalstaates. Dieses Dilemma ist aber nicht nur ein praktisches, sondern auch ein theoretisches, dem sich die Demokratietheorie bislang nicht gestellt hat: Politische Institutionen werden kaum daran gemessen, inwiefern sie die legitimen Interessen von territorial externen, aber sozial betroffenen Gruppen berücksichtigen, sondern primär daran, ob der Prozeß der Entscheidungsfindung *innerhalb* einer politischen Gemeinschaft demokratischen Kriterien entspricht. Kann es aber als demokratisch angesehen werden, wenn ein britisches Umweltgesetz als Folge eines perfekt-demokratischen Prozesses, an dem alle Briten bestens informiert teilhaben konnten, nicht zustande kommt und in der Folge die schwedischen Seen weiter der Übersäuerung anheim fallen, so daß die Fische sterben und schwedische Fischer arbeitslos werden?

Mit der nachlassenden Effektivität nationalstaatlicher Maßnahmen und der Abnahme realer Teilhabe- und Partizipationschancen weichen schließlich auch die Grundlagen einer zivil konstituierten nationalen Identität auf. Wachsende soziale Ungleichheit aufgrund realer Regelungsdefizite, zunehmende Ängste vor Kriminalität und Umweltzerstörung und eine Komplexität des Regierens in internationalen Institutionen, die es schwer macht, die verantwortlichen Politikerinnen und Politiker ausfindig zu machen und abzuwählen, führen in der Summe leicht zu Ohnmachtsgefühlen gegenüber einer als einheitlich wahrgenommenen politischen Klasse in den Hauptstädten der OECD-Welt, die leicht in politische Apathie und Politikverdrossenheit münden und sich für fragmentierende kollektive Identitätsbildungen nutzen lassen. Es stellt sich also die Frage, ob und inwieweit politische Fragmentierung als Resultat der Krise des nationalstaatlichen Regierens und der Probleme des Regierens in internationalen Institutionen verstanden werden kann. Denn auch politische Fragmentierung ist tatsächlich parallel zur Beschleunigung der gesellschaftlichen Denationalisierung angewachsen.

Politische Fragmentierung bezeichnet einen Prozeß, bei dem sich die Gültigkeitsreichweite von politischen Regelungen und der sie tragenden politischen Organisationen verringert. Unter politische Fragmentierung fallen alle politischen Aktivitäten, die auf die Auflösung oder Verkleinerung bestehender politischer Gemeinschaften zielen, sei es durch räumliche Abspaltung wie im Falle eines regionalen Sezessionismus à la Lega Nord oder durch den Ausschluß bestimmter Personengruppen wie im Falle rechtsextremistisch motivierter Fremdenfeindlichkeit.

In *Kapitel IX* werde ich argumentieren, daß die Parallelität von gesellschaftlicher Denationalisierung und der Erstarkung neuer fragmentierende Kräfte nicht zufällig ist. Es lassen sich zum einen systematisch Mechanismen ausmachen, mittels derer sich eine theoretisch plausible kausale Verbindung ziehen läßt. Außerdem scheinen in den OECD-Ländern, in denen die Folgeprobleme der gesellschaftlichen Denationalisierung besonders ausgeprägt sind, fragmentierende Kräfte vergleichsweise stark zu wachsen.

3. Das Projekt komplexes Weltregieren – Die Zukunft des Regierens?

Eine reduzierte Fähigkeit der Nationalstaaten, gesellschaftlich gewünschte Zustände tatsächlich herbeizuführen, gepaart mit einer Entdemokratisierung von Politik aufgrund der gewachsenen Bedeutung von internationalen Institutionen, stellen ein Umfeld dar, in dem sich leicht soziale Kräfte bilden, die die politische Fragmentierung betreiben. Gleichzeitig schafft die gesellschaftliche Denationalisierung aber auch die Grundlage zur politischen Integration jenseits des Nationalstaates. Diese ambivalenten politischen Auswirkungen können als Resultat der *ungleichzeitigen Denationalisierung* bezeichnet werden. Das Gesagte läßt sich in drei Schritten zusammenfassen.

– Schritt 1: Der Prozeß der gesellschaftlichen Denationalisierung hat sich umfassend beschleunigt. Als Resultat davon sinkt die staatliche Fähigkeit zu regieren.

– Schritt 2: Um die Steuerungsfähigkeit zurück zu gewinnen, errichten Nationalstaaten internationale Institutionen und passen damit die Gültigkeitsreichweite politischer Regelungen den Grenzen der sozialen Handlungszusammenhänge an. Die Praxis zeigt jedoch, daß dies ein mühsamer und zeitraubender Prozeß ist. Hinzu kommt, daß negative politische Integration (marktschaffende Regelungen) zunächst die in Schritt 1 auftretenden Prozesse beschleunigt und kaum zur effektiven Linderung ungewünschter Nebenwirkungen von freien Austauschprozessen beiträgt. Internationale Institutionen konnten also nicht verhindern, daß die gesellschaftliche Denationalisierung in den letzten zwei bis drei Jahrzehnten zu einem Regelungsabbau geführt hat.

– Schritt 3: Da positive internationale Institutionen in Zahl und Bedeutung gleichwohl rapide zunehmen, hinkt die demokratische Kontrolle des Regierens jenseits des Nationalstaats wiederum deren realer Wirksamkeit noch weiter hinterher.

Der Weg zurück zu einer Welt »scharf abgetrennter« Nationalstaaten steht allerdings nicht mehr offen. Es ist notwendig, ein politisches Modell zu denken, das bei aller berechtigten Kritik an den Folgen der gesellschaftlichen Denationalisierung den vergangenen Reizen der nationalstaatlich organisierten Welt widersteht. Jede Spielart der politischen Fragmentierung und Re-Nationalisierung, so das zentrale Argument in *Kapitel X*, ist mittelfristig zum Scheitern verurteilt. Ganz gleich, ob die politische Fragmentierung im parteipolitisch schwarzen, roten oder grünen Gewand daherkommt, sie kann die Lösung unserer Probleme nicht bringen. Gefragt ist vielmehr institutionelle Phantasie jenseits des Nationalstaates, wohl auch jenseits von Links und Rechts (Giddens 1997). Das zentrale Problem der Gegenwart besteht darin, Formen der politischen Regelung zu finden, die den globalen Zusammenhängen gerecht werden. Daraus folgt die Notwendigkeit für ein Projekt *komplexes Weltregieren*, das mit Hilfe von internationalen und transnationalen Institutionen politische Regelungen ermöglicht, die die politische Handlungsfähigkeit zurückbringen und gleichzeitig demokratisch legitimiert sind.

Aber ist das Projekt komplexes Weltregieren nicht von vornherein zum Scheitern verurteilt, unterbreitet es nicht eine Utopie im schlechten Sinne? Meine Antwort auf diese Frage bringt die Überzeugung zum Ausdruck, daß das Projekt komplexes Weltregieren eine positive Utopie darstellt, eine Utopie also, die nicht aufgrund struktureller Widersprüche prinzipiell unerreichbar bleibt. Bereits heute gibt es positive Regelungen jenseits des Nationalstaates. Weiterhin, so wird in *Kapitel XI* gezeigt, sind einige der positiven Errungenschaften der Denationalisierung stabil. Für die nächsten Jahrzehnte ist keine neue große Konfliktlinie in der Weltpolitik – wie der Ost-West-Gegensatz nach dem Zweiten Weltkrieg – absehbar, die die Politik prägt und Krieg und Frieden wieder zur zentralen Frage der Politik werden läßt. Die Welt wird sicherlich viel Gewalt und Bürgerkriege sehen – eine neue weltpolitische Konfliktlinie, die das Projekt komplexes Weltregieren unmöglich macht, ist aber unwahrscheinlich.

Im abschließenden *Kapitel XII* möchte ich schließlich zusammenfassend argumentieren, daß die vorhandenen Hindernisse eines demokratischen und effektiven Regierens jenseits des Nationalstaates nicht unüberwindbar sind. Im Einzelnen heißt das, daß
– die gegenwärtig durch internationale Institutionen unterregulierten Sachbereiche, insbesondere im Bereich der sozialen Wohlfahrt, nicht *per se* unterreguliert bleiben müssen;
– Demokratie auch jenseits der nationalstaatlichen Mehrheitsdemokratie gedacht und praktiziert werden kann;
– sich zivil konstituierte kollektive Identitäten jenseits und quer zum Nationalstaat entwickeln können und unerfüllte Wir-Bedürfnisse nicht notwendigerweise zur politischen Fragmentierung führen müssen.

Im Sinne einer praxeologischen Untermauerung werde ich dabei 15 Vorschläge unterbreiten, wie das Projekt komplexes Weltregieren befördert werden kann.

Die Krise des Regierens wird als ein Resultat der ungleichzeitigen Denationalisierung gedeutet. Unter Ungleichzeitigkeit wird die politische Möglichkeit verstanden, daß die Probleme, die sich aus der gesellschaftlichen Denationalisierung ergeben, in Form einer politischen Denationalisierung aufgefangen werden. Die Inkongruenz von gesellschaftlichen und politischen Räumen ist in diesem Sinne nicht als ein unüberwindbares Strukturproblem des »Sehr-Spät-Kapitalismus« zu verstehen. Damit soll bestimmt keinem »Wart-nur-ab-Automatismus« das Wort geredet werden. Das Projekt komplexes Weltregieren ist ein *politisches* Projekt, das vielfältige Widerstände zu überwinden hat, für das gearbeitet und gekämpft werden muß.

Dabei reichen die Krise des Regierens und das Projekt komplexes Weltregieren in mancherlei Hinsicht über die Moderne hinaus. In vielerlei Hinsicht entsprechen die Grundprobleme der ungleichzeitigen Denationalisierung denjenigen, die in der sog. Zweiten Moderne, also einem Umbruch innerhalb einer Epoche, thematisiert werden: Neue Grenzen und Grenzziehungen, gesellschaftlich induzierte statt staatlich verursachte Unsicherheiten, eine Pluralisierung wohlfahrtsstaatlich vorgeprägter Biographien und der Verlust des Glaubens an die Möglichkeit rationaler Steuerung von oben sind dabei die zentralen Stichworte. Oder wie Ulrich Beck (1996: 40) es formuliert: »Als Motor des Gesellschaftswandels gilt (...) die Nebenfolge: Risiken, Gefahren, Individualisierung, Globalisierung.« Ganz gleich, ob wir an der Schwelle zu einer neuen Epoche stehen oder einen Umbruch innerhalb der Moderne erleben, entscheidend ist, daß die nationalstaatlich organisierten institutionellen Vorkehrungen der ersten Moderne nicht mehr ausreichen. Damit brauchen aber nicht die Werte und Ziele der Moderne generell verabschiedet zu werden: Begründungszwang, Zentralität des Individuums, die handlungsprägende Kraft der Teilrationalitäten werden im Projekt komplexes Weltregieren ebenso Bestand haben wie die gesellschaftlich gewünschten Ziele des Regierens: Sicherheit, soziale Wohlfahrt, demokratische Legitimität und zivile kollektive Identität. Die ungleichzeitige Denationalisierung stellt weniger die axiomatischen Ideen der Moderne in Frage, sondern vielmehr die Bedingungen, unter denen sich diese axiomatischen Ideen annäherungsweise realisieren ließen (Albrow 1996/1998: 106). Insofern bleibt ein Projekt komplexes Weltregieren der Moderne verpflichtet und steht für den Versuch, sie vor den Relativierungen der Postmoderne zu schützen. Es ist ein Projekt, das die Transformation des Regierens impliziert, um die Krise bei der Zielerreichung des Regierens zu überwinden.

Dieses Buch ist Resultat meiner inzwischen langjährigen Beschäftigung mit diesem Thema. Ich setzte mich in diesen Jahren systematisch mit den Thesen und Gedanken auseinander, die ich 1992 in einem ersten Aufsatz zur ungleichzeitigen Denationalisierung skizziert habe. Daß ich seitdem nicht nur auf der Stelle getreten bin, verdanke ich vor allem den intensiven Diskussionen und der Unterstützung am Institut für Interkulturelle und Internationale Studien (InIIS) und am Zentrum für Europäische Rechtspolitik (ZERP) der Universität Bremen. Nennen möchte ich dabei zuerst Marianne Beisheim, Sabine Dreher, Gregor Walter und Bernhard Zangl, die an dem von mir geleiteten und von der Deutschen Forschungsgemeinschaft finanzierten Projekt über die »Bestimmungsfaktoren der politischen Reaktionen auf die gesellschaftliche Denationalisierung« gearbeitet haben bzw. arbeiten, sowie Peter Arnhold, der mir bei vielen Suchaktionen und in Form einer immer kritisch-konstruktiven redaktionellen Bearbeitung meiner Texte zur Seite stand. Viele andere Bremer Kolleginnen und Kollegen haben einzelne Kapitel dieses Buches gelesen und durch hilfreiche Kommentare verhindert, daß noch mehr Fehler in Empirie und Argumentation auftreten. Mein Dank gebührt dafür: Lars Brozus, Oliver Gerstenberg, Christian Joerges, Niels Lange, Stephan Leibfried, Andrea Liese, Jürgen Neyer, Bernhard Peters, Elmar Rieger, Ulrich Schneckener, Martin-Seeleib-Kaiser, Dieter Senghaas, Christoph Weller und Dieter Wolf.

Die vorliegende Schrift ist von Anfang bis Ende neu geschrieben worden. Gleichwohl habe ich dabei mitunter auf einzelne Fachaufsätze zurückgegriffen, die bereits andernorts publiziert worden sind. *Die Auswirkungen der Globalisierung auf die Sicherheit in der OECD-Welt*, in: Ekkehardt Lippert, Andreas Prüfert und Günther Wachtler (Hg.) 1997: *Sicherheit in der unsicheren Gesellschaft*, Opladen 157-187 (zus. mit Bernhard Zangl); *Konfliktlinien nach dem Ende des Ost-West-Gegensatzes – global handeln, lokal kämpfen*, in: Klaus von Beyme und Claus Offe (Hg.) 1996: *Politische Theorien in der Ära der Transformation*, PVJS-Sonderheft 26, 93-127; *Positives Regieren jenseits des Nationalstaates. Zur Implementation internationaler Umweltregime*, in: *Zeitschrift für Internationale Beziehungen*, 4:1 (1997), 41-68; *Über den Staat und die Demokratie im europäischen Mehrebenensystem*, in: *PVS*, 37:1

(1996), 27-55; *Schwarz-Rot-Grün-Braun: Reaktionsweisen auf Denationalisierung*, in: Ulrich Beck (Hg.) 1998: *Politik der Globalisierung*, Frankfurt a. M.: 297-330. Auch den Kolleginnen und Kollegen im In- und Ausland, die mich bei dieser Arbeit unterstützt haben und mit denen ich mich in den letzten Jahren auf Konferenzen und Tagungen austauschen konnte, sei hiermit nochmals gedankt.

Teil A

Aufstieg und Niedergang der
nationalstaatlichen Politik

I. Regieren und Nationalstaat in historischer Perspektive

Der Staufer-Kaiser Friedrich II. schuf im 13. Jahrhundert im heutigen Sizilien eine politische Organisation, die in den Augen der Zeitgenossen einen befremdlichen Anblick bot:

>»Da gab es ein Reich, das von einer engmaschigen Bürokratie verwaltet war, von einer allein dem Herrscher abhängigen, juristisch gebildeten Elite, in Ressorts geteilt und in Rangstufen hierarchisch gegliedert. Die Beamten waren fest besoldet und wurden häufig versetzt; Vorgesetzte und Untergebene kontrollierten sich gegenseitig und über ihre Tätigkeit wurde genau Buch geführt. Höhere Beamte durften nicht aus der Provinz stammen, in der sie amtierten; selbst die Heirat mit einer Einheimischen war ihnen untersagt, damit Objektivität und Unparteilichkeit der Amtsführung gewahrt blieben« (Schulze 1994: 29).

Verglichen mit den Zuständen in anderen Teilen Europas zu dieser Zeit, wo feudalistische Willkür und Amtsverschränkung gepaart mit politischen Irrungen und Wirrungen herrschten, war das Staufer-Reich zur Zeit Friedrichs II. einzigartig und vorbildlich. Verglichen mit den vielfältigen staatlichen Tätigkeiten und Fähigkeiten des italienischen Staates am Ende des 20. Jahrhunderts – der nicht gerade als Vorbild gilt – stellt sich das Staufer-Reich allerdings als unterentwickelt dar.

Was ist also der Maßstab, der bei der These von der gegenwärtigen Krise des Regierens angelegt wird? Der Vergleichsmaßstab ist der *demokratische Wohlfahrtsstaat*, wie er sich in Westeuropa und weiten Teilen der OECD-Welt bis zur Mitte der siebziger Jahre dieses Jahrhunderts entwickelt hat. Ein »demokratischer Wohlfahrtsstaat« besteht in jenen »Ländern, in denen der Staat eine aktive Rolle in der Steuerung wirtschaftlicher und gesellschaftlicher Abläufe übernimmt und einen beträchtlichen Teil seiner Ressourcen sozialpolitischen Zwecken widmet« (Alber 1992: 542). Er beruht auf den Prinzipien der Chancengleichheit, der gleichmäßigen Verteilung von Reichtum und einer öffentlichen Verantwortung für diejenigen Menschen, die nicht für sich selbst die Minimalstandards eines guten Lebens schaffen können. Unter dem terminologischen Dach des demokratischen Wohlfahrtsstaates verbergen sich freilich sehr unterschiedliche institutionelle Realitäten, die vom schwedischen Modell bis zum amerikanischen *Great War against Poverty* reichen. Die Rede vom demokratischen Wohlfahrtsstaat bezieht sich also auf die allgemeineren Leitprinzipien der Staaten im Kern der OECD-Welt, wie sie sich bis zu Beginn der siebziger Jahre herausgebildet haben, nicht auf deren konkrete institutionelle Ausgestaltungen. Und auch dessen offensichtliche Probleme, die von hochgradigen Ineffizienzen über Bürokratisierung bis zu abnehmender Leistungsbereitschaft reichen, sollen dadurch nicht verdeckt werden. Ein solcher Vergleichsmaßstab demokratischer Wohlfahrtsstaat macht vielmehr den Hintergrund deutlich, vor dem heute eine Krise des Regierens und die Ineffektivität nationalstaatlicher Politik empfunden werden.

Der demokratische Wohlfahrtsstaat steht am Ende eines langen Prozesses der Staatswerdung und -entwicklung. Dieser Prozeß hatte mit dem Sizilien Friedrichs II. einen Vorläufer, nahm im 14. Jahrhundert seinen systematischen Anfang und führte über den *absolutistischen Territorialstaat* (idealtypisch: das absolutistische Frankreich Ludwigs XIV.), den *konstitutionellen Nationalstaat* (idealtypisch: England während der Regentschaft durch die Hannoverianer) und den *liberaldemokratischen Staat* (idealtypisch: die USA während der Präsidentschaft von Woodrow Wilson) bis zum *demokratischen Wohlfahrtsstaat* (idealtypisch: das sozialdemokratische Schweden). Die Entwicklung verlief sowohl linear als auch zyklisch. Mehr oder weniger *linear* erfolgten die Vergrößerung des Staatsapparates und die Ausweitung der staatlichen Tätigkeiten: Während im frühabsolutistischen Frankreich zu Beginn des 16. Jahrhunderts bei einer Bevölkerungszahl von ca. 20 Millionen ungefähr 12 000 Menschen – also 0,0006 Prozent der Gesamtbevölkerung – im Dienste des Staates standen (vgl. Braudel 1992: 549), wuchs dieser Anteil über ca. 1,25 Prozent im Jahre 1905 (d. h. 500 000 Beschäftigte bei ca. 40 Millionen Bewohnern; vgl. Hobsbawm 1992: 99) auf satte 20 Prozent bis 1980 (Bruder/Dose 1992: 277). Gleichsam *zyklisch* war hingegen die Entwicklung des Verhältnisses von gesellschaftlichen Regelungsanforderungen und nationalstaatlicher Fähigkeit zu regieren, das Verhältnis von Regelungsnachfrage und Regelungsangebot also. Während zu Zeiten des absolutistischen Territorialstaates und in der Blütezeit des demokratischen Wohlfahrtsstaates diese Fähigkeit ausreichend erschien, zeichnete sich insbesondere die Zeit vor dem Ersten Weltkrieg durch unübersehbare Defizite im Regieren aus. Im folgenden möchte ich zunächst die lineare Komponente der Entwicklung nachzeichnen. Dabei geht es darum, vier *grundlegende Ziele des Regierens* zu identifizieren und darzustellen, wie diese durch den *demokratischen Wohlfahrtsstaat* annäherungsweise erreicht wurden (Abschnitt 1). Darauf aufbauend soll anhand einer Analyse der zyklischen Komponente der Staatsentwicklung gezeigt werden, daß die *Kongruenz von sozialen und politischen Räumen* tatsächlich Voraussetzung für effektives Regieren war und ist (Abschnitt 2).

1. Ziele des Regierens und Ausweitung der Staatstätigkeiten

Die normative Grundlage moderner Staatlichkeit ist das Prinzip der *Souveränität*, »die oberste legale Autorität des Staates, innerhalb eines bestimmten Territoriums Recht zu setzen und durchzusetzen und, als Konsequenz davon, die Unabhängigkeit von der Autorität anderer Staaten sowie die Gleichstellung mit ihnen im internationalen Recht« (Morgenthau 1967: 305; Übersetzung M.Z.). Historisch betrachtet war es mithin die internationale Anerkennung als völkerrechtliches Subjekt, die eine politische Organisation *letztlich* zum Staat machte. Souveränität hätte sich aber nicht ohne materielle und prozessuale Leistungen im Innern durchsetzen können. Entscheidend war dabei, daß der Territorialstaat mittels überlegener Ressourcenausstattung, die ihm die notwendige innere Autonomie gab, bestimmte öffentliche Aufgaben durch spezifische Instrumente und Institutionen besser erfüllen konnte als andere politische Organisationsformen (North 1981: 24; Spruyt 1994b). Dadurch erlangte er den inneren Zusammenhalt, der die äußere Legitimität ergänzen mußte. Der moderne Staat kann somit allgemein definiert werden als eine Organisation mit drei konstitutiven Merkmalen: (a) einem legitimen Monopol der Gewaltsamkeit, das eine innere Autonomie ermöglicht und dessen territoriale Reichweite durch die Fähigkeit, Steuern einzutreiben, bestimmt wird (*Ressourcendimension*); (b) einer gewissen Gemeinwohlorientierung (*Zieldimension*); und (c) der Anerkennung durch andere Staaten, die wenigstens im Prinzip von Mindeststandards der inneren Konstitution abhängig ist (*Anerkennungsdimension*).

Freilich gab und gibt es Staaten, die, gemessen an diesen Kriterien, nicht als Staaten zählen dürften. Es gab Staaten, in denen Bürgerkriege tobten, ohne daß die Anerkennung des Staates durch andere in Frage stand (z. B. amerikanischer Bürgerkrieg). Es gab Staaten, in denen das Gewaltmonopol privatistisch mißbraucht wurde, ohne daß das Gewaltmonopol oder die Anerkennung durch andere Staaten unmittelbar gefährdet waren (z. B. Rhodesien zu Anfang der weißen Minderheitsregierung). Und es gibt Staaten mit innerer Autonomie und einer gewissen Gemeinwohlorientierung ohne breite internationale Anerkennung (Taiwan seit Chiang Ching-kuo). In all den genannten Fällen werden diese Abweichungen jedoch als Defizite, als Probleme für die Staatlichkeit wahrgenommen und thematisiert. Denn die *Institution Staat* konnte sich nur durchsetzen, weil äußere Souveränität, innere Autonomie und Gemeinwohlorientierung Hand in Hand gingen, auch wenn dies im konkreten Einzelfall immer nur annäherungsweise und auch dieses nicht immer zutrifft.

Daß der Staat definitorisch an eine minimale Gemeinwohlorientierung gebunden wird, heißt nicht, daß die Agenten, die im Namen des Staates handeln – das politisch-administrative System oder die politische Klasse (vgl. Borchert/Golsch 1995) – Altruisten sein müssen. Sie sind es natürlich nicht. Die endlosen Geschichten über Amtsmißbräuche der »Würdenträger« in allen Staaten belegen dies. Neben der politischen Klasse hat aber auch die übergeordnete institutionelle Struktur ein Eigeninteresse, die das Handeln der Agenten mitbeeinflußt: das Interesse des Staates an sich selbst (Offe 1975). Das Interesse des Staates an sich selbst ist in der Regel durch gemeinwohlorientierte Politiken befördert worden. Freilich haben sich die Vorstellungen von »Gemeinwohlorientierung« historisch deutlich verändert. So entwickelte sich der Territorialstaat zum Nationalstaat, als das Gemeinwohl bestimmt wurde durch den Bezug auf eine »vorgestellte nationale Gemeinschaft« (Anderson 1991: Kap. 1), die sich aus mit Bürgerrechten ausgestatteten Individuen

zusammensetzt. Im liberaldemokratischen Staat ist die Gemeinwohlorientierung zusätzlich an mehrheitsdemokratische Verfahren der Entscheidungsfindung (politische Rechte) gebunden, während der Wohlfahrtsstaat seinen Mitgliedern darüber hinaus soziale
Rechte zugesteht (vgl. Marshall 1992).

Der Staat setzte sich gegenüber alternativen politischen Organisationsformen – wie Imperien, Stadtstaaten und Städteverbindungen – durch, weil er sich bei der Erfüllung bestimmter Aufgaben als
überlegen erwies. Erst später löste sich das Recht der Völker auf
Selbstbestimmung von der realen Fähigkeit der Staaten. Noch 1946
wehrte die britische Regierung eine prompte Aufgabe ihrer Kolo-
nien mit dem Argument ab, es fehle in diesen Ländern ein effektiver
Staat. Sie konnte sich dabei auf den Völkerbund berufen, der durch
Unterschiede bei der »Fähigkeit zur Unabhängigkeit« das Recht
auf Staatenbildung einschränkte. Erst 14 Jahre später verabschiedeten die Vereinten Nationen eine Resolution, die das Selbstbestim-
mungsrecht nicht von der Existenz eines effektiven Staates abhängig machte: »Eine nicht zureichende Fähigkeit im politischen,
ökonomischen, sozialen oder Bildungs-Bereich darf niemals Vor-
wand für den Aufschub einer Unabhängigkeit sein« (Resolution
1514 (XV), 14. 12. 1960; Übersetzung M. Z.).

Als Folge davon entstanden »Quasi-Staaten«, die ihre Existenz
primär der Anerkennung und Hilfe durch andere Staaten und internationale Organisationen verdanken, aber kaum dem Bild eines
modernen Staates entsprechen, wie es von den frühen Staatstheore-
tikern Jean Bodin und Thomas Hobbes gezeichnet wurde.[1] Die
formale Existenz solcher Quasi-Staaten wird nicht durch eine ausreichende innere Autonomie und die Erbringung substantieller
Leistungen abgestützt. M. a. W.: Legale Souveränität existiert als ju-
ristisches Konzept *de facto* unabhängig von der Effektivität nationalstaatlicher Fähigkeiten und auch vom Grad der inneren Autonomie eines Staates. Insofern hat Robert O. Keohane (1991: 5)
recht, wenn er schreibt: »Das Problem, das internationale Interdependenz in erster Linie für Regierungen hervorruft, ist nicht, daß es
direkt deren formale Souveränität oder ihre Autonomie bedroht,
sondern daß es ihre Effektivität in Frage stellt« (Übersetzung

---

1 Jackson (1990) hat für diese Organisationen den Begriff der Quasi-Staaten eingeführt. Zur Problematik siehe auch Knieper (1991) und v. a. Sørensen (1997).

M.Z.). Die Modifikation »in erster Linie« ist hier aber von zentraler Bedeutung. Formale Souveränität in Abwesenheit von realer innerer Autonomie und realer Steuerungsfähigkeit ist stets äußerst prekär. Ein System von Staaten, die allesamt nur aufgrund der Hilfe anderer Staaten existieren, ist ein unhaltbares Konstrukt. Die Anerkennung von Quasi-Staaten durch Quasi-Staaten ist quasi bedeutungslos. Um über die Zukunft von staatlicher Souveränität und von Regieren generell nachzudenken, erscheint es also unabdingbar zu verstehen, welche Aufgaben den Staaten der OECD – die ausschlaggebend sind und als Vorbild gelten – heute zugewiesen werden und wie sie sie erfüllen können.

Welche Leistungen muß ein hochentwickelter Staat erbringen, damit er als effektiv gelten kann?[2] Bei der Ermittlung dieser Staatsaufgaben oder -ziele kann mit Dieter Grimm (1994a: 771) zunächst festgestellt werden: »Jeder Lebensbereich, der sich überhaupt menschlicher Einwirkung öffnet, ist auch schon Gegenstand staatlicher Tätigkeit gewesen.« In verschiedenen akademischen Disziplinen und Diskursen bestehen trotz divergierender Begrifflichkeiten überraschend ähnliche Vorstellungen von den allgemeinen Zielen, die das Regieren erreichen soll. So spricht die historische Staatstheorie von den »Minimalaktivitäten des Staates«, wozu die Kriegführung, der Staatsaufbau, der Schutz von Individuen und das Eintreiben von Steuermitteln gehören (Tilly 1990: Kap. 4). Die ökonomische Staatstheorie betrachtet den inneren und äußeren Schutz sowie die Bereitstellung von öffentlichen Gütern als zentrale »Staatspflichten« (Smith 1993; vgl. auch North 1981). Die Rechtstheorie spricht von den »Aufgaben (Funktionen) zur Regelung des menschlichen Zusammenlebens in dem betreffenden Staat« und macht den Frieden, die Freiheit, die soziale Sicherung, soziale Integration und Kooperation als solche Aufgaben aus (Horn 1996: 22-25). In der Soziologie ist klassisch die Unterscheidung zwischen bürgerlichen (Sicherung der individuellen Freiheiten), politischen (Teilhabe an der politischen Macht) und sozialen

2 Im neuesten Weltentwicklungsbericht der Weltbank wird genau diese Frage gestellt (World Bank 1997: 2). Ausgehend von der Feststellung, daß alle Länder mit akzeptablen Lebensbedingungen einen einigermaßen effektiven Staat haben, versucht die Weltbank, die wichtigsten staatlichen Aktivitäten zu bestimmen. Sie dreht damit die alte Fragerichtung der internationalen Wirtschaftsorganisationen »Von welchen Tätigkeiten kann der Staat befreit werden?« bemerkenswerterweise um.

(Mindestmaß an sozialer Sicherheit) Staatsbürgerrechte – d. h. Anforderungen an den Staat – etabliert. In einer neueren Abhandlung spricht Anthony Giddens (1997: 329) von Verminderung von Zwang und Gewalt, Anfechtung willkürlicher Machtanmaßung, Schaffung eines Ausgleichs für die Zerstörung der Umwelt und Bekämpfung der Armut als grundlegende Orientierungen der Politik. In der politischen Theorie identifiziert beispielsweise Seyla Benhabib (1996: 67) Legitimität, ökonomische Wohlfahrt und kollektive Identität als die »öffentlichen Güter«, die in modernen Gesellschaften erbracht werden müssen. In der neueren politischen Ökonomie werden die ordnungspolitische Absicherung des Marktes, die Bereitstellung einer öffentlichen Infrastruktur und sozialpolitische Ausgleichsleistungen als »Hauptfunktionen« des Staates in der »sozioökonomischen Sphäre« identifiziert (vgl. Cerny 1996: 124-130 und Majone 1996a: 54).

Diese Perspektiven verbindend kann formuliert werden: Das Regieren muß in komplexen Gesellschaften so gestaltet sein, daß

1. die äußere und innere Sicherheit (inklusive einer lebensfähigen Umwelt) gewährleistet sind (Sicherheitsziel);

2. ein symbolisches Bezugssystem geschaffen wird, in dem sich eine zivile kollektive Identität entwickeln kann (Identitätsziel);

3. die politischen Entscheidungen als zustimmungsfähig anerkannt werden (Legitimationsziel);

4. das wirtschaftliche Wachstum so befördert wird und die sozialen Ungleichheiten so eingedämmt werden, daß ein breiter materieller Wohlstand erreicht wird (Wohlfahrtsziel).

Die vier genannten Ziele sind »normative Güter«, da sie in den OECD-Ländern von den meisten Menschen als wertvoll und wünschenswert angesehen werden; sie sind gleichzeitig »funktionale Güter«, da die dauerhafte Nichterreichung eines oder mehrerer dieser Ziele die Krise des politischen Systems in den entsprechenden Ländern zur Folge hätte. Die *Ziele des Regierens*[3]

3 Ich verwende den Begriff »Ziele des Regierens« aus zwei Gründen. Zum einen sollte die Erreichung dieser Ziele nicht voreilig von der Existenz eines Staates abhängig gemacht werden. Wenn Regieren jenseits des Nationalstaates gedacht werden soll, müssen die genannten Ziele als analytisch getrennt vom Staat betrachtet werden. Insofern sind Begriffe wie »Staatsaufgaben«, »Staatszwecke« oder »Staatsfunktionen« unzureichend. Zum zweiten gilt es, teleologische Wesensbeschreibungen des Staates oder des Regierens zu vermeiden (Kaufmann 1994: 17), ohne auf die

wandeln sich im Lauf der Geschichte. Sie haben sich erweitert, und erst der demokratische Wohlfahrtsstaat in der zweiten Hälfte des 20. Jahrhunderts im Kern der OECD-Welt hat sie in vollem Umfang angestrebt. Bei einer schematischen Betrachtungsweise zeigt sich, daß die vier Ziele sich in einer historischen Abfolge herausgebildet haben.

ad 1) Die *Entstehung* des modernen Territorialstaates geht ganz wesentlich auf Auseinandersetzungen über die *Sicherheitsfrage* zurück. Während des 12. und 13. Jahrhunderts wird der Auflösungsprozeß, der sich aus dem Zerfall des römischen Reichs ergab, auch im Westen langsam gestoppt und später umgekehrt. Zu dieser Zeit intensivierte sich die Konkurrenz zwischen politischen Einheiten, die unterschiedlichen Organisationsprinzipien folgten und deren Herrschaftsansprüche sich auf dasselbe Territorium bezogen. Diese Konflikte wurden zunehmend militärisch ausgetragen (Wallerstein 1974: Kap. 1 und Tilly 1990: Kap. 1). »Vier oder fünf Jahrhunderte später«, so schreibt Norbert Elias (1969: II, 127), »hat sich eine Königsfunktion herausgebildet, deren Inhaber Monopolist riesiger militärischer und finanzieller Machtmittel auf dem ganzen Gebiet des Königreichs ist. Kämpfe, wie sie Ludwig VI. mit anderen Feudalherren im Rahmen eines Territoriums führt, stellen die ersten Schritte auf dem Weg zu dieser späteren Monopolstellung des Königshauses dar.«

Während viele der Krieger und Herrscher des 13. Jahrhunderts noch private Geschäftemacher waren (der erwähnte Friedrich II. bildete eine Ausnahme), besaß der absolutistische Territorialstaat, der sich zwischen dem 16. und dem 18. Jahrhundert langsam konsolidierte, schon einen etwas anderen, in der Tendenz gemeinwohlorientierteren Charakter. Der absolutistische Territorialstaat entstand zunächst in Frankreich, dann aber auch auf anderen Territorien Westeuropas, als sich die europäischen Herrscherhäuser stehende Armeen zulegten, mittels derer sie gegenüber dem Rittertum und umherziehenden bewaffneten Banden ein Gewaltmono-

Position zurückzufallen, daß die wünschbaren und notwendigen Regierungstätigkeiten komplett historisch und kulturell kontingent sind. Der Begriff »Ziele des Regierens« bringt m. E. die gewünschte Mittelposition besser zum Ausdruck als etwa Zwecke oder Funktion (klingt nach Wesensbeschreibung) oder als Aufgaben oder Tätigkeiten (klingt nach vollständiger Kontingenz).

pol durchsetzten, das vom Aufbau eines administrativen Apparates zur Eintreibung von Abgaben begleitet wurde. Letzteres war freilich noch die Aufgabe halböffentlicher Financiers (Braudel 1992: 519-542), was zeigt, daß sich die Konsolidierung innerer und äußerer Souveränität äußerst langwierig gestaltete und der Westfälische Frieden keinesfalls einen plötzlichen Bruch mit der Vergangenheit darstellt, mit dem über Nacht das internationale Staatensystem geschaffen wurde (Krasner 1993).

In den zunehmenden kriegerischen Auseinandersetzungen konnten nur die Herrscher bestehen, die eine Monopolisierung der Gewaltmittel auf ihrem Territorium durchsetzten. Es gab somit eine enge Beziehung zwischen Kriegen, der Notwendigkeit, Mittel für die Kriegführung einzutreiben, und der Einrichtung eines Verwaltungsapparats zu diesem Zweck. In einem System, das durch Wettbewerb, Krieg und Eroberung gekennzeichnet war, sammelte ein wachsender Verwaltungsapparat jene Ressourcen, die Sicherheit gegen militärische Drohungen von außen gewährleisten sollten.[4] Die sukzessive Durchsetzung eines Gewaltmonopols gegenüber internen Rivalen garantierte den inneren Frieden. Die Wahrscheinlichkeit, einen unnatürlichen Tod (durch Raub, Mord, Totschlag etc.) zu sterben, war beispielsweise in England im 13. Jahrhundert noch um das zehnfache höher als im 18. Jahrhundert. In Kontinentaleuropa gingen die Mordraten vor allem zwischen dem 17. und 19. Jahrhundert deutlich zurück (Tilly 1990: 69). Es dauerte allerdings bis in das 20. Jahrhundert hinein, bis die Nationalstaaten nicht-staatlich organisierte Gewalt auch aus der transnationalen Sphäre verbannt hatten. Bis dahin ging von Freibeutern, Piraten, Söldnerheeren und Handelsgesellschaften ein beträchtliches Maß von organisierter Gewalt aus (vgl. Thomson 1994).

Neben dem Garanten des inneren Friedens entwickelte sich der Territorialstaat gleichzeitig zur erstrangigen äußeren Bedrohung. Der Westfälische Frieden formalisierte im Jahre 1648 ein Staatensystem, das sich einer umfassenden Anarchie annäherte. Die

4 Vgl. zum skizzierten Zusammenhang Tilly (1985), Krippendorff (1985), Giddens (1985) und Mann (1990). Ob ein säkularer Monopolmechanismus (Elias), die Entwicklung der Waffentechnik (Giddens, Tilly) oder die Wiederentdeckung der Geldwirtschaft (Braudel, Wallerstein) diese Dynamik auslöste, braucht hier nicht geklärt zu werden.

Außenpolitik der europäischen Mächte war durch eine weitgehende Handlungsfreiheit gekennzeichnet, nachdem sich das mittelalterliche Konzept der *res publica Christiana* aufgelöst hatte. Diese Struktur übersetzte sich in blankes Machtstreben nach außen und kulminierte nicht selten im diplomatischen Verrat. Kriegskoalitionen wurden ohne Rücksicht auf Tradition, Religion oder dynastische Ehen gebildet. Mit Ausnahme der Vereinigten Provinzen kämpfte beispielsweise während der Herrschaft Ludwigs XIV. (1643-1715) jeder europäische Staat sowohl mit als auch gegen Frankreich. Im gesamten 17. Jahrhundert gab es nur sieben Jahre, in denen keine kriegerischen Großmachtauseinandersetzungen stattfanden (vgl. Cox 1987: 113; Kaiser 1990: Kap. 2). Erst ganz langsam gelang es den Staaten, die Anzahl zwischenstaatlicher Kriege im Rahmen der internationalen Diplomatie zu senken. Nach den Napoleonischen Kriegen kam es unter Führung von Fürst Metternich zum sog. Wiener Kongreßsystem, welches das Gleichgewicht der Mächte vorübergehend institutionalisieren konnte und eine längere kriegsarme Phase einläutete. Der Völkerbund und die Vereinten Nationen sind weitere Etappen in dieser immer wieder durch schreckliche Kriege unterbrochenen Entwicklung, die die Gewährleistung von Sicherheit als primäres Ziel des Regierens etablierte.

ad 2) Die überlebensbedrohende Konkurrenz zwischen verschiedenen Territorialstaaten, den Stadtstaaten in Norditalien und auch den Städteverbindungen (insbesondere der Hanseatischen Liga) sorgte schon aus sozialpsychologischen Gründen für eine verschärfte Grenzziehung zwischen den Ländern und somit für eine erhöhte innere Kohäsion. Wichtiger ist allerdings, daß infolge absolutistischen Regierens zunehmend institutionelle Rahmenbedingungen geschaffen wurden, die – zum großen Teil als nichtintendierte Folge – zu einer nationalen *kollektiven Identität* führten. Dabei ging es, absolutistisch gedacht, zunächst darum, »der Regierung die Mittel zu geben, ihre Anweisungen über eine große Entfernung in der kürzestmöglichen Zeit zu übertragen«.[5] Mit der

---

5 So der französische Physiker Claude Chappe, der in der zweiten Hälfte des 18. Jahrhunderts an der Entwicklung des seismographischen Telegraphen arbeitete (Flichy 1995: 8; Übersetzung M. Z.).

Verwirklichung dieses Ziels begann der Staat jedoch auch die infrastrukturellen Grundlagen einer überregionalen Verkehrswirtschaft zu legen, beispielsweise in Form von neuen Verkehrswegen oder der Verbesserung der landesweiten Kommunikationsmöglichkeiten. Darüber hinaus sorgte der Territorialstaat für die Vereinheitlichung von Maßen und Normen sowie von rechtlichen und kulturellen Verkehrsformen. Die Ausbildung einer nationalen Verkehrswirtschaft erforderte ihrerseits eine allgemeine Grundbildung und eine gemeinsame Sprache, die zum einen die regionenübergreifende Kommunikation und zum anderen eine wachsende Mobilität der Individuen ermöglichte. Noch am Vorabend der Französischen Revolution sprach nämlich nur eine Minderheit von 12 bis 13 Prozent der Bewohnerinnen und Bewohner Frankreichs »korrekt« französisch; ungefähr die Hälfte der Bevölkerung sprach es gar nicht (Hobsbawm 1992: 75). Zur Zeit des Absolutismus gab es Territorial-, aber noch keine Nationalstaaten.

Mit den landesweiten Vereinheitlichungen verbesserten sich zum einen die überregionalen Kommunikationsmittel, welche die Gemeinschaftsbildung jenseits von personalen Beziehungen erst möglich machen (Anderson 1991). Zum anderen entstand eine zentralisierte nationale Bildung, die die lokale Kultur zunächst ergänzte und bald dominierte (Gellner 1991). In diesem Kontext konnte sich dann in der Literatur, in der bildenden Kunst, in der Musik und in der Architektur eine Symbol- und Gefühlswelt ausbilden, die zur Grundlage einer nationalen Kultur und zum Kulturnationalismus wurde. Damit offenbarte sich die soziale Strukturierungskraft des Staates immer deutlicher, so daß sich die politische Auseinandersetzung nun primär auf den Nationalstaat bezog oder gegen ihn gerichtet war, auf jeden Fall aber auf der nationalen Ebene stattfand (Breuilly 1994). M. a.W: Der Territorialstaat schuf die infrastrukturellen, die kulturellen und die politischen Grundlagen für die Bildung von Nationen. Nicht die Nationen sind es gewesen, die die Staaten hervorbrachten, sondern umgekehrt entwickelten sich Nationen aus den Staaten heraus (Hobsbawm 1992: 21).[6] Halb ge-

6 Daß beispielsweise in Deutschland und in Italien die Nation vor dem Staat existierte, tut dem Argument keinen Abbruch. Die politische und die durch die staatliche Organisation ermöglichte industrielle Entwicklung in Westeuropa setzte die deutsche und italienische Kleinstaaterei dermaßen unter Druck, daß sich mit der Ausbildung einer Verkehrswirtschaft, die die feudale Kleinstaaterei überwand, not-

wollt, halb ungewollt zielte somit das absolutistische Regieren neben der Konsolidierung innerer und äußerer Sicherheit auf die Schaffung einer nationalen Identität und führte so vom Territorial- zum Nationalstaat. Die entstehenden nationalen Identitäten erhielten in dem Maße einen hochgradig exklusiven Charakter, wie sich diese im Laufe des 19. Jahrhunderts ethnisch konstituierten. Parallel zur Demokratisierung des Nationalstaates im 20. Jahrhundert entfaltete sich jedoch eine zivile und damit deutlich offenere nationale Identität, die Voraussetzung für die Möglichkeit und zugleich Produkt des demokratischen Staates ist.

ad 3) Nachdem der absolutistische Leviathan einmal etabliert war, wurde das Hobbessche Dilemma offenbar: Weil zum einen Menschen rationale Egoisten sind, die nach Reichtum und Ehre streben und sich voreinander fürchten, bleibt die Sicherheit der Menschen in der Anarchie stets gefährdet. Ein Leviathan erst ermöglicht Ordnung. Andernfalls ist das menschliche Leben – so die berühmte Formulierung von Hobbes – »einsam, ärmlich, schmutzig, brutal und kurz«. Aber gerade weil Menschen egoistisch sind, führt unbeschränkte Macht zu einem Zwangsstaat (vgl. Keohane 1995). Die Lösung des Dilemmas bestand in einer Ausgestaltung des Gesellschaftsvertrags, die dem staatlichen Wirken in Form von individuellen Rechten Grenzen setzte. Die Lockesche Lösung des Hobbesschen Dilemmas bedeutete letztlich die *demokratische Legitimation* durch die Ausbildung von liberaldemokratischen Staatsbürgerrechten.

Die formgebende Phase der *bürgerlichen Freiheitsrechte* war *grosso modo* das 18. Jahrhundert. Die Etablierung der Freiheitsrechte – also jener Rechte, die notwendig sind, um die individuelle Freiheit zu sichern, wie die »Freiheit der Person, Redefreiheit, Gedanken- und Glaubensfreiheit, Freiheit des Eigentums, die Frei-

wendigerweise eine nationale Bewegung herausbildete. Die Nation und der Nationalstaat wurden angesichts des Drucks zur nachholenden Entwicklung gleichermaßen Mittel des sozialen Fortschritts (Senghaas 1992). Der Zwang zum sozialen Fortschritt ist aber durch den Territorialstaat und das internationale Staatensystem gesetzt worden. In den Worten von John Breuilly (1994: 401): »Der Nationalismus ist eine spezifische Gestalt moderner Politik, der nur in Verbindung mit der Entwicklung des modernen Nationalstaats verstanden werden kann.« (Übersetzung M.Z.)

heit, gültige Verträge abzuschließen, und das Recht auf Gerichtsverfahren« (Marshall 1992: 40) – ging einher mit dem Aufstieg eines wirtschaftlich definierten Bürgertums. Ohne derartige Freiheitsrechte hätte sich kaum eine Klasse herausbilden können, deren Mitglieder sich ohne unmittelbaren Rückgriff auf politische Herrschaft und soziale Hierarchien Gewinne anzueignen vermochten. Die Freiheitsrechte formten den institutionellen Rahmen, der es ermöglichte, Transaktionskosten zu senken und Gemeinschaftsgüter in ausreichendem Maße bereitzustellen. In der Folge beruhte die Dynamik des wirtschaftlichen Wachstums und der sozialen Entwicklung zunehmend direkt auf der Gesellschaft und war nicht mehr nur staatlich induziert wie noch in der Blütezeit des Merkantilismus. Der agrarische Kapitalismus, der den Weg für die industrielle Revolution und mithin für eine schnelle Ausbreitung der kapitalistischen Wirtschaftsform bereitete, ergab sich nicht nur zufällig in dem Land, in dem die bürgerlichen Freiheitsrechte am weitestgehenden etabliert waren: in Großbritannien. Heute haben sich bürgerliche Freiheitsrechte im Prinzip in der gesamten OECD-Welt (mit Ausnahme von Mexiko und der Türkei), allemal aber im Kern der OECD-Welt durchgesetzt. Der funktionale Zusammenhang von wirtschaftlichem Erfolg und Mindeststandards von bürgerlichen Freiheitsrechten wird dadurch bestätigt. Normativ gesehen sind die bürgerlichen Freiheitsrechte durch die Menschenrechtsdeklaration der Vereinten Nationen nach dem Ende des Zweitens Weltkrieges universalisiert worden, ohne allerdings universell Anwendung zu finden.

Nachdem die bürgerlichen Rechte in den meisten europäischen Ländern im Laufe des 19. Jahrhunderts an Substanz gewannen, kamen zunehmend die sogenannten *politischen Rechte*, also Rechte auf die Teilnahme und Teilhabe an der politischen Macht, auf die Tagesordnung. 1789 erlangte die Französische Revolution Symbolkraft für das demokratische Recht auf Beteiligung am Prozeß der staatlichen Entscheidungsfindung. Insoweit staatliche Herrschaft die Befugnis der zwangsförmigen Durchsetzung ihrer Anordnungen einschließt, bedarf sie seitdem einer Rechtfertigung, die auch auf die ausreichende Beteiligung der davon Betroffenen verweist. Der Forderung nach Demokratisierung des Staates und später im 20. Jahrhundert der Gesellschaft konnten sich die Herrschenden nicht mehr länger entziehen. Freilich war der Kreis derjenigen, die als Staatsbürger angesehen wurden und im 19. Jahrhundert Beteiligungsrechte erhielten, stark eingeschränkt. Das Wahlrecht war zunächst das Privileg einer kleinen Schicht wohlhabender Männer.

Es dauerte lange, bis die gesamte Bevölkerung eines Landes politische Teilhaberechte besaß. Das allgemeine Wahlrecht für Männer wurde erstmals 1848 in Frankreich und in den meisten heutigen OECD-Ländern inklusive Großbritanniens erst nach dem Ersten Weltkrieg eingeführt. Das allgemeine Wahlrecht für Frauen fand noch später Eingang in die Wahlgesetze, in Großbritannien beispielsweise 1928 und in Belgien, Frankreich und Italien gar erst nach dem Zweiten Weltkrieg. Obwohl Frauen in der Schweiz erst seit 1971 wählen dürfen, kann dennoch die Zeit zwischen 1848 und 1948 als Jahrhundert der Verallgemeinerung der politischen Rechte gelten. Die bei Wahlen abgegebenen Stimmen stiegen im 19. Jahrhundert permanent an, sie erreichten zur Jahrhundertwende einen Durchschnittswert von ca. 20 Prozent der Gesamtbevölkerung, der bis zu den fünfziger Jahren dann auf 50 bis 60 Prozent anstieg (Nohlen 1992:515). Die demokratische Legitimation ist seitdem eine wesentliche Komponente des demokratischen Wohlfahrtsstaates.

ad 4) *Soziale Wohlfahrt* wurde staatlicherseits erstmals durch die absolutistischen Bemühungen zur Schaffung einer nationalen Verkehrswirtschaft begünstigt. Die scharfe zwischenstaatliche Konkurrenz legte politische Institutionen nahe, die technologische Entwicklungen beförderten, um die wirtschaftliche Macht des Staates zu steigern. Es war das Zeitalter von Jean Baptiste Colberts Merkantilismus. Die politischen Maßnahmen, die der Minister Ludwigs XIV. ergriff, sollten die französische Wirtschaft ankurbeln, doch war sein primäres Ziel zunächst nicht die Verbesserung des Lebensstandards der französischen Bevölkerung, sondern die Anhäufung von Gold- und Silberreserven, um ein großes Heer und Kriege zu finanzieren. Zu diesem Zweck wurden die nationalen Volkswirtschaften als Ganzes und besonders die für die nationale Sicherheit als wichtig erachteten Sektoren durch staatliche Maßnahmen meist in Form von Zöllen gegenüber den auslän-

dischen Produzenten protegiert. Dadurch sollte die Macht der
Staaten relativ zu den Konkurrenten gesteigert werden (Gilpin
1981: 122).

Am Ende des Prozesses stand eine Wirtschaftsordnung, die *effizientes Wirtschaften* und die Ausbildung einer nationalen Verkehrswirtschaft bzw. einer kapitalistischen Volkswirtschaft ermöglichte. Die Eigentumsgarantie, die Vertragsfreiheit, die Reduktion bzw. Abschaffung von innerstaatlichen Barrieren beim Austausch von Gütern, Kapital und Arbeit sowie die Bereitstellung einer nationalen Infrastruktur für Transport und Kommunikation schafften die ordnungspolitischen Voraussetzungen für die industrielle Revolution im 19. Jahrhundert. Gleichzeitig konnte sich das Wohlfahrtsziel vom Ziel der äußeren Sicherheit emanzipieren. Das Ausmaß und der Erfolg der Institutionalisierung einer solchen Wirtschaftsordnung hingen vom Kräfteverhältnis zwischen Königtum, Adel und Bürgertum ab, das ganz wesentlich die politische Zukunft eines Landes bestimmte. Stark vereinfacht läßt sich sagen, daß in den Gebieten, in denen es eine starke Zentralgewalt und relativ viel Handelskapital gab, die Grundlage für eine schnelle und erfolgreiche wirtschaftliche Entwicklung gelegt wurde. In diesen Gebieten, insbesondere im Nordwesten von Europa, verlief der Transformationsprozeß weniger opferreich als anderswo. In den Gebieten Ost- und Mitteleuropas hingegen, wo die tributeintreibenden Feudalherren eine starke Position behielten, die weder von der Krone noch vom Handelskapital merklich geschwächt werden konnte, verlief (und verläuft) die Modernisierung mit mehr Schrecken und opferreicher als anderswo (vgl. Moore 1969; Cox 1987; Tilly 1990).

Die Entwicklung einer nationalen Marktwirtschaft und die industrielle Revolution produzierten einen ungekannten Wohlstand. Parallel dazu führten sie zur relativen Verarmung weiter Bevölkerungsschichten, da sie die sozialen Absicherungen zerstörten, die die feudal organisierte dörfliche Gemeinschaft noch bereithielt. Zahllos sind die Schilderungen der katastrophalen Verhältnisse in den Industrieregionen, die Klagen über die Probleme der rapiden Urbanisierung und des Elends der Kinder- und Nachtarbeit während der Industrialisierung. Die heftigen sozialen und politischen Auseinandersetzungen im Gefolge dieser »sozialen Frage« resultierten in einer staatlichen Politik, die auf die Linderung des sozialen Elends zielte. Das Recht auf ein Mindestmaß an wirtschaftlicher Wohlfahrt und Sicherheit ist das Staatsbürgerrecht, das im wesentlichen in Form von Umverteilungsmaßnahmen sichergestellt wird. Dabei besteht wohl ein systematischer Zusammenhang zwischen Mehrheitsdemokratie und Sozialpolitik. In vielen Ländern folgten die sozialen Rechte auf die politischen Bürgerrechte, während in Deutschland Bismarck versuchte, die Einführung allgemeiner politischer Rechte durch die Einräumung von sozialen Rechten zu verhindern. Es spricht also manches dafür, daß eine aktive staatliche Politik zur Sicherung des Lebensstandards von Unterprivilegierten mit der Durchsetzung der Mehrheitsentscheidung als primäres politisches Verfahren Hand in Hand geht.

Eine *staatlich getragene* Sozialpolitik, mit der die Marktergebnisse aus sozialen Erwägungen heraus korrigiert werden sollen (Marshall 1975: 15) und die Gesellschaft Verantwortung für den Einzelnen übernimmt (Kaufmann 1997: 21), entwickelte sich ab dem Ende des 19. Jahrhunderts. Zu dieser Zeit gewann die Arbeiterklasse aufgrund des erweiterten Wahlrechts erstmals einen (allerdings mittelbaren) Einfluß auf die staatliche Politik. Gleichzeitig zeigten sich die Defizite der solidarischen Selbstorganisation. In den industriellen Zentren des 19. Jahrhunderts hatten sich sogenannte Hilfskassen entwickelt, die die familiäre und dorfgemeinschaftliche Unterstützung ersetzten. Die Mitgliedschaft in diesen Kassen war sehr homogen. Sie bestand im allgemeinen aus Männern, die den gleichen Beruf ausübten, die aus derselben Gegend stammten und ein ähnliches Alter aufwiesen. Daraus ergab sich das Dilemma der Hilfskassen, das Abram de Swaan (1988: 146) so klar herausarbeitet: »Die soziale Homogenität, die die Solidarität zwischen den Mitgliedern erst ermöglichte, verursachte auch eine Konzentration der Risiken und damit über kurz oder lang den Bankrott der Hilfskassen« (Übersetzung M. Z.).

Der Weg zur staatlichen Sozialpolitik gestaltete sich je nach den sozialen Kräfteverhältnissen unterschiedlich. In Deutschland wurden zwischen 1885 und 1926 die nationalen Versicherungssysteme eingerichtet, die sich auf die vier Hauptursachen der Erwerbslosigkeit beziehen: Nach und nach wurden eine Unfallversicherung, eine Altersvorsorge, eine Krankenversicherung und eine Arbeitslosenversicherung eingeführt. Dieses erste nationalstaatliche Sicherungs-system hatte gleichsam präventiven Charakter: Der paternalistische Wilhelminische Staat suchte im Bündnis mit den Industrieunter-nehmen den Einfluß der politischen Arbeiterorganisationen zu schwächen. In England hingegen beruhte die frühe Sozialpolitik vor allem auf einem Bündnis des Staates mit der politischen Organisa-tion der Arbeiterklasse. In Frankreich stellte sich die Situation wieder anders dar: Dort führte ein korporatistisches Zusammen-wirken von Staat, Kapital und Arbeit zu einer staatlichen Sozial-politik – allerdings deutlich später als in Deutschland und England (vgl. Swaan 1988: Kap. 6). In jedem Falle hatte die Sozialpolitik eine sozialintegrative Wirkung (Kaufmann 1997: 38).

All dies stellte bestenfalls einen Anfang dar. Zur Jahrhundert-wende wurde in Deutschland ein Betrag von ungefähr einem Pro-zent des Bruttosozialprodukts (BSP) für Sozialleistungen aus-gegeben. Damit hatte Deutschland zu jener Zeit den höchsten Sozialanteil am BSP, wie auch noch 1960, als die Sozialleistungs-quote in den westeuropäischen Demokratien zwischen 8 und 18 Prozent lag. Heute (1993) hingegen besitzt Deutschland eine So-zialleistungsquote von 24,7 Prozent, und Schweden liegt mit 38 Prozent an der Spitze (Kaufmann 1997). Nach den Berechnungen der Internationalen Arbeitsorganisation (ILO) haben die Aufwen-dungen für soziale Sicherheit Anfang der achtziger Jahre in den OECD-Ländern durchschnittlich 25 Prozent des BSP betragen. Sozialpolitik im demokratischen Wohlfahrtsstaat zeichnet sich im wesentlichen dadurch aus, daß sie das Risiko der Erwerbslosigkeit oder Krankheit abdeckt, national organisiert ist, ein individueller Rechtsanspruch besteht und sie daher nicht mit politischer Diskri-minierung einhergehen kann.

Ein weiterer Indikator für das aktive Regieren im Namen der sozialen Wohlfahrt ist die Gesamtsumme der öffentlichen Ausga-ben. Vor dem Ersten Weltkrieg hatte der Anteil der öffentlichen Ausgaben am Bruttoinlandsprodukt (BIP) im Schnitt aller OECD-Länder noch unter 10 Prozent betragen. Er stieg in der Zwi-schenkriegsperiode auf ca. 15 Prozent an, und selbst 1960 lag dieser Wert – trotz eines vorübergehenden Hochs während des Zweiten Weltkrieges – noch unter 20 Prozent. Dann setzte jedoch die große Ausweitung des öffentlichen Sektors ein: 1980 wurde die

40-Prozent-Marke bereits deutlich überschritten, und 1995 lag er im Durchschnitt aller OECD-Länder bei fast 50 Prozent des BIP (World Bank 1997: 5). In den Niederlanden und in Schweden überstieg der Staatsanteil bereits Mitte der achtziger Jahre die 50-Prozent-Marke. Mit diesen enormen Mitteln sollte die Wirtschaft so gesteuert werden, daß sich Arbeitslosigkeit und Armut weniger leistungsfähiger Menschen in erträglichen Grenzen hielten. Darüber hinaus stellte der demokratische Wohlfahrtsstaat eine Vielzahl von infrastrukturellen Voraussetzungen für Wirtschaft und Gesellschaft bereit. Das Post- und Telekommunikationswesen, große Teile des Gesundheitswesens, öffentliche Transportmittel und vieles andere mehr befanden sich Mitte der siebziger Jahre in den meisten Industrieländern in öffentlicher Hand.

Die wohlfahrtsstaatlichen Maßnahmen gingen nach dem Zweiten Weltkrieg zunehmend mit einer interventionistischen Wirtschaftspolitik einher. Nach dem Erfolg des *New Deal* in den USA setzte sich insbesondere in Westeuropa eine Politik durch, die die Auswirkungen von Konjunkturkrisen abmildern und die Volkswirtschaft aktiv strukturieren wollte. Mittels einer staatlichen Nachfragesteuerung sollten Rezessionen schneller überwunden und Boomphasen abgeflacht werden. Gleichzeitig griff der Staat in bestimmte wirtschaftliche Sektoren ein, um den Strukturwandel zu befördern und seine sozialen Kosten zu lindern. In diesem Zusammenhang wird häufig vom »keynesianischen Wohlfahrtsstaat« gesprochen, der (a) das Instrument der staatlichen Nachfragesteuerung extensiv nutzte, (b) stringente Kapitalkontrollen auferlegte, (c) eine aktive Industriepolitik betrieb und (d) substantielle Transferleistungen tätigte (Shonfield 1965; Jessop 1992). Dieser keynesianische Wohlfahrtsstaat verkörperte eine gewisse soziale Kompetenz, die in der relativ krisenfreien wirtschaftlichen Wachstumsperiode der ersten 30 Jahre nach dem Zweiten Weltkrieg entfaltet wurde (Neyer 1996: Kap. I.1), und nährte den »kurzen Traum immerwährender Prosperität« (Lutz 1984). Das vierte Ziel des Regierens – die soziale Wohlfahrt – ist also erst mit der vollständigen Ausbildung des demokratischen Wohlfahrtsstaates nach dem Zweiten Weltkrieg institutionalisiert worden.

Trotz der Verfügungsgewalt über enorme Ressourcen konnte der demokratische Wohlfahrtsstaat lange Zeit institutionell gebändigt werden. Intern gingen Wohlfahrtsstaaten nämlich mit liberaldemokratischen politischen Systemen einher, die in der Bevölkerung ein hohes Maß an Vertrauen besaßen und durch eine breite Partizipation getragen wurden. Die relativ hohe Besteuerung der Gesellschaft durch den Staat ließ sich nur durch den Appell an die gemeinwohlorientierte Gestaltung der nationalen Gemeinschaft absichern. Extern war der Wohlfahrtsstaat in internationale Institutionen eingebettet, die seinen Maßnahmen, sei es im Bereich des internationalen Handels, der Sicherheit oder auch der Menschenrechte, einen Rahmen setzte, ohne die nationale Autonomie grundlegend zu gefährden. Mit dem internationalen Handelsregime, den Abkommen über Währungs- und Finanzbeziehungen sowie der Europäischen Wirtschaftsgemeinschaft waren insbesondere im wirtschaftlichen Bereich die Voraussetzungen für die lange Blütezeit nach dem Zweiten Weltkrieg gegeben. Diese internationalen Vereinbarungen und Institutionen sollten den uneingeschränkten Wirtschaftsliberalismus eindämmen (*embedded liberalism*; Ruggie 1983; 1994). Sie ermöglichten relativ ungehinderte Transaktionen zwischen allen Industrieländern, ohne den Raum nationaler Gestaltungsspielraums im politischen und gesellschaftlichen Bereich allzu einzuschränken. Entscheidenden Anteil daran hatten die Kapitalkontrollen, die durch die internationalen Wirtschaftsinstitutionen nach dem Zweiten Weltkrieg bewußt nicht liberalisiert worden waren. Der britische Verhandlungsführer John Maynard Keynes faßte den Grund hierfür wie folgt zusammen: »In meinen Augen hängt das ganze Management der Binnenwirtschaft davon ab, daß die geeignete Zinsrate frei, ohne Berücksichtigung der sonst in der Welt verbreiteten Raten festgesetzt werden kann. Kapitalkontrolle ist die logische Entsprechung dieser Freiheit.«[7]

Im Umfeld des gezähmten Wirtschaftsliberalismus konnten die korporatistischen Wohlfahrtsstaaten skandinavischer Provenienz mindestens genauso erfolgreich bestehen wie die liberalen anglosächsischen Systeme oder die staatsorientierte Gesellschaft und Wirtschaft in Japan. Internationale Institutionen waren eine Form

---

7 Zit. nach Helleiner (1994: 34; Übersetzung M. Z.). Für eine neuere Gesamtdarstellung des *embedded liberalism* vgl. Ruggie (1996: Kap. 5).

des internationalen Regierens, die den Fortbestand des nationalen Regierens ermöglichte und zunächst zur Ausweitung staatlicher Aktivitäten führte. In dem Maße, in dem die Grenzbarrieren gelokkert wurden, reagierten die Staaten auf die innenpolitischen Folgen der transnationalen Austauschprozesse durch interventionistische Aktivitäten. Vor diesem Hintergrund kann es nicht überraschen, daß in den Staaten, deren Ökonomien am stärksten in den Weltmarkt integriert sind, die Sozialausgaben besonders hoch sind (Rodrick 1996). In diesem Sinn ist

»der Wohlfahrtsstaat tatsächlich der Höhepunkt in der Entwicklung exklusiver Nationalstaatlichkeit. Er steht für den Primat der binnengesellschaftlichen Ordnung gegenüber der Ordnung des Weltmarktes und den Strukturen internationaler Politik« (Rieger/Leibfried 1997: 776).

Der hier etwas stilisiert dargestellte Wohlfahrtsstaat war bei den vier zentralen Zielen des Regierens – Sicherheit, Identität, Legitimation und soziale Wohlfahrt – vergleichsweise erfolgreich. Wenn im folgenden von einer zurückgehenden nationalstaatlichen Steuerungsfähigkeit gesprochen wird, dann in Relation zu diesem »glücklichen historischen Augenblick« (Jürgen Habermas).

2. Die Entwicklung der Fähigkeit zu regieren

Staatliche Maßnahmen bedeuten noch nicht unmittelbar ein effektives Regieren. Daß der moderne Wohlfahrtsstaat die vier Ziele des Regierens erreichen konnte, lag nicht nur an dessen zahlreichen Aktivitäten und dem ausgeweiteten (manche würden sagen: aufgeblähten) Staatssektor, sondern auch daran, daß die nationalstaatliche Politik tatsächlich problemadäquat war. Generell beruht erfolgreiches Regieren auf einer Reihe von Faktoren. Eine Voraussetzung beispielsweise ist die Wahl wirksamer Instrumente. Die Effektivität eines politischen Systems hängt außerdem von den gesellschaftlichen Anforderungen ab. Eine anspruchslose und einfache Gesellschaft, die nicht in Konkurrenz mit anderen steht, ist sicherlich einfacher zu regieren als eine komplexe Gesellschaft mit anspruchsvollen Zielvorstellungen, die zudem ein hohes Maß an Selbständigkeit aufweist und mit anderen Gesellschaften konkurriert. Im Zuge der gesellschaftlichen Denationalisierung steht jedoch ein dritter Bestimmungsfaktor der Effektivität des Regierens im Mittelpunkt der Überlegungen: die Deckungsgleichheit (Kongruenz) der Reichweite politischer Regelungen mit der Reichweite von gesellschaftlichen Handlungszusammenhängen.

Zu Zeiten des absolutistischen Territorialstaates und des konstitutionellen Nationalstaates wie in der Blütezeit des demokratischen Wohlfahrtsstaates war die Reichweite von politischen Regelungen ausreichend. Die historische Phase, in der dies nicht zutrifft, ist besonders krisenhaft gewesen. Sie reichte von der zweiten Hälfte des 19. Jahrhunderts bis zum Zweiten Weltkrieg und wurde von Karl Polanyi (1957) als »große Transformation« bezeichnet: Sie weist hinsichtlich des Regelungsabbaus und der Defizite im Regieren Ähnlichkeiten mit den Auswirkungen der gegenwärtigen Denationalisierung auf. Es lassen sich schematisch vier Phasen unterscheiden, die verdeutlichen, daß die Zunahme der Zielerreichung des Regierens sich nicht so bruchlos und linear vollzog, wie es die obige Skizze nahelegen mag (vgl. Zürn 1995c).

1. In der Zeit vom 17. bis zum 19. Jahrhundert bildet sich zunächst der *absolutistische Territorialstaat* heraus und konsolidiert sich dann als *konstitutioneller Nationalstaat*, in dem lokale Regelungen einen nach wie vor hohen Stellenwert besitzen. In dieser Phase sind die politischen Handlungsspielräume im allgemeinen ausreichend groß, um die sozialen und wirtschaftlichen Zusammenhänge effektiv zu gestalten.

2. Im langen 19. Jahrhundert, das mit der Ausbreitung der industriellen Revolution beginnt und mit der Niederlage der reaktionären Gegenmoderne in Berlin 1945 endet, lösen sich großfamiliäre und dörfliche Solidaritätszusammenhänge auf. Parallel dazu demokratisiert sich der konstitutionelle Nationalstaat. Nur langsam tritt an die Stelle lokaler Regelungen im Bereich der sozialen Wohlfahrt eine nationalstaatliche Politik.

3. Nach dem Zweiten Weltkrieg setzt sich der *demokratische Wohlfahrtsstaat* in der OECD-Welt durch. Alle vier Ziele des Regierens werden insbesondere in den sechziger und siebziger Jahren annäherungsweise erreicht.

4. Die gegenwärtige Phase, in der beschleunigte Denationalisierungsprozesse die politischen Institutionen der Nachkriegszeit angreifen, führt zu einer neuerlichen Krise des Regierens, die sich

in Form der Parallelität von Integrations- und Fragmentierungs-
prozessen äußert.

ad 1) Als das internationale Staatensystem in Westeuropa im 17.
Jahrhundert langsam Konturen gewann, beschränkte sich das politische Tun von Monarchen und Prinzen mehr oder weniger auf
Kriegsangelegenheiten (und Heiraten). Die Grenzen des Terri-
torialstaats waren zum Großteil durch militärisches Kalkül bestimmt und ergaben sich in den Worten eines Nobelpreis-Öko-
nomen an dem Ort, wo sich die Ausgaben des Herrrschers zum
Schutz seiner Untertanen und die Einnahmen aus deren Arbeit die
Waage hielten (North 1981: 24). Territorialstaaten umfaßten daher
nicht selten sehr große Gebiete. Demgegenüber waren die gesellschaftlichen und wirtschaftlichen Handlungszusammenhänge, abgesehen vom Fernhandel, zumeist noch lokal eingeschränkt.[8] Das
änderte sich nur sehr langsam. Etwas Bewegung ergab sich jedoch,
als sich der Zielkatalog des Regierens erweiterte: Neben das Ziel
der inneren und äußeren Sicherheit trat nun zunehmend der
Wunsch, die wirtschaftliche Leistungsfähigkeit zu verbessern
und einen homogeneren sozialen Raum auf dem Territorium des
Staates zu schaffen. Diesen Bemühungen war aber zunächst nur
beschränkter Erfolg beschieden. Bis in das 19. Jahrhundert hinein
galt nämlich, daß das Wasser verkehrsfreundlich, das Land aber
verkehrsfeindlich sei. Die Verkehrswege auf den Flüssen waren
trotz der Kanalbauten zur Zeit des Merkantilismus nie engmaschig
genug, um einen vollständigen Ausgleich von Angebot und Nachfrage auf den lokalen Märkten zu gewährleisten. Der moderne
Straßenbau begann erst im 19. Jahrhundert, in Frankreich vor
allem unter der Ägide Napoleons, in Deutschland ab 1815. Vor
dieser Zeit dauerten Reisen auf dem Landweg nicht nur lange, sie
waren auch höchst beschwerlich, selbst in den eleganten Kutschen,

8 Für den Zweck dieser schematischen Darstellung vernachlässige ich den Fernhandel mit Luxusgütern, der bereits sehr lange existierte (vgl. Braudel 1992). Die
meisten der Güter, die mittels Fernhandel auf die Märkte kamen, dienten der Lu-
xuskonsumption durch aristokratische und geistliche Eliten. Sie spielten daher
ökonomisch keine entscheidende Rolle (Elsenhans 1984: Kap. 2). Wachsende Bedeutung erlangte der Fernhandel erst im Laufe des 19. Jahrhunderts, als sich mit der
Ausbildung von nationalen Verkehrswirtschaften auch der internationale Handel
intensivierte. So stiegen die Frachtkapazitäten im Weltschiffsverkehr erst in dieser
Zeit von rund 4 auf 35 Millionen Tonnen (Langewiesche 1990).

die ohnehin nur den Privilegiertesten zur Verfügung standen. Wer Stückgut zu befördern hatte, benötigte beispielsweise für den Weg von Paris nach Lyon um 1800 noch geschlagene 132 Stunden. Der Überseeverkehr war noch beschwerlicher: Die Beförderung eines Pakets von London nach Indien dauerte 5 bis 8 Monate. Passend zu solchen Zeitdimensionen kolportiert man von Thomas Jefferson, in der ersten Dekade des 19. Jahrhunderts Präsident der USA, folgende Anweisung an seinen Außenminister: »Mr. Secretary, wir haben von unserem Botschafter in Frankreich seit zwei Jahren nichts mehr gehört. Wenn er nicht bis Weihnachten schreibt, sollten wir ihm einen Brief zusenden« (Schäfer 1994: 152; Übersetzung M. Z.). Die Schwierigkeiten beim Transport von Menschen, Gütern und Informationen änderten sich bis zur zweiten Hälfte des 19. Jahrhunderts nur unwesentlich. Nationen waren im Kern immer noch eine Ansammlung von unverbundenen Regionen. Verbindungen über staatliche Grenzen hinweg existierten bestenfalls bruchstückhaft.

Bis zur Mitte des 19. Jahrhunderts galt somit das Wettbewerbsprinzip nur innerhalb eng begrenzter Regionen. Dementsprechend war die Mehrzahl der vielfältigen politischen Regelungen auf der lokalen Ebene angesiedelt. Der Nationalstaat besaß die Zuständigkeit vor allem für die Außenvertretung, er legte den ordnungspolitischen Rahmen fest und stellte die Mittel für den Aufbau einer nationalen Verkehrswirtschaft zur Verfügung. Auf lokaler Ebene wurden jedoch immer noch die Regeln für den entstehenden Arbeitsmarkt festgelegt, Solidaritätsmaßnahmen ergriffen und die meisten anderen Kollektivgüter erbracht. Polanyi (1957: 70) beschreibt diesen Sachverhalt mit Blick auf England folgendermaßen: »Die Beziehungen zwischen Meister, Gesellen und Lehrlingen, die Regeln des Gewerbes, die Anzahl der Lehrlinge, der Arbeitslohn waren sämtlich durch die üblichen Bestimmungen der Stadtgilde geregelt« (Übersetzung M. Z.). Entscheidend ist somit, daß die lokalen gesellschaftlichen Handlungszusammenhänge durch entsprechendes lokales Regieren, ergänzt durch Elemente des nationalen Regierens, einigermaßen effektiv gestaltet waren. Der Effizienzdruck auf lokale Bestimmungen durch überregionale Anbieter blieb gering, die Konsequenzen solcher Bestimmungen waren noch kaum erfahrbar und der Kosten-Wettbewerb zwischen verschiedenen Regionen nicht existent. Durch die Kongruenz von sozialen und politischen Räumen war eine wichtige Voraussetzung für die Fähigkeit zum Regieren erfüllt.

Die Rede von der prinzipiellen Steuerungsfähigkeit im Absolutismus darf nicht als Verklärung der alten Zeiten mißverstanden werden. Gemessen an heutigen normativen Standards des Regierens herrschten katastrophale Zustände. Die Fähigkeit, im Innern zu regieren, ging zum einen einher mit der folgenreichen Abwesenheit von Regelungen in der internationalen Politik, so daß der bewaffnete zwischenstaatliche Konflikt im Zeitalter des Absolutismus den Normalzustand darstellte, während der Frieden eine »meteorologische Ausnahme« (Perry Anderson) war. Zum anderen wurden trotz der Kongruenz der sozialen und politischen Räume nicht alle vier Ziele des Regierens effektiv erreicht. Neben den zutiefst undemokratischen Verfahren der politischen Willensbildung und Entscheidungsfindung ist die enorme Armut an erster Stelle zu nennen. Diese folgte aber nicht aus der Inkongruenz von sozialen und politischen Räumen. Vielmehr waren die gesellschaftlichen Zielanforderungen noch kaum ausgeprägt und blieb das wirtschaftliche Wachstum vorübergehend hinter dem Bevölkerungsanstieg zurück.

ad 2) Neben der ordnungspolitischen Rahmensetzung und der Bereitstellung von Infrastruktur machte sich der konstitutionelle Nationalstaat im 19. Jahrhundert zunehmend daran, die lokalen Vorschriften im Bereich der Wirtschaft und der sozialen Solidarität zu vereinheitlichen, »entweder durch Gesetze wie in England oder durch die ›Nationalisierung‹ der Zünfte wie in Frankreich« (Polanyi 1957: 70; Übersetzung M.Z.). Damit wurde die langsam voranschreitende »Nationalisierung« der Märkte durch marktschaffende Vorkehrungen weiter gefördert. Entscheidend waren jedoch verkehrs- und kommunikationstechnische Entwicklungen. Der Straßenbau zeitigte die ersten Erfolge. Eine Reise von Paris nach Lyon dauerte 1848 noch 55 Stunden und ließ sich damit fast dreimal so schnell bewältigen wie 50 Jahre zuvor. Gleichzeitig rollten die ersten öffentlichen Eisenbahnen, mit Dampf betrieben, über die frisch verlegten Gleise: von 1825 an in England, nach 1832 in Frankreich und seit 1835 in Deutschland und Belgien (vgl. Niess

1994: 96). Dank des Zusammenspiels von schnelleren Landverbindungen und der Dampfschiffahrt verkürzte sich auch der Überseeverkehr ganz erheblich. Bereits 1850 brauchte man für die Strecke von London nach Indien nur noch ca. 40 Tage und war damit gut viermal so schnell wie noch 20 Jahre zuvor.

Noch einschneidender verbesserten sich die Kommunikationswege. Die Buchdrucktechnik und das Postwesen waren zwar Innovationen des 15. Jahrhunderts, erst im 18. und 19. Jahrhundert fand jedoch eine breitere Nutzung der dadurch erwachsenden Kommunikationsmöglichkeiten statt. Das Haus von Taxis erweiterte das Postnetz systematisch, so daß es in Deutschland, wo Ende des 17. Jahrhunderts zwischen den größeren Orten erst ein- bis zweimal wöchentlich Briefe befördert wurden, Ende des 18. Jahrhunderts bereits tägliche Verbindungen gab. Auch die Verbreitung von Zeitschriften in nicht-lateinischer Sprache ist ein Phänomen des 18. und 19. Jahrhunderts. 1688 erschien mit Thomasius' *Monatsgesprächen* die erste deutschsprachige Zeitschrift überhaupt. Das 18. Jahrhundert erlebte dann eine schnelle Vermehrung der moralischen Wochenzeitschriften, die im wesentlichen von einer intellektuellen Oberschicht gelesen wurden. Die Leserschaft von Zeitschriften erweiterte sich im 19. Jahrhundert, als *en masse* Unterhaltungszeitschriften auf den Markt drängten (Lindemann 1969: Teil C). Nachrichtenagenturen und Zeitungen gewannen gar erst in der zweiten Hälfte des 19. Jahrhunderts an Bedeutung, als die kommerzielle Nutzung von Telegraphen Fuß faßte. 1835 wurde die französische Agence Havas und innerhalb der nächsten 15 Jahre das deutsche »Telegraphische Correspondenzbureau«, die »Ernst Reuters« in London und »Associated Press« in New York gegründet. Zwischen 1865 und 1913 wuchs dann die Gesamtlänge der Telegraphenlinien der Mitgliedsländer der Internationalen Telegraphenunion von 575 290 km auf 6 918 587 km an. Noch rasanter war die Entwicklung im Bereich des Telefons: Gab es 1877 erst 2 600 Telefonanschlüsse, die sich ausschließlich in den USA befanden, so stieg diese Zahl binnen 13 Jahren auf knapp zwei Millionen an.

Der Inhalt der intensivierten Kommunikation war natürlich nicht neutral. Im Sinne der Aufklärung wurden traditionelle Gewißheiten und Orientierungen in Frage gestellt und schließlich aufgegeben. Statt dessen prägten zunehmend Prinzipien wie Rationalität und Selbstbestimmung die nationale Kommunikation und Bildung. Die gegenseitige Ergänzung von Nationalismus und Demokratie bestimmte so zu einem großen Teil die politischen Ideen des 19. Jahrhunderts. Die Forderung nach politischen Staatsbürgerrechten und die Gründung einer unabhängigen nationalen politischen Gemeinschaft, die vom Volk beherrscht wurde, schienen unauflösbar miteinander verbunden zu sein (Anderson 1991: 50). Symbolisiert wurde diese Eintracht durch die großen Revolutionen in Frankreich und Amerika, die die erste Demokratisierungswelle einläuteten (Huntington 1991: 6-17). Während dieser demokratischen Phase des Nationalismus bestimmte die bürgerliche Rationalität die Definition der Nation, und die Ursache der Zentralisierung war hauptsächlich wirtschaftlicher Natur. Mit dem Aufkommen der »sozialen Frage« zeigte sich jedoch, daß die scheinbare Eintracht von Demokratisierung und Nationalisierung in Wahrheit ein explosives Gemisch bedeutete.

Die Ausweitung gesellschaftlicher Austauschbeziehungen unterminierte zunächst den aus lokalen und nationalen Komponenten zusammengefügten Regelungsmodus. Dabei setzte sich der kapitalistische Wettbewerb im nationalen Maßstab nicht automatisch durch; ein Staat war nötig, der die feste Absicht hatte, einen integrierten, formal freien Arbeits- und Gütermarkt auf nationaler Ebene zu schaffen, um entweder die Interessen eines starken Bürgertums zu befriedigen (wie in England) oder dem Druck, der von der vorauseilenden Entwicklung Englands ausging, standzuhalten. »Das Laissez-faire bedurfte der Planung«[9], d. h., Integration wurde vom Staat betrieben. Oder wie Robert Cox (1987: 5) schreibt: »Damit der Konkurrenzkapitalismus die Fesseln des Merkantilismus abstreifen konnte, war er auf den liberalen Staat angewiesen.« (Übersetzung M. Z.) Der Prozeß läßt sich am besten am Beispiel Englands darstellen. Noch 1795 wurde ein Armengesetz eingeführt (Speenhamland), das den Armen unabhängig von ihrem Lohn ein Mindesteinkommen garantierte. Da Arbeitslose somit nicht unter unmittelbaren Zwang gerieten, sich andernorts Arbeit zu suchen, stand das Gesetz der Ausbildung eines nationalen Arbeitsmarktes entgegen. Es war auch insofern eine vormoderne Einrichtung, als

9 Für diese bekannte Formel und für das folgende vgl. Polanyi (1957:141-150).

den Mitgliedern der Armenhäuser ihre Bürgerrechte entzogen wurden. Die Forderung nach universellen Bürger- und Teilhaberechten stärkte daher die sozialen Kräfte, die die Liberalisierung der Wirtschaft betrieben. 1834 gelang es den kapitalistischen Arbeitgebern, eine Änderung der Armengesetzgebung durchzusetzen, die einen nationalen Arbeitsmarkt schuf und die verbleibenden kleinen Zuschußzahlungen an Arbeitslose den hoffnungslos überlasteten Gemeinden überließ.

In dem Maße, wie positive, marktkorrigierende nationale Regelungen im Sozialbereich hinter der negativen, marktschaffenden nationalen Integration hinterherhinkten, produzierte die industrielle Revolution nicht nur Wohlstand, sondern auch himmelschreiende soziale Ungleichheiten und die relative Verarmung großer Bevölkerungsteile. Armut in Europa war freilich nichts Neues. In der Krise des Feudalismus im 14. Jahrhundert und auch zu Beginn des 19. Jahrhunderts gab es Hungersnöte, die absolut betrachtet schrecklicher waren als das Elend der Arbeiter und Arbeitslosen zu Ende des 19. Jahrhunderts. Entscheidend ist aber, daß zu Ende des 19. Jahrhunderts Armut erstmals primär ein Verteilungsproblem war: Die Armut im 19. Jahrhundert entstand unmittelbar als Folge schlechten Regierens, das sich aus der Ungleichzeitigkeit der Ausbildung einer nationalen Verkehrswirtschaft und der Übernahme einer umfassenden nationalstaatlichen Verantwortung zum Regieren ergab.

Spätestens mit der Weltwirtschaftskrise (1873-1896) traten die daraus erwachsenden Turbulenzen deutlich zutage. Während die verarmten Massen ihre Unzufriedenheit zum Ausdruck brachten und die etablierte politische Ordnung bedrohten, drängten viele Unternehmer ihre Regierungen, sie bei der Suche nach neuen Märkten zu unterstützen und die nationalen Märkte zu schützen. Der Nationalismus entledigte sich in dieser Situation seiner demokratischen Komponente und geriet zur Ideologie des politischen Establishments. Die politische Klasse hatte ein innenpolitisch motiviertes Interesse daran, bei ihren Bürgern den Nationalismus zu mobilisieren, um die eigene Macht zu erhalten. Aus dem demokratischen Nationalismus wurde ein fanatischer Chauvinismus. Der Hauptträger des fanatischen Chauvinismus war der *petit bourgeois*, der Kleinbürger, der sich in seinem Status bedroht fühlte. Die herrschenden Klassen wurden bald zu den Gefangenen ihrer eigenen Ideologie. Nach Außen reduzierte die nationalistische Rhetorik die Möglichkeit einer abgewogenen und kooperativen Politik, was die staatliche Steuerungsfähigkeit weiter reduzierte. Innenpolitisch förderte die chauvinistische Rhetorik eine innere Spannung und Aggressivität, die in der Ausgrenzung von sozialen Gruppen resultierte. Während der demokratische Nationalismus noch die nationale politische Integration beförderte, legte der Chauvinismus den Grundstein für politische Fragmentierung.

Zusammenfassend kann festgehalten werden: In der Spätphase des konstitutionellen Nationalstaates sorgte die Ausbildung von nationalen Märkten im Rahmen einer entstehenden Weltwirtschaft für den Abbau und die Auflösung von politischen Regelungen, die bis weit in das 19. Jahrhundert noch auf der lokalen Ebene angesiedelt waren. Das führte zu Regelungsdefiziten, die sich in der sozialen Frage und in der schnellen Entwurzelung vieler Menschen aus traditionellen Handlungszusammenhängen äußerten. Sie mündeten in den Kampf zwischen den sozialen Kräften, die die Probleme durch integrative Politiken auffangen wollten, und jenen, die die politische Fragmentierung im großen Maßstab betrieben. Vorübergehend (aber natürlich viel zu lange) setzte sich die politische Fragmentierung durch. Es entwickelte sich ein riesiges Protest- und Gewaltpotential, das in Verbindung mit einer überforderten politischen Klasse in den Chauvinismus und zu einer regressiven Gegenmoderne führte. Letztlich können die beiden Weltkriege und der Aufstieg des Nationalsozialismus sowie des Stalinismus ohne diese Verwerfungen nicht verstanden werden.

ad 3) Erst nach zwei Weltkriegen wurde mit der Entwicklung des demokratischen Wohlfahrtsstaates in den westlichen Industrieländern wieder eine Form des nationalstaatlichen Regierens erreicht, die politische Stabilität gewährleistete. Der demokratische Wohlfahrtsstaat der siebziger Jahre des 20. Jahrhunderts zeichnete sich im Grunde dadurch aus, daß die staatlichen Gestaltungsmöglichkeiten wieder den gesellschaftlichen Anforderungen und Erwartungen entsprachen. Dadurch konnte er alle vier Ziele des Regierens annäherungsweise erreichen.

ad 4) Im Sinne meiner Ausgangsthese von der gegenwärtigen Krise des nationalstaatlichen Regierens ist nun zu zeigen, daß die gesellschaftliche Denationalisierung die Effektivität nationalstaatlicher Maßnahmen tatsächlich in Frage stellt. Zu diesem Zweck unternimmt das Kapitel II den Versuch, das tatsächliche Ausmaß der gesellschaftlichen Denationalisierung zunächst möglichst präzise zu bestimmen. Neben dem Maßstab für effektives Regieren, den der demokratische Wohlfahrtsstaat bereitstellt, bleibt als Ergebnis dieses Kapitels jedenfalls zweierlei festzuhalten: Zum einen ist die Ungleichzeitigkeit der gesellschaftlichen und politischen Entwicklung keine völlig neuartige Erscheinung. Die Krise des Regierens, die zur »großen Transformation« führte, war im Kern gleichfalls einer solchen Ungleichzeitigkeit geschuldet. Das impliziert die Möglichkeit einer neuerlichen Großtransformation. Zum anderen darf aber ein wesentlicher Unterschied nicht übersehen werden. Im Zuge der ersten großen Transformation ging lokales Regieren in einem rahmensetzenden Nationalstaat über in ein Regieren mit einem eindeutig nationalstaatlichen Fokus. Der Nationalstaat als Organisation existierte bereits. Heute hingegen muß der nationalstaatliche Fokus des Regierens überwunden werden. Regieren jenseits des Nationalstaates beinhaltet zwar durchaus auch nationalstaatliche Maßnahmen, die unbedingte Dominanz des Nationalstaates als unverrückbarer Anker allen Regierens muß aber in einer komplexen Mehrebenenpolitik aufgefangen werden. Die gesellschaftlichen Kräfte, die effektives Regieren jenseits des Nationalstaates anstreben, können nicht auf eine bereits vorhandene übergeordnete politische Organisation zurückgreifen. Eine solche übergeordnete Instanz muß entweder in Form einer Art Weltstaat erst geschaffen werden (was weder wahrscheinlich noch wünschenswert ist) oder effektives Regieren ohne eine übergeordnete Zentralinstanz, also ein Projekt komplexes Weltregieren, muß sich entwickeln. Insofern steht eine »riesengroße« Transformation bevor. Es ist mein Ziel zu zeigen, daß das Projekt komplexes Weltregieren trotzdem nicht unerreichbar bleiben muß.

II. Was ist Denationalisierung und wieviel gibt es davon?

Es existiert kaum eine grundlegende politische Institution der Moderne, von der nicht behauptet würde, daß Globalisierung sie herausfordere, transformiere oder untergrabe: Sie beschneide die Autonomie der Staaten und zwinge zu drastischen Veränderungen; sie unterhöhle die Demokratie und damit die Legitimität des politischen Systems; sie verändere die Natur der Souveränität und gestalte damit letztlich die Grundstrukturen des internationalen Systems um. Dieses und noch viel mehr wird jedoch behauptet, ohne daß der Nachweis eines Globalisierungsschubes mit systematischen empirischen Untersuchungen erbracht wurde. Sicherlich ist das Wort »Globalisierung« in aller Munde, nicht nur in Deutschland. Ob »*globalization*« im englischen, »*mondalisation*« im französischen Sprachraum oder »*Quan Qiu Hua*« im Chinesischen, überall geriet der Begriff zu einer Allzweckwaffe bei den Auseinandersetzungen in Politik und Wissenschaft, aber auch in den Konzernen bei Überlegungen zu Unternehmensstrategien und Werbekampagnen. Der empirische Gehalt des behaupteten Prozesses wird häufig mit anekdotischen Illustrationen, selten mit einigen wenigen ökonometrischen Kennziffern und fast nie auf der Basis systematischer empirischer Erhebungen belegt.

Wenig verwunderlich, daß dies Kritiker auf den Plan gerufen hat, die am Gehalt bzw. an der Neuartigkeit der sogenannten Globalisierung zweifeln. So verweisen nicht zuletzt Ökonomen immer wieder darauf, daß sich bei einigen der grenzüberschreitenden Interaktionen der heutige Grad der Globalisierung, wenn überhaupt, nur unwesentlich von jenem der Zeit vor 1914 unterscheidet. Zevin (1992: 51-52) resümiert einen umfassenden Literaturüberblick über internationale Finanzsysteme folgendermaßen: »Alle verfügbaren Indikatoren zu den Finanzmärkten im späten 19. und frühen 20. Jahrhundert legen nahe, daß sie vollständiger integriert waren als je zuvor oder danach.« (Übersetzung M. Z.) Für Stephen Krasner (1994: 14) sind die Reden und Schriften über Globalisierung und die damit verbundenen Behauptungen von »new, new, change,

change« von ähnlichem Wahrheitswert wie entsprechende Äußerungen im amerikanischen Wahlkampf. Und wer davon spricht, daß die Welt heute erstmals als Weltgesellschaft gedacht werde, der sei an Karl Jaspers (1949: 178-179) erinnert, der bereits kurz nach dem Ende des Zweiten Weltkrieges schrieb: »Unser technisches Zeitalter ist nicht bloß relativ universal (...), sondern absolut universal, weil planetarisch. Es ist ein nicht nur dem Sinn nach zueinander gehöriges, aber faktisch getrenntes Geschehen, sondern es ist in ständigem gegenseitigem Verkehr ein Ganzes. Es geschieht heute mit dem Bewußtsein der Universalität. (...) Es gibt kein außerhalb mehr.«

Damit sind die Aufgaben für dieses Kapitel vorgegeben. Es gilt zunächst, eine präzise Konzeptualisierung vorzunehmen, um Beobachtungen theoretisch gehaltvoll einordnen zu können. Dabei werde ich begründen, warum ich den Begriff der »Denationalisierung« dem der »Globalisierung« vorziehe. Im zweiten Schritt erfolgt dann eine Aufarbeitung der Empirie unter Berücksichtigung von insbesondere zwei Fragestellungen: Hat Mitte der siebziger Jahre tatsächlich ein umfassender und flächendeckender Schub in der gesellschaftlichen Denationalisierung eingesetzt? Und: Kann im Vergleich zu früheren Epochen von einer neuen Qualität der gesellschaftlichen Denationalisierung gesprochen werden?[1]

1. Was ist Denationalisierung?

Obwohl sich grundlegende Veränderungen beobachten lassen, ist der Begriff der »Globalisierung« nicht angemessen: Viele soziale

---

1 Die Daten sind im Rahmen eines von der Deutschen Forschungsgemeinschaft geförderten Projektes, das am Institut für Interkulturelle und Internationale Studien (InIIS) durchgeführt wird, erhoben worden. Die gesamten Ergebnisse zu den dort entwickelten und erhobenen 72 Indikatoren der gesellschaftlichen und politischen Denationalisierung sind in Marianne Beisheim/Sabine Dreher/Gregor Walter/Bernhard Zangl/Michael Zürn 1998: Im Zeitalter der Globalisierung? Thesen und Daten zur gesellschaftlichen und politischen Denationalisierung, Baden-Baden publiziert (Beisheim et al. 1998). Dort finden sich auch die Quellen zu den Daten sowie Ausführungen zu Datenlage und Meßproblemen. Sofern nicht anders gekennzeichnet, sind alle Daten in diesem Buch dieser Quelle entnommen. Vgl. auch Goldblatt et al. (1997) für eine ähnliche Bestandsaufnahme.

Handlungszusammenhänge überschreiten zwar nationale Grenzen, sind aber weder global, noch läßt sich überall eine Entwicklung hin zur Globalität beobachten. Vielmehr zeichnen sich neue Grenzen der sozialen Räume am Rande der OECD-Welt ab. Im Sachbereich Wirtschaft ist dies besonders deutlich. Grenzüberschreitender Handel findet primär zunächst innerhalb der drei großen Handelsblöcke – EU/EFTA, NAFTA und ASEAN – statt. Bei den Mitgliedern der EU beispielsweise liegt der Anteil des Außenhandels, der die Grenzen des gemeinsamen Marktes nicht überschreitet, bei gut 60 Prozent. Danach rangiert der Handel zwischen den großen Wirtschaftsblöcken. Für den Rest der Welt bleiben nur kleine Anteilshappen übrig. Die USA, Kanada, Japan sowie die Mitgliedsländer der EU und EFTA wickeln 70 Prozent des Welthandels ab, die zehn wichtigsten Schwellenländer – die Ränder der OECD-Welt also – nochmals 14 Prozent. Insofern vollziehen sich 84 Prozent des Welthandels zwischen Ländern, in denen ca. 28 Prozent der Weltbevölkerung wohnen. Noch deutlicher zeigt sich die Fokusierung auf die OECD im Bereich der Direktinvestitionen. Über 91 Prozent aller Auslandsdirektinvestitionen wanderten zwischen 1980 und 1991 in die genannten OECD-Länder und die zehn wichtigsten Schwellenländer (Hirst/Thompson 1996: 67).[2] Von den 50 Mrd. DM, die deutsche Firmen 1995 im Ausland investiert haben, gingen denkbar wenig in echte Billiglohnländer. Über 75 Prozent wurden im Kern der OECD-Welt investiert, und das allermeiste vom kleinen Restkapital wanderte in Schwellenländer wie Brasilien oder Mexiko (Abbildung II.1).

Die Kommunikationsströme weisen eine ähnliche OECD-Zentriertheit auf. Besonders instruktiv ist hier eine Weltkarte (vgl. www.mids.org.), in der die Anzahl der Internet-Anschlüsse eingetragen sind. Es zeigt sich: Auch innerhalb der OECD-Welt gibt es eindeutige Zentren, deren Grenzen jedoch nicht mit den nationalen Grenzen zusammenfallen. Selbst in den USA läßt sich eine flächendeckende Vernetzung nur an den beiden Küsten feststellen, die allerdings Teile Kanadas miteinschließen.

2 Bei dieser Rechnung sind nur die wichtigsten Küstenprovinzen Chinas, nicht aber das gesamte China als »Schwellenland« berücksichtigt. Wenn China als Ganzes mitgerechnet wird, steigt der Anteil am Welthandel marginal, der Anteil der Bevölkerung jedoch um 15 Prozent.

Abbildung II.1: Zielländer ausländischer Direktinvestitionen deutscher Unternehmen 1995 (in Mrd. DM)

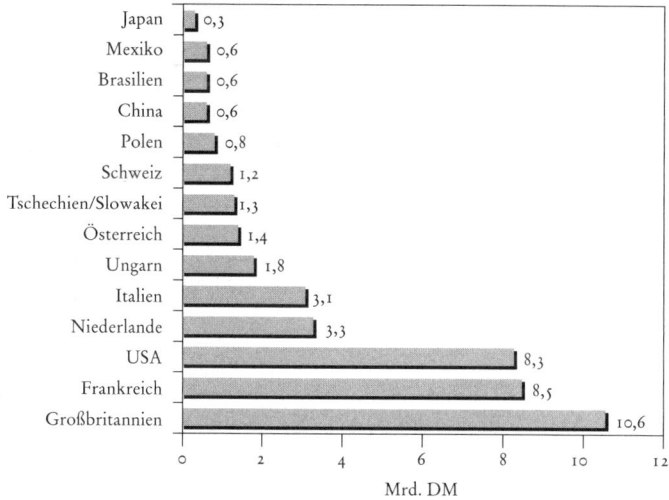

Quelle: *Der Spiegel* 1996 (39), 91

Es wäre also unpräzise, von Globalisierung zu sprechen. In den letzten zwei bis drei Jahrzehnten verdichteten sich die wirtschaftlichen Handlungszusammenhänge innerhalb der OECD-Welt, während sich die gesellschaftlichen Beziehungen zwischen der sogenannten Vierten Welt (also den am wenigsten entwickelten Ländern) und der OECD-Welt relativ gesehen ausgedünnt haben. Angemessener erscheint mir daher der Begriff der »gesellschaftlichen Denationalisierung«.[3] Entscheidend ist dann, ob sich verdichtete soziale Handlungszusammenhänge bilden, die die nationalstaatlichen Grenzen überschreiten. Falls sich darüber hinaus im Einzelfall tatsächlich ein Trend zur Globalität ausmachen läßt, kann dies als ein Spezialfall der gesellschaftlichen Denationalisierung verstanden werden. In dieser Sicht gehört also die grenzüberschreitende Verschmutzung des Rheins ebenso zu den Erscheinungen der

3 Der Begriff der »Denationalisierung« wird punktuell auch von Knieper (1991: 86) und Albrow (1996/1998: Kap. 6) verwendet.

67

gesellschaftlichen Denationalisierung wie die Erderwärmung, obgleich das Klimaproblem ein wahrhaft globales ist.

Der Begriff der Denationalisierung nimmt auf die klassische Nationalismusforschung von Karl W. Deutsch (1969) und Eric Hobsbawm (1992) Bezug. Nation ist danach eine durch verdichtete Handlungszusammenhänge getragene politische Gemeinschaft, die in einem gegenseitig konstitutiven Verhältnis zum Nationalstaat steht. Nation wird hier also nicht, wie neuerdings üblich, ethnischregionalistisch verstanden, wonach fast immer mehrere »Nationen« in einem Staatsverband leben. In meinem Sinne stellt z. B. die politische Gemeinschaft Frankreichs eine Nation dar, nicht aber die der Bretonen. Denationalisierung weist mithin auf die Auflösung des Zusammenhangs von »Nationalstaaten und [den] entsprechenden Nationalgesellschaften« (Beck 1997b: 44), auf die »Entgrenzung des nationalstaatlichen Raums« (Kaufmann 1997: 119) und auf die Infragestellung des »methodologischen Nationalismus« (Smith 1979: 191) hin. Selbst nach dieser ersten Präzisierung lassen sich aber immer noch mindestens drei Dimensionen der Begriffe »Denationalisierung« bzw. »Globalisierung« unterscheiden.

(a) Von vorrangiger Bedeutung ist die *Tiefendimension.* »Tiefe« bzw. »dicke« Definitionen sehen einen umfassenden Prozeß mit epochalen Ausmaßen am Werke. Gemäß dieser Auffassung geht es nicht nur um die Zunahme transnationaler Interaktionen, vielmehr wird Globalisierung auch als ein Vorgang verstanden, durch den »sich die gesellschaftlichen Beziehungen und Institutionen räumlich und zeitlich ausdehnen und vertiefen« (Held/McGrew 1993: 263; Übersetzung M. Z.; vgl. auch Giddens 1990, Held 1995: 20). Der Begriff der Globalisierung bezeichnet hiernach alle (singulären sowie die Gesamtheit der) Praktiken und Denkweisen, die eine globale Ausrichtung haben, wie die epochale Transformation, die durch die neuen Praktiken und Denkweisen vollzogen wird (Albrow 1996/1998: 143). Für eine solche epochale Transformation zum Globalen Zeitalter mag der Begriff der Globalisierung geeignet sein. Unter gesellschaftlicher Denationalisierung sollen hier aber zunächst beobachtbare und prinzipiell meßbare Veränderungen verstanden werden, die kausale Auswirkungen auf andere soziale und politische Ereignisse haben. Gesellschaftliche Denationalisierung ist in diesem Verständnis kein Epochenbegriff, sondern ein *analytischer* (und damit schlanker) Terminus, der systematisch auf die Unterscheidung zwischen gesellschaftlichen und politischen Prozessen zielt. Es spricht vieles bereits *prima facie* dafür, daß wir es gegenwärtig nicht mit einer generalisierten Entterritorialisierung oder gar Entgrenzung (Brock/Albert 1995; Neyer 1996; Albert 1996; Menzel 1997) zu tun haben. Politik ist in viel stärkerer Weise an den Raum gebunden und in der Tendenz kleinräumiger als beispielsweise wirtschaftliche Zusammenhänge (Greven 1997).

Aufgrund der unterschiedlichen Raumbezogenheit von politischen und wirtschaftlichen Handlungszusammenhängen liegt es nahe, die Gegenüberstellung von Gesellschaft und Staat aufzugreifen, die in modifizierter Form – als Gegenüberstellung von gesellschaftlichen und politischen Räumen – auch für denationalisierte Kontexte fruchtbar gemacht werden kann. Allerdings gilt es zu beachten, daß mit gesellschaftlichen Räumen alle Handlungszusammenhänge gemeint sind, die potentiell regelungsbedürftig sind. Häufig werden zwar staatliche Akteure die Regelungsinstanzen darstellen oder formen. Es ist jedoch auch denkbar, daß die Interaktionen staatlicher Akteure, etwa im Rüstungsbereich, selbst Regelungen erfordern. Umgekehrt gehe ich davon aus, daß auch gesellschaftliche Akteure zur Selbstregelung in der Lage sind (vgl. Mayntz/Scharpf 1995b), womit Regieren jenseits des Nationalstaates denkbar wird (vgl. Kapitel V). Der Begriff der gesellschaftlichen Denationalisierung bezieht sich damit auf alle integrierten sozialen Räume, die eine Regelung durch staatliche oder gesellschaftliche Akteure verlangen.

Gesellschaftliche Denationalisierung führt nicht *notwendigerweise* zu einem politischen Raum und zu einem Regieren jenseits des Nationalstaates. Sie führt auch nicht zwingend zu einer anspruchsvoll verstandenen Weltgesellschaft. Erst wenn sich Interessen ausbilden, die sich auf denationalisierte Einheiten beziehen, wenn also großflächige postnationale und transnationale Identitäten die nationalen Identitäten ausbalancieren oder gar dominieren, kann von einer Weltgesellschaft als dem umfassendsten System menschlichen *Zusammen*lebens gesprochen werden.[4] Die Ausbil-

4 Weltgesellschaft, sei es als analytisches oder als normatives Konzept, wird neuerdings wieder intensiv diskutiert. Vgl. Forschungsgruppe Weltgesellschaft (1996),

dung von verdichteten sozialen Räumen ist zwar eine notwendige Voraussetzung, keinesfalls aber eine hinreichende Bedingung für die Entstehung entsprechender Einstellungen und Orientierungen.[5] In diesem Sinne erweist sich die gesellschaftliche Denationalisierung als eine Komponente einer möglicherweise sich vollziehenden Weltgesellschaftswerdung. Gesellschaftliche Denationalisierung kann, je nach Rahmenbedingungen, beides hervorrufen: ein Bewußtsein davon, wie groß die Unterschiede zwischen dem Leben in Nairobi und Wanne-Eickel sind oder wie ähnlich die Probleme des Lebens doch sein können, ganz gleich ob in Nairobi oder in Wanne-Eickel.

(b) Auch wenn Denationalisierung schlank definiert und unabhängig von ihren politischen Auswirkungen sowie unabhängig vom Vorhandensein großflächiger postnationaler Identitäten konzeptualisiert wird, stellt sich immer noch die Frage, welche gesellschaftlichen Sektoren betrachtet werden sollen. Hinsichtlich dieser *Breitendimension* zeichnen sich »schmale« Definitionen meist durch eine Beschränkung auf den wirtschaftlichen Bereich aus: Nach Elmar Altvater und Birgit Mahnkopf (1996: 26) ist aus neomarxistischer Perspektive »Globalisierung eine marktmächtige Tendenz der ökonomischen Vereinheitlichung«; nach Helen Milner

Shaw (1994), Spybey (1996). Klassische Beiträge sind der oben zitierte Jaspers (1949) und Bull (1977). Im Sinne der Gegenüberstellung von Weltgesellschaft und Weltgemeinschaft wäre die Ausbildung verdichteter Handlungszusammenhänge und die zunehmende Anzahl von Akteuren ein Ausdruck von Verweltgesellschaftung und die Ausbildung von postnationalen Identitäten ein Ausdruck von Verweltgemeinschaftung. Da die Vorstellung einer Weltgemeinschaft m. E. eigenartig ist, erscheint es sinnvoller, von unterschiedlichen Graden der Verweltgesellschaftung auszugehen, wobei die Ausbildung weltgesellschaftlicher Orientierungen und Einstellungen einen zentralen Aspekt darstellt (vgl. hierzu insbesondere Forschungsgruppe Weltgesellschaft 1996).

5 Interessant ist hier David Elkins (1995: 27), der Globalisierung definiert als »jenen Prozeß, durch den immer größere Teile der Weltbevölkerung sich der Unterschiede in der Kultur, beim Lebensstil, beim Reichtum und auf anderen Gebieten bewußt werden« (Übersetzung M. Z.). Mit dieser Definition wehrt sich der Autor gegen ein Verständnis von Globalisierung, das weltweite Angleichung und Harmonie assoziiert und durch den Begriff des »global village« oder auch der »globalen Gemeinschaft« zum Ausdruck gebracht wird. Obgleich die Intention, den Prozeß selbst und eine gedachte Wirkung theoretisch und empirisch in Frage zu stellen, richtig ist – und der hier vertretenen schlanken Begriffsauffassung folgt –, schießt Elkins insofern über das Ziel hinaus, als er nun schlicht die gegenteilige *Auswirkungsvermutung* bereits in die Definition packt.

und Robert Keohane (1996: 4) läßt sie sich aus liberaler Perspektive anhand von »Waren-, Dienstleistungs- und Kapitalströmen« beobachten. Andere Arbeiten sehen insbesondere kulturelle Prozesse am Werke und sprechen von kultureller Globalisierung (Robertson 1992). Demgegenüber verwende ich hier einen breiten Begriff, der gesellschaftliche Denationalisierung als einen Prozeß versteht, der verschiedene Sachbereiche bzw. unterschiedliche Objekte der jeweiligen Austausch- und Produktionsprozesse erfaßt. Eine ökonomisch verengte Sichtweise läuft nämlich Gefahr, das Wichtigste zu versäumen: Während beispielsweise die vieldiskutierten Auslandsdirektinvestitionen in der Bundesrepublik 1990 nur 8 Prozent der inländischen Anlagedirektinvestitionen ausmachten und damit die Anlageinvestitionen nur partiell denationalisiert sind, übersteigt der Anteil der Auslandsreisen inzwischen denjenigen der Inlandsreisen in der Bundesrepublik deutlich und belief sich 1990 auf 70 Prozent. Offensichtlich findet gesellschaftliche Denationalisierung also je nach Sachbereich in unterschiedlichem Ausmaße statt. Dabei ist der Bereich der Wirtschaft weder notwendigerweise am stärksten denationalisiert noch schreitet er notwendigerweise den anderen Bereichen voraus.

(c) Damit sind wir bei der Frage angelangt, welcher Schwellenwert überschritten werden muß, bevor von gesellschaftlicher Denationalisierung gesprochen werden kann (*Höhendimension*). Vor allem mit Blick auf die internationalen Wirtschaftsbeziehungen lassen sich wiederum zwei Sichtweisen unterscheiden (Holm/Sørensen 1995: 4-5; Hirst/Thompson 1996: 7). Einerseits kann Denationalisierung als eine Intensivierung der Interdependenz zwischen nationalen Volkswirtschaften verstanden werden. Demnach wächst zwar das Ausmaß der Interdependenz, die Grenzen zwischen verschiedenen nationalen Ökonomien sind aber nach wie vor mühelos identifizierbar und grundlegend für das Verständnis internationaler Wirtschaftsbeziehungen. Andererseits kann Denationalisierung aber auch als ein Prozeß verstanden werden, der die Bedeutung nationaler Volkswirtschaften auflöst und somit die Trennung zwischen Innen und Außen fragwürdig macht. So argumentiert Robert Reich (1991: 8), Mitglied der ersten Clinton-Administration, daß die Vorstellung von nationalen Ökonomien inzwischen genauso bedeutungslos ist wie die von nationalen Unternehmen, nationalem Kapital, nationalen Produkten und nationaler Technologie. Im Prinzip neige ich zur zweiten Auffassung, also gleichsam einem »hohen« Schwellenwert. Bei einer kompletten gesellschaftlichen Denationalisierung sind die nationalen Grenzen für Transaktionen bedeutungslos. Die Grenzen der verdichteten sozialen Handlungszusammenhänge, die durch eine signifikante Reduktion der Häufigkeit und Intensität von gesellschaftlichen Transaktionen erkennbar sind (Deutsch 1969: 99), fallen dann prinzipiell nicht mehr mit den Grenzen zwischen den nationalen Gesellschaften zusammen. Es ist allerdings zu beachten, daß sich dieser Zustand im Zuge eines *Prozesses* einstellt, in dem sich die Verflechtung zwischen unterschiedlichen nationalen Gesellschaften erhöht. Insofern interessiert die Zunahme der Verflechtung zwischen »Volkswirtschaften« genauso wie die Herausbildung von wirtschaftlich komplett integrierten Räumen jenseits der Nationen.

In diesem Zusammenhang ist eine weitere Unterscheidung wichtig. Eine intensivierte Verflechtung kann sich nicht nur in Gestalt eines verstärkten Austauschs zwischen Partnern in verschiedenen Ländern ausdrücken, wie es z. B. beim internationalen Handel mit Fertiggütern der Fall ist. Der Austausch bildet zweifelsohne eine wichtige Form der grenzüberschreitenden Interaktion. Güter werden jedoch heute zum Teil nicht mehr national hergestellt und dann international gehandelt, sondern durchlaufen bereits bei der Produktion sogenannte transnationale Ketten und werden somit grenzüberschreitend gefertigt. Ganz gleich, in welchem Teil der Welt ein Auto montiert wird, es setzt sich (mit Ausnahme Japans) stets zu ungefähr 50 Prozent aus Teilen zusammen, die in anderen Ländern hergestellt worden sind. Die Unterscheidung zwischen *grenzüberschreitendem Austausch* und *grenzüberschreitender Produktion* läßt sich auch in anderen Bereichen anwenden: Das Ozonloch entspricht beispielsweise eher dem Typus der »gemeinsamen Produktion« eines Umweltschadens als dem eines grenzüberschreitenden Austauschs von Schadstoffen wie im Falle eines Flusses, in den der Oberlieger Schadstoffe kurz vor der Landesgrenze einleitet. Gesellschaftliche Denationalisierung kann demgemäß sowohl als grenzüberschreitender Austausch als auch als grenzüberschreitende Produktion von *goods* und *bads* auftreten.

Als *Zwischenfazit* plädiere ich dafür, eine zwar schlanke, aber dennoch breite und mit einem hohen Schwellenwert versehene Definition von gesellschaftlicher Denationalisierung heranzuziehen. Eine schlanke Auffassung ist wünschenswert, weil tiefe Definitionen an mangelnder Klarheit darüber leiden, welche Phänomene nun eigentlich der gesellschaftlichen Denationalisierung selbst zuzurechnen sind und was dagegen eher deren Ursachen oder Folgen sind. Eine breite Definition ist notwendig, um eine ökonomistische Verkürzung der Debatte zu verhindern. Eine hohe Definitionsschwelle schließlich ist erforderlich, um das qualitativ Neue der Denationalisierungsprozesse in unserer Zeit aufzuzeigen. Gesellschaftliche Denationalisierung kann also definiert werden *als die Verschiebung der Grenzen von verdichteten sozialen Handlungszusammenhängen über die Grenzen von nationalen Gesellschaften hinaus, ohne gleich global sein zu müssen.*

Wie können nun die Grenzen von verdichteten sozialen Handlungszusammenhängen gemessen werden, wie kann also diese Definition von gesellschaftlicher Denationalisierung *operationalisiert* werden? Die direkte Identifizierung von sich verschiebenden Grenzen ist eine kaum zu bewältigende Aufgabe. Als Hilfskonstrukt stehen zwei Optionen zur Verfügung. Zum einen kann das Ausmaß der grenzüberschreitenden Transaktionen als Maßstab der gesellschaftlichen Denationalisierung benutzt werden. Je intensiver die grenzüberschreitenden Transaktionen, desto höher ist dann der Grad der gesellschaftlichen Denationalisierung. Gegen diese Operationalisierung wird hin und wieder von Ökonomen eingewandt, daß mit Hilfe der Betrachtung von Transaktionen nur wenig über die Entstehung von verdichteten bzw. integrierten Handlungszusammenhängen ausgesagt werden kann, weil deren Veränderungen der Verschiebung der Attraktivität von Standorten geschuldet sein könnten und perfekt integrierte Räume sogar geringe transnationale Interaktionen aufweisen sollten (vgl. hierzu Garrett 1998: Kap. 3). So würde eine plötzlich einsetzende protektionistische Politik der Bundesrepublik zu hohen Kapitalabflüssen führen, ohne wirkliche Denationalisierung anzuzeigen. Deswegen wird in der Ökonomie häufig die Analyse von Transaktionskosten und konvergenten Preisentwicklungen vorgeschlagen, die näher an der theoretischen Vorstellung von integrierten Räumen lägen. Für den Nobelpreisträger Douglas North (1990: Kap. 4) sind sich verändernde Transaktionskosten gar der Schlüssel zum Verständnis von politökonomischem Wandel schlechthin. Dort, wo die Überwindung von Distanz keine spezifischen bzw. zusätzlichen Transaktionskosten verursacht, könnte demnach von verdichteten sozialen Handlungszusammenhängen gesprochen werden.

In der Tat wurden in den letzten zwei Jahrzehnten politische Handelsbarrieren deutlich abgebaut. Die Zölle für industrielle Güter sind insbesondere im Zuge der Uruguay-Runde des GATT weiter reduziert worden und betragen nur noch einen Bruchteil der Nachkriegszeit. Alle G-7-Länder haben in den letzten zwei bis drei Jahrzehnten die Kapitalverkehrskontrollen aufgehoben oder zumindest deutlich reduziert. Gleichzeitig sorgte die technologische Entwicklung ähnlich wie im 19. Jahrhundert dafür, daß sich die Kosten der Überwindung von Raum drastisch reduzierten. Waren es damals Eisenbahn, Dampfschiffahrt und Telegraphen, die Kosten und Zeit bei der Überwindung von Distanz senkten, so waren es in den letzten Jahrzehnten der Flugverkehr, der Ausbau der Satellitentechnik und die Digitalisierung der Kommunikation. Zwischen 1939 und 1990 sanken die Durchschnittspreise im Flugverkehr von ca. 1 DM auf etwa 16 Pfennig pro Meile; die Kosten für die internationale Telekommunikation reduzierten sich seit Ende der sechziger Jahre um 8 Prozent jährlich und der Preis für eine Einheit Computerkapazität um 99 Prozent in den letzten 30 Jahren (M. Wolf 1997: 12; Zacher mit Sutton 1996: 129).

In gewisser Hinsicht deuten diese Entwicklungen bereits auf gesellschaftliche Denationalisierung hin. Meines Erachtens muß ein differenzierter Nachweis von gesellschaftlicher Denationalisierung jedoch anhand der direkten Messung von Transaktionen erfolgen. Es ist nämlich erstens keineswegs ausgemacht, daß geringe Transaktionskosten näher am theoretischen Konzept des integrierten gesellschaftlichen Raumes liegen als dichte Transaktionen. Beispielsweise besagt die Senkung der Kosten internationaler Telefonate viel weniger über die Entstehung integrierter sozialer Räume als die reale Zunahme der Telefonate. Nicht die Möglichkeit der Kommunikation, sondern die Kommunikation selbst konstituiert das Soziale. Zweitens ist das Argument, demzufolge perfekt integrierte Räume keine hohen Transaktionen aufweisen müssen, in der Praxis unbedeutend. Es gibt keine perfekten Märkte mit völlig stabilen Gleichgewichten, sondern nur Annäherungen an diesen Zustand wie im Falle von nationalen Märkten. Wenn diese über Zeiträume von 10 bis 50 Jahren betrachtet werden, werden vorübergehende Veränderungen aufgrund von punktuellen politischen Ereignissen und sprunghaften Wettbewerbsverschiebungen zudem unbedeutend. Drittens ist die Erhebung von Transaktionskosten sehr problematisch, insbesondere wenn länderspezifische Unterschiede berücksichtigt werden sollen. Das führt nicht selten dazu, daß diejenigen, die die Messung von Transaktionskosten aus theoretischen Erwägungen bevorzugen würden, letztlich doch die Transaktionen messen. So formulieren beispielsweise Milner/Keohane (1996: 4): »Eine exogene Reduktion der internationalen Transaktionskosten (...) kann gemessen werden durch die Zunahme internationaler im Verhältnis zu nationalen Transaktionen«. (Übersetzung M. Z.).

Die grenzüberschreitenden Transaktionen sollen in den nachstehenden Sachbereichen gemessen werden. Jeder der betrachteten Sachbereiche definiert sich durch die Objekte, die ausgetauscht oder gemeinsam produziert werden:

– Gewalt = grenzüberschreitender Austausch oder grenzüberschreitende Produktion von *Bedrohungen und Waffen;*
– Kommunikation und Kultur = grenzüberschreitender Austausch oder grenzüberschreitende Produktion von *Zeichen und kulturellen Produkten;*
– Mobilität = grenzüberschreitende Reisen und *Personen*wanderungen;
– Wirtschaft = grenzüberschreitender Austausch oder grenzüberschreitende Produktion von *Gütern, Dienstleistungen* und *Kapital;*
– Umwelt = grenzüberschreitender Austausch oder grenzüberschreitende Produktion von *Umweltschadstoffen und -risiken.*

Die Operationalisierung von gesellschaftlicher Denationalisierung als Zunahme der Intensität und der Reichweite grenzüberschreitender Transaktionen in unterschiedlichen Sachbereichen entspricht der Definition von transnationalen Beziehungen, wie sie in der politikwissenschaftlichen Analyse internationaler Politik schon seit langem verwendet wird. Robert Keohane und Joseph Nye (1972: XII) haben in ihrem einflußreichen Band transnationale Beziehungen als »grenzüberschreitende Bewegungen von Information, Geld, Gegenständen, Menschen sowie anderer materieller oder immaterieller Einheiten« (Übersetzung M. Z.) definiert.[6] Um als Indikator für gesellschaftliche Denationalisierung in dem hier vorgetragenen Sinne gelten zu können, muß jedoch der Anteil der grenzüberschreitenden Transaktionen an den gesamten Transaktionen betrachtet werden. Der absolute Anstieg grenzüberschreitender Transaktionen ist nicht notwendigerweise ein Indikator gesellschaftlicher Denationalisierung (vgl. Thomson/Krasner 1989; Armingeon 1996). Ein Wachstum des Außenhandels bei gleichzeitigem proportionalen oder vielleicht sogar schnelleren Anstieg des Inlandsprodukts läßt den Nationalstaat nach wie vor unangetastet. Es geht also um *relative Werte:* Sie müssen wiederum gewisse Schwellen überschreiten. Von einer gesellschaftlichen Denationalisierung soll also nur dann gesprochen werden, wenn der relative Anteil grenzüberschreitender Transaktionen entweder deutlich (als Orientierung: Verdoppelung in einer Dekade) und nachhaltig (kein Wachstumsstop) anwächst (Denationalisierung als Prozeß) oder bereits einen ausreichend hohen Wert (als Orientierungspunkt: 25 Prozent) erreicht hat (denationalisierter Zustand).

Abschließend kann gesellschaftliche Denationalisierung somit *operationalisiert* werden als *die relative Zunahme der Intensität und der Reichweite grenzüberschreitender Austausch- oder Produktionsprozesse in den Sachbereichen Wirtschaft, Umwelt, Gewalt, Mobilität sowie Kommunikation und Kultur.* Gesellschaftliche Denationalisierung ist damit eine Variable, die je nach betrachtetem Sachbereich und je nach betrachtetem Land unterschiedliche Werte annehmen kann.

6 Vgl. jetzt auch den von Risse-Kappen (1995a: 3) herausgegebenen Band, in dem transnationale Beziehungen definiert werden als Transaktionen über nationale Grenzen hinweg, bei denen »zumindest ein Akteur nicht-staatlich ist oder nicht im Interesse einer Regierung oder im Auftrag einer internationalen Organisation arbeitet« (Übersetzung M. Z.).

2. Wieviel Denationalisierung hat es wo gegeben?

Obgleich gesellschaftliche Denationalisierung ein vielfach gebrochener, uneinheitlicher und je nach Problem und Land differenziert zu betrachtender Prozeß ist, läßt sich zeigen, daß er in der gesamten Breite der untersuchten Sachbereiche im Kern der OECD-Welt in unterschiedlichem Ausmaß stattfindet. Die Darstellung der Sachbereiche erfolgt alphabetisch.

(a) *Gewalt:* Für Jaspers (1949: 162-63) vollzog sich die Globalisierung zuerst im Gewaltbereich, und zwar bereits mit dem Zweiten Weltkrieg, mit dem »alle wesentlichen Probleme Weltprobleme [geworden] sind«. In der Tat hätte jeder Krieg mit Massenvernichtungswaffen Auswirkungen, die weit über das Kriegsgebiet hinausreichen. Die Vorstellung von regionalen Kriegen als vereinzelten Operationen hat damit ausgedient. Denationalisierung findet im Sachbereich Gewalt dann statt, wenn Waffen mit großer Reichweite und Auswirkungen, die potentiell die Grenzen der kriegführenden Parteien überschreiten, an Bedeutung gewinnen. Insofern ist die Ansammlung von Massenvernichtungswaffen durch oder deren Weitergabe an Staaten ein wichtiger Indikator für die Denationalisierung in diesem Sachbereich. Es zeigt sich, daß sowohl die Ausbreitung von Langstreckensystemen als auch die Anhäufung großer Bestände von Massenvernichtungswaffen bereits in den späten fünfziger und sechziger Jahren in erheblichem Maße einsetzen. Rein zeitlich betrachtet beginnt die Denationalisierung ganz im Sinne von Jaspers also zuerst im Sachbereich Gewalt. Während die globalen Bestände an Atomwaffen mit dem Ende des Ost-West-Gegensatzes deutlich abnehmen (Beisheim et al. 1998: 178-185), setzt sich die Weitergabe von Massenvernichtungswaffen bis in die Gegenwart fort (Abbildung II.2).

Bedrohungen können jedoch auch von nichtstaatlichen Akteuren ausgehen. Die transnationalen terroristischen Aktivitäten häufen sich vor allem in den siebziger Jahren, allerdings hauptsächlich in den europäischen Ländern (Beisheim et al. 1998: 200-212). Zwar ist die Datenlage bei der vielbeschworenen Organisierten Kriminalität notorisch schlecht, zumindest für die Bundesrepublik läßt sich jedoch relativ gesichert ein Trend zur Denationalisierung ausmachen. Beispielsweise stieg der – um im Amtsdeutsch zu spre-

Abbildung II.2: Entwicklung der Anzahl der Staaten mit Atomwaffenforschung, -fähigkeit und -besitz (1942-1995)

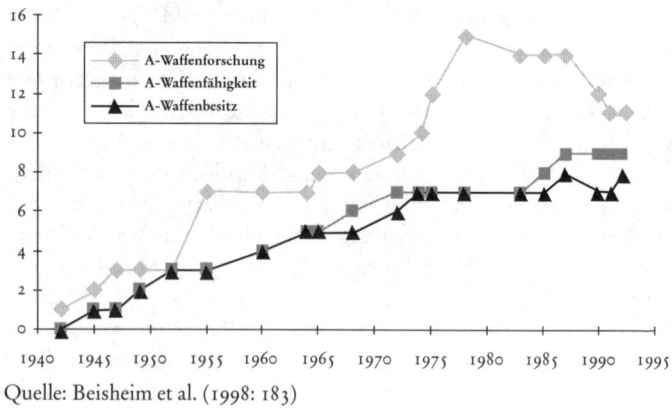

Quelle: Beisheim et al. (1998: 183)

chen – prozentuale Anteil der Ausländer an den Tatverdächtigen im Bereich der Organisierten Kriminalität allein von 1991 bis 1995 um 12 Prozent (Beisheim et al. 1998: 208-209). Fazit: Während sich im zwischenstaatlichen Bereich Denationalisierungsphänomene schon seit Beginn des Kalten Krieges nachweisen lassen, ist die Ausbreitung grenzüberschreitender Bedrohungen durch nichtstaatliche Akteure in Form von Terrorismus und Kriminalität jüngeren Datums.

(b) *Kommunikation und Kultur:* In den Arbeiten von Karl W. Deutsch bildete der *Austausch von Informationen* einen der wichtigsten Indikatoren für die Bestimmung der Grenzen von Gesellschaften. Seine Daten zeigten einen steilen Abfall der Kommunikationshäufigkeit entlang der Staatsgrenzen (Deutsch 1953). Seit dieser Zeit haben sich jedoch einige bemerkenswerte Veränderungen ergeben. Die Daten zum internationalen Briefverkehr spiegeln eine permanente absolute Zunahme bis Mitte der siebziger Jahre wider, was – verglichen mit dem nationalen Briefverkehr – eine geringe relative Zunahme bedeutet. In den achtziger Jahren bewegten sich sowohl die absoluten als auch die relativen Zahlen leicht nach unten (vgl. Beisheim et al. 1998: 46-48). Dieser

Abbildung II.3: Entwicklung des Anteils der internationalen
an allen Telefongesprächen 1960-1995
(Angaben in Prozent)

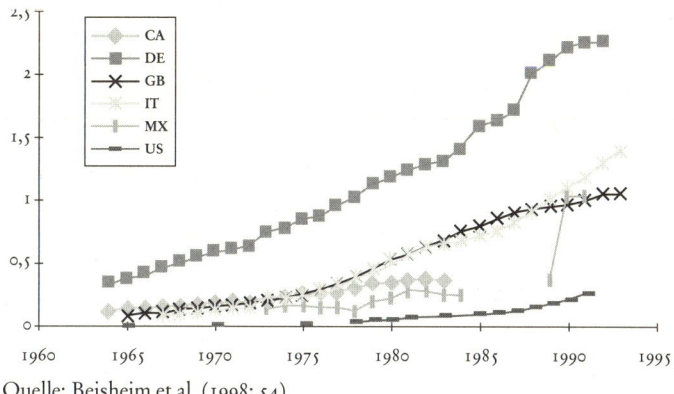

Quelle: Beisheim et al. (1998: 54)

Rückgang ist hauptsächlich auf das sprunghafte Wachstum bei internationalen Telefongesprächen (absolut) zurückzuführen, das auch heute noch anhält. Im Schnitt hat sich die Anzahl der internationalen Telefongespräche im Kern der OECD-Welt zwischen 1980 und 1995 gut verfünffacht (Beisheim et al. 1998: 51-52). Der Anteil der internationalen Telefongespräche ist ebenfalls deutlich angestiegen, obwohl er sich auf einem noch vergleichsweise niedrigen Niveau bewegt und nur in Deutschland über 2 Prozent liegt (Abbildung II.3).

In den neunziger Jahren kommt ein sehr starkes Wachstum der grenzüberschreitenden elektronischen Datenkommunikation hinzu. In den vergangenen 5 Jahren wuchs die Zahl von Internet-Hosts exponentiell, von ca. 500000 im Jahre 1990 auf inzwischen über 10 Millionen (Beisheim et al. 1998: 60-61). Dazu ist folgendes anzumerken: Bereits im Oktober 1994 wurde die magische Grenze von 1 Milliarde elektronischer Nachrichten pro Monat überschritten. Damit übersteigt die Anzahl der *e-mail-Sendungen* in der OECD-Welt heute bereits deutlich die Summe von internationalen Briefen und internationalen Telefongesprächen (700 Millionen

Abbildung II.4: Entwicklung der Importe von Büchern und Broschüren 1970-1995 (Angaben in Millionen US-Dollar)

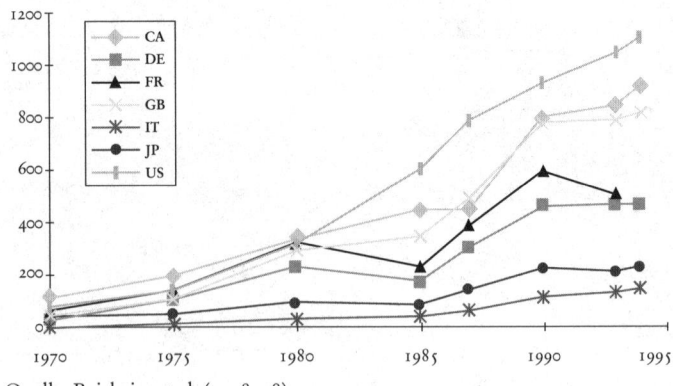

Quelle: Beisheim et al. (1998: 78)

Stück). Da davon auszugehen ist, daß der grenzüberschreitende Anteil bei den *e-mail-Sendungen* signifikant höher liegt als bei Briefen und Telefonaten, kann der absolute Anstieg der Zahl von Internet-Nutzern mit *e-mail*-Konto schon als eine fortschreitende Denationalisierung der Kommunikation betrachtet werden. Darüber hinaus verfügt das Internet über wesentlich mehr Möglichkeiten, als lediglich Nachrichten per *e-mail* zu verschicken. Die Informationen, die im Internet zugleich hergestellt und verfügbar gemacht werden, sind ein Beispiel für eine integriert produzierte Ware. Trotz der amerikanischen Dominanz in diesem Bereich handelt es sich nicht einfach um die Ausbreitung und Verkündung amerikanischer Informationen und Werte, um eine anspruchsvolle Form der McDonaldisierung der Welt. Vielmehr sind die Summe und die Verbindung der Informationen, die sich im Internet finden lassen, Ausdruck einer neuen, postnationalen Kommunikation. Der Anstieg der Zahl von Internet-Hosts deutet somit nicht nur auf einen intensivierten Austausch von Informationen, sondern vielmehr auf die *integrierte Produktion* von Information hin.

Die Wachstumsraten des Im- und Exports von *kulturellen Gütern wie Büchern, Tonträgern und Filmen* waren in den letzten

Abbildung II.5: Entwicklung der Marktanteile einheimischer
Filmproduktionen nach Ländern 1955-1995
(Angaben in Prozent)

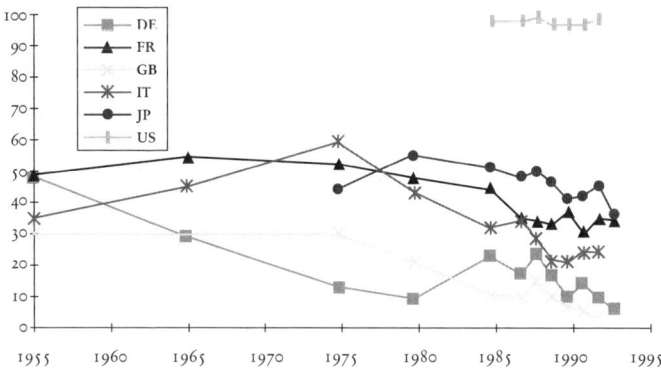

Quelle: Beisheim et al. (1998: 87)

20 Jahren ebenfalls signifikant. Der durchschnittliche Wert der importierten »Bücher und Broschüren« hat sich in den Ländern der G-7-Staaten von 1980 bis 1993 absolut gesehen mehr als verdoppelt (Abbildung II.4). Das gleiche gilt für »Zeitungen und Periodika«. Im Bereich der Tonträger lagen die Wachstumsraten sogar noch höher (vgl. Beisheim et al. 1998: 97-100). Da davon ausgegangen werden kann, daß die Gesamtmenge an Zeit, die für Bücher und andere Kulturmedien aufgewendet werden kann, relativ konstant bleibt, deutet dieses absolute Wachstum auch auf eine steigende Denationalisierung hin.

Bei Kino- und Fernsehfilmen stieg der Anteil der auswärtigen Produktionen in den letzten Jahrzehnten kaum mehr an. Allerdings ist der Anteil ausländischer (zu einem großen Teil Hollywood-) Produktionen (der zwischen 60 und 95 Prozent liegt) bereits so hoch, daß man – zumindest von einem Standpunkt außerhalb der USA – von einer komplett denationalisierten Filmindustrie sprechen kann (Abbildung II.5).

Insgesamt zeichnet sich der Kommunikationsbereich damit durch deutliche Denationalisierungstendenzen aus. Zwar flachen

Abbildung II.6: Entwicklung des Anteils der Auslandsreisen an allen Reisen 1950-1990 (Angaben in Prozent)

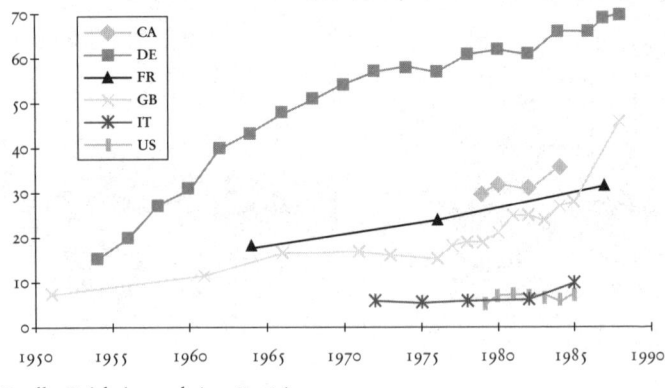

Quelle: Beisheim et al. (1998: 162)

ab Ende der achtziger Jahre die Wachstumsraten beim Austausch kultureller Güter und auch bei den internationalen Telefonaten etwas ab. Gleichzeitig entwickelt sich mit dem Internet in rasendem Tempo ein qualitativ neues Medium, das Ausdruck einer grenzüberschreitenden Produktion von Information und Kultur ist. Im Ländervergleich ragen bei der kulturellen Denationalisierung vor allem Kanada, aber auch Deutschland und Großbritannien hervor, während die entsprechenden Trends in Frankreich und Italien etwas weniger ausgeprägt sind. Japan und die USA weisen kulturell gesehen aus unterschiedlichen Gründen den geringsten Denationalisierungsgrad auf.

(c) *Mobilität*: Auslandsaufenthalte bilden nicht nur, sie zeigen auch gesellschaftliche Denationalisierung an. Im Sachbereich Mobilität geht es um grenzüberschreitende Personenbewegungen, die nach der Aufenthaltsdauer im Gastland unterschieden werden können. Bei den Reiseströmen *(kurzfristige Aufenthalte)* ist für die betrachteten Länder ab etwa Mitte der siebziger Jahre ein beschleunigtes Wachstum festzustellen (Abbildung II.6). Es verläuft für den internationalen Personenflugverkehr linear und weist meist ein höheres Wachstum auf als der inländische Verkehr (vgl. Beisheim et al.

Abbildung II.7: Entwicklung der Anzahl der Asylanträge
1960-1994 (Angaben in Tausend)[7]

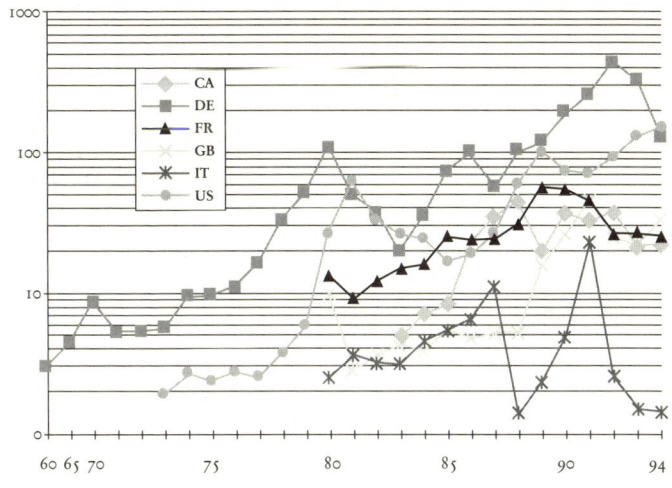

Quelle: Beisheim et al. (1998: 125)

1998: 139-142). Im Bereich des Tourismus kann man seit geraumer
Zeit von einer kompletten Denationalisierung reden, mit dem Rei-
seweltmeister Deutschland natürlich an der Spitze.

Ausländische Studenten und Asylbewerber sind die wichtigsten Komponenten *temporärer* Migration (bis zu 5 Jahren). Die
absolute Zahl der ausländischen Studenten ist stetig gestiegen,
obwohl deren Anteil nirgendwo über 5 Prozent liegt (vgl. Beisheim et al. 1998: 130-136). Die temporäre Zuwanderung von
Flüchtlingen wächst in den betrachteten Staaten gegen Ende der
achtziger Jahre aufgrund der deutlich zunehmenden Anzahl von
Asyl- und Flüchtlingsanträgen vorübergehend schubartig an. Das
dadurch erreichte Niveau war allerdings nur in drei der betrachteten Länder von Bestand, zumal aufgrund von verschärften Asyl-
und Flüchtlingsregelungen in den meisten Ländern immer weniger
asylsuchende Asylanten und Flüchtlinge anerkannt wurden (Abbildung II.7).

7 Zu beachten ist, daß diese Grafik aus Darstellungsgründen gestaucht ist.

Abbildung II.8: Entwicklung des Anteils der ausländischen
Bevölkerung an der Gesamtbevölkerung in Kanada,
Deutschland und den USA 1921-1993 (Angaben in Prozent)

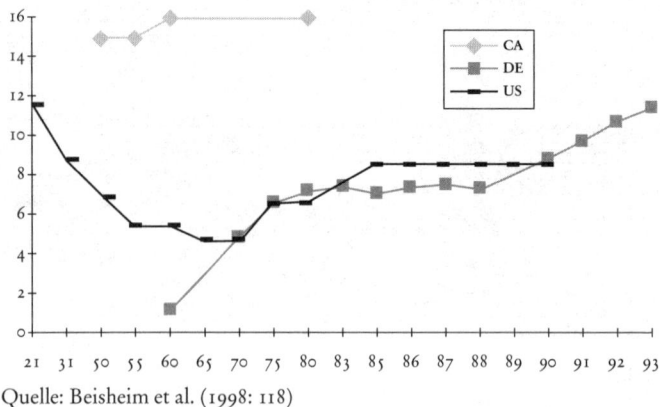

Quelle: Beisheim et al. (1998: 118)

Die *permanente oder langfristige Migration* schließlich hat kontinuierlicher zugenommen. Heute erreicht der Anteil der Einwanderer und der Anteil der ausländischen Arbeiter im Schnitt der
G-7-Länder 7 Prozent. Hinter dieser Zahl verbergen sich zumindest für einige europäische Länder enorme Wachstumsraten innerhalb einer relativ kurzen Zeitspanne: In Deutschland beispielsweise wuchs der Anteil der sogenannten Ausländer von 1 Prozent
im Jahre 1960 auf nahezu 12 Prozent im Jahre 1994 (Abbildung
II.8; II.9).[8]

Insgesamt sind im Bereich der Mobilität die Denationalisierungstendenzen bei kurzfristigen grenzüberschreitenden Personenbewegungen seit den siebziger Jahren am deutlichsten. Die
temporäre Zuwanderung wächst vor allem in den achtziger Jahren
– allerdings nicht in allen betrachteten Ländern und nicht nachhaltig. Permanente Migrationsbewegungen schließlich treten in einzelnen Ländern bereits in den sechziger Jahren verstärkt auf und

8 Ein Ländervergleich beim Anteil der ausländischen Bevölkerung ist aufgrund der
   unterschiedlichen Einbürgerungsgesetze kaum sinnvoll. Entscheidend ist auch
   hier die zeitliche Entwicklung.

Abbildung II.9: Entwicklung des Anteils der ausländischen
Bevölkerung an der Gesamtbevölkerung in Frankreich,
Großbritannien, Italien und Japan 1921-1993 (Angaben in Prozent)

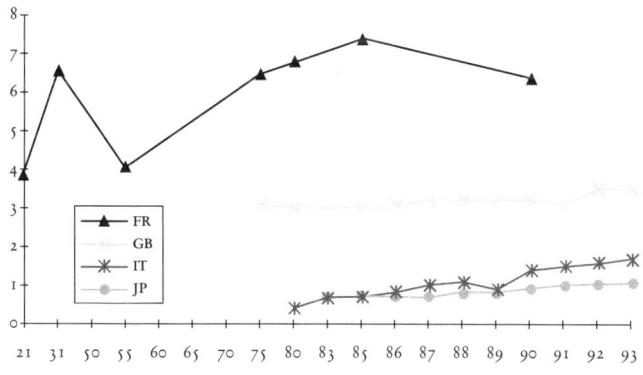

Quelle: Beisheim et al. (1998: 118)

haben in der Mehrheit der betrachteten Staaten auch in den achtziger Jahren auf ein inzwischen bemerkenswert hohes Niveau
weiter zugenommen. Am stärksten ausgeprägt ist diese Entwicklung in Deutschland, am geringsten in Japan. Kanada, die USA und
Frankreich haben in diesem Bereich traditionell hohe Werte, die
allerdings in jüngerer Zeit nicht drastisch gewachsen sind. Großbritannien weist mittelhohe Werte (bei einer traditionell liberalen
Einbürgerungspolitik) auf, während Italien sich zwar auf einem
geringen Niveau bewegt, aber sich erstmals in seiner Geschichte
mit Einwanderung konfrontiert sieht.

(d) *Umwelt:* Die Entwicklung von Umweltrisiken folgt dem idealtypischen Muster der gesellschaftlichen Denationalisierung. Bis
in die fünfziger Jahre waren industriell verursachte Umweltprobleme überwiegend lokal begrenzt. Die luftverschmutzenden Be-
triebe befanden sich in dem Land, in dem die Umweltschädigung
auftrat. In den sechziger und siebziger Jahren überschritten Schadstoffe immer häufiger Staatsgrenzen. Ein bekanntes Beispiel ist
der saure Regen, der beispielsweise in Skandinavien vor allem
durch Emissionen aus Großbritannien und Deutschland verur-

Abbildung II.10: Entwicklung der Schwefeldioxid (SO_2)-Emissionen 1965-1995 (Angaben in Tausend Tonnen)

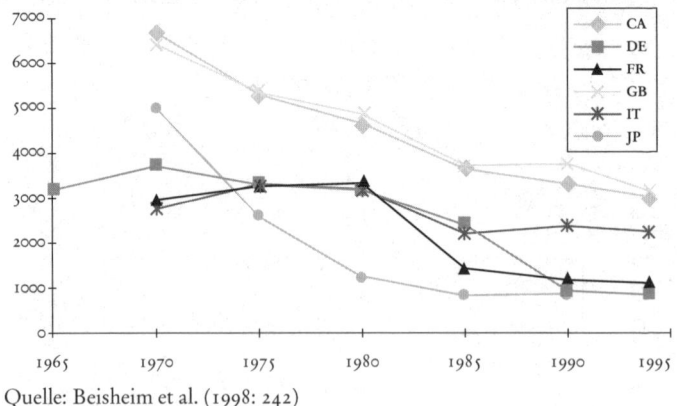

Quelle: Beisheim et al. (1998: 242)

sacht wurde. Bei solchen Luftschadstoffen läßt sich bis Anfang der siebziger bzw. achtziger Jahre ein Wachstumstrend feststellen. Danach tritt in den hier betrachteten Ländern z.T. ein Rückgang der Emissionen ein, wobei der Anteil der »ausländischen« Emissionen stabil bleibt und mithin absolut gesehen gleichfalls abnimmt (Abbildung II.10; II.11).

Nicht nur über die Luft, sondern auch durch Gewässer wurde eine ganze Reihe verschiedenster Schadstoffe über Grenzen hinweg transportiert. Empirisch läßt sich auch hier feststellen, daß sich der Belastungszustand der meisten untersuchten Fließgewässer – zumindest bei traditionellen Schadstoffen – in den letzten 15 Jahren verbessert hat (vgl. Beisheim et al. 1998: 246-251).

Der Rückgang des grenzüberschreitenden Austausches von Schadstoffen wird jedoch durch neue Umweltprobleme überlagert, die stärker kollektiv verursacht sind (grenzüberschreitende Produktion) und tatsächlich globales Ausmaß erreicht haben. So sind seit Anfang der achtziger Jahre globale Umweltveränderungen wie die Ausdünnung der Ozonschicht und der Treibhauseffekt verstärkt zu beobachten (Abbildung II.12).

Abbildung II.11: Entwicklung des Anteils grenzüberschreitender Luftverschmutzung an der mittleren jährlichen Gesamtdeposition von Schwefel in den Empfängerländern 1980-1994 (Angaben in Prozent)

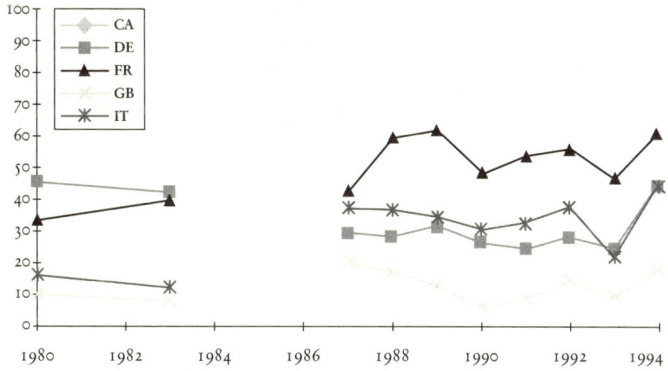

Beisheim et al. verwendeten für die Werte der Graphen verschiedene Quellen. Da sich die ihnen zugrundeliegenden Berechnungen unterscheiden, z.B. die Quellen unbekannter Herkunft nur bei den frühen Werten berücksichtigt wurden, dürfen die Werte nicht unmittelbar miteinander verglichen werden. Um dem gerecht zu werden, wurden die Linien nicht durchgängig gezeichnet.
Quelle: Beisheim et al. (1998: 241)

Andere globale ökologische Risiken, wie z.B. Entwaldung, Verwüstung, Überfischung und der Verlust der Biodiversität, werden in der Öffentlichkeit noch immer nicht in gleichem Maße wahrgenommen (vgl. Zürn/Take 1996). Mit Ausnahme des Ozonloches bilden diese neuen globalen ökologischen Risiken nicht nur ein Nebenprodukt der mehr oder weniger erfolgreichen ökonomischen Entwicklung, sie sind zu einem beachtlichen Maße auch durch Armut bedingt. Auf jeden Fall besitzen diese Umweltgefährdungen, obwohl Norden und Süden des Globus davon unterschiedlich betroffen sind, einen wahrhaft globalen Charakter. Innerhalb der OECD-Welt lassen sich daher kaum Denationalisierungsgrade unterscheiden.

(e) *Wirtschaft:* Auch auf wirtschaftlichem Gebiet, d.h. beim Austausch oder der gemeinsamen Produktion von Gütern, Dienstlei-

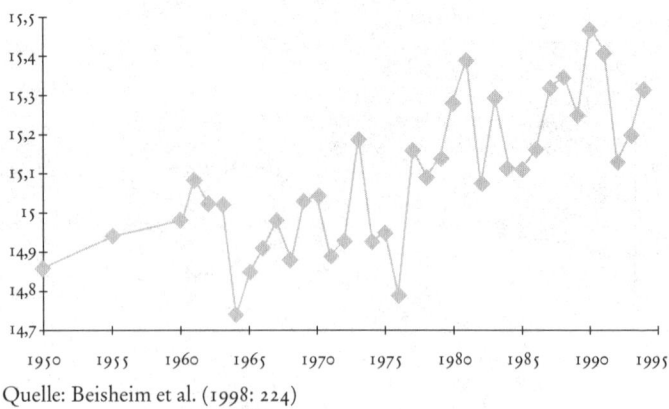

Abbildung II.12: Klimaerwärmung: Entwicklung der
globalen Durchschnittstemperaturen 1950-1995
(Angaben in Grad Celsius)

Quelle: Beisheim et al. (1998: 224)

stungen und Kapital, lassen sich eindeutige Denationalisierungsprozesse ausmachen. Im Bereich des *Güterhandels* beispielsweise
zeigt sich ein deutliches Wachstum der Außenhandelsquoten, das
bis Mitte der siebziger Jahre für alle betrachteten Länder anhält.
Danach finden sich weitere Steigerungen in Kanada, Deutschland,
Frankreich und den USA, während Japan, Italien und Großbritannien eine eher ungleichmäßige bis rückläufige Entwicklung aufweisen (Abbildung II.13). Dabei haben die Exportquoten schon Mitte
der siebziger Jahre das Niveau der Zeit vor dem Ersten Weltkrieg
deutlich überschritten.

Es läßt sich darüber hinaus erkennen, daß die Abhängigkeit von
Technologieimporten selbst in Japan, den USA und Deutschland –
also den technologisch führenden Ländern – in den letzten Jahrzehnten stark angestiegen ist. Die entsprechende Kennziffer betrug
im Schnitt der 3 Länder 1970 noch 15,1 Prozent, 1990 hatte sie
bereits einen Wert von 30,1 Prozent erreicht (Neyer/Seeleib-Kaiser
1995: 13). Generell erhöhte sich der Anteil der importierten Vorleistungen an allen Vorleistungen in der Mehrzahl der betrachteten
Länder erheblich (Abbildung II.14). Dies verweist auf die Existenz

Abbildung II.13: Entwicklung der Außenhandelsquoten
1990-1995 (Angaben in Prozent)

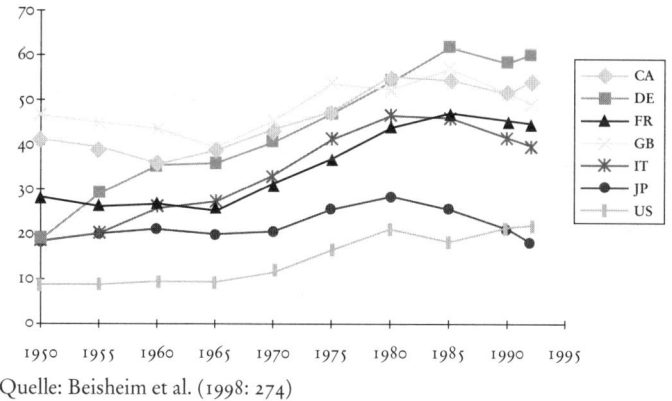

Quelle: Beisheim et al. (1998: 274)

Abbildung II.14 Entwicklung des Verhältnisses importierter zu
inländisch bezogenen Zwischenprodukten (Angaben in Prozent)

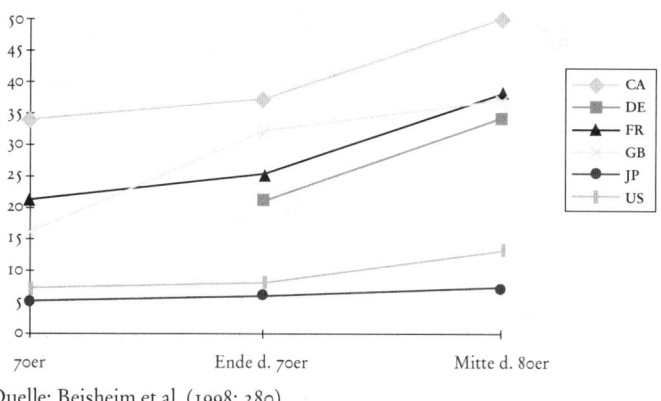

Quelle: Beisheim et al. (1998: 280)

transnationaler Produktionsketten, bei denen ein Gut schon im
Herstellungsprozeß verschiedene Länder im Sinne der grenzüberschreitenden Produktion durchläuft.

Abbildung II.15: Direktinvestitionen von Inländern im Ausland
im Verhältnis zu den Anlageinvestitionen (brutto)
im Inland 1960-1995 (Flußwerte, Angaben in Prozent)

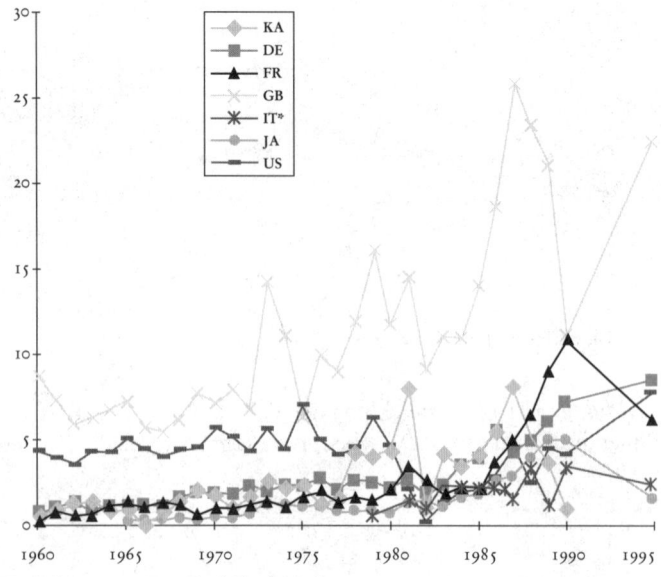

* Wert für 1979 = Durchschnittswert für 1975-1980; 1995 = Wert von 1992
Quelle: Beisheim et al. (1998: 312-314)

Auch die grenzüberschreitenden Kapitalbewegungen nehmen
erheblich an Bedeutung zu. Die ausländischen Forderungen der
Banken beispielsweise steigen relativ zur Bedeutung inländischer
Forderungen in der Mehrzahl der betrachteten Staaten an, was sich
im Auslandsanteil der Staatsverschuldung widerspiegelt. Für die
Bundesrepublik Deutschland stieg die Verschuldung bei ausländi-
schen Kreditgebern als Anteil der Gesamtverschuldung von ca. 5
Prozent Mitte der siebziger Jahre auf über 36 Prozent 1990 (vgl.
Beisheim et al. 1998: 281-292).

Wichtiger ist die Entwicklung bei den Direktinvestitionen. Während hier die absoluten Werte nahezu exponentiell ansteigen – von
68 Mrd. US-Dollar im Jahre 1960 über 211 Mrd. US-Dollar im

Jahre 1973 bis zu 2730 Mrd. US-Dollar im Jahre 1995 –, verändert sich das Verhältnis von Direktinvestitionen zu heimischen Anlageinvestitionen vor allem in den achtziger Jahren stark zugunsten des ausländischen Engagements. Im Durchschnitt der betrachteten Länder verdoppelt sich das Verhältnis nahezu, wobei die Entwicklung insbesondere in Großbritannien auf höherem Niveau und mit höheren Steigerungsraten verläuft (Abbildung II.15).

Tabelle II.1: Die Entwicklung strategischer Allianzen weltweit

	Anzahl
1970-1974	* 402
1975-1979	* 402
1980-1984	1 552
1985-1989	2 630

* Für 1970-1979 liegt nur eine Zahl vor (804). Um die Vergleichbarkeit zu gewährleisten, wurde diese dividiert.
Quelle: Beisheim et al. (1998: 318)

An diesen Direktinvestitionen zeigt sich nicht nur die Bedeutung der Kapitalströme, sondern gleichzeitig auch das zunehmende Gewicht multinationaler Unternehmen, die sich in den achtziger Jahren auf dem Wege strategischer Allianzen zusätzlich untereinander verquickten (Tabelle II.1). Indirekt sind die Kapitalströme damit Ausdruck der grenzüberschreitenden Produktion, denn die Arbeitsabläufe der multinationalen Unternehmen sind häufig in dieser Weise organisiert.

Als Denationalisierungserscheinung des Typs »grenzüberschreitende Produktion« haben jedoch insbesondere internationale Finanzmärkte zu gelten, die sich territorial kaum mehr eindeutig zuordnen lassen und auf denen Akteure aus verschiedensten Ländern Geschäfte in diversen Währungen abwickeln. So beziehen sich nur noch etwa 2 Prozent der weltweiten Finanztransaktionen auf die Absicherung von Warengeschäften und Investitionen; der Rest findet seinen Grund in den Finanzmärkten selbst und dient zum größeren Teil spekulativen Interessen. Ein Tagesumsatz auf den Devisenmärkten überschreitet die Summe der Währungsreserven aller IWF-Mitglieder. Das exponentielle Wachstum dieser Märkte

Abbildung II.16: Entwicklung des Eurogeldmarktes
1960-1987 (Angaben in Mrd. US-Dollar)

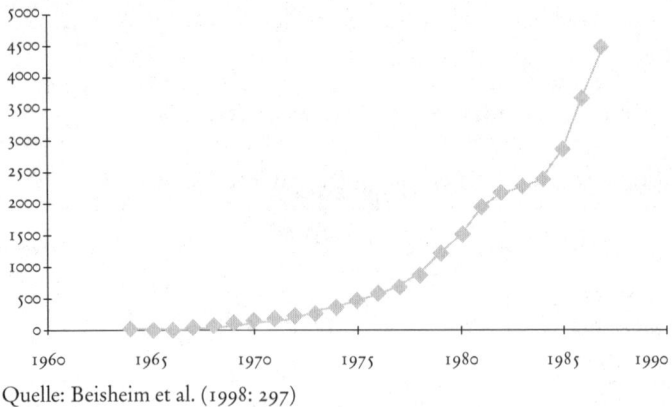

Quelle: Beisheim et al. (1998: 297)

zeichnete sich schon seit den siebziger Jahren ab, beschleunigte sich
in der zweiten Hälfte der achtziger Jahre noch einmal. Der Euro-
geldmarkt kann hier als idealtypisch gelten (Abbildung II.16, für
andere Märkte vgl. Beisheim et al. 1998: 297-302).

Insgesamt entwickelt sich im Wirtschaftsbereich beim Handel
die Denationalisierung vergleichsweise langsam, aber kontinuierlich – spätestens seit Mitte der achtziger Jahre wird sie jedoch von
einem Schub in den Bereichen Direktinvestitionen, strategische
Allianzen und globale Finanzmärkte begleitet. Auch im Sachbereich Wirtschaft dominiert somit zunehmend die grenzüberschreitende Produktion von Gütern, Kapital und Dienstleistungen den
grenzüberschreitenden Austausch. Im Sektor des grenzüberschreitenden Austauschs, in dem eine länderspezifische Beobachtung
möglich ist, läßt sich feststellen, daß Großbritannien und die Bundesrepublik am meisten und Japan am wenigsten denationalisiert
sind.

3. Fazit

Was sind nun zusammengefaßt die wichtigsten Befunde einer systematischen Betrachtung von gesellschaftlicher Denationalisierung?

1. Die weitverbreitete Hypothese von einem schubartigen Anstieg der gesellschaftlichen Denationalisierung seit Mitte der siebziger Jahre bedarf einer Modifikation. Im Sachbereich Gewalt lassen sich signifikante Denationalisierungsprozesse schon in den fünfziger und insbesondere sechziger Jahren beobachten. In den siebziger Jahren tritt diese Beschleunigung dann – entsprechend der Hypothese – in allen Sachbereichen auf. Entgegen den Erwartungen läßt das Wachstum des *grenzüberschreitenden Austausches* in der folgenden Dekade teilweise wieder nach. Genau in dieser Phase setzt jedoch ein starkes Wachstum der Denationalisierungsphänomene ein, die eine grenzüberschreitende *Produktion* von *goods* und *bads* zum Ausdruck bringen. Zugespitzt formuliert beschleunigt sich gesellschaftliche Denationalisierung punktuell ab den sechziger Jahren, breitet sich in den siebziger Jahren in umfassender Weise aus, aber erst in der zweiten Hälfte der achtziger Jahre ergibt sich ein echter Schub in der gesellschaftlichen Denationalisierung.

2. Im Ländervergleich zeigen Deutschland und Großbritannien besonders starke Anzeichen gesellschaftlicher Denationalisierung. Mit Ausnahme des Kommunikationsbereiches kann auch im Falle von Frankreich von einer vergleichsweise hohen Denationalisierung gesprochen werden. In Kanada und den USA verläuft die Entwicklung durchschnittlich, während Italien und Japan in vielen Bereichen eine im Vergleich deutlich geringere und langsamere Denationalisierung aufweisen.

3. Gesellschaftliche Denationalisierung ist heute in der Tat in den untersuchten Sachbereichen in den G-7-Ländern zu beobachten. Das unterscheidet bereits die Denationalisierung heute von der vor 85 Jahren. Weder das Internet noch die Atombombe sind den damaligen Zeitgenossen auch nur vorstellbar gewesen. Bei den Denationalisierungsprozessen, die auf intensiviertem grenzüberschreitendem Austausch beruhen, wird zudem in den Bereichen, in denen Vergleichsdaten vorliegen, das Denationalisierungsniveau aus den Jahren vor dem Ersten Weltkrieg spätestens seit der zweiten Hälfte

der siebziger Jahren deutlich übertroffen. Der Wachstumstrend verliert beim grenzüberschreitenden Austausch in den achtziger Jahren zwar in manchen Bereichen an Dynamik, ohne aber im allgemeinen unter die Werte der siebziger Jahre zu sinken. Völlig neu jedoch sind die genannten Entwicklungen im Bereich der grenzüberschreitenden Produktion von Denationalisierungsphänomenen, die ab Mitte der achtziger Jahre schubartig einsetzen. Gerade für diese Herausforderungen – das Internet, die internationale Kriminalität, die globalen Umweltveränderungen und die globalen Finanzmärkte – ist das Konzept des qualitativ Neuen angemessen. Die Herausforderung der gesellschaftlichen Denationalisierung zu Ende des 20. Jahrhunderts ist damit von noch nie dagewesener Quantität und von neuer Qualität.

III. Sicherheit: Wie sicher lebt es sich in einer denationalisierten Welt?

Unter den vier allgemeinen Zielen des Regierens, die sich im demokratischen Wohlfahrtsstaat herausgebildet haben, nimmt Sicherheit zweifellos eine herausragende Stellung ein. Bereits der Ursprung des Territorialstaates ist ganz wesentlich darauf zurückzuführen. Der absolutistische Territorialstaat entstand, als sich die europäischen Herrscherhäuser stehende Armeen zulegten und ein Gewaltmonopol durchsetzten. Dementsprechend genießt die Sicherheit auch in der politischen Theorie eine Sonderstellung. Wird Sicherheit durch den Staat nicht mehr hinreichend gewährleistet, so erübrigt sich selbst gemäß des Staatstheoretikers des Absolutismus, Thomas Hobbes (1984: 171), für die Bevölkerung, die Gehorsamspflicht: »Die Verpflichtung des Untertanen gegenüber dem Souverän dauert nur so lange, wie er sie auf Grund seiner Macht schützen kann, und nicht länger.« Adam Smith (1993: 582) als früher Vertreter der liberalen Staatstheorie schrieb seinerzeit dem entstehenden konstitutionellen Nationalstaat ins Stammbuch, er habe »drei Aufgaben zu erfüllen, die sicherlich von höchster Wichtigkeit sind, aber einfach und dem normalen Verstand zugänglich«, wobei es sich bei den ersten beiden explizit um »Sicherheitspflichten« handelt: »Erstens die Pflicht, das Land gegen Gewalttätigkeit und Angriff anderer unabhängiger Staaten zu schützen, zweitens die Aufgabe, jedes Mitglied der Gesellschaft soweit wie möglich vor Ungerechtigkeit oder Unterdrückung durch einen Mitbürger in Schutz zu nehmen und ein zuverlässiges Justizwesen einzurichten.« In der gegenwärtigen liberalen Staatstheorie ist Sicherheit das einzige Ziel des Regierens geblieben, für das selbst Vertreter radikal staatskritischer Positionen staatliche Eingriffe akzeptieren (vgl. Nozick 1974). So gesehen scheint Sicherheit das Feld zu sein, auf dem die Zukunft des Nationalstaates entschieden wird. Erstaunlicherweise sind aber die Auswirkungen der gesellschaftlichen Denationalisierung bislang fast ausschließlich mit Blick auf das Wohlfahrtsziel, nicht aber in bezug auf das Sicherheitsziel des Regierens diskutiert worden.

Die entscheidende Frage scheint also zu sein: Kann der Nationalstaat seinen Bürgern auch im Zeitalter der Denationalisierung ein
zufriedenstellendes Maß an Sicherheit gewährleisten? Sie läßt sich
schwerlich durch eine unmittelbare Bestandsaufnahme von »objektiven Unsicherheiten« beantworten. Eine Bestandsaufnahme,
die allein an den objektiven *Unsicherheiten* selbst ansetzt, vermag
Vollständigkeit und Ausgewogenheit nie zu erreichen. Die soziale
Welt bildet keinen geschlossenen Ereignisraum, in dem vorherseh-
bare Ereignisse mit unterschiedlicher Wahrscheinlichkeit auftreten.
Vielmehr kann in der sozialen Welt immer völlig Unvorhergesehe-
nes, bisher nicht Gedachtes passieren. Gerade weil diese Extrem-
form der »Ungewißheit« ein konstituierendes Element von sozialer »Unsicherheit« ist, sind Risikoabschätzungen immer auch
politisch und kulturell vermittelt (Douglas/Wildavsky 1982; Bonß
1997). Statt einer unmittelbaren Bestandsaufnahme von Unsicherheiten geht es also primär darum, ob die vorhandenen politischen
und sozialen Institutionen in der Lage sind, ein ausreichendes Maß
an Sicherheitsgefühl zu vermitteln.

Die hier vertretene Antwort auf die so präzisierte Frage lautet:
nur noch zum Teil. Von staatlichen Instanzen ausgehende Sicherheitsbedrohungen und -risiken sind vom demokratischen Wohlfahrtsstaat gerade in Verbindung mit der gesellschaftlichen Denationalisierung zumindest auf der Wahrnehmungsebene in den
meisten OECD-Staaten erfolgreich gemindert worden, während
gesellschaftliche (nicht-staatliche) Quellen von Unsicherheit als
Folge der Denationalisierung die nationalstaatlichen Fähigkeiten
zur Gewährleistung von Sicherheit zunehmend überfordern. Diese
These führt zwei sozialwissenschaftliche Diskussionszusammen-
hänge zusammen, die nur scheinbar widersprüchliche Diagnosen
abgeben. Im Einklang mit der Literatur über die Internationalen Beziehungen, die annäherungsweise symmetrische Beziehungen zwischen Gesellschaften als zentrale Voraussetzung für den
zwischenstaatlichen Frieden sieht, wird die reduzierte Wahrscheinlichkeit von Kriegen und Rechtsstaatsverletzungen herausgearbeitet.[1] Mit der Literatur über die Folgen industrieller Großtechnolo-

---

1 Für einen Überblick über frühe Interdependenztheoretiker vgl. de Wilde (1991).
  Für die aktuelle Diskussion vgl. Keohane/Nye (1977; 1987); Kohler-Koch (1990)
  sowie Buzan et al. (1993).

gien übereinstimmend wird eine Weltrisikogesellschaft konstatiert, die die Sicherheitsleistungen des Nationalstaates angesichts von Bedrohungen und Risiken, die ihren Ursprung in der Gesellschaft haben, nachdrücklich in Frage stellt (vgl. Beck 1986; Bonß 1991; Giddens 1990; 1996).

1. Sicherheit als Ziel des Regierens

Sicherheit ist das Gegenteil von Unsicherheit. Unsicherheit hat wiederum sehr viel mit Ungewißheit zu tun. Die Gewißheit darüber, daß ein abendlicher Spaziergang in den Straßen der Bronx mit einem Überfall verbunden ist, ist allerdings nicht das, was wir üblicherweise mit Sicherheit meinen. Sicherheit besteht vielmehr dann, wenn ein angestrebter Zustand mit Gewißheit erhalten oder erreicht werden kann. Im folgenden wird »Sicherheit« eng verstanden und bezieht sich ausschließlich auf den angestrebten Fortbestand der physischen Existenz und Unversehrtheit eines sozialen Akteurs. Die Sicherheit eines sozialen Akteurs ist demnach als groß einzustufen, wenn der Bestand und die Unversehrtheit dieses sozialen Akteurs als gewiß angesehen werden können.

Welche Möglichkeiten der Beeinträchtigung so verstandener Sicherheit lassen sich unterscheiden? Es gibt zum einen *Bedrohungen*, womit jene Unsicherheiten bezeichnet werden, die durch soziale Akteure bewußt verursacht werden. Bedrohungen sind dann am größten, wenn sich die Intention der physischen Schädigung mit der Verfügung über Mittel der physischen Gewalt in einem Akteur vereinigen. Ein Großteil der Entscheidungsträger in der westlichen Welt nahm entsprechend die sowjetische Führung in Verbindung mit der Roten Armee als große Bedrohung wahr. *Gefahren* existieren hingegen unabhängig von Entscheidungen sozialer Akteure. Die Erdbebengefahr in Kalifornien mag hier als Beispiel dienen. Schließlich sind *Risiken* zu nennen, die sich dadurch auszeichnen, daß sie zwar auf Entscheidungen sozialer Akteure zurückgehen – also nicht wie Gefahren natürlich gegeben, sondern sozial verursacht sind –, diese Entscheidungen aber (im Gegensatz zur Bedrohung) nicht mit dem *Ziel* der Schädigung getroffen worden sind. Risiken wie beispielsweise eine Klimakatastrophe werden zwar durch bewußte soziale Entscheidungen produziert, sie sind aber nicht gewollt. Risiken ergeben sich mithin als nicht intendierte Konsequenzen (Nebenfolgen) intendierter Handlungen (vgl. hierzu Giddens 1990: 112-150; Bonß 1991; Luhmann 1991; Beck 1993: 40-45).

Wie stellt sich nun die Fähigkeit des Nationalstaates dar, sich dem Ziel der Reduktion von Gefahren, Bedrohungen und Risiken anzunähern? Zunächst läßt sich feststellen, daß der Staat auf die *Gefahren*lage in der OECD-Welt nur einen untergeordneten Einfluß ausübt. Der Staat konnte weder früher noch kann er heute Gefahren wie Erdbeben oder Flutkatastrophen verhindern. Die Abwendung von Gefahren ist dementsprechend niemals unmittelbarer Bestandteil des staatlichen Aufgabenkatalogs gewesen, wiewohl er vermittelt über die Förderung der Entwicklung von Früherkennungstechnologien auch zur Gefahrenkontrolle beigetragen hat. Das Sicherheitsziel des Regierens bezog und bezieht sich primär darauf, *Bedrohungen und Risiken zu reduzieren.* Dabei hat der Nationalstaat zum einen die physische Unversehrtheit der Individuen (sowie der verschiedenen Gruppen von Individuen) auf seinem Territorium, zum anderen seine eigene physische Unversehrtheit, d. h. die Unversehrtheit von Staatsvolk, Staatsterritorium und staatlicher Herrschaft, zu garantieren.[2] Staat und Individuum (bzw. Gruppen von Individuen) sind jedoch nicht nur der Unsicherheit ausgesetzt, sondern können zugleich auch Urheber der Beeinträchtigung von Sicherheit sein. Das Ziel des Regierens, Sicherheit zu erzeugen, bezieht sich somit auf vier spezifische Aufgaben:

1. die Verteidigungsaufgabe, d. h. die Sicherung des Staates vor Bedrohungen durch andere Staaten und generell vor dem Krieg;
2. die Rechtsstaatsaufgabe, d. h. die Sicherung der Individuen vor der Bedrohung durch staatliche Übergriffe;
3. die Herrschaftsaufgabe, d. h. die Sicherung des Staates gegenüber terroristischen oder umstürzlerischen Bedrohungen; und

---

2 Halliday (1991) hat das realistische Verständnis vom Nationalstaat, der in der Außenvertretung als homogene Einheit auftritt, klar herausgearbeitet. Für eine Abwägung zwischen dem Wert eines Sicherheitsbegriffs, der sich auf den Staat, und dem, der sich auf das Individuum bezieht vgl. Buzan (1991: 35-56).

4. die Schutzaufgabe, d. h. die Sicherung der Individuen vor dem
Risiko der Schädigung durch die Handlungen anderer gesellschaftlicher Akteure.

Tabelle III.1: Die Sicherheitsaufgaben des Staates

	Staat ist Adressat	Gesellschaft ist Adressat
Bedrohungen und Risiken gehen vom Staat aus	zwischenstaatlicher Krieg *(Verteidigungsaufgabe)*	Staatsterror, Mißachtung der Menschenrechte *(Rechtsstaatsaufgabe)*
Bedrohungen und Risiken kommen aus der Gesellschaft	Terrorismus, Bürgerkrieg *(Herrschaftsaufgabe)*	(Gewalt-) Verbrechen, Umweltzerstörung *(Schutzaufgabe)*

Mit Hilfe dieser Differenzierung kann die eingangs formulierte
These präzisiert werden: Der Nationalstaat in der OECD-Welt erreicht im Zeitalter der gesellschaftlichen Denationalisierung einerseits das Sicherheitsziel bei seiner *Verteidigungs- und Rechtsstaatsaufgabe* besser als je zuvor. Andererseits vermag der Staat das
Sicherheitsziel bei seiner *Herrschafts-* und *Schutzaufgabe* schlechter als zur Blütezeit des demokratischen Wohlfahrtsstaates in den
sechziger und siebziger Jahren dieses Jahrhunderts zu erfüllen.

2. Sicherheit im Zeitalter der Denationalisierung

Bevor empirische Belege für die These vorgelegt werden, sind noch
einige methodische Hinweise nötig. Erstens spiegeln sie nicht »objektive« Unsicherheitslagen wider, sondern letztlich deren soziale
Wahrnehmungen. Diese konstruktivistische Einsicht darf aber
nicht dazu führen, daß die Differenz zwischen einem Ereignis und
der Rede über dieses Ereignis aufgehoben wird.[3] Zweitens besteht

3 Auf das hier vorgetragene Argument übertragen heißt das: Die These besteht nicht
  darin, daß ein zwischenstaatlicher Krieg in Westeuropa objektiv unwahrscheinlicher ist als ein Nuklearunfall in derselben Region. Das Argument besagt vielmehr,

nicht die Absicht, die Veränderungen im Bereich Sicherheit vollständig zu erklären. Vielmehr soll der Einfluß der gesellschaftlichen
Denationalisierung auf diese Veränderungen herausgearbeitet werden. Damit ist nicht ausgeschlossen, daß andere Prozesse und
Veränderungen vielleicht sogar gravierendere Auswirkungen auf
die Produktion von Sicherheit haben. Drittens: Zunächst wird die
Verbindung hergestellt zwischen der gesellschaftlichen Denationalisierung in verschiedenen Sachbereichen und den Transformationen in der staatlichen Fähigkeit, Sicherheit zu vermitteln. Im
nächsten Schritt gilt es dann, Kausalmechanismen zu identifizieren,
die den beobachteten Zusammenhang erklären können.

ad 1) *Verteidigungsaufgabe:* Noch nie in der Geschichte der modernen Staatenwelt hat der Nationalstaat seine Verteidigungsaufgabe,
d. h. den Schutz vor militärischen Bedrohungen durch andere Staaten, effektiver erfüllt als heute. In der OECD-Welt kam es seit der
griechisch-türkischen Auseinandersetzung um Zypern nicht mehr
zu einem zwischenstaatlichen Krieg, und innerhalb des Kerns der
OECD-Welt sind zwischenstaatliche Kriege inzwischen außerhalb
unseres Vorstellungsrahmens. Die Anzahl latenter und manifester
Krisen zwischen OECD-Staaten sank von immerhin noch sechs in
den fünfziger Jahren auf drei in den sechziger bzw. vier in den siebziger und achtziger Jahren. Selbst nach dem Ende des Kalten Krieges stieg die Anzahl solcher Krisen nicht wieder an, vielmehr weisen
die entsprechenden Statistiken für die erste Hälfte der neunziger
Jahre nur eine einzige Krise zwischen OECD-Staaten aus.[4] Darüber hinaus geht auch außerhalb der OECD-Welt die Anzahl zwischenstaatlicher Kriege seit den siebziger Jahren zurück. Die Anzahl zwischenstaatlicher Kriege sank weltweit von durchschnittlich
3,6 Kriegen pro Jahr in den fünfziger und sechziger Jahren auf 2,7
Kriege pro Jahr in den siebziger und achtziger Jahren (Gantzel
1995). Zwischen 1993 und 1996 weisen die Kriegsstatistiken ledig-

daß dies (a) die allgemeine Wahrnehmung darstellt und darüber hinaus, daß es (b)
gute Gründe für diese Wahrnehmung gibt. Damit wird eine Mittelposition einge-
nommen zwischen einer materialistischen und einer konstruktivistischen Perspektive.

4 Die Daten über Krisen zwischen OECD-Staaten sind vom Heidelberger Institut
für Internationale Konfliktforschung zur Verfügung gestellt worden. Für einen
Überblick siehe Pfetsch/Billing (1994).

lich zwei (Aserbeidschan gegen Armenien, Ecuador gegen Peru) der 43 Kriege als *zwischenstaatliche* Kriege aus (Baechler 1997:305). Im Sorgenhaushalt der Menschen in der OECD-Welt ist der zwischen-staatliche Krieg dementsprechend kein entscheidender Posten mehr. Das »Vertrauen in den Weltfrieden« hat sich im Schnitt aller EU-Länder zwischen 1980 (51 Prozent) und 1989 (88 Prozent) deutlich erhöht (Eurobarometer 1989: 5). Seit 1990 werden die ent-sprechenden Daten bezeichnenderweise nicht mehr erhoben. Paral-lel dazu haben sich die Verteidigungsanstrengungen der Staaten in der OECD-Welt in einer Weise verringert, die vor wenigen Jahren von Analytikern der Rüstungsdynamik noch für unmöglich gehal-ten wurde (vgl. grundlegend Senghaas 1970). Seit 1986 kürzt die NATO sowohl die Rüstungsausgaben als auch die Truppenstärken. Die Militärausgaben der NATO-Staaten sanken zwischen 1986 und 1994 von 527 auf 429 Mrd. US-Dollar. Gleichzeitig nahm die An-zahl des militärischen Personals der NATO zwischen 1986 und 1993 von 6 auf 5 Millionen ab. Die US-amerikanischen und deut-schen militärischen Aufwendungen sanken von 6,6 auf 4,2 Prozent bzw. von 3,2 auf 2,0 Prozent des jeweiligen BIP (vgl. SIPRI 1995).

Offensichtlich kann das Ende des Ost-West-Gegensatzes kaum als ausreichende Erklärung für diese Entwicklungen dienen, die zum größeren Teil schon seit Mitte der siebziger Jahre eingesetzt haben.[5] Kann die zunehmend erfolgreiche Erfüllung des Verteidi-gungsziels in der OECD-Welt kausal also auf die gesellschaftliche Denationalisierung zurückgeführt werden? Denationalisierung im *Sachbereich Gewalt* ergibt sich im wesentlichen durch die Ausbrei-tung von Massenvernichtungswaffen und ihrer Technologie (vgl. Kapitel II, Abbildung II.2). Das hat drei Konsequenzen. Erstens: Da aufgrund der Existenz von Massenvernichtungswaffen selbst das beste Militär Bedrohungen nicht mehr an den Staatsgrenzen *abwehren* kann, ist der potentielle Schaden, der durch zwischen-staatliche Kriege angerichtet werden kann, erheblich gestiegen. Zweitens: Eben weil der mögliche Schaden potentieller physischer

5 Sicherlich ist insbesondere das Ausmaß der Kürzungen in den Verteidigungsetats nicht ohne Verweis auf das Ende des Ost-West-Gegensatzes zu verstehen. Gleich-wohl darf nicht übersehen werden, daß (a) die Kürzungen bei den Militärausgaben deutlich vor 1989 einsetzten und (b) wiederum der Zusammenbruch des War-schauer Paktes kaum unabhängig von Denationalisierungsprozessen begriffen werden kann (vgl. Zürn 1995b).

Gewaltanwendung zwischen Staaten gestiegen ist, können die Staaten die Gewaltanwendung durch andere besser *abschrecken*, d. h., die Wahrscheinlichkeit des Schadensfalles ist gesunken.[6] Da aber drittens immer mehr Staaten zu flächendeckenden militärischen Bedrohungen fähig sind, steigt die Anzahl potentieller kriegerischer Antagonismen und damit die Wahrscheinlichkeit von Kriegen aufgrund von Fehlwahrnehmungen.[7] Die Denationalisierung der Bedrohungspotentiale durch Massenvernichtungswaffen kann also die Erfolge des Nationalstaates in der OECD-Welt bei der Erfüllung der Verteidigungsaufgabe schwerlich erklären.

Die Betrachtung der Denationalisierung im *Sachbereich Wirtschaft* ergibt ein anderes Bild. Mit der Verdichtung internationaler Handelsbeziehungen, dem Entstehen von transnationalen Finanzmärkten und dem Bedeutungszuwachs von Direktinvestitionen haben die wirtschaftlichen Verflechtungen ganz erheblich zugenommen. Sie sind es, die in der OECD-Welt die Wahrscheinlichkeit von zwischenstaatlichen Kriegen senken. Zum einen deshalb, weil sie häufig von einem dichten Netz internationaler Institutionen begleitet sind, die zur Beilegung von Konflikten errichtet werden. Dort, wo derartige internationale Institutionen existieren, wird der Frieden im allgemeinen als relativ stabil betrachtet (Deutsch et al. 1957; Rittberger/Zürn 1990). So zeigt sich auch, daß das Vertrauen und die Sympathie der Bevölkerungen füreinander in der OECD-Welt mit dem Ausmaß der institutionellen Verflechtung wächst (Beisheim et al. 1998: 377-387). Zum zweiten geht eine starke ökonomische Verflechtung mit der Ausbildung transnationaler Expertennetze einher. Folglich überlappen sich nationale und internationale Konfliktlinien immer häufiger, was die Mobilisierung nationalistischer Einstellungen erschwert (Milner 1988; Risse-Kappen 1995b). Zum dritten können Regierungen in einem Kontext starker ökonomischer Verflechtung ihre internationalen Ziele mit militärischen Mitteln gar nicht mehr erreichen. (Keohane/Nye 1977; Czempiel 1991).

6 Eine derartige Argumentation wird zumindest von Vertretern des Neorealismus in den Internationalen Beziehungen vorgetragen (vgl. Waltz 1979; 1990 und Mearsheimer 1990).
7 Für eine abweichende Position vgl. Waltz (1981), der die Weiterverbreitung von Atomwaffen als Möglichkeit zur Stabilisierung des zwischenstaatlichen Friedens empfiehlt, da er deren Abschreckungswirkung als absolut ansieht.

Schließlich nimmt generell die Bedeutung von Territorien zur Sicherung der *sozialen Wohlfahrt* ab. Es »rechnet« sich nicht mehr, physische Gewalt zur Eroberung neuer Territorien anzuwenden. Zwischenstaatliche Kriege zwischen »reichen« Ländern sind seit 1945 die Ausnahme. Die Denationalisierung im Sachbereich Wohlfahrt begünstigt die Umsetzung eines Teils der am besten etablierten »Friedensstrategien« (Czempiel 1986) und kann ebenfalls zur Erklärung der zunehmend erfolgreichen Erfüllung der Verteidigungsaufgabe durch den Nationalstaat beitragen.

Darüber hinaus dürfte auch die Denationalisierung im *Sachbereich Kommunikation* die Wahrscheinlichkeit militärischer Bedrohungen durch andere Staaten innerhalb der OECD reduzieren. Sie erhöht zum einen die Transparenz zwischen den Staaten und zwischen den Gesellschaften, was sowohl wechselseitiges Mißtrauen als auch das Risiko wechselseitiger Fehlwahrnehmungen verringert und somit die Wahrscheinlichkeit einer kriegerischen Auseinandersetzung zwischen OECD-Staaten verringert. Zum anderen ergibt sich aufgrund der intensivierten Kommunikation eine kulturelle Angleichung und Vermengung (Robertson 1992). Immer mehr Menschen in der OECD-Welt konsumieren dieselben Spielfilme, dieselbe Musik und dieselben Bücher (vgl. Kapitel II, Abbildung II.4; II.5). Die kulturelle Vermischung wird durch die erhöhte transnationale Mobilität der Menschen noch verstärkt. Als Folge dieser kulturellen Veränderungen dürften sich die Menschen unterschiedlicher Staaten immer weniger als fremd oder gar andersartig wahrnehmen. Deshalb beziehen sich bei einem zunehmenden Teil der Menschen in der OECD-Welt kollektive Identitäten auch nicht mehr allein auf den Nationalstaat, sondern über- und unterschreiten diesen zugleich. Das Diktum von Paul Friggerio, einem der Führer der Lega Nord – »Wir verstehen uns in erster Linie als Lombarden und in zweiter als Europäer. Italien hat für uns keine Bedeutung« (zit. nach Rosenau 1994: 255; Übersetzung M. Z.) – ist zwar in seiner Zugespitztheit die Ausnahme, könnte aber für einen Trend sich zunehmend überlagernder kollektiver Identitäten stehen. Norbert Elias (1987: 207-311) spricht in diesem Zusammenhang von einer Vielheit ineinander verschachtelter Wir-Identitäten, welche die nationalen Wir-Identitäten schwächt und ein globales Verantwortungsgefühl ermöglicht. Politische Entscheidungsträger haben es vor diesem Hintergrund immer schwerer, andere Staaten und Gesellschaften als Feind zu konstruieren. Die Mobilisierung und Legitimierung von militärischen Aggressionen wird in der OECD-Welt unwahrscheinlicher.[8]

Insgesamt läßt sich also plausibel die These vertreten, daß die Denationalisierung in den Sachbereichen Wirtschaft, Kommunikation und Mobilität die seit den siebziger Jahren verbesserte Erfüllung der Verteidigungsaufgabe durch die Staaten der OECD-Welt miterklärt. Die weniger klar absehbaren Folgen der Denationalisierung im Sachbereich Gewalt können zumindest in der Wahrnehmung der Menschen in der OECD-Welt diesen Trend kaum bremsen.

ad 2) *Rechtsstaatsaufgabe:* Die Rechtsstaatsaufgabe eines Staates ist erfüllt, wenn sich aufgrund von Erfahrungen und institutionellen Kontrollmechanismen die Menschen in einem Land vor staatlichen Grundrechtsverletzungen sicher fühlen. Vieles spricht dafür, daß auch die Rechtsstaatsaufgabe in den OECD-Ländern immer besser erfüllt wird. Demokratien sind rechtsstaatlicher als autoritäre oder totalitäre Staaten. Insofern kann die sogenannte dritte Welle der Demokratisierung, die Mitte der siebziger Jahre in Westeuropa einsetzte (Portugal, Spanien, Griechenland) und mit der Demokratisierung der Staaten Osteuropas Ende der achtziger Jahre vorläufig ihren Höhepunkt erreicht hat (Huntington 1991; Sørensen 1993; Schmidt 1996), als ein erstes Indiz für eine gesteigerte Zielerreichung gelten. Nach einer Zählung gehörten 1993 99 von 186 Staaten zur Kategorie der Demokratien, und 30 weitere Staaten befanden sich in einer Übergangsphase (Lipset 1995). Ein weiteres Indiz für die gute Erfüllung der Rechtsstaatsaufgabe durch die Staaten der OECD-Welt stellt die weitgehend gesicherte Verwirklichung der Menschenrechte in dieser Weltregion dar. In der Studie des Freedom House (1992) über die Verwirklichung der politischen Rechte und bürgerlichen Freiheiten haben auf einer Skala von eins bis sieben abgesehen von der Türkei und Mexiko alle 25 damaligen OECD-Staaten Noten zwischen eins und zwei bekommen. Im

---

8 Freilich gibt es eine Gegenbewegung dazu: Nationalisten betonen kleine kulturelle oder ethnische Unterschiede, um die nationale Identität vor der Homogenisierung, die als »Überfremdung« wahrgenommen wird, zu schützen (vgl. Kapitel IX). Bislang übersetzt sich dies jedoch in den OECD-Staaten nicht in eine aggressivere Außenpolitik.

Human Rights Guide (Humana 1992) wird 18 der 23 erfaßten OECD-Staaten bescheinigt, die Menschenrechte zu mehr als 90 Prozent zu verwirklichen. Griechenland und Spanien mit je 87 Prozent sowie Japan mit 82 Prozent erreichen gleichfalls gute Ergebnisse. Mit Mexiko (64 Prozent) und der Türkei (44 Prozent) sind nur zwei OECD-Staaten aufgeführt, in denen die Verwirklichung der Menschenrechte nicht als gesichert gelten kann. Aber auch über die OECD-Welt hinaus hat sich gemäß dem Human Rights Guide die Verwirklichung der Menschenrechte verbessert. Wurden die Menschenrechte in allen Staaten der Welt 1986 im Durchschnitt nur zu 55 Prozent respektiert, so betrug 1991 der Durchschnittswert immerhin 62 Prozent – »eine in der Geschichte bisher unbekannte Verbesserung« (Humana 1992: xi).[9]

Kann auch die verbesserte Erfüllung der Rechtsstaatsaufgabe in der OECD-Welt auf den Denationalisierungsschub zurückgeführt werden? Im Prinzip schon: Aufgrund verschiedener Kausalmechanismen trägt die gesellschaftliche Denationalisierung dazu bei, daß sich die Individuen in der OECD-Welt vor staatlichen Übergriffen sicherer denn je fühlen. Zum einen kann als Folge der Denationalisierung im *Sachbereich Kommunikation* prinzipiell jeder Mensch in jeder beliebigen sozialen Schicht an jedem beliebigen Punkt der OECD-Welt über fast alle Informationen verfügen. Die Staaten haben hier zunehmend die Möglichkeit verloren, die transnationale Kommunikation und den damit verbundenen Austausch von Informationen zu kontrollieren und zu steuern. Die globale Verbreitung neuer Informations- und Kommunikationstechnologien stärkt bis heute nicht, wie in George Orwells *1984* vorausgesagt, den Staat gegenüber dem Individuum, sondern das Individuum gegenüber dem Staat. Oder um es in den Worten der Commission on Global Governance (1995: 62) auszudrücken: »Die Informations- und Kommunikationsrevolution trägt dazu bei, der gesamten Gesellschaft Macht zu verleihen, die sich häufig von hierarchischen Strukturen auf kleine Gruppen verlagert, und verbessert zudem die Kommunikationsfähigkeit von Gruppen ohne Ortsbindung« (Übersetzung, M.Z.). So können beispielsweise mittels digitaler

9 Der Freedom House Index beurteilt alle Länder nach einem Katalog von Fragen und Kriterien, die aufgrund der Angaben der Länderexperten dann in einem Index zusammengeführt werden.

Verschlüsselungstechnologien große Informationsmengen übermittelt werden, ohne daß der Staat eine Zugriffsmöglichkeit hätte. Während das Abhören von Telefonaten technisch gesehen ein Kinderspiel war und ist, läßt beispielsweise die softwarebetriebene »public-key-Kryptographie« einen solchen Zugriff technisch nicht mehr zu, selbst wenn es die Gesetzgebung erlauben würde. Weil derartige Verschlüsselungsprogramme heute auch von Bürgerrechtsbewegungen genutzt werden (Schröder 1995), sind die Staaten in der OECD-Welt (aber nicht nur dort) kaum mehr in der Lage, das Bekanntwerden von Menschenrechtsverletzungen zu verhindern, und zwar weder im In- noch im Ausland. Ein schönes Beispiel dafür sind die Informationen, die während des Zapatisten-Aufstandes in Mexiko 1994 mit Hilfe eines *notebooks* an der mexikanischen Regierung vorbei ins Ausland gelangten (Delabre 1994; Gabriel 1995). Die Verwirklichung der Menschenrechte in der OECD-Welt wird damit insofern wahrscheinlicher, als für Regierungen, die für Menschenrechtsverletzungen verantwortlich sind, das Risiko ganz erheblich ansteigt, mit Sanktionsmaßnahmen aus dem In- und Ausland konfrontiert zu werden. Hinzu kommt, daß die transnationale Verbreitung der Idee der Menschenrechte von den intensivierten Kommunikationsbeziehungen eher profitiert hat. Die kulturpessimistische Interpretation der Globalisierung als Verflachung und Vereinheitlichung des geistigen Lebens übersieht, daß sich im Zuge der Denationalisierung im Kommunikationsbereich ein globales Verantwortungsgefühl der Menschen einzustellen scheint und sich Standards universalisieren. Wenn diese Entwicklung an hohen normativen Standards gemessen wird, bleibt sie fraglos defizitär, gleichzeitig ist sie realhistorisch aber einzigartig (vgl. Elias 1987: 207-311; Moravcsik 1995: 157). Insofern scheint die These der Commission on Global Governance (1995: 63) zuzutreffen: »In der Tat erlangt die Zivilgesellschaft durch die computergestützten Vernetzungsmöglichkeiten eine neue Form und neue Stärke« (Übersetzung M. Z.)

Ein weiterer Mechanismus besteht darin, daß im Zeitalter der Denationalisierung im *Sachbereich Wirtschaft* das Bekanntwerden von Grundrechtsverletzungen durch einen Staat für diesen ökonomisch sowohl auf der Produktions- als auch auf der Konsumptionsseite negative Auswirkungen haben kann. Im ökonomischen

Wettbewerb zwischen den OECD-Ländern spielen Standortfaktoren wie politische Stabilität oder Rechtssicherheit eines Landes
inzwischen eine gewisse Rolle. Staaten, die das Rechtsstaatsziel nur
ungenügend erfüllen, müssen *ceteris paribus* mit einer sinkenden
Attraktivität ihres Standortes rechnen. Sie sehen sich auch einer sinkenden Attraktivität als Arbeitsplatz für die Spitzenkräfte gegenüber, die im Zuge der Denationalisierung für die Wirtschaftsunternehmen immer wichtiger werden. Auf der Konsumptionsseite
handeln sich Staaten, die das Rechtsstaatsziel ungenügend erreichen, ökonomische Nachteile ein, weil Produkte, die mit Grundrechtsverletzungen in Verbindung gebracht werden, aufgrund
dieses Images Absatzschwierigkeiten bekommen können oder im
Extremfall boykottiert werden. Die Sorgen deutscher Unternehmer, im Zusammenhang mit den Brandanschlägen auf Asylbewer-
berwohnheime in Deutschland Exporteinbußen zu erleiden, haben
dies ebenso gezeigt wie die letzten Jahre des Apartheidregimes in
Südafrika. Auch die Proteste um die Versenkung der Öl-Plattform
Brent Spar und um die französischen Atomwaffentests auf dem
Mururoa-Atoll machen auf einer allgemeineren Ebene deutlich,
daß die denationalisierte »Weltöffentlichkeit« den (diesmal virtuel-
len) »Marktplatz« als Ort der politischen Auseinandersetzung wie-
derentdeckt hat.

Rechtsstaatlichkeit ermöglichte in der Frühphase des Kapitalismus in England wirtschaftlichen Erfolg, heute übt der Wunsch
nach wirtschaftlichem Erfolg jedoch auf der ganzen Welt Druck in
Richtung Rechtsstaatlichkeit aus.[10] Den Zusammenhang zwischen
Rechtsstaatlichkeit und wirtschaftlichem Erfolg hob 1997 auch der
Weltentwicklungsbericht der Weltbank hervor. Demnach weisen
die Länder, die in Umfragen bei transnationalen Unternehmen im

10 Chinas wachsender Erfolg im Bereich der ausländischen Direktinvestitionen
scheint das Gegenteil zu belegen. Im Sinne des hier vorgetragenen Mechanismus
müßte dreierlei zutreffen: China hätte zum einen nicht in demselben Maße Investitionen anziehen können, wenn es nicht inzwischen eine minimale Erwartungs-
verläßlichkeit hinsichtlich der Abwesenheit staatlicher Übergriffe in Normalsitu-
ationen gäbe. Das wirtschaftliche Wachstum Chinas dürfte zum zweiten von einer
weiteren politischen Öffnung begleitet werden. China bleibt zum dritten als
Standort für Arbeitsplätze im Bereich der Produktentwicklung und des transnationalen Managements solange unattraktiv, wie die Defizite bei der Rechtsstaatlichkeit und bei den Menschenrechten nicht glaubhaft und dauerhaft ausgeräumt
sind.

Ruf einer hohen Glaubwürdigkeit der Rechtsstaatlichkeit stehen, zwischen 1984 und 1993 ein Durchschittswachstum von 1,8 Prozent jährlich auf, die mit einer mittleren Glaubwürdigkeit wuchsen im Durchschnitt um gerade mal 0,2 Prozent pro Jahr und die mit einer geringen Glaubwürdigkeit mußten einen Rückgang von 1,1 Prozent jährlich verkraften. Entsprechende Ergebnisse zeigen sich sich auch für das Investitionsverhalten der Unternehmen (World Bank 1997: 2). Die Denationalisierung in den Sachbereichen »Kommunikation« und »Wohlfahrt« *zwingt* gewissermaßen den Nationalstaat zunehmend dazu, auf die staatliche Beeinträchtigung von Menschenrechten in seinem Herrschaftsbereich zu verzichten. Insofern erklärt die gesellschaftliche Denationalisierung wenigstens zum Teil das historisch unvergleichlich hohe Niveau der Rechtsstaatlichkeit in den von der Denationalisierung besonders betroffenen Staaten der OECD-Welt.

ad 3) *Herrschaftsaufgabe:* Die Herrschaftsaufgabe ist gesichert, wenn die Staaten über ein legitimes Monopol der Gewaltsamkeit verfügen. Dieses Gewaltmonopol hat sich seit der Entstehung des Staatensystems zunehmend konsolidiert, so daß im Laufe des 20. Jahrhunderts nichtstaatliche Gewalt aus den transnationalen Beziehungen verbannt werden konnte (Thomson 1994). Das Ansteigen politisch motivierter Gewalttaten zum einen und die Zunahme der Anzahl und Stärke regionaler Autonomie- und Separationsbewegungen zum anderen deuten jedoch darauf hin, daß sich in der OECD-Welt seit ungefähr 20 bis 30 Jahren eine Trendwende abzeichnet. In der Bundesrepublik Deutschland beispielsweise ging zwar die Anzahl linksextremistisch motivierter Gewalttaten zwischen 1986 und 1996 von 1.855 auf 932 pro Jahr erheblich zurück. Da sich aber bis 1993 die Gewalttaten rechtsextremistischer Gruppierungen von 195 auf 2.232 pro Jahr mehr als verzehnfacht haben, stieg die Gesamtzahl politisch motivierter Gewalttaten im angegebenen Zeitraum deutlich an (Bundesminister des Inneren 1988 bis 1993). Nach 1993 verringerten sich die Gewalttaten mit rechtsextremistischem Hintergrund zwar vorübergehend wieder, sie befinden sich aber nach wie vor auf einem sehr hohen Niveau (Bundesminister des Inneren 1996). Auch gewaltsame Proteste und gewaltsamer Aufruhr von Minderheiten wurden im Zeitraum von

1970 bis 1974 in den OECD-Staaten viermal so häufig registriert wie im Zeitraum von 1955 bis 1959. Zwar hat das Unabhängigkeitsstreben von insgesamt 24 Minderheiten in den westlichen Demokratien und Japan seitdem wieder etwas nachgelassen, gleichwohl übertraf es am Ende der achtziger Jahre das Niveau der fünfziger Jahre bei weitem (Gurr 1993: 89-122). Obgleich der Nationalstaat die Herrschaftsaufgabe ausreichend – und im historischen Maßstab immer noch überdurchschnittlich – erfüllt, zeichnen sich in den letzten zwei bis drei Jahrzehnten neuartige Probleme ab.

Es spricht einiges dafür, daß diese neuartigen Probleme bei der Erfüllung der Herrschaftsaufgabe durch die Staaten in der OECD-Welt teilweise dem gesellschaftlichen Denationalisierungsschub geschuldet sind. Durch die Denationalisierung im *Sachbereich Gewalt* insbesondere in Form der Proliferation von Massenvernichtungswaffen droht die Gefahr, daß der Staat gegenüber terroristischen Organisationen sein materielles Gewaltmonopol verliert. Bislang treten zwar keine terroristischen Vereinigungen auf, die über Atomsprengkörper verfügen, doch die Anzahl der Versuche, nukleares Ausgangsmaterial für den Bau von Atomsprengkörpern zu schmuggeln, haben in den vergangenen Jahren dramatisch zugenommen. So stieg zwischen 1990 und 1994 die Anzahl der tatsächlichen oder behaupteten illegalen Transfers von radioaktivem und spaltbarem Material allein in Deutschland von vier im Jahre 1990 auf 241 im Jahre 1993 (Ischebeck 1997: 98; Müller 1995a; Schmidbauer 1995). Obwohl sich 40 Prozent dieser Fälle als Falschmeldungen erwiesen und das Gros dieses Materials für den Bau von Atomsprengkörpern untauglich ist, machen diese Zahlen deutlich, daß der Staat die Weitergabe von Atomwaffen an terroristische Organisationen nicht mehr völlig ausschließen kann. Dies stellt das staatliche Gewaltmonopol auch dann in Frage, wenn glücklicherweise noch keine Endverbraucher aufgetreten sind (vgl. Ischebeck 1997). Hinzu kommt die Proliferation anderer Waffenarten mit gleichfalls enormem Zerstörungspotential (Streuwaffen, chemische und biologische Waffen, Fuel Air Explosives).

Das Gewaltmonopol der Staaten in der OECD-Welt wird außerdem durch die Transnationalisierung des Terrorismus beeinträchtigt. In Westeuropa und Nordamerika erhöhte sich die Anzahl politisch motivierter Gewalttaten von grenzüberschreitend agierenden Terrorgruppen wie der Roten Armee Fraktion, der *Brigate Rosso*, der *Action Directe* oder der baskischen Befreiungsorganisation (ETA) in den siebziger und frühen achtziger Jahren. In Deutschland beispielsweise stieg die Zahl gewalttätiger terroristischer Akte mit internationalen Verbindungen von zehn pro Jahr in den späten sechziger und frühen siebziger Jahren auf etwa 30 pro Jahr in den frühen achtziger Jahren (mit einer Spitze von 46 im Jahre 1982). In den späten achtziger Jahren sank die Zahl zwar auf etwa 20 pro Jahr, aber sie unterschritt nicht mehr das Niveau der frühen siebziger Jahre (Bundesminister des Inneren 1988 bis 1994). Auch die in den späten achtziger und frühen neunziger Jahren vermehrt auftauchenden rechtsextremistischen Terrororganisationen sind über die Grenzen von Staaten hinweg vernetzt. Beispielsweise wurde der Anschlag auf das US-Regierungsgebäude in Oklahoma mit Informationen aus dem Internet geplant und durchgeführt. Neuerdings tritt der sog. »Ausländerterrorismus« hinzu. Islamische Gruppierungen, die Sikhs und Tamilen, die kurdische PKK (Arbeiterpartei Kurdistans) und andere Gruppen agieren inzwischen außerhalb des Heimatlandes mit z.T. gesetzeswidrigen Methoden und unter Gewaltanwendung (vgl. Brieden 1996; Neusel 1997: 75-76). Derartige transnationale Erscheinungen stellen den Staat bei der Terrorismusbekämpfung vor neue Schwierigkeiten. Die Fähigkeit des Staates, sein Gewaltmonopol vor Bedrohungen durch den Terrorismus zu schützen, ist jedenfalls im Zuge der gesellschaftlichen Denationalisierung gesunken.

Neben der materiellen greifen Denationalisierungsprozesse auch die ideelle Grundlage des staatlichen Gewaltmonopols, dessen *Legitimität*, an. Insbesondere Autonomiebewegungen in ökonomisch erfolgreichen Regionen, die nicht im politischen Zentrum stehen, lassen sich auf die gesellschaftliche Denationalisierung zurückführen (vgl. Kapitel IX). Mit der Denationalisierung der *Wirtschaft* verringert sich die Bedeutung nationaler Märkte für diese Regionen. Für sie besteht ein ökonomischer Anreiz, nach mehr Unabhängigkeit zu streben, um im internationalen Wettbewerb der Standorte eine eigenständige, von nationalen Vorgaben befreite Politik betreiben zu können und um nationalen Umverteilungspflichten zu entgehen. Ein Teil der gegenwärtigen Autonomie- und Separationsbewegungen in der OECD-Welt hat in dieser Konstellation seine Grundlage: Die Norditaliener in Italien, die Flamen in Belgien und die Katalanen und Basken in Spanien sind nur die bekanntesten Beispiele des »Besitzstandsnationalismus« (Senghaas 1994: 78).

Die Denationalisierung im *Sachbereich Kommunikation* begünstigt derartige Autonomie- und Separationsbestrebungen zusätzlich. Denn durch sie vollzieht sich eine Homogenisierung der verschiedenen nationalen Kulturen, die sich unter Umständen als eine verstärkte Betonung kultureller Differenz innerhalb des Nationalstaates artikuliert. In einer Welt signifikanter kultureller Unterschiede zwischen Nationen konnten geringe kulturelle Unterschiede innerhalb von Nationen kaum politisch wirksam werden. In einer kulturell vermengten und zunehmend homogenisierten Welt hingegen lassen sich auch kleine kulturelle Unterschiede politisch (wieder-)beleben und in Autonomie- und Separationsbestrebungen überführen. Schon Claude Lévi-Strauss (1980: 33) hat das in seinen anthropologischen Untersuchungen herausgearbeitet: »Je homogener eine Zivilisation wird, desto offensichtlicher werden die inneren Trennungslinien, und was auf der einen Seite erreicht wurde, geht auf der anderen sofort wieder verloren.«

ad 4) *Schutzaufgabe:* Individuen und gesellschaftliche Gruppen sollen vor den Bedrohungen und Risiken durch andere Individuen und andere gesellschaftliche Gruppen beschützt werden. Zwei Entwicklungen lassen Zweifel daran aufkommen, daß der Nationalstaat in der OECD-Welt diese Aufgabe noch überzeugend erfüllt. Zum einen ist in allen Ländern der OECD-Welt die Kriminalität angestiegen. Obwohl sich in einzelnen Ländern in den letzten Jahren leicht gegenläufige Entwicklungen beobachten lassen, verweisen die Kriminalstatistiken – bei aller Vorsicht, mit der sie zu genießen sind – bei einer längerfristigen Betrachtung auf besorgniserregende Trends. In den alten Bundesländern der Bundesrepublik Deutschland beispielsweise verdoppelte sich die Anzahl der vom Bundeskriminalamt erfaßten Straftaten zwischen 1969 und 1990 von 2,2 Mio. auf 4,4 Mio. pro Jahr. Dabei stieg die Anzahl der schweren Körperverletzungen zwischen 1975 und 1990 von 50 000 auf 67 000 an. Die Anzahl der leichten Körperverletzungen hat sich im gleichen Zeitraum von 65 000 auf 128 000 ebenfalls verdoppelt (Bundeskriminalamt 1975, 1990). Entscheidend ist jedoch, daß diese Zahl gerade auch in den letzten Jahren deutliche Wachstumsraten aufweist: 1993 waren es sieben, 1992 9,6 Prozent (Neusel 1997: 61).[11] Zum anderen fühlen sich in der OECD-Welt immer mehr Individuen durch Risiken, die sich aufgrund der Schädigung der natürlichen Lebensgrundlagen einstellen, in ihrer Sicherheit beeinträchtigt. Die Anzahl derjenigen, die von durch Umwelteinflüssen hervorgerufenen Krankheiten wie Asthma und Hautkrebs beeinträchtigt werden, wächst. Kinder leiden zunehmend unter Pseudokrupp, die Häufigkeit von Allergien steigt ebenso wie die von Netzhautablösungen. Darüber hinaus ist ein wachsender Bevölkerungsanteil in der OECD-Welt den Risiken großtechnischer Anlagen, wie Atomkraftwerken, Chemiewerken und gentechnischen Forschungslabors, ausgesetzt.[12]

Dementsprechend fühlen sich immer mehr Menschen in der OECD-Welt aufgrund zunehmender Kriminalität und wachsender Umweltrisiken unsicher. Umwelt, Drogen und Kriminalität stehen bei Umfragen über die Ängste und Sorgen der Menschen in der OECD-Welt seit ungefähr zehn Jahren konstant an der Spitze und haben Kriegsängste oder Ängste vor staatlichen Übergriffen bei weitem überholt (IPOS 1995; Eurobarometer 1996: 99-105). So läßt sich seit Mitte der achtziger Jahre ein verstärktes Umweltbewußtsein konstatieren. Zwar ging im Zuge der wirtschaftlichen Rezession die Bedeutung des Themas »Umwelt« wieder etwas zurück, es gehört aber unter den Sicherheitsthemen im engeren Sinne bei den Bundesbürgern inzwischen zu den wichtigsten (WBGU 1996: 29). Die Menschen in der Bundesrepublik nehmen keine Sonderstellung ein. In allen Ländern der OECD, auch beispielsweise in Südkorea und Mexiko, werden Umwelt-

11 Insgesamt scheint die Bundesrepublik mit diesen Zahlen im oberen Mittelfeld zu liegen. Beispielsweise »führt« bei den Raubüberfällen Spanien, wo 1991 2,85 Prozent der Bevölkerung einmal oder mehrfach überfallen worden sind. Unter 0,5 Prozent Opfer gibt es in Japan, Frankreich, Schweden und Norwegen. In der Bundesrepublik lautet die entsprechende Kennziffer 0,85 Prozent (vgl. Stalker 1995: 75).

12 Angesichts der gleichzeitig steigenden Lebenserwartung wird deutlich, daß die besorgniserregenden Umweltkrankheiten sich kaum als »objektive«, »nachweisbare« Verschlechterungen auf der individuellen Ebene erfassen lassen. Entscheidend ist allerdings, daß die Angst vor der *Ungewißheit über die Zukunft* der Umwelt- und der daraus entstehenden Gesundheitsbelastungen nicht als irrational abgetan werden kann.

probleme inzwischen als eines der vorrangigsten Sicherheitsrisiken eingestuft (WBGU 1996: 26-36). Die Bedeutung der Kriminalität als politisches Thema nahm in den letzten Jahren (nicht zuletzt aufgrund politischer Instrumentalisierung) noch schneller zu. In Deutschland beispielsweise stieg der Anteil derjenigen, die sich von Gewaltkriminalität bedroht sehen, von 56 Prozent im Jahre 1990 auf 70 Prozent 1995 (IPOS 1995: 68). Diese neuen Unsicherheiten schlagen sich auch wirtschaftlich nieder: Zum einen stellen private Wach- und Sicherheitsdienste in der Bundesrepublik inzwischen eine der wenigen großen Wachstumsindustrien dar – die Anzahl der Beschäftigten hat sich zwischen 1984 und 1996 auf 112 000 vervierfacht (Pieper 1996). Zum anderen sind die Beitragseinnahmen der privatwirtschaftlichen Versicherungsunternehmen von 132,9 Mrd. DM im Jahre 1989 auf 214 Mrd. DM im Jahre 1994, also um über 60 Prozent in fünf Jahren angestiegen (Lippert et al. 1997: 9).

Die abnehmende Fähigkeit des Nationalstaates, die Schutzfunktion befriedigend auszufüllen, läßt sich ebenfalls plausibel auf den Denationalisierungsschub der siebziger Jahre zurückführen. Die Beeinträchtigung der Herrschaftsaufgabe hat zum ersten negative Auswirkungen auf die Erfüllung der Schutzaufgabe des Staates: Politisch motivierte Anschläge auf Sachen oder auf »Personen des öffentlichen Interesses« stellen zumeist auch Risiken für unbeteiligte Menschen dar. Neuerdings zielen terroristische Anschläge offenbar weniger auf bekannte Symbole der staatlichen Herrschaft, sondern unmittelbar auf die »unbeteiligte« Bevölkerung: Die rechtsextrem motivierten Anschläge in Italien (Mailand 1969; Brescia 1974; Florenz 1974; Bologna 1980) machten hier den Anfang; die Serie von Gasanschlägen in Japan (1995) sowie von Bombenattentaten in Frankreich (1995) führte diese unsägliche Entwicklung fort, die in den genannten Extremfällen das Versagen des Staates bei der Herrschafts- und Schutzaufgabe eins werden läßt.

Zum zweiten läßt sich die Zunahme der Unsicherheit nicht zuletzt der Organisierten Kriminalität zuschreiben, die selbst Ausdruck der gesellschaftlichen Denationalisierung ist. Während die Staatsgrenzen den Staat bei der Verbrechensbekämpfung beschränken, kann das organisierte Verbrechen im Zuge seiner Transnationalisierung über diese Grenzen hinweg operieren und sich so der

Verbrechensbekämpfung der Staaten entziehen. Die Klage ist nicht unbekannt: »Einer wachsenden Zahl international operierender Straftäter und Organisationen steht (...) eine weitgehend an nationale Rechtsordnungen gebundene Strafverfolgung gegenüber«, so der ehemalige Präsident des Bundeskriminalamtes, Hans L. Zachert (1995: 7). In Deutschland stieg die Organisierte Kriminalität mit internationalen Bezügen in den vergangenen Jahren tatsächlich fortlaufend an. Bei 68 Prozent der 1993 insgesamt 780 Ermittlungsverfahren gegen die Organisierte Kriminalität ließen sich internationale Bezüge feststellen (Zachert 1995). Dieser Anteil lag 1991 noch bei 50,6 Prozent. Die Organisierte Kriminalität scheint also schneller zu wachsen als die allgemeinen Kriminalitätsraten und mithin die Schutzaufgabe des Staates deutlich zu schwächen.

Die nationalstaatliche Erfüllung der Schutzaufgabe wird jedoch vor allem durch die Denationalisierung von Risiken im *Umweltbereich* unterminiert. Die Reduktion von Risiken geriet im Zuge der Modernisierung zu einem wichtigen Bestandteil der Schutzaufgabe des Staates. Während jedoch bis in die fünfziger und sechziger Jahre des 20. Jahrhunderts die Empfänger von Risiken die Sender dieser Risiken zumeist innerhalb der Grenzen ihres Staates ausmachen konnten, sind in den letzten 20 bis 30 Jahren immer mehr Risiken bekannt geworden, bei denen sich die Sender und die Empfänger von Risiken in verschiedenen Staaten aufhalten. Als Willy Brandt bei seiner ersten Regierungserklärung im Jahre 1969 der Umweltpolitik erstmals einen gewissen Stellenwert einräumte, war noch ausschließlich von Problemen wie der schlechten Luft über den Städten und den verschmutzten Flüssen die Rede. Insbesondere mit dem Bau von Atomkraftwerken setzte jedoch in den siebziger Jahren die Denationalisierung von Risiken ein. Spätestens seit dem Reaktorunfall in Tschernobyl ist bekannt, daß das Risiko eines Deutschen, durch einen Unfall in einem Atomkraftwerk geschädigt zu werden, nicht nur von der Zuverlässigkeit deutscher Atomkraftwerke abhängt. Nachdem in den achtziger Jahren regionale Umweltprobleme wie beispielsweise die grenzüberschreitende Luftverschmutzung in Europa und der durch sie verursachte »saure Regen« in den Mittelpunkt der öffentlichen Wahrnehmung rückte, gelten heute die wahrhaft globalen Risiken als die wichtigsten Quellen ökologisch bedingter Unsicherheiten für Leib und

Leben. Von vorrangiger Bedeutung sind dabei die Ausdünnung der Ozonschicht, die Klimaerwärmung, der Raubbau an den Regenwäldern, die Desertifikation und der Raubbau an der Biodiversität. In der Summe rechtfertigen diese Umweltschädigungen die Rede von einer *Weltrisiko*gesellschaft (vgl. Beck 1997b: 73-80; Zürn 1995a). In der Weltrisikogesellschaft erweisen sich die Möglichkeiten des einzelnen Staates, seine Bürgerinnen und Bürger vor Risiken zu schützen, als stark beeinträchtigt.

Zusammengefaßt: In der OECD-Welt haben sich in den vergangenen 20 bis 30 Jahren parallel zur Denationalisierung die Sicherheitsleistungen des Nationalstaates signifikant verlagert: *Staatsinduzierte Bedrohungen nehmen ab, während gesellschaftsinduzierte Bedrohungen und Risiken zunehmen.* In dem Maße, wie gesellschaftsinduzierte Bedrohungen und Risiken ansteigen, stellt dies unter Umständen mittelfristig jedoch auch wieder die rechtsstaatlichen Errungenschaften in Frage. Die Anti-Terror-Gesetze oder der sog. »große Lauschangriff« deuten wenigstens in der Bundesrepublik in diese Richtung. Zusammengenommen führen diese Entwicklungen jedenfalls zu einem erhöhten Unsicherheitsgefühl. Nach Ansicht der Bundesbürgerinnen und -bürger ist das Leben heute gefährlicher als das vor 20 oder 30 Jahren (Lippert et al. 1997: 3). Verglichen mit der Blütezeit des demokratischen Wohlfahrtsstaates wird das Sicherheitsziel des Regierens heute also weniger gut erfüllt. Die größten Defizite lassen sich dabei im Bereich der Schutzaufgabe feststellen.

3. Einige Auswirkungen auf das bundesrepublikanische Parteiensystem

Die Veränderungen in der Effektivität nationalstaatlicher Sicherheitspolitik hatten Konsequenzen für die politische Landschaft. Bereits ein oberflächlicher Blick auf die gegenwärtige Bundesrepublik kann dies illustrieren. Die ehemals großen Themen wie die Verhinderung des Krieges oder die Garantie von Rechtsstaatlichkeit geraten gegenüber den Themen wie Terrorismusbekämpfung, Bekämpfung der Organisierten Kriminalität oder Bekämpfung von Umweltrisiken in den Hintergrund. Die großen Debatten um die Verteidigungspolitik, die seit der deutschen Wiederbewaffnung in den fünfziger Jahren über die Entspannungspolitik in den siebziger Jahren bis zur Stationierung der Mittelstreckenraketen in den achtziger Jahren den politischen Diskurs im Land entscheidend mitgeprägt haben, und die Debatten über die Rechtsstaatlichkeit, welche die Studentenbewegung in den sechziger und siebziger Jahren im Zusammenhang mit den Notstandsgesetzen und dem Radikalenerlaß initiierte, gehören der Vergangenheit an. Man denke nur an den geringen Stellenwert, den die Verteidigungspolitik im letzten Bundestagswahlkampf einnahm. Noch vielsagender ist wohl die weitgehend unaufgeregte Reaktion auf die umfassende und tiefgreifende Reform der Struktur der Bundeswehr. So muß Verteidigungsminister Rühe, der diesen Wandel politisch zu vertreten hat, schon hin und wieder einen Streit mit Außenminister Kinkel über den allgemeinen Kurs der deutschen Außenpolitik vom Zaun brechen, um öffentliche Aufmerksamkeit zu erhalten. Derartiger Manöver bedürfen Politiker und Politikerinnen nicht, die sich mit der umweltverträglichen Gestaltung der Industriegesellschaft, der Bekämpfung der Organisierten Kriminalität oder dem Kampf gegen den Terrorismus befassen.

Mit dieser Bedeutungsverlagerung der Themen in der politischen Auseinandersetzung geht eine Transformation des Parteiensystems einher. Parteien bzw. Parteiflügel, deren bevorzugte Themen im Bereich der Verteidigungspolitik und der Rechtsstaatlichkeit angesiedelt sind, können damit nicht mehr viel Boden gewinnen. Am deutlichsten schlägt sich die veränderte Agenda der Politik bei den kleinen Parteien nieder, die mit bestimmten Sachbereichen identifiziert werden. Negativ betroffen ist vor allem die Freie Demokratische Partei (FDP), die traditionell die Verhinderung von staatlich verursachten Freiheitsbedrohungen auf ihre Fahnen schrieb. Sie erreichte bei den Bundestagswahlen 1994 nur noch 6,9 Prozent, das schlechteste Ergebnis in ihrer Geschichte. Mehr noch: Während die FDP 1993 noch in *allen* 16 Landesparlamenten vertreten war, befand sie sich schon 1995 in zwölf Ländern in der außerparlamentarischen Opposition. Wahlforscher zeigen, daß es sich hierbei nicht um eine vorübergehende Schwäche zu handeln scheint. Der Rückgang des FDP-Wählerpotentials vollzog sich seit den siebziger Jahren parallel zur gesellschaftlichen Denationalisierung (Falter/Winkler 1996). Da immer weniger staatlich verursachte Bedrohungen und immer mehr gesellschaftlich verursachte Risiken wahrgenommen werden, kann der Niedergang der FDP nicht weiter überraschen. Es ist also nicht nur das Versagen der Parteiführung oder das Drängen der Grünen in die politische Mitte, das die Krise der FDP erklärt, es ist vor allem der relative Bedeutungsrückgang des Themas, für das die Partei eine besondere Kompetenz beanspruchte: die Rechtsstaatlichkeit.

In anderen OECD-Ländern verlieren die klassischen Bürgerrechtsparteien entweder gleichfalls an Boden oder sie wandeln ihr programmatisches Profil. Die von Jörg Haider geführten Freiheitlichen in Österreich (FPÖ) sind das beste Beispiel. Ihr Programm besteht vornehmlich aus *law-and-order*-Maximen, die insbesondere ein hartes Durchgreifen gegenüber der Organisierten Kriminalität und der vorgeblichen Bedrohung durch sogenannte »Ausländer« beinhalten. Die Wahlerfolge sind erschreckend. Daher gibt es auch in der deutschen FDP Stimmen, die eine von Haider inspirierte Neuausrichtung der Partei fordern. Die Gruppe um den ehemaligen Generalbundesanwalt Alexander von Stahl versucht, die FDP, ganz dem Haiderschen Vorbild folgend, vom Thema der Rechtsstaatlichkeit zu »befreien« und die innere Sicherheit in den Vordergrund zu rücken. Solche Überlegungen genießen eine überraschend große Popularität bei den FDP-Wählern. Sie fühlen sich im Westen (74 Prozent) und im Osten (88 Prozent) überdurchschnittlich häufig durch die Gewaltkriminalität bedroht, und 65 Prozent der FDP-Wähler im Westen bzw. 84 Prozent im Osten befürworten ein rigoroseres staatliches Durchgreifen. Vor diesem Hintergrund kann es auch nicht mehr überraschen, daß rechtsextremistische Parteien – wie die Republikaner und die Deutsche Volksunion (DVU) in Deutschland – in den meisten OECD-Ländern wieder Wahlerfolge feiern. Obwohl diese Parteien bei der Verknüpfung von Ausländern mit Unsicherheiten zu Sündenbockstrategien statt soliden Ursachenanalysen greifen, gelingt es ihnen, die Ängste vor gesellschaftsinduzierten Bedrohungen mit einigem Erfolg aufzugreifen. Durch derartige Wahlerfolge fühlen sich die großen Volksparteien ihrerseits gezwungen, die Agenda des Rechtspopulismus zu übernehmen. In dem Maße, wie sich der

Rechtspopulismus in den politischen Systemen durchsetzt und ein schrittweiser Abbau von Bürgerrechten und Grundfreiheiten zur Bekämpfung der neuen Unsicherheiten erfolgt – das neue Demonstrationsrecht, die Schwächung des Datenschutzes und der große Lauschangriff können als Indizien hierfür gedeutet werden –, könnte sich mittelfristig und dialektisch gedacht eine Wiederbelebung des politischen Liberalismus ergeben.

Wenngleich mit einer inhaltlich völlig anderen Ausrichtung haben die Grünen ähnlich wie die rechtspopulistischen Parteien ihren Aufstieg der Thematisierung der Schutzdefizite beim nationalstaatlichen Regieren zu verdanken. Ihnen gelang es, insbesondere die Unsicherheiten einer Weltrisikogesellschaft als erste Partei in Deutschland glaubhaft auf die politische Tagesordnung zu setzen. Umweltprobleme gab es in der industrialisierten Welt schon immer, und sie wurden spätestens im Laufe der sechziger Jahre offensichtlich. Damals konnte die politische Klasse jedoch noch versichern, sie könne diese bewältigen. So verbesserte sich beispielsweise die Wasserqualität einiger Flüsse und die Luftqualität über Industriestädten bis heute deutlich. Zu dieser Zeit wäre eine erfolgreiche Öko-Partei kaum denkbar gewesen. Der Aufstieg der Grünen begann erst dann, als die globale Umweltverschmutzung der Öffentlichkeit deutlich wurde. Die Grünen verdanken somit ihren Aufstieg weniger der Umweltverschmutzung als solcher, sondern der nachlassenden Fähigkeit des Nationalstaates, Schutz vor grenzüberschreitenden Umweltschädigungen zu bieten.

Die besondere Brisanz der Verschiebung der Bedrohungs- und Risikosituation der Staaten und Gesellschaften in der OECD-Welt resultiert aus der gesellschaftlichen Denationalisierung. Elias (1987: 301) hat dies früh erkannt:

»Bei genauerer Betrachtung sieht man deutlich, daß das Wohl und Wehe der Bürger eines einzelnen Staates (...) bereits in der Gegenwart nicht mehr von dem Schutz abhängt, den dieser Staat (...) seinen Bürgern zu geben vermag. Schon heute hängen die Überlebenschancen weitgehend von dem ab, was sich auf globaler Ebene abspielt.«

Die neuen Unsicherheiten können von keiner Regierung dieser Welt im Alleingang bewältigt werden. National denkende Politiker und Politikerinnen müssen ihnen gegenüber ihre Ohnmacht anerkennen. Sie können sich dabei aus der Verantwortung stehlen, indem sie argumentieren, daß die Reduktion dieser Unsicherheiten jenseits ihrer Möglichkeiten liegt. Dadurch wird bewußt oder unbewußt der Versuch unternommen, Bedrohungen und Risiken als natürliche Gefahren darzustellen: Sozial verursachte Unsicherheiten erscheinen dann als quasi-natürliche Beeinträchtigungen der Sicherheit der Staaten und Menschen. Dadurch wird die Transformation vieler natürlicher Gefahren in grundsätzlich beeinflußbare Risiken und Bedrohungen, die mit dem Übergang vom Mittelalter zur Moderne einherging (vgl. Bernstein 1997), partiell wieder rückgängig gemacht (vgl. Bonß 1991).

Es mag gerade diese Verschiebung in der Wahrnehmung der Zurechenbarkeit und Steuerbarkeit von Risiken bzw. Bedrohungen sein, die sich in der OECD-Welt einerseits in einer zunehmenden Politikverdrossenheit äußert und andererseits eine bemerkenswerte Politisierung ermöglicht, sobald Bedrohungen bzw. Risiken beeinflußbar erscheinen. Während die Unterstützung für Parteien in der OECD-Welt generell nachläßt, haben transnationale Nichtregierungsorganisationen einen hervorragenden Ruf. Traditionelle Parteien würden viel dafür geben, wenn sie auch nur annäherungsweise die Glaub- und Vertrauenswürdigkeitswerte von Greenpeace oder Amnesty International hätten (Thränhardt 1992). Es wäre mithin falsch, von einer generellen Entpolitisierung zu sprechen. Zu Recht weist Beck (1997b: 121-127) darauf hin, daß sich beim Boykott der Tankstellen von Shell durch die Verbraucher im Zusammenhang mit der Auseinandersetzung um die Versenkung der Ölplattform *Brent Spar* Elemente eines massenmedial vermittelten Weltbürgertums gezeigt haben. Im Zeitalter der Denationalisierung bewirken veränderte Anreiz- und Gelegenheitsstrukturen eine Transnationalisierung der sozialen Bewegungen (vgl. Tarrow 1994: Kap. 11). Im neuen politischen Engagement der Menschen in solchen Bewegungen ist demnach der Schlüssel für den Umgang mit den im Zuge der gesellschaftlichen Denationalisierung auftretenden neuen Bedrohungen und Risiken zu sehen. Es gibt zunehmend Anzeichen dafür, daß sich die Welt(risiko)gesellschaft unabhängig von der Staatenwelt zu organisieren beginnt, um neue Risiken und Bedrohungen lindern zu können. Amnesty International und Greenpeace konzentrieren sich nicht zufällig auf Sicherheitsfragen. Über die Funktion solcher Nichtregierungsorganisationen für das Regieren jenseits des Nationalstaates wird im abschließenden Kapitel weiter nachzudenken sein.

Der Staat ist im Sicherheitsbereich freilich nicht völlig ohnmächtig. Nationale Regierungen können zwar in entscheidenden Bereichen alleine weder die Integrität des Staates noch die der Individuen auf ihrem Staatsgebiet garantieren. In Zusammenarbeit mit anderen Regierungen sind sie jedoch nach wie vor in der Lage, wichtige Sicherheitsleistungen zu erbringen. Die Gründung internationaler Institutionen ermöglicht es den Staaten, gemeinsam Sicherheit für sich und die Menschen zu erreichen. Inwieweit dies gelingt und zu welchen Kosten, wird in Kapitel VI und VII diskutiert werden.

IV. Soziale Wohlfahrt: Wiederholt sich die große Krise?

Die Diskussion über den Zusammenhang von verstärktem weltwirtschaftlichem Wettbewerb und »Umbau des Sozialstaates« ist derzeit allgegenwärtig, und mancherorts werden bereits die Totenglöcklein für den Sozialstaat geläutet. Bemerkenswert daran ist zunächst, daß sowohl Neoliberale als auch Kapitalismuskritiker den Wohlfahrtsstaat als »Standortrisiko« thematisieren. Während aber die neoliberalen Weltmarktprotagonisten den Abbau von staatlicher Regulierung und Bürokratie fordern, um eine leistungsfähige und konsumentenfreundliche Volkswirtschaft zu ermöglichen, betont die kritische Sichtweise ganz andere Folgen. Wirtschaftliche Denationalisierung führt demnach in »die Schraube der Konkurrenz«, zum Abbau von Arbeitsplätzen und zu verringerten Sozialstandards. Die unterschiedlich ausgeprägten nationalen Wohlfahrtsstaaten konvergieren in dieser Sichtweise auf ein Einheitsmodell des neoliberalen Wettbewerbsstaates hin, das sozialpolitische Besonderheiten auf dem Altar des Wettbewerbs opfert und die sozialleistungsabbauende Standortsicherung zur *ultima ratio* einer menschenverachtenden Minimal-Sozialpolitik macht. Durch das immer weitmaschigere soziale Netz falle eine wachsende Anzahl von Menschen, die aufgrund unwürdiger Lebensverhältnisse *de facto* über den Rand der Gemeinschaft hinausgedrängt werden. Der Sozialabbau, verbunden mit der wachsenden Arbeitslosigkeit, verstärke soziale Ausgrenzung und unterlaufe die sozialen Bürgerrechte. Im Ergebnis steige die Zahl der Menschen, die die weiter wachsende Reichhaltigkeit der Warenwelt nur noch in Schaufenstern bewundern könnten – eine neue Armut entstehe und mit ihr soziale Fragmentierung (vgl. Altvater 1995; Hirsch 1995; Narr/Schubert 1994).

Diese Entwicklungen können als Vorboten einer großen Krise gedeutet werden. Genauso wie die Ausbreitung von Marktbeziehungen auf nationaler Ebene im 19. Jahrhundert die lokalen sozialen Gemeinschaften und Solidarinstitutionen zerstörte und ein Heer von Armen und sozialen Zusammenhängen Entrissenen entstand, könnte dies heute mit den nationalen Gemeinschaften und deren Solidarinstitutionen im Zuge der Denationalisierung der Märkte geschehen. Da billige Arbeitskräfte in den Schwellenländern bald mindestens 80 Prozent der globalen Warenproduktion übernehmen werden (Kennedy 1996: 6), müsse in den alten Industrieländern mit Arbeitslosenquoten von 25 Prozent (*Financial Times* 4. 1. 1993: D 1) bei gleichzeitigem Abbau der Sozialleistungen gerechnet werden. Insofern gelangt die wirtschaftliche Globalisierung an ihre Grenzen: Der durch sie verursachte Abbau von politischen, sozialen und ökologischen Errungenschaften ruft einen derartigen »Streß« hervor, daß die Entwicklung in sich selbst zusammenbrechen muß (vgl. Altvater/Mahnkopf 1996: Kap. 1 und 2). Ob diese Form der Verelendungstheorie eine realistische Prognose enthält, sei dahingestellt. Als Folge der Inkongruenz von wirtschaftlichen und politischen Räumen könnten jedenfalls starke Verwerfungen und anti-modernistische Bewegungen entstehen, wie das zu Ende des 19. und in den ersten Jahrzehnten des 20. Jahrhunderts während der ersten großen Transformation der Fall war (Zürn 1995c: 156-57). Wenn soziale Wohlfahrt als Ziel des Regierens nicht mehr erreicht werden kann, besteht die Möglichkeit, daß sich die »große Transformation« (Polanyi) mit unvorhersehbaren Konsequenzen wiederholt.

Die These vom Ende des Wohlfahrtsstaates als Folge der gesellschaftlichen Denationalisierung ist freilich nicht unumstritten. Manche halten die Beschwörung der Globalisierung für ein Instrument konservativer Kräfte in der sozialpolitischen Auseinandersetzung (Dreßler 1997). Zudem weisen empirische Untersuchungen darauf hin, daß entgegen den Erwartungen eines allgegenwärtigen Regelungsabbaus im Zuge des Standortwettbewerbs die sozialpolitischen Differenzen zwischen unterschiedlichen Nationalstaaten bestehen bleiben oder sich gar intensivieren (vgl. Armingeon 1996; Garrett 1998). So kamen in manchen Ländern wichtige sozialpolitische Maßnahmen gerade erst in den letzten Jahren zustande. In der Bundesrepublik beispielsweise führte eine konservative Regierung im Zeitalter der gesellschaftlichen Denationalisierung das Erziehungsgeld, die Anerkennung von Kindererziehungszeiten in der Rentenversicherung und die Pflegeversicherung ein. Grundsätzlich werfen diese Einwände die Frage auf, ob die These von einer reduzierten Zielerreichung nationalstaatlichen Regierens im Bereich der sozialen Wohlfahrt in der OECD empirisch haltbar ist. Manche gehen sogar noch weiter und verweisen auf den Zusammenhang von Weltmarktöffnung und Wohlfahrtsstaat. Dieser These zufolge stellt eine breit angelegte Sozialpolitik die Voraussetzung einer politisch durchsetzbaren und bestandsfähigen Weltmarktöffnung dar; Sozialabbau ging in der Geschichte immer und geht auch heute noch mit Protektionismus einher (vgl. Rieger/Leibfried 1997; Rodrik 1996). So gesehen müßte mit der Globalisierung also ein weiterer Ausbau des Wohlfahrtsstaates erfolgen.

Die Debatte über die Auswirkungen der gesellschaftlichen Denationalisierung auf die soziale Wohlfahrt wird z. T. mit einer Vehemenz geführt, die einem sachgerechten Blick nicht immer dienlich ist. Statt einer differenzierten, der Herausforderung angemessenen Diskussion erleben wir nicht selten eine plumpe Reproduktion des alten Links-Rechts-Gegensatzes: Jetzt zeigt der Kapitalismus seine wahre Fratze, indem er die wohlfahrtsstaatliche Maske ablegt und massenhaft Menschen deklassiert – so die Linke; jetzt sind wir an die Grenzen eines überzogenen Anspruchsdenkens im kollektiven Freizeitpark Deutschland angekommen, in dem nicht mehr verstanden wird, daß Wohlstand erarbeitet werden muß – so die Rechte. Während die einen den Eindruck erwecken, als ob Arbeitsplätze in Deutschland nur dann erhalten bleiben, wenn die Lohn(neben)kosten auf das Niveau Taiwans gedrückt werden, tun andere so, als ob Globalisierung ein von der Kapitalistenklasse inszeniertes Schauspiel sei, um die Löhne zu senken und mithin noch dickere Zigarren rauchen zu können.

Bei einer differenzierten Betrachtung zeigt sich zunächst, daß die gesellschaftliche Denationalisierung nur *eine* von mehreren Herausforderungen des Sozialstaates darstellt. Der demokratische Wohlfahrtsstaat der siebziger Jahre steht aus einer Reihe von ganz unterschiedlichen Gründen wie Bevölkerungsentwicklung, kulturellen Veränderungen, ökonomischem Strukturwandel, bürokratischer Verkrustung und eben auch wirtschaftlicher Denationalisierung neuen Herausforderungen gegenüber (vgl. als Überblick Kaufmann 1997). In diesem Kapitel kann es daher *nicht* um eine Diskussion der Zukunft des Wohlfahrtsstaates in Gänze gehen.[1] Vielmehr zielt es auf eine Klärung der empirischen Frage, welchen Einfluß die gesellschaftliche Denationalisierung als gleichsam isolierter Faktor auf den Wohlfahrtsstaat ausübt, ob also das Ziel der sozialen Wohlfahrt heute noch in Form nationalstaatlichen Regierens erreicht werden kann. Das Ergebnis läßt sich wie folgt zusammenfassen: Die wirtschaftliche Denationalisierung stellt in der Tat eine »objektive« und umfassende Herausforderung für den Wohlfahrtsstaat dar. Wirtschaftliche Denationalisierung wirkt aber nicht unterschiedslos auf alle Komponenten des Wohlfahrtsstaates in allen Ländern. Zum einen führt sie zu einer Veränderung der primären Einkommensverteilung im Marktprozeß zuungunsten von gering und falsch qualifizierter Arbeit, ohne allerdings unmittelbar für die hohe Arbeitslosigkeit verantwortlich zu sein. Zum anderen unterminiert sie die Effektivität spezifischer Maßnahmen, die der Effizienzsteigerung oder Korrektur der primären Einkommensverteilung (sekundäre Einkommensverteilung) dienen, während sie andere, neue Strategien zur Förderung der sozialen Wohlfahrt notwendig und wahrscheinlicher macht. Im wesentlichen wird jene Form von Sozialpolitik brüchig, die den *status quo* durch Versicherungssysteme absichern soll und sich insbesondere auf das höhere Lebensalter bezieht. Demgegenüber gewinnt eine *zukunftssichernde* Sozialpolitik an Bedeutung, die Menschen insbesondere in der frühen Lebensphase unterstützt. Länderspezifische Differenzen können in diesem Prozeß sogar anwachsen.

Mit Blick auf die Gesamtargumentation geht es in diesem Kapitel darum, die im Zuge der Denationalisierung auftretenden Defizite im Bereich der sozialen Wohlfahrt möglichst genau zu identifizieren, um später zu prüfen, ob sie durch Regieren jenseits des Nationalstaates aufgefangen werden können oder ob sie vielmehr das Projekt komplexen Weltregierens zum Scheitern verdammen.

---

1 Die Literatur zum sogenannten Keynesianischen Wohlfahrtsstaat, der durch den »Wettbewerbsstaat« oder *Schumpeterian Workfare State* (SWS) ersetzt wird, ist umfänglich. Für grundlegende Analysen zu den Merkmalen des Wohlfahrtsstaates und zu dessen Transformation vgl. Esping-Anderson (1996), Garrett/Lange (1995), Hirsch (1995), Jessop (1994), Pierson (1994), ZENS (1997).

1. Denationalisierung und Wohlfahrtsstaat: Die Kausalmechanismen

Zur Erinnerung: Gesellschaftliche Denationalisierung ist die Zunahme der Intensität und der Reichweite von grenzüberschreitenden Interaktionen durch den Austausch oder die gemeinsame Produktion von Waren, Dienstleistungen, Kapital und Arbeitskräften (Wirtschaft), Bedrohungen und Kriegsrisiken (Gewalt), Umweltschadstoffen und -risiken (Umwelt) sowie Zeichen (Kultur und Kommunikation). Als wichtigste Herausforderung für die soziale Wohlfahrt als Ziel des nationalstaatlichen Regierens läßt sich dabei zweifelsohne die Ausweitung von wirtschaftlichen Handlungszusammenhängen ausmachen. Denationalisierungsprozesse in anderen Sachbereichen können zwar gleichfalls einen Einfluß auf die Funktionsmöglichkeiten des Wohlfahrtsstaates ausüben, derartige Zusammenhänge sind aber in ihrer Bedeutung untergeordnet und meist auch so komplex, daß sie nur schwerlich erfaßt werden können.[2] Ich beschränke mich daher in diesem Kapitel auf die Betrachtung der Auswirkungen der wirtschaftlichen Denationalisierung auf die soziale Wohlfahrt.

Auf einer allgemeinen Ebene können zwei konkurrierende Versionen über die Art und Weise, wie die wirtschaftliche Denationalisierung den Wohlfahrtsstaat beeinträchtigt, unterschieden werden. Gemäß der einen Variante schränkt die wirtschaftliche Denationalisierung notwendigerweise die Handlungsspielräume nationalstaatlicher Wirtschafts- und Sozialpolitik ein (vgl. Scharpf 1987; Cerny 1995/1998). Die Inkongruenz wirtschaftlicher und politischer Räume verbietet demnach bestimmte nationale Politiken, ganz gleich, ob die Regierung sozialdemokratische oder konservative Neigungen besitzt. Die Wirtschaftspolitik François Mitterrands zu Anfang der achtziger Jahre fungiert als Kronzeugin dieser Sichtweise. Die unmittelbar nach Amtsantritt einsetzende

---

2 Beispielsweise könnte die Zunahme grenzüberschreitender Umweltverschmutzung dazu führen, daß vermehrte Anstrengungen zu deren Bekämpfung unternommen werden, die wiederum die finanziellen Spielräume für die Sozialpolitik einschränken. Die gemeinsame Bekämpfung grenzüberschreitender Umweltverschmutzung könnte aber auch zu erweiterten sozialpolitischen Handlungsspielräumen führen, wenn eine weltweite CO_2-Steuer die staatlichen Einnahmen vergrößern würde.

Politik umfassender Sozialreformen, die durch teilweise protektionistische Maßnahmen hätten abgestützt werden sollen, führte in erstaunlich kurzer Zeit zu offensichtlichen wirtschaftlichen Problemen und dann zu einer abrupten Kehrtwende. Die avisierte Teilabkoppelung vom Weltmarkt scheiterte, da sie immer weitere Abkoppelungsschritte notwendig machte, um die Abwanderung von Kapital und hochqualifizierter Arbeit zu verhindern. Im Zuge dieser Abkoppelungsspirale traten signifikante Wohlstandsverluste, bemerkenswerte Einschränkungen der Bewegungsfreiheit und Kollisionen mit den Kooperationsanforderungen der allgemeineren außenpolitischen Zielsetzung auf. Im Ergebnis sank in Frankreich die Akzeptanz dieser Strategie innerhalb kurzer Zeit drastisch und zwang die Regierung Mitterrand schließlich zur Umkehr (vgl. Uterwedde 1988).

Die zweite Variante geht weniger von einer »objektiven« Beschränkung nationalstaatlicher Handlungsspielräume aus, sondern macht die durch die wirtschaftliche Denationalisierung veränderten innenpolitischen Kräfteverhältnisse für die Wende in der Wirtschafts- und Sozialpolitik verantwortlich (vgl. Swenson 1991; Kitschelt 1994). Demnach hat sich mit der Schwächung der Gewerkschaften (aufgrund von zurückgehenden Mitgliederzahlen und erhöhter Arbeitslosigkeit) ein politisches Klima durchgesetzt, in dem neoliberale und konservative Konzepte und Parteien dominieren und sich eine keynesianische Wirtschafts- und Sozialpolitik nicht mehr realisieren läßt. Die Regierungen Reagan in den USA und Thatcher in Großbritannien bestimmten gemäß dieser Argumentation Anfang der achtziger Jahre in selten erfolgreicher Weise eine Agenda, die bis heute dominiert. Von diesen beiden Erklärungen verweist die erste auf grundlegendere Aspekte. Ihr Argument ist ein strukturelles, während die andere, neben der Anerkennung von gewissen Rahmenbedingungen, im Kern die Ansicht impliziert, daß die sozialdemokratische kulturelle Hegemonie von einer neokonservativen abgelöst wurde, deren Dominanz aber so temporär sein dürfte wie die Einstellungen, die ihr zugrundeliegen.

Empirisch läßt sich beim Vergleich der OECD-Länder zeigen, daß die zweite Argumentation einer Überprüfung kaum standhält (Garrett 1995: 664). Der »Machtindex« sozialdemokratischer und linker Parteien (ermittelt qua Parlamentsmitglieder und Regierungsbeteiligungen) hat sich in den achtziger und neunziger Jahren gegenüber den sechziger und siebziger Jahren in der OECD-Welt nicht wesentlich verschlechtert. Zwar lag der Index für sozialdemokratische Regierungsbeteiligungen kurzfristig zur Mitte der siebziger Jahre sehr hoch (+0,20) und ging danach zurück (−0,30 im Jahre 1985). Seit Mitte der achtziger Jahre stieg die Indexzahl aber wieder an und erreichte bereits 1990 Werte wie Ende der sechziger Jahre (−0,10). Inzwischen brachten die Wahlsiege von Clinton in den USA, Blair in Großbritannien und Jospin in Frankreich den Index erneut auf den Durchschnittswert (0,0). Der Anteil an Parlamentssitzen linker und sozialdemokratischer Parteien in der OECD-Welt blieb in den letzten 25 Jahren sogar mehr oder weniger konstant (zwischen 0,0 und +0,1). Zudem nahm die Stärke der Gewerkschaften im selben Zeitraum nicht wesentlich ab. Die Quote von Gewerkschaftsmitgliedern als Anteil der werktätigen Bevölkerung stieg beispielsweise in Deutschland zunächst von 43 Prozent 1970 auf 47 Prozent 1981 an, ehe sie bis 1990 wieder auf knapp 42 Prozent, also auf das Niveau der frühen siebziger Jahre, abfiel. Auch der Zentralisierungsgrad in den Gewerkschaftsbewegungen veränderte sich im Kern der OECD-Welt nur marginal. Von einer innenpolitischen Machtverschiebung zuungunsten der Arbeiterbewegung kann also kaum gesprochen werden. Sicherlich wandelte sich der Gehalt der sozialdemokratischen Politik, und die absoluten Mitgliederzahlen der Gewerkschaften gehen in manchen Sektoren aufgrund der Deindustrialisierung zurück, so daß verstärkt über Gewerkschaftszusammenschlüsse diskutiert wird. Derartige Veränderungen innerhalb der sozialdemokratischen Allianz verweisen aber eher auf veränderte Rahmenbedingungen als auf den Verlust von Machtpositionen.

Führen also der wirtschaftlichen Denationalisierung geschuldete neue Rahmenbedingungen dazu, daß typisch sozialdemokratische Politiken auch von sozialdemokratischen Regierungen kaum mehr durchführbar sind? Bewirkt die Inkongruenz von wirtschaftlichen und politischen Räumen, daß soziale Wohlfahrt heute im Zeitalter der Denationalisierung nur noch äußerst unausgewogen erreicht wird? In einer idealtypischen Zuspitzung lassen sich drei Formen eines kausalen Zusammenhangs zwischen wirtschaftlicher Denationalisierung und sozialer Wohlfahrt in der OECD-Welt unterscheiden:

(a) Infolge der reduzierten Kommunikations- und Transportkosten können insbesondere arbeitsintensive Produkte in Ländern mit niedrigeren Lohnniveaus billiger als im Kern der OECD-Welt produziert werden. Die entsprechende *Denationalisierung des Handels* führt zu einer Neustrukturierung der internationalen Arbeitsteilung, die mit einer Auslagerung der industriellen Produktion aus den alten Industrieländern einhergeht. Folglich verringert sich die Nachfrage nach Arbeit in der Industrieproduktion im Kern der OECD-Welt. Massenarbeitslosigkeit schränkt die soziale Wohlfahrt massiv ein. Wenn dieser Kausalmechanismus in Reinform zuträfe, müßten sich enorme Wachstumsraten in den Schwellenländern, das Absterben ganzer Sektoren und erhebliche Handelsbilanzdefizite in den alten Industrieländern beobachten lassen.

(b) Ein zweiter Kausalmechanismus hebt die *Denationalisierung der Produktion* insbesondere in Form von transnationalen Produktionsketten hervor. Demnach führt die erhöhte *Kapitalmobilität* zu einem heftigen Standortwettbewerb zwischen den OECD-Ländern, bei dem sich die Anforderungen an eine effiziente Produktion gegenüber Erwägungen der sozialen Verteilungsgerechtigkeit durchsetzen. Der Abbau von Lohnnebenkosten, verringerte Redistributionsleistungen, generell: der Abbau des Wohlfahrtsstaates, sind die befürchtete Konsequenz. Zusätzlich wird der Wohlfahrtsstaat durch die erhöhte *Mobilität der Arbeit* unterminiert, die sich in einer verstärkten Wanderung von Spitzenverdienern in steuergünstige Regionen (virtuell oder real) und von Menschen mit geringer Qualifikation in Regionen mit besseren sozialstaatlichen Leistungen manifestiert. Wenn dieser Kausalmechanismus in Reinform zuträfe, müßte eine deutliche Zunahme der Auslandsdirektinvestitionen in der OECD-Welt, eine erhöhte Mobilität der Menschen, ein signifikanter Abbau von wohlfahrtsstaatlichen Leistungen in allen OECD-Ländern und vergleichsweise höhere Wachstumsraten in den hochentwickelten Industrieländern mit geringer wohlfahrtsstaatlicher Ausrichtung zu beobachten sein.

(c) Die *Denationalisierung der Finanzen*, insbesondere in Form der globalen Finanzmärkte bietet die Möglichkeit, Gelder und

Wertpapiere in Sekundenschnelle mit enormen Gewinnmöglichkeiten zu transferieren. Dadurch werden die Möglichkeiten nationalstaatlicher Wirtschaftspolitik deutlich eingeschränkt. Wer die Staatsausgaben und -defizite zur Überwindung einer wirtschaftlichen Talsohle erhöht, sieht sich aufgrund der enormen Mobilität von kurzfristigen Kapitalanlagen mit Entwicklungen konfrontiert, die die ursprünglichen Intentionen ins Gegenteil verkehren können. Geld wandert in diesem Fall aufgrund einer erhöhten Inflationserwartung und verschlechterter Bewertungen durch Finanzexperten ab, es sei denn, die Zinssätze würden angehoben. Erhöhte Zinssätze konterkarieren aber den Versuch, die Konjunktur anzukurbeln. Ohne Zinserhöhung führt die Geldabwanderung entweder zu einem Abbau der Währungsreserven, wenn die Währung in Relation zu anderen Währungen festgeschrieben ist, oder es kommt – im Falle flexibler Wechselkurse – zu einer Abwertung, die wiederum die Inflation aufgrund erhöhter Importpreise anheizt und letztlich durch eine Erhöhung der Zinsen bekämpft werden muß. Spekulative Angriffe verstärken diesen Druck auf die unsichere Währung, da sie aus der Sicht der Spekulanten »rational and self-fulfilling« sind (Obstfeld 1986). Wenn dieser Kausalmechanismus in Reinform zuträfe, dann müßten vor allem kurzfristige Kapitalflüsse deutlich zunehmen, dürfte es keine keynesianische Wirtschaftspolitik geben, wären ein Rückgang der Staatsdefizite zu verzeichnen und konvergierende Zinsraten beobachtbar.

2. Arbeitslosigkeit und Primärverteilung der Einkommen

Von den drei genannten Kausalmechanismen bietet der erste eine unmittelbare Erklärung für die *Zunahme der Arbeitslosigkeit* im Kern der OECD-Welt an. Zu Beginn der siebziger Jahre waren in der OECD-Welt weniger als 10 Mio. Menschen arbeitslos, ein Wert, der – abgesehen von konjunkturellen Schwankungen – seit den fünfziger Jahren relativ konstant blieb. Seitdem stieg die Zahl der Arbeitslosen aber steil an, so daß 1995 35 Mio. Menschen in der OECD-Welt arbeitslos gemeldet waren (Abbildung IV.1).

Obwohl die Arbeitslosenrate nirgendwo in der OECD-Welt zurückgegangen ist, zeigen sich deutliche regionale Unterschiede.

Abbildung IV.1: Arbeitslosigkeit in der OECD
(in Tausend Erwerbslosen)

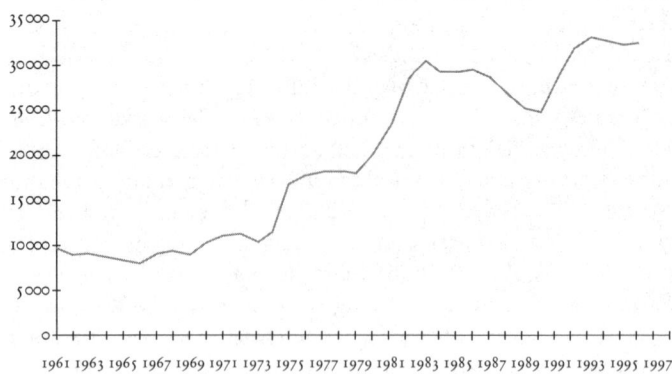

1961 1963 1965 1967 1969 1971 1973 1975 1977 1979 1981 1983 1985 1987 1989 1991 1993 1995 1997

Ohne die erst später zur OECD gekommenen Staaten Mexiko, Südkorea, Tschechien, Ungarn und Polen. 1997 und 1998: OECD-Schätzung
Quellen: OECD (1986: 30-31); OECD (1996b: 32-33); OECD (1997b: 4)

Während in den USA die Quote mit 6 Prozent im Jahre 1995 nur minimal höher war als vor 20 Jahren (ähnlich in Japan auf geringerem Niveau), hat sie sich im Raum der Europäischen Gemeinschaft, in Ozeanien und auch im EFTA-Raum in derselben Zeit durchschnittlich fast verdreifacht.[3]

Der Anstieg der Arbeitslosigkeit im Kern der OECD-Welt verlief parallel zum wirtschaftlichen Aufstieg der Schwellenländer in Südostasien. Die Exporte der vier Tigerstaaten (Südkorea, Hongkong, Taiwan, Singapur) nach Europa und Japan sowie in die USA stiegen zwischen 1970 und 1989 um ca. 35 Prozent und damit deutlich schneller als der weltweite Export, der in diesem Zeitraum um 10 Prozent wuchs. Dies hat in zahlreichen Firmen und Sektoren der Hochlohnländer zur Vernichtung von Industriearbeitsplätzen in der Massenfertigung geführt, so daß wohl ein Teil des Rückgangs des Gesamtvolumens bezahlter Arbeit (beispielsweise in der Bun-

3   Der unmittelbare Vergleich der nationalen bzw. regionalen Arbeitslosenquoten ist aufgrund verschiedener statistischer Erhebungsmethoden nicht unproblematisch. Allerdings lassen sich durch statistische Tricks kaum langfristige Trends der Zu- oder Abnahme von Arbeitsplätzen verdecken.

desrepublik von 51 768 Mio. Arbeitsstunden im Jahre 1970 auf 45 067 Mio. 1994; Statistisches Bundesamt 1995: 450) dadurch erklärt werden kann. Mit anderen Worten: Produzenten aus Südostasien und einigen anderen Schwellenländern verminderten den Weltmarktanteil der industriellen Produktion des Kerns der OECD-Welt und führten zu Arbeitslosigkeit.

Dieser NIC-Effekt (Newly Industrializing Countries) wird aber meist maßlos überschätzt. Nach Krugman (1995: 360) ist bestenfalls ein Fünftel des Anstiegs der Arbeitslosigkeit in Westeuropa seit den frühen siebziger Jahren auf die Schwellenländer zurückzuführen. Gegen eine herausragende Bedeutung der NICs für die Arbeitslosigkeit spricht, daß

– die Denationalisierung des Handels deutlich langsamer voranschreitet als die Denationalisierung der Produktion und die Denationalisierung der Finanzen (vgl. Kapitel II, Abbildungen II.13 – II.16);

– die Direktinvestitionen zum großen Teil innerhalb der OECD-Welt verbleiben und nur zweitrangig in die Schwellenländer fließen (vgl. Kapitel II, Abbildung II.1; Hirst/Thompson 1996: 58-71);

– viele der alten Industrieländer mit sehr hohen Arbeitslosenraten – wie beispielsweise die Bundesrepublik – immer noch (im Gegensatz zu den Leistungsbilanzen) deutliche Handelsüberschüsse aufweisen.

Die Folgen des wirtschaftlichen Aufstiegs der Schwellenländer sind also für die OECD-Staaten relativ gering, zumal in diesen Ländern neue Märkte mit Exportpotential für die alten Industrieländer und Wachstumspotential für die gesamte Weltwirtschaft entstehen. Mittelfristig können zudem Firmen aus den Schwellenländern auch neue Investoren in Europa werden. 1997 nahm in Neustadt-Glewe in Mecklenburg-Vorpommern eine Bleistiftfabrik ihre Arbeit auf, die auf die erste chinesische Direktinvestition in Europa zurückgeht (*Süddeutsche Zeitung*, 9. 9. 97, 21). Es muß normativ auch noch angemerkt werden, daß das Wohlstandsniveau der Schwellenländer immer noch deutlich unterhalb dem der G-7-Länder liegt und somit eine gewisse Wohlstandsverlagerung zu ihren Gunsten keinesfalls verwerflich wäre.

Für die steigende Arbeitslosigkeit in den G-7-Ländern scheint der allgemeine wirtschaftliche Strukturwandel also sehr viel wichtiger zu sein als die Denationalisierung des Handels. Im Zuge der technischen Entwicklung kann inzwischen die Nachfrage nach standardisierten Massenprodukten mit erheblich weniger Arbeitseinsatz befriedigt werden als noch vor zwanzig Jahren. Wirtschaftliche Denationalisierung kann aber sicherlich nicht deren Ursache sein. Sie resultiert aus einer marktwirtschaftlichen Ordnung, die auf den Wettbewerb baut. Marxistisch gesprochen: Rationalisierung (und insofern Arbeitsplatzvernichtung) ist das Wesen des Kapitalismus. Gleichwohl hat der verstärkte Wettbewerb auf dem Weltmarkt und der Standortwettbewerb (Denationalisierung der Produktion) zu einer Intensivierung und Beschleunigung der Rationalisierungsinvestitionen geführt. Während geschlossene nationale Märkte den Wettbewerbs- und damit Rationalisierungsdruck eindämmen, zwingt eine weltweite Konkurrenz die Unternehmen zur schnellen Übernahme neuer Technologien (vgl. auch Frieden/Rogowski 1996). In der Folge sinken Nachfrage und Preis für weniger qualifizierte Arbeit in der Industrieproduktion.

Ökonomisch gesprochen gibt es dann nur zwei Möglichkeiten: entweder einschneidende Lohnkürzungen für minderqualifizierte Arbeit zu akzeptieren oder eine wachsende Arbeitslosigkeit in Kauf zu nehmen. Idealtypisch gesehen wählte die USA den ersten, Frankreich den zweiten Weg. In den USA stieg zwischen den siebziger und den neunziger Jahren die Beschäftigungsquote (der Anteil der Erwerbstätigen an der Bevölkerung im Alter von 15 bis 65 Jahre) von 63 auf 71 Prozent, wobei allein 50 Prozent (also zwei Drittel der Gesamtbeschäftigung) auf das Konto des Dienstleistungssektors mit zum Teil sehr schlecht bezahlten Tätigkeiten gehen. Ganz anders in Frankreich: Die durchschnittliche Arbeitslosenrate stieg von 3,6 Prozent in den siebziger Jahren auf 8,6 Prozent in den neunziger Jahren, während die Beschäftigungsquote von 64 Prozent auf 58 Prozent sank und der Dienstleistungssektor (genau wie in der Bundesrepublik) nur 38 Prozent der Erwerbstätigen beschäftigt. Der Erfolg der Amerikaner geht jedoch auf Kosten der Einkommensgleichheit. Während die Lohnunterschiede (Verhältnis des Durchschnittseinkommens der 10 Prozent mit dem höchsten Einkommen zum Durchschnittseinkommen der 10 Prozent mit dem niedrigsten Einkommen) permanent ansteigen und in den neunziger Jahren einen Wert von 5.6 angenommen haben, sind sie in Frankreich in den neunziger Jahren mit dem Kennwert 3.0 nicht nur wesentlich geringer als in den USA, sondern in der Tendenz auch fallend (vgl. Schettkat 1996).

Bei beiden wirtschaftspolitischen Reaktionen – erhöhte Einkommensungleichheit oder erhöhte Arbeitslosigkeit – vollzieht sich somit die Primärverteilung des Wohlstandes ungleicher als vor 25 Jahren, mit entweder den Arbeitslosen oder den *working poor* als Verlierer. Was zumindest in den größeren Ländern hingegen bisher kaum beobachtet werden kann, sind aktive wohlfahrtsstaatliche Maßnahmen. Es stellt sich somit im nächsten Schritt die Frage, ob die Fähigkeit, wohlfahrtsstaatlich zu regieren, im Zuge der Denationalisierung gelitten hat.

3. Wohlfahrtsstaatliche Politik und Sekundärverteilung der Einkommen

Soziale Wohlfahrt als Ziel des Regierens erfordert eine wohlfahrtsstaatliche Politik, die sich aus drei Komponenten zusammensetzt. Zum einen soll die Politik das wirtschaftliche Wachstum und mithin den Wohlstand einer Gesellschaft befördern, indem sie Rahmenbedingungen schafft, die ein effizientes Wirtschaften ermöglichen (Effizienzkomponente). Gleichzeitig soll sie eine Verteilung der erwirtschafteten Güter befördern, die Minimalstandards der Gerechtigkeit entspricht und die die soziale Integration einer Gesellschaft ermöglicht (Verteilungskomponente). Grundlegend für jede aktive Wachstums- und Verteilungspolitik ist ein ausreichendes Steueraufkommen, d.h. die Fähigkeit, ein ausreichend hohes Maß an Ressourcen aus dem Wirtschaftsprozeß zu ziehen und gemeinwohlorientiert einzusetzen (Ressourcenkomponente).

(1) *Ressourcenkomponente*
Die Fähigkeit, Ressourcen abzuschöpfen, bildet ein grundlegendes Merkmal der Staatlichkeit. Die Entstehung der modernen Territorialstaaten ist unauflösbar mit der Fähigkeit verknüpft, Mittel für die Kriegführung einzutreiben und einen Verwaltungsapparat zu diesem Zweck aufzubauen. Während ein intensivierter Handel

zwischen den Ländern (Denationalisierung des Handels) diese Fähigkeit kaum in Frage stellt – es müßten eigentlich sogar erhöhte Zolleinnahmen zu verzeichnen sein –, haben die Denationalisierung der Produktion und der Finanzen durchaus Rückwirkungen auf das nationalstaatliche Steuer- bzw. Abgabenaufkommen.[4] Es ist also die gestiegene Mobilität von Geld (Kapitalertragssteuern), von Produktionsstätten (Gewerbesteuern sowie Sozialversicherungsbeiträge durch die Arbeitgeber) und von Spitzenverdienern (Einkommensteuer), die den staatlichen Zugriff erschweren. Umgekehrt heißt das auch, daß es eine Reihe von Besteuerungsformen gibt, die immobile Bemessungsgrundlagen haben und durch die wirtschaftliche Denationalisierung kaum betroffen sind: Mehrwertsteuer, Verbrauchssteuern, Steuern für Grund und Boden, Sozialversicherungsbeiträge durch die Arbeitnehmer sowie die Einkommen- bzw. Lohnsteuer für Normalverdiener. Die Frage ist also zum einen, ob die erstgenannte Gruppe von Steuern und Abgaben in den letzten zwei Jahrzehnten in der OECD-Welt tatsächlich deutlich nach Sätzen und Aufkommen abgenommen hat, und zum anderen, ob die Steuern, die nicht durch Ausweichen ins Ausland vermieden werden können, gleichgeblieben oder gestiegen sind.

(a) Bei der *Einkommen- und Lohnsteuer* läßt sich ein sehr eindeutiger Trend feststellen. Die Spitzensteuersätze sind in allen OECD-Ländern seit 1975 deutlich gefallen, im Schnitt um 20 Prozent zwischen 1975 und 1990. In Extremfällen waren die Senkungen sogar drastisch: in Großbritannien von 83 auf 40 Prozent; in Schweden von 85 auf 50 Prozent; in den USA von 70 auf 28 Prozent. Gleichzeitig stiegen die niedrigsten Steuersätze im Schnitt leicht um ca. 2,5 Prozent (Armingeon 1992: 428). In der Summe blieb der Anteil der Einkommensbesteuerung am gesamten Steueraufkommen im OECD-Durchschnitt zwischen 1970 und heute sehr konstant (vgl. OECD 1995: 77). Bemerkenswert an der Entwicklung der Einkommensbesteuerung ist weiterhin, daß die Differenz zwischen den Höchst- und Niedrigststeuersätzen in sozialdemokratisch regierten Ländern nicht ausgeprägter ist als in christdemokra-

---

4 In der volkswirtschaftlichen Gesamtrechnung werden Sozialversicherungsbeiträge formal nicht den Steuern zugerechnet. Ich verwende hier den Begriff der Steuern meist in einem umfassenden, alle Abgaben beinhaltenden Sinne.

tisch bzw. neokonservativ regierten Ländern. Vergleichsweise niedrige Progressionsraten setzten sich in der gesamten OECD-Welt durch, ohne daß sich der Anteil der Einkommen- und Lohnsteuer am Gesamtsteueraufkommen wesentlich verringert hätte. Primär sozialdemokratisch regierte Länder mit einem insgesamt höheren Steueraufkommen fingen leichte Senkungen im Bereich der Einkommensteuer durch Erhöhungen bei den Verbrauchssteuern auf (vgl. auch Garrett 1998: Kap. 4 und 6).

(b) Im Bereich der *Besteuerung von Unternehmen* läßt sich auf der einen Seite bei der Direktbesteuerung ein ähnlicher Trend beobachten wie bei den Spitzensätzen der Einkommensteuer. Die Quote für die Summe aller Unternehmenssteuern sank in den achtziger Jahren durchgehend (mit Ausnahme von Italien) leicht um 2,5 Prozent (Garrett 1998: Tabelle 1. 3). Eine drastische Verringerung setzte in dieser Zeit vor allem die Regierung Thatcher in Großbritannien durch. In der ersten Hälfte der neunziger Jahre beschleunigte sich dann der Abwärtstrend: Die durchschnittliche Rate sank nun in nur fünf Jahren um 6 Prozent, wobei die deutlichsten Senkungen in den Hochburgen der Sozialdemokratie, insbesondere in Schweden und Norwegen vorgenommen wurden. In der Bundesrepublik ging der Anteil aller »Gewinnsteuern« (Einkommensteuer für Selbständige, Körperschaftssteuer, Kapitalertragssteuer und Gewerbesteuer) am Gesamtsteueraufkommen von knapp 35 Prozent 1960 auf ca. 17 Prozent 1992 zurück (Huster 1996: 96).

Auf der anderen Seite blieben die Sozialversicherungsbeitragssätze zwischen 1970 und Anfang der neunziger Jahre relativ konstant, und der prozentuale Anteil der Sozialversicherungsbeiträge am gesamten Steuer- bzw. Abgabenaufkommen nahm sogar zu. Mit Japan, den USA und der Bundesrepublik liegen auch die größten Industrieländer, in denen in den achtziger Jahren durchweg konservative Regierungen dominierten, im Trend (siehe Abbildung IV.2).

Insgesamt läßt sich bei der Besteuerung von Unternehmen festhalten, daß offensichtlich ein Druck zur Kostensenkung im Sinne des Standortwettbewerbs besteht. Dieser führte jedoch nur bei der direkten Unternehmensbesteuerung zu Senkungen, nicht im Bereich der Sozialversicherungsbeiträge. Eine große Bedeutung der

Abbildung IV.2: Sozialversicherungsbeiträge in Prozent des gesamten Steueraufkommens

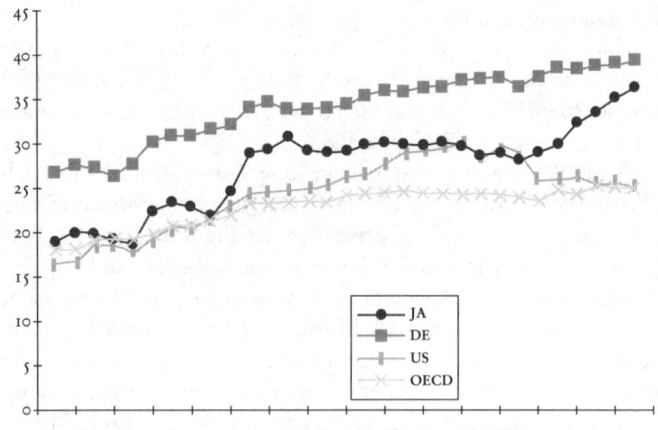

Quelle: OECD (1981: 83; 1982: 74; 1990: 77; 1995: 79; 1996a: 81; 1997a: 81)

politischen Ausrichtung der Regierungspartei ist in diesem Zusammenhang nicht ersichtlich.

(c) Nach Schätzungen liegt der Anteil des *Geldvermögens* in der industrialisierten Welt, der in Steueroasen verweilt oder sie zumindest durchläuft, mittlerweile bei 50 Prozent. Es kann daher nicht überraschen, daß sich auch bei der Besteuerung von Zins- und Wertpapiererträgen die wirtschaftliche Denationalisierung auswirkt. Zwar zeigt sich in diesem Bereich keine generelle Abwärts- oder Aufwärtsbewegung der Steuerrate, und das relative Aufkommen wächst sogar leicht an. Dabei ist allerdings zu beachten, daß diese Besteuerungsform im Gegensatz zur Einkommen- und Unternehmenssteuer inzwischen als erwünscht angesehen wird, um arbeitsplatzschaffende Realinvestitionen statt Gelderträge zu fördern. Ohne die Denationalisierung ließe sich daher eine deutliche Erhöhung dieser Steuerrate erwarten. Einseitige Anhebungen sind jedoch gefährlich, da sie zur Geldabwanderung führen können. Die Versuche, die Zins- und Wertpapierertragssteuer aus diesem Grunde in der EU auf einem relativ hohen Niveau zu harmonisieren, scheiterten an den Ländern, die ausländisches Kapital aufgrund ihrer geringen Steuersätze anziehen (vor allem Luxemburg und die *off-shore*-Märkte in Großbritannien). Ein deutscher Alleingang im Jahre 1989 bei der Quellensteuer wurde auch prompt bestraft. Blitzschnell entzog sich den deutschen Finanzmärkten in hohem Maße Kapital, so daß die Bundesregierung die Steuer zurücknahm und sich auch auf EU-Ebene (zunächst) nicht mehr für eine Vereinheitlichung einsetzte (vgl. Dehejia/Genschel 1996: 18 sowie Tabelle 1 und 2).

(d) Das Gesamtsteueraufkommen wuchs in den OECD-Ländern, gemessen in Prozent des BIP, zwischen 1977 und Ende der achtziger Jahre weiter an. Ein deutlicher Rückzug des Staates aus dem Wirtschaftsprozeß ist also zumindest für die achtziger Jahre nicht zu erkennen. Allerdings läßt sich seit Ende der achtziger Jahre eine Trendwende beobachten. Der Anstieg des Steueraufkommens stagniert seitdem, ohne allerdings deutlich zu fallen (OECD 1997a: 75; vgl. Abbildung IV. 3).

Obwohl die (zinsgünstigen) Verschuldungsmöglichkeiten für den Staat durch die explosionsartige Ausweitung der Geldmenge auf den internationalen Kapitalmärkten theoretisch deutlich zunahmen, folgte die Entwicklung der Ausgaben in etwa jener der Einnahmen. Während im Laufe des 20. Jahrhunderts die Staatsquote in allen Industrieländern permanent anstieg und die stetige Ausweitung des Interventionsstaates als ehernes Gesetz der Staatstheorie angesehen wurde – Adolf Wagner sprach schon vor 100 Jahren vom »Gesetz der zunehmenden Staatstätigkeit« –, sind Anzeichen einer historischen Trendwende seit Ende der achtziger Jahre erkennbar. Der Anteil der öffentlichen Ausgaben am Bruttosozialprodukt hat in Großbritannien 1975 seinen Höhepunkt erreicht und verringerte sich bis 1989 um gut 5 Prozent. In den USA und in den meisten europäischen Ländern ließ sich seit 1985 ein leichter Rückgang beobachten, der sich allerdings noch im Bereich von wenigen Prozenten bewegt: zwischen 0,5 Prozent in den USA und fast 4 Prozent in den Niederlanden (Kohl 1992: 266). In der Bundesrepublik war bis 1989 eine ähnliche Bewegung erkennbar, die aber durch die Mehrausgaben im Zuge der Wiedervereinigung ausgesetzt wurde. Bemerkenswert ist zudem, daß sich der Zusammenhang zwischen sozialdemokratischen Regierungen und hoher

Abbildung IV.3: Gesamte Steuereinnahmen in Prozent des BIP

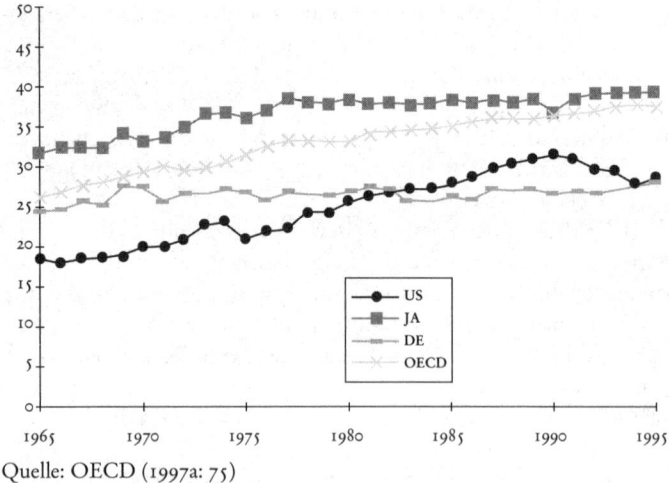

Quelle: OECD (1997a: 75)

Ressourcenverfügung im Zeitalter der Denationalisierung eher verstärkt hat (Garrett 1998: Kap. 6).

Insgesamt läßt sich entsprechend der Denationalisierungsthese eine Umverteilung im Steueraufkommen beobachten: Steuersätze für »mobile Bemessungsgrundlagen« werden relativ geringer, während die Steuersätze für immobile Bemessungsgrundlagen und die Verbrauchssteuern nicht sinken und daher relativ gesehen steigen. Diese Entwicklungstendenz trifft ebenso für die skandinavischen Hochburgen des Wohlfahrtsstaates zu, auch wenn sie dort deutlich später einsetzte als in den USA oder Großbritannien. So gesehen bestätigt sich die Denationalisierungsthese, wonach die Fähigkeit des Nationalstaates abnimmt, Steuern auf mobile Bemessungsgrundlagen zu erheben. Damit reduziert sich auch der Spielraum für nationalstaatliche Maßnahmen zur Korrektur der Markteinkommen durch die politisch bestimmte Sekundärverteilung der Einkommen. Von einem allgemeinen Rückzug des Staates kann bei stabilen, je nach Land nach wie vor unterschiedlichen Staatsquoten nicht gesprochen werden.

(2) *Effizienzkomponente*

Der voll ausgebildete moderne Wohlfahrtsstaat der siebziger Jahre hat das wirtschaftliche Wachstum vor allem durch drei Strategien einigermaßen erfolgreich gefördert: (a) die Ordnungspolitik, die produktive institutionelle Rahmenbedingungen und infrastrukturelle Kollektivgüter sicherstellt; (b) die Industriepolitik, um Krisen in bestimmten Sektoren aufzufangen und den Strukturwandel anzuregen; und (c) die Steuerung der nationalen Volkswirtschaft mit dem Ziel, für ein gleichmäßiges Wachstum zu sorgen. Welchen Einfluß haben die genannten wirtschaftlichen Denationalisierungsprozesse auf die Effektivität dieser Maßnahmen?

(a) Die Garantie von Eigentumsrechten und die Sicherung eines geeigneten institutionellen Rahmens, von dem ein funktionsfähiger Markt abhängt, ist die grundlegendste aller Funktionen eines kapitalistischen Staates. In der politischen Sphäre hat sich heute hierfür der Begriff *Ordnungspolitik* eingebürgert. Generell kann gesagt werden, daß die wirtschaftliche Denationalisierung einen erhöhten Druck zugunsten einer effizienzfördernden Rahmenordnung ausübt. Im nationalen Rahmen sind Eigentumsrechte und die Wettbewerbsbedingungen heute in der OECD-Welt weniger in Frage gestellt als jemals zuvor. Verletzungen von Eigentumsrechten in Form von Zwangsenteignungen kommen aufgrund befürchteter Reaktionen potentieller Investoren selbst außerhalb der OECD-Welt kaum noch vor: Die ordnungspolitischen Grundlagen der Marktwirtschaft sind staatlicher Willkür effektiver entzogen denn je (vgl. auch Kapitel III).

Bei den infrastrukturellen Voraussetzungen des Wirtschaftens kann von einem Rückzug des Staates bei erhöhter Effizienz gesprochen werden. Technologische Entwicklungen erlaubten es, ehemalige »natürliche Monopole« zu privatisieren und dem Wettbewerb auszusetzen. Aufgrund neuer Kommunikations- und Informationstechnologien trifft das insbesondere auf verschiedene Post- und Informationsdienste zu. In diesen und anderen Bereichen (wie z.B. öffentliche Verkehrsmittel), die traditionell zur staatlich geschaffenen Infrastruktur gehörten, zieht sich der Staat zurück, nicht ohne den technologischen Fortschritt in diesen Sektoren großzügig zu fördern und zu stützen (Grande/Häusler 1994).

Jenseits des Nationalstaates führt die wirtschaftliche Denationalisierung zu neuen Problemen, die weder von existierenden Rechtsordnungen noch durch internationale Koordination des Privatrechts gelöst werden. Insbesondere die Regelung von kommerziellen Aktivitäten im Internet und der transnationale Schutz von geistigem Eigentum (Copyright- und Patentrechte) weisen unübersehbare Defizite auf.

(b) Der Nationalstaat hat schon immer in den Marktprozeß eingegriffen und sogenannte *Industriepolitik* betrieben. Der temporäre Schutz aufzubauender Industrien oder krisengeschüttelter Industriesektoren entweder in Form von Schutzzöllen oder Subventionen gehörte auch zum Repertoire effektiver Instrumente des demokratischen Wohlfahrtsstaates. Obgleich derartige Maßnahmen heute noch das Bild nationaler Wirtschaftspolitik mitprägen verschieben sich aufgrund der wachsenden Verflechtung der Unternehmen untereinander die Möglichkeiten dieses Instrumentariums.

Generell gilt, daß der Anteil von Halbfertigwaren im internationalen Handel als Ausdruck der wachsenden transnationalen Verflechtung von Unternehmen in den meisten OECD-Ländern deutlich zugenommen hat (vgl. Kapitel II: Abbildung II.14). Wenn sich der Zukauf solcher im Ausland hergestellter Teile durch Schutzzölle verteuert, schlägt sich das negativ auf den Endpreis und somit die Wettbewerbsfähigkeit des Endprodukts nieder (ganz abgesehen davon, daß solche Zölle im Intrafirmenhandel relativ leicht umgangen werden können). Dies könnte in eine wohlfahrtshemmende Protektionismusspirale münden, wie sie sich in Frankreich zu Beginn der achtziger Jahre abzeichnete. Eine von Zulieferzöllen betroffene Firma fordert im nächsten Schritt Schutz, um wenigstens auf dem heimischen Markt den Absatz trotz des höheren Produktpreises halten zu können. Der dadurch entstehende hohe Preis für ein bestimmtes Gut wirkt sich wieder negativ auf die Wettbewerbsfähigkeit anderer Sektoren aus usw. usf. Derartige Probleme einer protektionistischen Politik ergeben sich übrigens bereits bei der Produktentwicklung. Wer protektionistische Maßnahmen zum Schutz der heimischen Industrie einführt, erschwert die transnationale Kooperation von Unternehmen im Forschungs- und Entwicklungsbereich, die jedoch aufgrund der ständig wachsenden Kosten für die Entwicklung von neuen Produkten und deren kurzer Bestandsdauer unabdingbar geworden ist.

Es läßt sich somit als Folge der wirtschaftlichen Denationalisierung erstens erwarten, daß offener Protektionismus zugunsten staatlicher Subventionen bestimmter Sektoren zurückgedrängt wird. Die genannten Nachteile von Schutzmaßnahmen treten nämlich bei Handelshemmnissen viel unmittelbarer auf als bei Subventionen. Zweitens läßt sich vermuten, daß das Gesamtniveau von Protektionismus und Subventionen in der Tendenz abnimmt.

Daß die offene Protektion zugunsten von Subventionen abgenommen hat, ist ein eindeutiger Trend. Angesichts der Ergebnisse der Uruguay-Runde des GATT (siehe Kapitel VII) und der Schaffung eines Europäischen Binnenmarktes kann davon ausgegangen werden, daß sich die Attraktivität staatlicher Schutzpolitik verringert hat. Die Schutzzölle gingen im Bereich der industriellen Güter nach Abschluß der Uruguay-Runde weltweit nochmals deutlich zurück, und selbst in den bisher wenig verregelten Agrar- und Dienstleistungsbereichen kam es zur Errichtung liberalerer internationaler Regime. Nationale Regierungs- und Wirtschaftskreise fordern *offen* Protektion im allgemeinen nur noch bei Konsumgütern, d.h. Endprodukten. Am Ende der langjährigen Verhandlungen über eine weitere Liberalisierung des internationalen Handels blieben zwei Produktgruppen besonders umstritten: landwirtschaftliche Produkte und Kulturprodukte. Sowohl französischer Wein als auch Hollywood-Filme sind reine Endprodukte, deren Verteuerung sich nicht mehr negativ auf die Herstellung anderer Güter auswirkt – zumindest beim Wein ist sogar das gegenteilige Argument denkbar.

Ob das Gesamtniveau von Protektion und Subvention entsprechend der zweiten Hypothese in den letzten 10 bis 15 Jahren in der OECD-Welt tatsächlich abgenommen hat, läßt sich wegen der vielfältigen versteckten Schutzmaßnahmen nicht mit letzter Sicherheit feststellen. Der Anteil der Industriesubventionen in der OECD stieg deutlich an: Während er zwischen 1966 und 1973 durchschnittlich 1,9 Prozent des BIP betrug, erreichte dieser Wert zwischen 1985 und 1990 durchschnittlich 2,5 Prozent (Garrett 1998: 77). Ab Mitte der siebziger Jahre zeigte sich immer deutlicher, daß viele der wirtschaftlichen Probleme kaum als Ausdruck einer vorübergehenden Konjunkturkrise begriffen werden können, so daß der Staat den Strukturwandel in der Folge aktiv förderte. Dieser

Trend hielt bis heute an und verstärkte sich weiter. Durch den verschärften Wettbewerb auf dem Weltmarkt und insbesondere durch die Standortkonkurrenz konzentrierten sich staatliche Eingriffe auf eine sektoral differenzierende Industriepolitik. Es geht darum, jene Standortfaktoren zu stärken, die für neue, prosperierende Industrien (Telekommunikation, Mikroelektronik, Energietechnologie) von Interesse sind: Ausbildung der Arbeitskräfte, generelle Technologieausstattung, Innovationstätigkeit, staatliche Infrastruktur und nicht zuletzt Attraktivität des Arbeitsortes. Gefragt ist die Förderung eines Geflechts innovativer und risikobereiter Kleinunternehmen, die in vernetzter Form als Motoren des Wachstums angesehen werden (Sabel 1994; Porter 1991). Wesentliche Grundlage dieser Entwicklung bilden entsprechende staatliche Aktivitäten im Forschungs- und Bildungsbereich. Zutreffend beobachtet Hirsch (1995: 107): »Nicht mehr der Schutz ›nationaler‹ Industrien, sondern die aktive Gewährleistung der globalen Konkurrenzfähigkeit ausgewählter Sektoren, Marktliberalisierung in Verbindung mit einer auf unternehmerisches Investitionsverhalten gerichteten ›Angebotspolitik‹ steht an der Spitze einschlägiger Sachverständigenempfehlungen.«

Ein wichtiger Teil der genannten Eingriffe erfolgt allerdings nicht notwendigerweise auf der nationalstaatlichen Ebene. Technologieförderprogramme der Europäischen Union haben in verschiedenen Bereichen (Telekommunikation, Raumfahrt) hohe Bedeutung erlangt. Darüber hinaus treiben zumindest in föderalen Systemen angemessenerweise regionale Stellen manche der oben genannten Maßnahmen voran. Bei der kulturellen Attraktivität des Standortes, der Abstimmung von Beziehungen zwischen kleinen Technologieunternehmen und der technologischen Rahmenausstattung konkurrieren längst nicht nur Nationalstaaten, sondern auch Regionen innerhalb von Nationalstaaten miteinander (vgl. Peschel 1989; Claval 1991; Brock/Albert 1995: 264; Lange 1998).

Viele Wirtschaftswissenschaftler treten heute für industriepolitische Eingriffe ein, weil sie als effektiver als andere Instrumente nationalstaatlicher Wirtschaftspolitik gelten. Den theoretischen Hintergrund solcher Überlegungen offeriert meist die sog. *new growth theory*, die staatliche Leistungen zur Bereitstellung von

Grundlagen des Wachstums befürwortet, die in freien Marktprozessen nicht ausreichend hergestellt werden (Barro 1996).[5] Zusammengenommen scheint sich aber der staatliche Schutz und die Förderung bestimmter nationaler Industrien gegenüber den Weltmarktherausforderungen verringert zu haben. Diese Entwicklungen entsprechen den vermuteten Auswirkungen der wirtschaftlichen Denationalisierung und lassen auf veränderte Anreizstrukturen in diesem Bereich der Politik schließen.

(c) Das dritte Element der Effizienzkomponente nationalstaatlicher Wirtschaftspolitik, wie sie sich bis Anfang der siebziger Jahre im demokratischen Wohlfahrtsstaat vollständig ausgebildet hatte, ist die *makroökonomische Steuerung der nationalen Volkswirtschaft* mit dem Ziel, für ein gleichmäßiges Wachstum zu sorgen, um konjunkturelle und strukturelle Krisen auszugleichen. Vereinfacht gesagt stehen dem Nationalstaat zwei Instrumente dafür zur Verfügung: die Beeinflussung der Nachfrage in Form von Staatsausgaben und die Beeinflussung der Nachfrage in Form von Geldmengenpolitik. Bei beiden Instrumenten kann theoretisch davon ausgegangen werden, daß ihre Effektivität mit wachsender wirtschaftlicher Denationalisierung sinkt. Insoweit systematische Evidenz zur Verfügung steht, bestätigen sich diese theoretischen Erwartungen.

5 Ganz grob kann im Rahmen der *new growth theory* zwischen zwei Varianten unterschieden werden (vgl. Moran 1996). Gemäß einer *neomerkantilistischen Strategie* ist eine staatliche Industriepolitik erforderlich, die den Bestand nationaler Hochtechnologiezentren in allen wichtigen Sektoren sichert und aufbaut, die die Übernahme strategisch wichtiger Unternehmen durch ausländisches Kapital verhindert und die bei Forschungsprogrammen nationale Unternehmen gegenüber ausländischen Produktentwicklern bevorzugt (vgl. Porter 1991; Romer 1990). Gleichzeitig sollte die Handelspolitik harte Anti-Dumping Maßnahmen (Strafen gegen wettbewerbsverzerrende Billiganbieter) beinhalten und Sanktionen einsetzen, um die nationale Industrie vor Nachteilen auf dem Weltmarkt zu schützen. Kritiker der neomerkantilistischen Strategie empfehlen die Lektüre der ökonomischen Klassiker. David Ricardos Theorem des komparativen Kostenvorteils erfordere keineswegs, daß eine nationale Ökonomie in irgendeinem Sektor eine höhere Produktivität haben müsse als andere Volkswirtschaften. Eine Ökonomie mit geringer Produktivität könne, wenn sie nur sparsam genug sei, jederzeit Handelsüberschüsse erzielen. Dementsprechend sei auch der Terminus »Wettbewerbsfähigkeit«, wenn er auf Volkswirtschaften statt auf Unternehmen angewendet werde, schlichter Unfug (Krugman 1990; 1994). Aus diesen Überlegungen folgt eine Strategie, die auf die weitere Förderung der transnationalen Integration setzt, um die damit verbundenen Wohlfahrtsgewinne zu erzielen. Industriepolitische Programme sollten also sehr sparsam eingesetzt und als Sanktionsmaßnahmen verkleidete Protektionismen beim internationalen Handel gänzlich vermieden werden.

Die Ankurbelung der Wirtschaft durch staatliche Zusatzausgaben *(deficit spending)* galt (in Verbindung mit gewerkschaftlicher Lohnzurückhaltung) noch in den siebziger Jahren als ein Markstein moderner Wirtschaftspolitik. Inzwischen stellen aber nicht nur neoliberale und konservative Politiker deren Sinn in Frage. Denn in Folge des intensivierten Welthandels gerade im Konsumgüterbereich wandert ein hoher Prozentsatz der zusätzlichen Nachfrage in andere Volkswirtschaften ab. Insofern reduziert sich der konjunkturelle Nutzen von zusätzlichen Staatsausgaben im Zuge der Denationalisierung des Handels. Gleichzeitig steigen die Kosten einer solchen Politik. Der Bereich der Wirtschaft, der primär ins Ausland exportiert und somit von höherer Inflation (als unmittelbare Folge gestiegener Nachfrage) negativ betroffen wird, ist nämlich größer geworden. Es kommt hinzu, daß eine erhöhte Inflationsrate aufgrund der Denationalisierung der Finanzen heute zusätzliche nachteilige Auswirkungen besitzt. Steigende Inflation führt zu Zinserhöhungen. Bei hohem Zinsniveau und gestiegenen Risiken auf dem Weltmarkt aufgrund des verschärften Wettbewerbs der Anbieter tendieren Unternehmen zum einen verstärkt dazu, ihre Gewinne in Wertpapieren anzulegen, statt die teurer gewordenen produktiven Investitionen zu tätigen. Die erhoffte Wirkung des *deficit spending*, nämlich die Ankurbelung der Konjunktur, verkehrt sich damit in ihr Gegenteil. Zum anderen verliert ein Inflationsland langfristig das Vertrauen der ausländischen Anleger, so daß die Direktinvestitionen aus dem Ausland abnehmen.

Entsprechend dieser wirtschaftlichen Zusammenhänge kurbeln auch sozialdemokratische Regierungen im Kern der OECD-Welt kaum mehr die Nachfrage durch zusätzliche Staatsverschuldung an (vgl. grundlegend Scharpf 1987). In fast allen sogenannten traditionellen Linksparteien haben sich im Laufe der achtziger und neunziger Jahre Positionen und Politiker durchgesetzt, die sich vom *public spending* abgrenzen. Carlsson, Clinton, Blair und in Deutschland schon Schmidt sind nur die bekanntesten Namen in dieser Bewegung. Sicherlich kritisieren hin und wieder oppositionelle Linksparteien Kürzungen im Staatshaushalt mit Verweis auf den negativen Nachfrageeffekt. Staatliche Nachfragesteuerung als *offensive* Strategie gibt es aber faktisch nicht mehr. Im Gegenteil:

Das parteienübergreifend anerkannte Ziel scheint die Senkung der Staatsquote zu sein.[6]

So nahmen die Haushaltsdefizite in der OECD – in Prozent des BIP – durchschnittlich deutlich ab. Sie fielen von über 9 Prozent zu Anfang der achtziger Jahre auf durchschnittlich 4,5 Prozent zwischen 1991 und 1995 (Garrett 1998: Kap. 6). Insofern die Staatsverschuldung sozialdemokratischer Regierungen in der ersten Hälfte der neunziger Jahre geringfügig höher als die von neokonservativen Regierungen war, liegt das nicht an offensiven *deficit-spending*-Strategien. Vielmehr setzen neokonservative Regierungen die Sparpolitik z.T. rigider durch. Zudem schlagen die Kosten der hohen Arbeitslosigkeit bei den großzügigen institutionellen Regelungen in Skandinavien viel stärker zu Buche als in den angelsächsischen Ländern, ganz unabhängig von der jeweiligen Regierungspolitik. Dieser Interpretation entsprechend fand in den letzten zwei Jahrzehnten auch eine Konvergenz hin zu niedrigeren Inflationsraten statt. Insgesamt kann in Übereinstimmung mit der Denationalisierungshypothese die Abwesenheit von kontrazyklischen Ausgabenpolitiken und ein allgemeiner Trend zur Stabilitätspolitik festgestellt werden.

Die kontrazyklische Regulierung der Geldmenge bildete gleichfalls ein beliebtes Instrument der Wirtschaftspolitik des demokratischen Wohlfahrtsstaates. In dessen Blütephase – mit noch weitreichenden Kapitalverkehrskontrollen – galten die folgenden drei Kernsätze monetärer Steuerung: Durch niedrige Zinsen kann die Konjunktur angekurbelt, durch hohe Zinsen können Boom-Phasen kontrolliert werden, und die Wahl der Zinshöhe hängt weitgehend von nationalen Instanzen ab. Im Zuge der Denationalisierung und der wegfallenden Kapitalverkehrskontrollen ist die Bedeutung der Zinssätze für die Wirtschaft bestimmt nicht geringer geworden. Insbesondere die Denationalisierung der Finanzen läßt aber erwarten, daß die politische Beeinflußbarkeit der Zinssätze sinkt. Heute

---

6 Eine Ausnahme scheint Japan mit seinen antizyklischen Ausgabensteigerungen in der ersten Hälfte der neunziger Jahre darzustellen. Zwei Besonderheiten Japans sind hier jedoch bedeutsam: Zum einen handelt es sich um ein in vielerlei Hinsicht weniger denationalisiertes Land (vgl. Kapitel II), und zum anderen waren die Ausgabensteigerungen vor dem Hintergrund von Haushaltsüberschüssen Ende der achtziger Jahre möglich. Trotz wachsender Ausgaben überschritt das japanische Defizit nicht die Haushaltsdefizite in anderen Ländern.

gilt eine andere Logik, wie sie Barry Eichengreen und seine Kollegen (1995: 162) autoritativ formulieren: »Die Inkompabilität fester Wechselkurse, internationaler Kapitalmobilität und nationaler Geldautonomie ist ein grundsätzliches Postulat der Makroökonomie offener Volkswirtschaften« (Übersetzung M. Z.). Wenn die Zinsen in einem Land stärker gesenkt werden als anderswo, um die Konjunktur zu unterstützen, wandert das Geldkapital aus. Als Resultat davon muß die Währung abgewertet werden, was wiederum eigene ökonomische Probleme impliziert, in jedem Fall aber dem Wunsch nach festen Währungskursen widerspricht.

Für die Bundesrepublik stellt die Situation einer dauerhaften Ausrichtung der Geldmengenpolitik auf Stabilität und geringe Inflationsraten nichts neues dar. Aufgrund der politischen Unabhängigkeit der Bundesbank hatten politische Erwägungen hierzulande noch nie einen großen Einfluß auf die Zinspolitik. Anderswo war dies nicht der Fall. Die europäischen Länder, die ihre Währung in ein festes Wechselkursverhältnis mit der Leitwährung DM gebracht haben, müssen sich im Zuge der erhöhten Geldmobilität der Zinspolitik der Bundesbank anschließen. Vor diesem Hintergrund wird verständlich, daß die Kritik an der Bundesbank im europäischen Ausland gerade in den letzten Jahren lauter wurde. Als die Bundesbank aufgrund des deutschen Einigungsprozesses hohe Zinsen für die Geldwertstabilität als notwendig erachtete, blieb diesen europäischen Nachbarn nichts anderes übrig, als der konjunkturhemmenden Geldpolitik zu folgen. Eine ähnliche Tendenz wird sich im Zusammenhang mit der Europäischen Wirtschafts- und Währungsunion und der Europäischen Zentralbank mit ihren Stabilitätskriterien fortsetzen. In Übereinstimmung mit dem skizzierten Wirkungszusammenhang läßt sich beobachten, daß sich die nationalen Zinspolitiken in den letzten Jahren angeglichen haben und die Zinssätze der Leitwährungen dominierend wirken (Abbildung IV.4).

(3) *Verteilungskomponente*

Obwohl einige staatliche Tätigkeiten kaum noch die gesamtwirtschaftliche Effizienz steigern, erfordert der Wettbewerb zwischen den Standorten neue nationalstaatliche Anstrengungen. Ob diese die soziale Gerechtigkeit in einer Gesellschaft begünstigen, ist

Abbildung IV.4: Kurzfristige Zinsen in den G-7-Staaten
(ohne Japan)

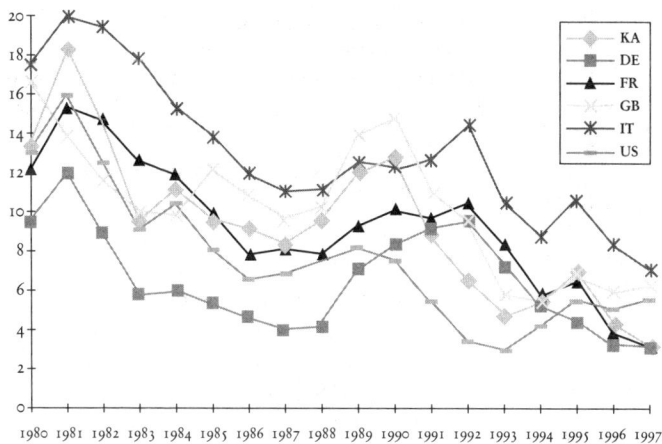

Quelle: IMF (1988; 1990; 1997)

gleichwohl eine andere Frage. Führen die veränderten Anforderungen an eine Förderung der wirtschaftlichen Effizienz also zum Abbau des Sozialstaates? Widersprechen heute tatsächlich die Prinzipien wirtschaftlicher Leistungsfähigkeit den Prinzipien der sozialen Integration? Derartige Fragen sind in gewisser Weise bereits irreführend formuliert. Sozialpolitik hat immer auch einen unbestreitbaren ökonomischen Nutzen im Sinne der Effizienzsteigerung, da sie zur Bildung und zum Erhalt von Humankapital beiträgt (Kaufmann 1997: 34-37). Gleichwohl besteht die Gefahr, daß sich die einzelnen Regierungen aufgrund des Standortwettbewerbs und der Denationalisierung der Finanzen gezwungen fühlen, die sozialen Leistungen soweit abzubauen, daß selbst der ökonomische Nutzen der Sozialpolitik verloren geht. Die Bildung und Erhaltung von Humankapital ist ein kollektives Gut, das von einzelnen Nationalstaaten im Zuge einer denationalisierten Wirtschaft unter Umständen nicht mehr erbracht werden kann. Insofern scheint auch der Sozialstaat vom Vorhandensein der Kongruenzbedingung abhängig zu sein: »Das herkömmliche Konzept des Sozialstaates setzt einen abgegrenzten Gestaltungsraum voraus, innerhalb dessen nicht nur die Kosten, sondern auch die Nutzen der Sozialpolitik sich niederschlagen.« (Kaufmann 1997: 141) Bei der Diskussion dieses Fragenkomplexes möchte ich zwischen der Sozialpolitik im engeren Sinne, also Transferzahlungen an Personen ohne Erwerbseinkommen, und Sozialpolitik im weiteren Sinne, wozu die Arbeitsmarkt- und Bildungspolitik zählen, unterscheiden.

(a) Das Kernstück der Umverteilungsmaßnahmen des demokratischen Wohlfahrtsstaates bilden Transferzahlungen an die Personen, die vorübergehend (Arbeitslosigkeit, Krankheit, Unfall) oder dauerhaft (Alter, Unfall) von der Erwerbsarbeit ausgeschlossen sind. Zu diesem Zweck wurden Sicherungssysteme eingeführt, die sich im Laufe der Zeit zu einem dichtmaschigen sozialen Netz verknüpften. Angesichts der gegenwärtig dominierenden Politik, in der das gesamte Spektrum sozialpolitischer Leistungen auf Kürzungsmöglichkeiten hin geprüft und allwöchentlich neue Sparvorschläge in die Diskussion geworfen werden, scheint der Einfluß der wirtschaftlichen Denationalisierung auf die Sozialpolitik evident zu sein. Eine systematische Analyse der realen Entwicklung in den OECD-Ländern zeigt allerdings, daß sich die Vorstellung von einem großen sozialpolitischen Rückschlag in der OECD-Welt als unmittelbares Resultat eines in den siebziger Jahren einsetzenden Denationalisierungsschubs nicht ohne weiteres bestätigt. Entgegen der einfachen These von einem OECD-weiten systematischen Abbau des Wohlfahrtsstaates läßt sich zeigen, daß die Sozialstaatsquoten, d.h. der Anteil der Sozialleistungen am Bruttoinlandsprodukt, keinesfalls deutlich sinken. Im Durchschnitt wuchsen sie gegenüber den frühen siebziger Jahren zunächst weiter und blieben in der zweiten Hälfte der achtziger Jahre relativ konstant (Bowles/Wagman 1997: Tabelle 3). Renommierte Sozialpolitikexperten sprechen daher von einer »überraschenden Kontinuität und Stabilität« (Pierson 1996: 159) oder von einem »eingefrorenen Wohlfahrtsstaat« (Esping-Anderson 1994: 2). Der verschärfte Standortwettbewerb führt nicht unmittelbar zu Kürzungen bei den Sozialleistungen. Dieser Befund ist um so bemerkenswerter, als die Denationalisierungsherausforderung – wie eingangs dieses Kapitels erwähnt – nur eine unter mehreren Herausforderungen des

Wohlfahrtsstaates darstellt. Der demokratische Wohlfahrtsstaat setzt all diesen Herausforderungen und Veränderungen wie jede historisch gewachsene Institution eine Vielzahl von Beharrungskräften entgegen: »Versorgungsklassen« (Rentner, Arbeitslose und Auszubildende) und »Versorgungsindustrie« (Berufstätige im sozialen Bereich) bilden zusammengenommen ein Wählerpotential mit einem vergleichsweise homogenen Interesse, das in einem demokratischen System nicht einfach beiseite geschoben werden kann. Da Sozialpolitik nicht zuletzt aufgrund der positiven Lernerfahrungen mit dem Wohlfahrtsstaat in allen OECD-Ländern auch jenseits dieser Gruppen nach wie vor Zustimmung findet, rufen deutliche Eingriffe in das Sozialsystem hohe politische Kosten für die Regierung hervor. Jede infolge des Widerstands gegen Sozialstaatskürzungen ausbleibende Änderung erweist sich zudem als eine Entscheidung für den *status quo*, d. h. für den Wohlfahrtsstaat. Ein substantielles Rückgängigmachen wohlfahrtsstaatlicher Errungenschaften, das sich in einer signifikanten Verkleinerung der Sozialstaatsquote niederschlägt, erfordert spezifische politische Rahmenbedingungen, die in demokratischen politischen Systemen eher selten anzutreffen sind (Pierson 1994; 1996).

Hinzu kommt, daß wirtschaftliche Denationalisierung und erhöhter Wettbewerbsdruck die Forderungen nach nationalstaatlichen Maßnahmen, welche die unerwünschten Rückwirkungen des Wettbewerbs auffangen, in der Tendenz sogar verstärken, denn der Bedarf an marktkorrigierenden Maßnahmen ist in der Krise am größten. Angesichts der hohen Institutionalisierung des Wohlfahrtsstaats einerseits und wachsender Forderungen nach wohlfahrtsstaatlichen Maßnahmen andererseits kann es also kaum überraschen, daß die wirtschaftliche Denationalisierung und andere Herausforderungen des Wohlfahrtsstaats nicht zur Senkung der Sozialstaatsquote geführt haben. In ihrer schlichten Form läßt sich die These von der Zerstörung des Wohlfahrtsstaates durch die Globalisierung also nicht halten.

Es ist darüber hinaus auch nicht richtig, daß sich das Niveau sozialstaatlicher Ausgaben OECD-weit parallel zum Denationalisierungsschub angeglichen hat (vgl. Armingeon 1993, 1996). Geoffrey Garrett (1998: 1) geht noch weiter: Er eröffnet sein materialreiches Buch über die Wirtschafts- und Sozialpolitik in der globalen Ökonomie mit einer verblüffenden These: »Ich behaupte, daß der Zusammenhang zwischen der politischen Macht der Linken und einer Wirtschaftspolitik, die vom Markt hervorgerufene Ungleichheiten abbaut, durch die Globalisierung nicht geschwächt, sondern tatsächlich in wichtigen Punkten gestärkt wurde« (Übersetzung M. Z.). Wachsende Differenzen zwischen sozialdemokratischen und neokonservativen Regierungen zeigen sich laut Garrett in den neunziger Jahren insbesondere im Bereich der Staatsausgaben und der Staatsverschuldung. Auch die Sozialstaatsquote nahm bei typisch sozialdemokratischen Ländern wie Österreich und Norwegen weiter leicht zu, während sie in anderen Ländern leicht gesunken ist.[7] Derartige Beobachtungen zeigen zunächst, daß historische Ausgangsbedingungen die gegenwärtige Sozialpolitik nachdrücklich beeinflussen: Jahrzehntelange unterschiedliche Traditionen der sozialen Integration werden nicht einfach »abgeschafft«, wenn Veränderungen gefordert werden. Sie können stattfinden, ohne daß sich die nationalen Unterschiede sichtbar verringern. Es wird wiederum deutlich, daß die Denationalisierung eine differenzierte Erscheinung ist, die weder uniform und universell auftritt noch uniform und universell wirkt.

Die angeführten Befunde dürfen aber nicht zur vollständigen Entwarnung führen. Im Gefolge der Denationalisierung der Produktion und dem daraus sich ergebenden Standortwettbewerb besteht unbestreitbar ein Druck zur Senkung der Lohnnebenkosten und der Steuerabgaben für Unternehmen. Bei genauerer Betrachtung lassen sich auch eine Reihe von Anzeichen dafür finden, daß dieser Druck nicht völlig folgenlos bleibt. Richtig ist nämlich nur, daß die Sozialstaatsquote nicht signifikant sinkt. Die Tatsache aber, daß sie seit Mitte der achtziger Jahre im Durchschnitt minimal zurückgeht, stellt nach über 30 Jahren permanenten und schnellen Wachstums schon ein Ereignis an sich dar, möglicherweise sogar eine Trendwende. Wenn man weiterhin bedenkt, daß angesichts der hohen Arbeitslosigkeit die Anforderungen an die sozialstaatlichen Maßnahmen deutlich angestiegen sein dürften, erscheint die Konstanz der Sozialstaatsquote in einem anderen Licht. Und in der Tat:

7 Es handelt sich dabei jedoch keinesfalls um dramatische Veränderungen: Selbst in Großbritannien ist diese Quote während der Thatcher-Ära in den achtziger Jahren nur von 21,3 auf 20,8 Prozent gesunken (Bowles/Wagman 1997: Tabelle 3).

»Bei vielen Sozialmaßnahmen wurde der Kreis der Anspruchsberechtigten eingeschränkt oder es wurden die Leistungen gekürzt« schreibt selbst Paul Pierson (1996: 174), der ein preisgekröntes Buch über die Kontinuität des Wohlfahrtsstaates geschrieben hat. Ein Beispiel: In der Bundesrepublik wurden die Leistungen für die steigende Zahl der Erwerbslosen gekürzt. Arbeitslosengeldbezieher ohne Kinder bekommen mittlerweile statt 67 nur noch 60 Prozent ihres letzten Nettoeinkommens, der entsprechende Satz bei der Arbeitslosenhilfe wurde von 58 auf 53 Prozent gekürzt. Wer selbst kündigt, bekommt heute drei Monate gar keine Unterstützung.

Das Beispiel weist darauf hin, daß von der Kontinuität der Sozialstaatsquote nicht alle gleichermaßen profitieren. Der relativ konstanten Sozialstaatsquote stehen im OECD-Durchschnitt deutlich und kontinuierlich wachsende Ausgaben für Gesundheit und Alterssicherung gegenüber (vgl. Bowles/Wagman 1997: Tabelle 6). Die inflationsbereinigten Pro-Kopf-Zahlungen an Rentnerinnen und Rentner nahmen in den achtziger Jahren OECD-weit inflationsbereinigt um 0,5 Prozent jährlich zu. Auch die Zahlungen zur Familienförderung stiegen substantiell – immerhin um inflationsbereinigt 0,9 Prozent jährlich in den achtziger Jahren.

Wer sind die Verlierer? Jürgen Neyer und Martin Seeleib-Kaiser (1995: 35) zeigen in einer sehr erhellenden Studie, daß zum einen der Anteil der Arbeitslosen, der Unterstützung aus Arbeitslosenversicherungen erhält, in den großen Industrieländern in den letzten zwei Jahrzehnten drastisch sank: In der Bundesrepublik von 66 Prozent 1975 auf 42 Prozent 1990 (nur Arbeitslosengeld), in Japan in demselben Zeitraum von 79 auf 36 Prozent und in den USA von 76 auf 37 Prozent. Ferner nahmen die inflationsbereinigten Ausgaben pro Arbeitslosen in den achtziger Jahren OECDweit um 1,8 Prozent jährlich ab. Vergleichende Studien verweisen zudem auf einen Trend in den letzten Jahren hin zum Bismarckschen Versicherungsmodell als der konservativen Variante des Wohlfahrtsstaates und auf eine Abkehr von der Beveridge-Variante des Wohlfahrtsstaates, die auf staatlich garantierten Minimalleistungen beruht (vgl. Rhodes 1995).

Das Traurige an dieser Entwicklung ist, daß gerade der bedürftigste Personenkreis von den sozialstaatlichen Einschnitten am stärksten betroffen ist. Der finanzielle Druck, unter dem die nationalstaatlichen Umverteilungssysteme stehen, findet offenbar zynischerweise genau an dieser Stelle ein Ventil. Das Einsparungspotential, das der fette Staat der siebziger Jahre im Bereich der Rüstung und der Unternehmenssubventionen fraglos besaß, scheint langsam aufgebraucht. Die Ausgaben für Bildung und Wissenschaft lassen sich aufgrund der ohnehin maroden Verhältnisse in Schulen und Hochschulen schwerlich weiter reduzieren, zumal es sich dabei zum Großteil um rechtlich verbindliche Personalausgaben handelt. Der größte Ausgabenblock, die Gesundheits- und die Rentenpolitik, ist hingegen politisch-institutionell am besten gegen Kürzungen geschützt. Eine einschneidende Änderung in diesem Bereich, in dem wohl das höchste Einsparungspotential vorliegt, mag zwar sachlich naheliegen, erweist sich aber aufgrund der zahlreichen institutionalisierten Interessen und Blockaden politisch als enorm schwierig. Es bleiben die Schwachen: Sozialhilfeempfänger und Arbeitslose.

Als Resultat nehmen Armut und soziale Exklusion in der OECD-Welt zu. Als idealtypisch kann hier die Entwicklung in den USA angesehen werden. Noch Ende der fünfziger Jahre lag das Gesamteinkommen von 18,5 Prozent der Haushalte unter der Armutsgrenze (50 Prozent des Durchschnittseinkommens). Diese Zahl fiel kontinuierlich bis zur Mitte der siebziger Jahre, mit dem Tiefstand von 9,1 Prozent 1978. Seitdem wächst der Anteil der armen Haushalte jedoch wieder kontinuierlich an, 1991 betrug er 11,5 Prozent. In der Bundesrepublik war diese Armutskennziffer 1973 sogar auf ein historisches Tief von 5,5 Prozent gefallen und erreichte 1993 bereits wieder 11,5 Prozent, wobei die Stärke des Anstiegs auch einigungsbedingt ist. Im Prinzip ähnliche Entwicklungsmuster lassen sich für die Mehrzahl der OECD-Länder beobachten.

Derartige Befunde dürfen allerdings nicht dramatisiert werden. Zum einen handelt es sich um relative Armut. Die Bemessungsgrenze wächst mit den Durchschnittseinkommen und beträgt inzwischen in der Bundesrepublik ungefähr 15 000 DM jährlich. Zum anderen geht der neuerliche Anstieg der Armut mit einer gesellschaftlichen Umdefinition der sozialen Bedeutung von Armut einher. Die Bremer Armutsstudie beispielsweise hat gezeigt, daß

Armut nicht in jedem Fall gleich Elend ist. In einem modernen Wohlfahrtsstaat werden Phasen der Armut und der Abhängigkeit von Sozialhilfe als Übergangsfinanzierung in bestimmten Lebensphasen durchaus rational einkalkuliert. Die Autoren stellen fest: »Wir leben nicht in einer ›Zweidrittelgesellschaft‹, sondern in einer ›70-20-10 Gesellschaft‹, die aus 70 Prozent Nie-Armen, 20 Prozent gelegentlich Armen und 10 Prozent häufiger Armen besteht. Nur 1,3 Prozent der Bevölkerung war im Untersuchungszeitraum durchgängig arm« (Leibfried et al. 1995: 306). Trotzdem bleibt als Befund: Der Wohlfahrtsstaat zeigt zwar eine hohe Widerstandsfähigkeit, die Armut nimmt in der OECD-Welt aber wieder zu.

(b) Welches Bild ergibt sich mit Blick auf die *Sozialpolitik im weiteren Sinne,* wozu insbesondere die Bildungs- und die Arbeitsmarktpolitik zählt? Nach wie vor ist die Wahrscheinlichkeit, arbeitslos zu werden, für einen Nicht-Akademiker weit höher als für einen Akademiker. Während die Zahl der industriellen Arbeitsplätze im Kern der OECD-Welt immer mehr abnimmt, steigt der Anteil von Arbeitsplätzen in der Dienstleistungsbranche. Der Anteil des Dienstleistungssektors am Bruttosozialprodukt wuchs in allen OECD-Ländern in den letzten 20 Jahren zwischen 5 und 15 Prozent und überschritt in den USA bereits die 70-Prozent-Marke. Während IBM noch 1990 nur 15 Prozent ihres Umsatzes durch Dienst- und Serviceleistungen erwirtschaftete, stieg deren Anteil in nur fünf Jahren auf 66 Prozent.[8] Experten rechnen damit, daß auch in der Bundesrepublik im Jahre 2010 lediglich 15 Prozent der Arbeitnehmer in der industriellen Produktion tätig sein werden.[9]

Auf die Beschäftigungspolitik hat dies zwei Auswirkungen. Zum einen setzen manche Länder das Mittel der niedrigen Mindestlöhne ein, um dadurch neue Arbeitsmöglichkeiten in den lokal gebundenen Dienstleistungsbereichen zu schaffen – die berühmten McDonalds-Jobs. Diejenigen Arbeitnehmer, die über keine höhere Ausbildung verfügen und keinen Arbeitsplatz in der industriellen Produktion mehr bekommen, können dadurch ins Arbeitsleben zurückfinden. Dort, wo geringe Mindestlöhne möglich und die Ta-

8 Mündlicher Beitrag von Hans-Werner Richter, Geschäftsführer IBM Deutschland, auf der Expertenkonferenz »Tarifverträge in Zeiten der Globalisierung« der Herbert Quandt-Stiftung, 26./27. 9. 1996, Gästehaus »La Redoute« und Gästehaus Petersberg, Bonn.
9 Mündlicher Beitrag von Burkhard Lutz, ebenda.

rifvereinbarungen nicht flächendeckend sind, klaffte die Einkommensschere zwischen dem ärmsten und reichsten Fünftel der Bevölkerung in den letzten 15 Jahren deutlich auseinander, am offensichtlichsten in den USA. In den Ländern mit unverändert hohen Mindestlöhnen oder anspruchsvollen Flächentarifverträgen wie in Frankreich oder der Bundesrepublik erhöhte sich hingegen die Zahl der Arbeitslosen bei leicht verringerter Einkommensungleichheit deutlich.

Zum anderen trat die ehemals vielgelobte Arbeitsmarktpolitik – also Weiterbildungs- und Umschulungsmaßnahmen – in den Hintergrund, obwohl sie eigentlich aufgrund der anspruchsvollen und gut bezahlten Dienstleistungstätigkeiten in Sektoren wie Handel, Versicherungen, Banken und Softwareproduktion erforderlich ist. Der Grund für diese paradoxe Entwicklung liegt im wesentlichen in den vielzitierten leeren Kassen bzw. in den enormen Anforderungen, die der Sozialstaat heute zu bewältigen hat. In Deutschland und in den USA z. B. stiegen die Ausgaben für aktive Arbeitsmarktpolitik gemessen in Prozent des Bruttoinlandsprodukts kontinuierlich an: in der BRD von 0,31 Prozent 1970 auf 1,02 Prozent 1990, in den USA von 0,18 auf 0,25 Prozent im selben Zeitraum. Der entsprechende Anteil pro Arbeitslosem – also die Mittel, die für die einzelne Person zur Verfügung stehen – ging aber drastisch zurück: In Deutschland betrug der Betrag 1990 weniger als ein Drittel des Wertes von 1970 (Neyer/Seeleib-Kaiser 1995: 36).

Freilich wäre es angesichts der gestiegenen Anforderungen an die Qualitäten einer Arbeitskraft überhaupt effizienter, verstärkt in die Erstausbildung zu investieren. Moderne Wettbewerbstheoretiker betonen immer wieder die Bedeutung, die die Ausbildung der Arbeitnehmer im Wettbewerb der Hochlohnstandorte einnimmt und einnehmen wird. Insbesondere in staatlich finanzierten Bildungssystemen handelt man aber strikt entgegen dieser Maxime. Die Bildungsausgaben sanken seit Beginn der achtziger Jahre in fast allen OECD-Ländern deutlich. Während die Kürzungen in den angelsächsischen Ländern gering blieben, fielen sie in der Bundesrepublik deutlich aus: von 5,7 Prozent des BIP zu Beginn der achtziger Jahre auf 4,4 Prozent am Ende der achtziger Jahre (Bowles/Wagman 1997: Tabelle 4; OECD 1996c).

Zusammenfassend kann gesagt werden, daß der seit Mitte der siebziger Jahre zu beobachtende wirtschaftliche Denationalisierungsschub nicht unmittelbar und in direkter Übersetzung zum Abbau nationalstaatlicher Umverteilungsmaßnahmen geführt hat. Auch die These von der Transformation vom Wohlfahrts- zum Wettbewerbsstaat ist nur teilweise zutreffend: Zwar ersetzt man offenen Protektionismus z.T. durch eine nationale Industriepolitik, insgesamt verliert aber die nationale Politik zum Schutz bzw. zur Förderung von einzelnen Sektoren eher an Bedeutung. Komplett gegen die These vom Wettbewerbsstaat spricht, daß die Ausgaben für Renten und Gesundheit wachsen, während sie für die so wettbewerbsrelevante Bildungs- und Forschungspolitik fallen. Verglichen mit der Blütezeit des Wohlfahrtsstaates lassen sich dennoch substantielle Defizite des nationalstaatlichen Regierens im Bereich der Sozialpolitik ausmachen. Die neuen Herausforderungen für die soziale Integration, die mit der Massenarbeitslosigkeit und intensivierten Weltmarktintegration entstehen, finden keine angemessene nationalstaatliche Antwort. Während die politisch-institutionell geschützten Sektoren der Sozialpolitik dem Denationalisierungsdruck erfolgreich widerstehen, wird gerade in den Bereichen gekürzt, in denen Innovation am wichtigsten wäre. Angemessener als das Bild des zusammenbrechenden Wohlfahrtsstaates, der zum liberalen Nachtwächterstaat degeneriert, oder das Bild vom lieblichen Wohlfahrtsstaat, der sich zum bestialischen Wettbewerbsstaat wandelt, aber auch angemessener als das Bild vom Tanker Wohlfahrtsstaat, den das laue Lüftchen der Globalisierung zu keinem Kurswechsel zwingt, erscheint mir das Bild vom angeschlagenen und hilflosen Koloß: Zwar weit davon entfernt, sich dem Effizienzdruck des flinken Weltmarktes zu beugen, bewegt er sich doch so schwerfällig, daß er den kleinen Stichen offensichtlich machtlos gegenüber steht. Obwohl die Stiche nicht unmittelbar das Überleben gefährden, sind sie doch sehr schmerzhaft und machen die neuerliche große Transformation – um auf die Ausgangsproblematik zurückzukommen – unsozialer und mithin politisch gefährlicher, als dies notwendig und wünschenswert wäre.

Daß Regieren jenseits des Nationalstaates die soziale Wohlfahrt begünstigen kann, indem es die Defizite des nationalstaatlichen Regierens zumindest teilweise behebt und somit die Kosten der

Transformation lindert, soll in den folgenden Kapiteln gezeigt werden. Eine Wirtschafts- und Sozialpolitik ist jedoch überhaupt nur dann potentiell internationalisierbar, wenn sie sich *nicht* auf einen relativen Positionsgewinn gegenüber den Wettbewerbskonkurrenten ausrichtet, sondern die integrierten Wirtschaftsräume als Ganzes zu beeinflussen sucht. Manch wichtige Maßnahme wie beispielsweise die Bereitstellung adäquater Bildungs- und Forschungseinrichtungen oder auch eine gezielte Förderung bestimmter Sektoren bleiben somit vornehmlich Aufgabe einer nationalstaatlichen Politik, die die soziale Wohlfahrt zum Ziel hat. Die nationalen Handlungsspielräume auf diesen Gebieten nehmen im Zuge der wirtschaftlichen Denationalisierung nicht nur nicht ab, sie werden möglicherweise durch sie erst geschaffen. Viele OECD-Ländern nutzen die neuen Handlungsspielräume allerdings höchst unzureichend. Es dominiert ein Kürzungsklima statt eines Gestaltungsklimas. In der Bundesrepublik beispielsweise ist der Unterhalt der alten Personen zu fast 100 Prozent kollektiviert, derjenige der nachwachsenden Generation aber gerade mal zu 25 Prozent. Statt derartige, anreizwidrige Verzerrungen mit Elan umzugestalten, dominiert der Grabenkrieg. Auf der einen Seite stehen die Verkrustungen eines hochinstitutionalisierten Wohlfahrtsstaates, der die Bewegungslosigkeit honoriert, und auf der anderen Seite das ritualisierte Kürzungsgebet – am Ende schließlich die Blokkade, das Herumdoktern an institutionellen Strukturen, die nicht mehr zeitgerecht sind. Es geht auf nationaler Ebene heute darum, Sozialpolitik als Förderung der individuellen Kompetenzen und Entfaltungsmöglichkeiten zu verstehen und zu gestalten. Die Zeiten für eine Sozialpolitik als eine hinsichtlich ihrer Komfortabilität klassenspezifische »Absturzsicherung« sind vorbei. Grundeinkommen für jedermann plus lebenslange Förderung von Kompetenzen statt Daueranrecht auf einen einmal erreichten *status quo* stellt die Formel für den Wohlfahrtsstaat der Zukunft dar.

Weitere Defizite, die sich im Vergleich mit der Blütezeit des Wohlfahrtsstaates heute zeigen, lassen sich freilich nur dann beheben, wenn die wirtschaftlichen und die politischen Räume wieder zur Deckung gebracht werden. Die Besteuerung von Einkommensstarken, die Wiedergewinnung einer volkswirtschaftlichen Steuerungsfähigkeit, die Sicherung von Eigentumsrechten in transnationalen Räumen und eine Sozialpolitik, die die Bedürftigsten in den Mittelpunkt rückt, erweisen sich als zentrale Bestandteile eines solchen Projekts. In diesen Feldern gilt es, nationalstaatliche Politik durch internationale oder transnationale Regelungen zu ergänzen.

4. Denationalisierung und Standort D

Was besagen diese Überlegungen für die bundesrepublikanische Variante des Wohlfahrtsstaates? Ist der Standort D angesichts der wirtschaftlichen Denationalisierung wegen einer zu teuren Sozialpolitik gefährdet? Obgleich der Begriff Globalisierung inzwischen überall zu einer Allzweckwaffe in den Auseinandersetzungen in Politik und Wissenschaft mutierte, erscheint die Debatte in der Bundesrepublik besonders intensiv und festgefahren zugleich. Eine Entkrampfung dieser Diskussion setzt eine Differenzierung von drei verschiedenen Fragen voraus:

– Verändert die wirtschaftliche Denationalisierung die Spielräume für Sozialpolitik auf der nationalen Ebene?

– Läuft der Standort D Gefahr, zweitklassig zu werden?

– Kann der Standort D durch die Senkung von Lohn- und Lohnnebenkosten und einen Abbau des Wohlfahrtsstaates gerettet werden?

Nicht selten wird in öffentlichen Diskussion der Eindruck erweckt, daß diese drei Fragen entweder dreimal mit »ja« oder dreimal mit »nein« beantwortet werden müssen. Eine solche Lagermentalität ist Ausdruck unterkomplexen Denkens. Man kann, wie in diesem Kapitel geschehen, sehr wohl einen Einfluß der Denationalisierung auf die nationale Wirtschafts- und Sozialpolitik konstatieren, ohne deshalb die beiden anderen Fragen bejahen zu müssen. Man kann auch Probleme für den Standort D feststellen, ohne in der Kürzung der Sozialausgaben die Lösung zu sehen.

Wie steht es um den Wirtschaftsstandort Deutschland? Zur Erinnerung: Die wirtschaftliche Denationalisierung hat sowohl den Wettbewerb für die Unternehmen auf dem Weltmarkt als auch den Standortwettbewerb zwischen Ländern verschärft.[10] Die

---

10 Daß diese beiden Aspekte getrennt diskutiert werden müssen, läßt sich an einem einfachen Modell deutlich machen. Nehmen wir an, ein multinationales Autoun-

Wettbewerbsfähigkeit deutscher Unternehmen kann angesichts wachsender Gewinnmargen und zahlreicher Erfolgsmeldungen vieler Firmen kaum in Frage stehen. Sicherlich verloren deutsche Unternehmen in einigen Hochtechnologiebranchen an Boden, der verschärfte Wettbewerb auf dem Weltmarkt hat den deutschen Unternehmen insgesamt aber offensichtlich nicht geschadet. 1995 investierten deutsche Firmen 50 Mrd. DM (soviel wie nie zuvor) im Ausland, meist um ihre Position auf dem Weltmarkt zu sichern oder zu stärken. Und auch die Mutterfabriken sind erfolgreich: Der Exportweltmeister Deutschland legte selbst in dieser Disziplin noch zu und baute den Vorsprung gegenüber seinen Konkurrenten aus. Pro Kopf exportierten die Westdeutschen 1995 Waren im Wert von 7 885 US-Dollar gegenüber einem Pro-Kopf-Warenexport von 2 315 US-Dollar in Japan (Senghaas 1996b: 1296). Aus der Perspektive der Wettbewerbsfähigkeit deutscher Unternehmen erscheinen die Aufgeregtheiten in der gegenwärtigen wirtschaftspolitischen Debatte also kaum verständlich.

Aber was heißt »deutsche« Unternehmen in einer denationalisierten Wirtschaft, in der die Grenzen zwischen Innen und Außen so porös geworden sind? In einer Zeit, in der die große Wirtschaftsunternehmen *global players* geworden sind, gilt die alte Formel »Was gut für Siemens ist, ist gut für Deutschland« nicht mehr. Deshalb ist es heute möglich, daß mit einer möglicherweise verbesserten Wettbewerbsfähigkeit sogenannter deutscher Unternehmen große Probleme für den Standort Deutschland einhergehen. So sind ausländische Investitionen in deutsche Produktions- und Dienstleistungsstätten selten. Die Lücke zwischen aus- und eingeführtem Investitionskapital stieg 1995 auf die Rekordhöhe von 37 Mrd. DM.[11] Deutschland fiel als Standort im Urteil des *World Competitiveness Report* in den letzten Jahren von ehemals Platz 2 (1990) über Platz 5 auf Platz 7 zurück. Und Deutschland kämpft seit Mitte

ternehmen mit Sitz in Deutschland besäße ein vollständiges Monopol und wäre nach wie vor an der Maximierung seiner Gewinne interessiert. Obwohl in diesem Fall der Wettbewerb zwischen den Anbietern von Autos ausgesetzt wäre, stünde Deutschland mit anderen Anbietern von Standorten in einem möglicherweise besonders harten Wettbewerb um die Investitionen des Unternehmens.

11 Selbst dieser Tatbestand kann teilweise auf die Stärke der deutschen Unternehmen zurückgeführt werden. Während deutsche Unternehmen im Ausland viele Firmen zu übernehmen in der Lage sind, gelingt das ausländischen Unternehmen in Deutschland weniger (vgl. Wortmann/Dörrenbacher 1997).

der siebziger Jahre mit dem über 20 Jahre gesehen kontinuierlichsten und steilsten Anstieg der Arbeitslosigkeit in der OECD-Welt, während in den USA und in Großbritannien die Arbeitslosigkeit zurückgeht. Zusätzlich zu den allgemeinen Problemen der wirtschaftlichen Denationalisierung muß es also noch ein spezifisch deutsches Problem geben. Fazit: Während die Wettbewerbsfähigkeit von transnationalen Unternehmen, die unter deutscher Flagge operieren, in der Tendenz sogar zunahm, ist es um den Wirtschaftsstandort Deutschland eher schlecht bestellt.

Ist an dieser Entwicklung der deutsche Wohlfahrtsstaat schuld? Bietet die Senkung der Sozialstaatsquote eine Lösung? Meines Erachtens ist das spezifisch deutsche Problem zum einen ein unabänderliches und zugleich vorübergehendes – wir zahlen derzeit in mancherlei Hinsicht die Rechnung für die glücklichen ersten vier Jahrzehnte der Republik inklusive der deutschen Vereinigung. Zum anderen zeigen sich in Deutschland die negativen Folgen eines Mangels an aktiver Wohlfahrtspolitik.

Zu den gegebenen und gleichsam unabänderlichen Bedingungen gehört die deutsche Vereinigung, welche die Lohnnebenkosten und Steuerbelastung erhöht hat. Nach 1973 und 1979 stürzte die gesamte Weltwirtschaft in eine vorübergehende Krise, weil ein signifikanter Einkommenstransfer in die erdölproduzierenden Länder eingespielte Gleichgewichte zerstört hatte. Damals betrug der Einkommenstransfer aber nur 2 Prozent des Bruttosozialprodukts (BSP), während diese Ziffer im Falle des innerdeutschen Transfers auf ca. 5 Prozent veranschlagt werden muß.[12] Die Salden sowohl der Rentenversicherung als auch der Bundesanstalt für Arbeit sind beispielsweise in den letzten fünf Jahren durchweg positiv gewesen, wenn man nur die alten Bundesländer betrachtet. Die Defizite in diesen Versicherungssystemen resultieren ausschließlich aus negativen Salden in den neuen Bundesländern (Fleck/Hoffmann 1996: 17).

Hinzu kommt der erhebliche Nachholbedarf an Auslandsinvestitionen vieler bundesdeutscher Unternehmen. Die deutsche Wirtschaft glaubte länger als die der anderen Länder, den Welt-

---

12 Richard Layard auf der Expertenkonferenz »Die Entwicklung von Arbeitsmärkten in Zeiten der Globalisierung« der Herbert Quandt Stiftung, 10/11. 4. 1997, Gästehaus Petersberg, Bonn.

markt von bundesdeutschen Produktionsstandorten aus beliefern zu können. Als Folge davon besitzt die Bundesrepublik bis heute einen höheren Anteil an in der industriellen Produktion beschäftigten Arbeitnehmern als viele andere OECD-Länder. Im Zeitalter der *just-in-time*-Produktionsverfahren hingegen gehören Fertigungsstätten in den großen Märkten zu den unabdingbaren Voraussetzungen. In den Worten eines Vorstandsmitglieds von BMW: »Viele der neuen Märkte können wir nicht über die gewohnten Exportwege bedienen. Die Zeiten des reinen Exports sind vorbei.«[13] Am Beispiel der Automobilindustrie zeigt sich der Nachholbedarf deutscher Unternehmen. Während General Motors und Ford schon seit langem florierende Tochterunternehmen in der Bundesrepublik besitzen und japanische Autohersteller in den achtziger Jahren enorme Investitionen in England tätigten, bauten die deutschen Hersteller in den achtziger Jahren ihre wenigen Produktionsstätten in den USA vorübergehend weiter ab. Die heutigen Defizite bei den Direktinvestitionen in Deutschland erweisen sich insofern teilweise als Kompensation für frühere Überschüsse. Verstärkt wird dies durch den europäischen Binnenmarkt, der außereuropäischen Investoren den Zugang zum bundesrepublikanischen Markt garantiert, auch wenn sie sich an anderen, derzeit besonders attraktiven Standorten wie England niederlassen. Auch dabei handelt es sich jedoch eher um vorübergehende Entwicklungen, die die Überkonzentration des Industriestandortes Deutschland abbauen. Zumindest phasenweise schadete zusätzlich eine überbewertete DM dem Produktionsstandort Deutschland.

Die genannten Gründe für die Standortproblematik in der Bundesrepublik sind eigentlich nicht besorgniserregend. Sie verweisen auf konjunkturelle und tendenziell vorübergehende Entwicklungen, die unglücklicherweise zeitlich zusammenfallen und unvermeidbare Nebenwirkungen von gewünschten Entwicklungen darstellen. Die Lohnnebenkosten, die als investitionshemmender Faktor und Arbeitsplatzkiller die gegenwärtige Diskussion dominieren, relativieren sich in ihrer Bedeutung ganz erheblich, stellt man sie in diesen breiteren Kontext. Die spezifischen Schwierigkeiten des Standortes Deutschland lassen sich sicherlich nicht sinnvol-

13 Dr. Helmut Panke, ebenda.

lerweise dadurch bewältigen, daß aus dem Hoch- ein Niedriglohn-land gemacht wird.

Viel besorgniserregender als die deutsche wirtschaftliche Leistungsfähigkeit ist der Zustand des deutschen Wohlfahrtsstaates. Wie kaum in einem anderen in der OECD-Welt dominiert hier ein Kürzungs- statt eines Gestaltungsklimas, richtet sich die Politik auf *status quo* statt Zukunftssicherung und geben die Interessen der Versorgungsklassen und -industrie den Ausschlag, nicht diejenigen der Bedürftigen. Insofern erweist sich nicht der Wohlfahrtsstaat schlechthin als Nachteil für den Standort Deutschland, sondern vielmehr dessen deutsche Version, dessen institutionelle Ausrichtung und Inflexibilität. Ein sachgerechter Umbau tut not. Elemente davon werde ich in Kapitel XII diskutieren. Hier muß der Hinweis auf vier Bereiche einer solchen Umgestaltung genügen, die in Beziehung zur wirtschaftlichen Denationalisierung stehen:

– Wenn mobile Faktoren nur noch schwer zu besteuern sind, sollte das Steuersystem zugunsten von immobilen Bemessungsgrundlagen unter Berücksichtigung sozialer und ökologischer Gesichtspunkte wie beispielsweise in Dänemark umgebaut werden.

– Wenn das Kapital heute gegenüber der organisierten Arbeit einen strukturellen Vorteil besitzt, sollten die abhängig Beschäftigten in Form von Kapitalbeteiligungen von diesem Vorteil profitieren können.

– Wenn der arbeitende Arme wie staatlich finanzierte Arbeitslosigkeit vermieden werden sollen, sollten schlecht bezahlte Jobs zwar ermöglicht, gleichzeitig aber durch staatliche Zusatzzahlungen (Kombi-Einkommen) sozial verträglich gemacht werden.

– Wenn gut bezahlte Arbeit nur noch für Menschen mit sehr guter Ausbildung bereitsteht, sollte die Ausbildung in der Spitze und in der Breite gefördert werden.

Diese Überlegungen sind sehr allgemeiner Natur. Ihr Ziel besteht darin, Bereiche zu bestimmen, in denen nationalstaatliche Maßnahmen die soziale Wohlfahrt fördern können, in denen Blockaden bei der Fortentwicklung des Wohlfahrtsstaates, nicht aber dieser selbst das spezifisch deutsche Problem sind. Das bloße Festhalten am wohlfahrtsstaatlichen *status quo* und die Leugnung der Denationalisierungsherausforderungen helfen hier genauso wenig weiter wie das gebetmühlenhafte Beklagen von zu hohen Lohnne-

benkosten. Genauso wie die veränderte nationalstaatliche Fähigkeit, Sicherheit als Ziel des Regierens zu erreichen, die politische
Landschaft verändert (vgl. Kapitel III), erfordert auch die Bereitstellung sozialer Wohlfahrt neue Denkmuster und neue politische
Koalitionen. Jenseits von Links und Rechts (Giddens 1997) mag
hierbei als erste Wegorientierung dienen, die jedoch sicherlich noch
der Präzisierung bedarf.

Teil B

Die zwiespältige Rolle internationaler
Institutionen
Die Gegenwart des Regierens

V. Regieren jenseits des Nationalstaates –
Konzeptionelle Vorüberlegungen

Der Nationalstaat kann in vielen Bereichen nicht mehr so effektiv regieren wie noch vor 20 Jahren, als der demokratische Wohlfahrtsstaat in Blüte stand. Das birgt große Gefahren, beinhaltet aber auch neue Chancen. Oran Young hat mit Recht darauf hingewiesen, daß ein starkes politisch-administratives System kein Sakrileg zu sein braucht: »Einfach eine Regierung oder eine Ansammlung von Regierungsorganisationen zu errichten, bietet, wie wir aus schmerzlicher Erfahrung gelernt haben, keine Garantie dafür, daß die Funktionen des Regierens effektiv, effizient und gerecht erfüllt werden« (Young 1994: 14; Übersetzung M. Z.). So lassen sich manche der Ziele des Regierens heute wegen der gesellschaftlichen Denationalisierung besser erreichen. Sie kann als ein wesentlicher Grund dafür gelten, daß die beiden größten politischen Plagen des langen 19. Jahrhunderts in der westlichen Welt heute ausgerottet scheinen: Zwischenstaatliche Kriege und die unmenschlichen Freiheitsbeschneidungen durch autoritäre oder gar totalitäre Staaten sind in der OECD-Welt recht unwahrscheinlich geworden. Denationalisierung ist also kein Schreckgespenst. Gleichwohl fällt es heute dem demokratischen Wohlfahrtsstaat schwerer, in die Wirtschaftsprozesse einzugreifen oder eine wirksame, »absturzsichernde« Sozialpolitik zu betreiben. Er hat zudem Schwierigkeiten, für Sicherheit in einer Weltrisikogesellschaft zu sorgen. Die Auswirkungen der gesellschaftlichen Denationalisierung sind äußerst ambivalent – so lassen sich die Ergebnisse des ersten Teiles zusammenfassen.

Das Bild verkompliziert sich zusätzlich, zieht man in Betracht, daß die Nationalstaaten auf die unmittelbaren Auswirkungen der gesellschaftlichen Denationalisierung ihrerseits reagieren. Sie sehen sich zwar in entscheidenden Bereichen alleine weder in der Lage, den ökologischen Risiken zu begegnen, noch eine aktive Wirtschaftspolitik zu betreiben. Staaten arbeiten jedoch *de facto* zusammen, um diese Probleme besser lösen zu können. Insofern muß jede Beurteilung der Folgen gesellschaftlicher Denationalisierung neben den skizzierten unmittelbaren Auswirkungen auf die einzelstaatlichen Gestaltungsspielräume die internationale Zusammenarbeit und deren Rückwirkungen auf die nationale Politik in den Blick nehmen.

In diesem Teil des Buches geht es daher um zweierlei: Einmal soll gezeigt werden, daß Regieren jenseits des Nationalstaates theoretisch denkbar ist und praktisch bereits in einem Maße stattfindet, das in unserer nationalstaatsfixierten Denkwelt meist nicht erkannt wird. Zum anderen soll eine zweite Bestandsaufnahme des gegenwärtigen Regierens, diesmal unter Berücksichtigung der Rolle internationaler Institutionen, erfolgen. Sofern man diese angemessen berücksichtigt, fällt die Bewertung, ob das Regieren in Sachen Sicherheit und sozialer Wohlfahrt seine Ziele erreicht, merklich freundlicher aus. Demokratische Legitimation und Identitätsbildung leiden jedoch unter dieser Entwicklung. Es scheint sich also eine Zwickmühle aufzutun: In einer denationalisierten Welt lassen sich gegenwärtig die materiellen Ziele des Regierens nur noch auf Kosten der prozessualen Ziele annäherungsweise erreichen.

1. Formen des Regierens

Gemäß einem weitverbreiteten traditionellen Politik- und Staatsverständnis ist das Regieren die exklusive Aufgabe des *Leviathan*. Ihn sieht man häufig als einziges Mittel, um ein produktives Zusammenwirken von egoistischen Gesellschaftsmitgliedern, ob in Form von Individuen oder Interessengruppen, zu ermöglichen. In dieser Sichtweise ist der Staat – verstanden als das politisch-administrative System und vertreten durch die Regierung – die einzige Quelle des Regierens und mithin der Fokus des politischen Handelns. Der Staat regiert im Innern, indem er Gesetze erläßt, die den Umgang der Mitglieder einer Gesellschaft regeln. Der Staat regiert nach außen, indem er die Nationalinteressen entweder durch die Aushandlung von Kompromissen oder durch unvermittelte Macht- und Gewaltanwendung vertritt (vgl. Kapitel I.1).

Zwar gesteht auch diese traditionelle Perspektive zu, daß es zahlreiche Beziehungsmuster zwischen Individuen oder Gruppen gibt, die konfliktfrei sind oder die durch die freie Konkurrenz

(Markt) zu den gewünschten Ergebnissen führen. Von einem klug geführten Staat wird erwartet, daß solche Beziehungen von politisch-administrativen Einmischungen ausgenommen sind, nicht zuletzt auch um ein Übermaß an Verrechtlichung und Bürokratisierung eines Gemeinwesens zu verhindern. In all den Bereichen aber, in denen ohne eine Regelung die freie Interaktion der Gesellschaftsmitglieder unerwünschte Ergebnisse bewirkt, muß der Staat dem traditionellen Verständnis zufolge die konflikthaften Beziehungen zwischen den involvierten Teilen einer Gesellschaft regeln, und er sorgt (in letzter Instanz dank seines Gewaltmonopols) im Streitfalle auch für die Durchsetzung dieser Regeln und der mit ihnen verbundenen Wertezuteilung. Da die Regelung sozialen Handelns ohne ein Gewaltmonopol gemeinhin als zum Scheitern verurteilt gilt, setzt in dieser Sichtweise Regieren immer den hierarchischen Staat und die entsprechende Unterordnung in der Gesellschaft voraus.

Die politikwissenschaftliche Literatur hob aber die Grenzen dieser Perspektive im Laufe der Zeit immer deutlicher hervor (vgl. Mayntz/Scharpf 1995b: 9). Auch die Selbstorganisation gesellschaftlicher Akteure durch die Ausbildung sozialer Normen und Regeln ist nämlich eine denkbare Form des Regierens (grundlegend: Lindblom 1980). In der Tat lassen sich insbesondere in Gesellschaften mit einer extrem hohen funktionalen Differenzierung zahlreiche Formen der gesellschaftlichen Regelung ohne den Staat, bewußt am Staat vorbei oder auch mit dem Staat und selbst innerhalb des Staates *in nicht-hierarchischer Form* beobachten. Dabei handelt es sich durchweg um substantielle Abweichungen vom traditionellen Ideal.

– Volker Ronge (1979) hat in einer Reihe von Publikationen – von denen eine den bezeichnenden Titel *Am Staat vorbei* (1980) trägt – gezeigt, daß gesellschaftliche Akteure in der Bundesrepublik Deutschland ohne staatliche Eingriffe sogenannte *Quasi-Politik* betreiben. So entschlossen sich beispielsweise die deutschen Banken zu einer Erhöhung ihrer Pflichtrücklagen, um einen staatlichen Eingriff zur Sicherung der Spareinlagen nach dem Zusammenbruch der Herstatt-Bank, der dann vielleicht noch höhere Pflichtrücklagen zur Folge gehabt hätte, zu verhindern. Gesellschaftliche Akteure ließen sich auf eine Form des horizontalen Regierens ein, ohne daß der Staat diese Regelung hätte hierarchisch vorschreiben und durchsetzen müssen.

– Mit der *Tarifautonomie* hat der Staat einen Raum geschaffen, damit die relevanten gesellschaftlichen Akteure, also in diesem Fall die Gewerkschaften und die Arbeitgeber, gemeinsam und ohne staatliche Einmischung ihre Beziehungen und Konflikte regeln. Es handelt sich hierbei um ein staatlich geschütztes Gehäuse der gesellschaftlichen Selbststeuerung.

– Der Begriff *Neo-Korporatismus* beschreibt eine Form der dauerhaften Zusammenarbeit von Arbeitgeberverbänden, Gewerkschaften und Staat, bei der sich zur Erreichung bestimmter volkswirtschaftlicher Ziele (z. B. geringe Arbeitslosigkeit, produktivitätsorientierte Lohnsteigerungen und Erhalt der internationalen Wettbewerbsfähigkeit) alle genannten Akteure auf bestimmte Verhaltensweisen bei der Verteilung des Volkseinkommens verpflichten, sofern auch die anderen kooperieren (vgl. Schmitter/Lehmbruch 1979; Streeck/Schmitter 1985). Hier partizipiert also der Staat freiwillig an einem Arrangement, in dem er ein Teilnehmer unter anderen ist. Er verzichtet darauf, einseitig gesetzgeberisch oder verwaltend tätig zu werden.

– In verschiedenen Politikbereichen wie beispielsweise der Bildungspolitik kooperieren einzelne Bundesländer, also Teileelemente des politisch-administrativen Systems, miteinander, ohne daß der übergeordnete Zentralstaat diese Kooperation anbahnt oder gar erzwingt (Stichwort: *kooperativer Föderalismus*).

Allen genannten Beispielen ist gemeinsam, daß individuelle oder kollektive soziale Akteure ohne die Unterstützung einer übergeordneten Zentralinstanz Mechanismen der politischen Steuerung durch institutionalisierte Formen der Kooperation begründet haben. Politik gehört nicht nur zur Domäne eines hierarchisch organisierten Staates. Institutionelle Arrangements, die auf freiwilliger rationaler Einsicht in deren Nutzen für das Kollektiv beruhen, scheinen in entwickelten Industriegesellschaften an Bedeutung zu gewinnen. Das Gemeinwohl kann also auch befördert werden ohne kollektiven Zwang. Es erfordert nur Regelungen mit kollektiver Bindewirkung, ganz gleich woher diese rühren.

Zahlreiche Formen der politischen Regelung in Abwesenheit einer übergeordneten staatlichen Zentralinstanz gibt es auch in den internationalen Beziehungen. Maurice Strong, der Generalsekretär der UNCED, beschreibt diesen Sachverhalt: Internationale Institutionen bieten nach seinen Worten

»unverzichtbare Strukturen und Foren, von denen internationale Kooperation abhängt. Sie sind die neueste, am wenigsten verstandene, am wenigsten wahrgenommene und am wenigsten unterstützte Ebene (…) des Regierens – und sie sind am weitesten entfernt von den Leuten, denen sie dienen. Sie stellen nicht die Vorboten einer Weltregierung dar, sondern die grundlegende Struktur eines Weltsystems des Regierens, das unbedingt erforderlich ist für ein effektives Funktionieren unserer globalen Gesellschaft« (zit. nach Keohane et al. 1993: 5; Übersetzung M.Z.).

Ausschlaggebend bei internationalen Institutionen ist, daß Staaten und andere internationale Akteure ihr eigenes Verhalten regeln, ohne auf den Beistand einer übergeordneten Zentralinstanz – die ein Weltstaat sein müßte – hoffen zu können. Staaten können in den internationalen Beziehungen also durchaus auch Gegenstand von Regelungen sein. In den Rüstungskontrollvereinbarungen zwischen den Supermächten beispielsweise bildeten die Staaten gleichzeitig die problemverursachenden Akteure (Rüstung) und die problemregelnden Akteure (Rüstungskontrolle). Daraus läßt sich nur die begriffliche Konsequenz ziehen, daß ganz allgemein zwischen einer »*regelnden Instanz*« und einem »*zu regelnden sozialen Handlungszusammenhang*« zu unterscheiden ist. Staatliche und nichtstaatliche Akteure können dann je nach Fall sowohl die regelnde Instanz als auch den zu regelnden sozialen Zusammenhang konstituieren.

Mit Blick auf die Rolle, die eine hierarchisch übergeordnete Organisation als regelnde Instanz spielt, können drei *Grundformen des Regierens* unterschieden werden:

1. *governance by government*: In diesem Fall wird die Regelung von einer übergeordneten Zentralinstanz hierarchisch festgelegt und umgesetzt. Es handelt sich mithin um hierarchisches Regieren. Diese bestimmt bis heute das politische Denken, auch und gerade im demokratischen Wohlfahrtsstaat. Die territorial definierte Nationalgesellschaft ist in der Demokratie zwar bei der Willens- und Entscheidungsfindung beteiligt, und die Handlungsfreiheit unterliegt substantiellen normativen und institutionellen Beschränkungen, das Regieren soll aber durchaus entsprechend der Gesetzge-

bungsperspektive durch eine hierarchische Organisation erbracht werden.

2. *governance with government:* In diesem Fall sind zwar Instanzen mit hierarchischen Befugnissen an der Regelung beteiligt, sie setzen die Regelung aber nicht *per Dekret* durch. Vielmehr entwickeln sie in Abstimmung und Kooperation mit anderen sozialen Akteuren Normen und Regeln, an die sich dann alle Beteiligten zu halten haben. Es kann in diesem Zusammenhang von kooperativem Regieren gesprochen werden. Der einzelne Staat ist in diesen Verhandlungs- und Entscheidungsnetzwerken bestenfalls *primus inter pares.* Der zu regelnde Handlungszusammenhang kann die nationale Gesellschaft sein – wie bei neo-korporatistischen Arrangements –, er kann sich aber auch jenseits der Grenzen des Nationalstaates erstrecken – wie bei internationalen Institutionen.[1]

3. *governance without government:* In diesem Fall gelingt es den zu regelnden sozialen Handlungszusammenhängen in einem Akt der Selbstorganisation ohne Rückgriff auf übergeordnete Zentralinstanzen und ohne Beteiligungen von Regierungen Verhaltensregelungen zu befolgen, um wünschenswerte Ergebnisse zu fördern. Die Quasi-Politik der Banken auf der nationalen Ebene, aber auch transnationale Vereinbarungen ohne staatliche Absicherung sind Beispiele dieser Form des Regierens, bei der die regelnde Instanz und der zu regelnde Handlungszusammenhang identisch sind.

Eine entscheidende Rolle für das jeweilige Mischungsverhältnis der unterschiedlichen Formen des Regierens spielt zweifelsohne die Reichweite der sozialen Handlungszusammenhänge (vgl. Kapitel I.2). Solange die politischen Grenzen des Staates über die sozialen Handlungszusammenhänge hinausreichten – wie im absolutistischen Territorialstaat –, konnte das hierarchische Regieren Wirkung zeigen. Problematisch war lediglich die Regelung der Beziehungen zwischen den Staaten. *Governance by government*

---

1 In der Literatur wird auch vom »verhandelnden« oder »kooperativen Staat« gesprochen. Vgl. den von Streeck (1995b) herausgegebenen Band als Überblick über die aktuelle Forschung zu »Staat und Verbände«. Die bekannte, von Rosenau/ Czempiel (1992) für alle nicht-hierarchischen Regelungen entwickelte und verwendete Formel *governance without government,* ist nicht deckungsgleich mit meinem Gebrauch des Begriffs. Die Kategorie *governance without government* wird hier dem Wortsinn nach auf solche Fälle beschränkt, in denen Staaten bzw. deren Regierungen nicht Teil der regelnden Instanz sind.

überwog eindeutig. Als die sozialen Handlungszusammenhänge mit Beginn des 20. Jahrhunderts aber die politischen Grenzen erreichten und sich zunehmend Interdependenzen zwischen Nationalgesellschaften ergaben, folgte daraus der Zwang, das hierarchische Regieren des Nationalstaates durch kooperatives Regieren in internationalen Institutionen zu ergänzen. *Governance by government* wurde insbesondere nach dem Zweiten Weltkrieg durch *governance with government* abgestützt. In dem Maße, in dem sich heute tatsächlich grenzüberschreitende soziale Räume ausbilden, sollten sich hingegen Formen des Regierens jenseits des Nationalstaates entwickeln, in denen hierarchisches Regieren innerhalb der Nationalstaaten nur noch eine abstützende, ergänzende Rolle spielt. *Governance by government* ordnet sich dann im Extremfall *governance with and without government* unter.

2. Internationale Institutionen

Die zentrale Form, in der Regieren sich jenseits des Nationalstaates manifestiert, bilden *internationale Institutionen*. Institutionen begründen dauerhafte und verfestigte Verhaltensmuster einer angebbaren Menge von Akteuren in sich wiederholenden Situationen. Diese Verhaltensmuster beruhen auf Normen und Regeln, die das Handlungsrepertoire bestimmen, da sie entweder etwas verbieten, ermöglichen oder verlangen. Darüber hinaus definieren und prägen die Normen und Regeln die Verhaltensrollen, die den Aktivitäten eine Bedeutung geben, sowie die Erwartungshaltungen der Akteure. Damit lenken sie letztlich die Beziehungen zwischen den Akteuren in den sich wiederholenden Situationen und bestimmen die Wertezuteilungen mit.[2] *Politische Institutionen*, also Mechanismen des Regierens, liegen dann vor, wenn anhand kollektiv bindender Normen und Regeln bewußt und gewollt Ziele verfolgt werden, die das Gemeinwohl der beteiligten Akteure fördern sollen (Kohler-Koch 1993). In diesem Sinne schaffen internationale Institutionen »Sphären der Autorität«, wobei die Akteure, die die geschaffenen Normen und Regeln befolgen, nicht notwendiger-

2 Vgl. Keohane (1989: Kap. 1) und Zürn (1992b: Kap. 3) für ausführlichere Begründungen dieser Definition von Institutionen.

weise einem geschlossenen Raum zugehören müssen (Rosenau 1997: 39). Im Gegensatz zum Nationalstaat sind internationale Institutionen Mechanismen des Regierens, die nicht notwendigerweise territorial gebunden sind.

Es gibt verschiedene Arten solcher internationaler Institutionen. Ein *internationales Regime* basiert auf einer Menge von Prinzipien, Normen und Regeln sowie dazugehörigen Entscheidungsprozeduren und Programmen, die zwischenstaatlich vereinbart ist (*governance with government*)[3] und die das Verhalten der beteiligten Akteure dauerhaft regelt sowie die gegenseitigen Verhaltenserwartungen in Übereinstimmung bringt.[4] Das internationale Handelsregime, das sich um das *General Agreement on Tariffs and Trade (GATT)* herum entwickelt hat, gilt als typisches Beispiel. Wenn die Normen und Regeln[5] von nichtstaatlichen transnationalen Akteuren ohne Regierungsbeteiligung vereinbart und umgesetzt werden (*governance without government*), wie beispielsweise im Falle der Dopingregelungen des Internationalen Olympischen Komitees,[6] handelt es sich um *transnationale Regime*. Die Definition von Regimen, seien sie inter- oder transnational, läßt sich durch das Vorhandensein von expliziten prozeduralen und substantiellen Regeln, die unabhängig von den Akteuren niedergelegt sind, und durch ein Verhalten der beteiligten Akteure, das im großen und ganzen regelkonform ist, operationalisieren. Ein Beispiel: Als 1929 dem Börsenkrach eine einschneidende Weltwirtschaftskrise folgte, reagierten alle wichtigen Industrienationen in derselben Weise: Sie erhöhten ihre Zölle und werteten ihre Währungen in dem Glauben

3 Allerdings spielen nichtstaatliche Organisationen in vielen internationalen Regimen eine gewichtige, in nicht wenigen sogar eine quasi-formalisierte Rolle. Beispielsweise wären Umsetzung und Überwachung der Einhaltung der Regeln beim internationalen Menschenrechtsregime (das auf zwischenstaatlichen Vereinbarungen beruht) ohne Amnesty International und andere transnationale Menschenrechtsgruppen undenkbar.
4 Vgl. Krasner (1983), auf den die Standarddefinition von internationalen Regimen zurückgeht. Vgl. Levy et al. (1995) und Hasenclever et al. (1997: Kap. 2) für Modifikationen und ausführlichere Diskussionen.
5 Ich werde »Normen und Regeln« hin und wieder als Kurzform für »Prinzipen, Normen und Regeln sowie dazugehörige Entscheidungsprozeduren und Programme« verwenden.
6 Vgl. Rittberger (1996) für eine Analyse des Internationalen Olympischen Komitees. Vgl. auch Haufler (1993) und Ronit/Schneider (1996) für die Analyse transnationaler Regime.

ab, dadurch ein größeres Stück des kleiner gewordenen Weltwirt-
schaftskuchen zu bekommen. Da dies alle taten, blieben die Anteile
am Kuchen relativ gesehen gleich. Der Kuchen aber wurde kleiner
und kleiner. Demgegenüber kam es während der Weltwirtschaftskrise in der zweiten Hälfte der siebziger Jahre zu keiner oder
wenigstens keiner vergleichbaren Deflations- und Protektionismusspirale. Ein wesentlicher Grund hierfür lag darin, daß unter
amerikanischer Führung nach 1945 ein internationales Regime für
den Welthandel errichtet worden war. Auf der Grundlage des *Prinzips*, wonach der Freihandel das Gesamtwohl steigere, entfalteten
die Beteiligten die grundlegenden *Normen*, wonach die Zölle zu
senken, die nichttarifären Handelshemmnisse zu verringern bzw.
zu beseitigen seien und die Meistbegünstigungsklausel zu gelten
habe. Im GATT schließlich sind die spezifischen *Regeln und Entscheidungsprozeduren* des Regimes festgelegt, die beispielsweise
die Einberufung regelmäßiger Verhandlungsrunden – wie zuletzt
die sogenannte Uruguay-Runde – vorsehen.

Regime gelten für ein spezifisches Gebiet, dessen Grenzen durch
die Wahrnehmung der Entscheidungsträger entstehen und in den
meisten Fällen sich nicht auf gesamte Sachbereiche wie Wirtschaft,
Umwelt, Gewalt, Mobilität sowie Kultur und Kommunikation erstrecken. M. a. W.: Im grenzüberschreitenden Sachbereich Wirtschaft ist mehr als ein Regime in Geltung. Damit unterscheiden sich
internationale Regime von den *konstitutiven Prinzipien der internationalen Staatengesellschaft* wie der Souveränität oder der Re-
ziprozität, die eine problemfeld- und sachbereichsübergreifende
Gültigkeit haben (vgl. Hurrell 1993). *Konstitutive Prinzipien der
transnational gedachten Weltgesellschaft*, die allgemeine Anerkennung erfahren, lassen sich bisher kaum angeben. Sich langsam
herausbildende Kandidaten hierfür sind jedoch die Anerkennung
der individuellen Autonomie sowie der kulturellen Differenz und
Toleranz.

Im Gegensatz zu Regimen und zu konstitutiven Prinzipien
beinhalten *internationale oder transnationale Netzwerke* vor allem
prozedurale Normen und/oder kognitive Gemeinsamkeiten, während sie keine dauerhaften substantiellen Verhaltensvorschriften
enthalten oder entwickeln können. In internationalen oder transnationalen Netzwerken treffen sich Akteure regelmäßig und ent-

wickeln je nach Bedarf koordinierte Aktionen für spezifische Felder, ohne die Verhaltensweisen der Beteiligten über einen längeren Zeitraum festzulegen.[7] Die *Treffen der G-7-Regierungschefs* sind ein Beispiel für ein internationales Netzwerk, bei dem zwar regelmäßige Treffen sowie Verfahrensregeln bestehen und ein regularisierter Informations- und Meinungsaustausch vorgesehen ist, das aber nur in Ausnahmefällen zu substantiellen Verhaltensvorschriften gelangt. Ein Beispiel für ein transnationales Netzwerk bilden die sogenannten Wissensgemeinschaften im Umweltbereich (vgl. Adler/Haas 1992) oder transgouvernementale Netzwerke etwa in den transatlantischen Sicherheitsbeziehungen (vgl. Risse-Kappen 1995c).

Worin unterscheiden sich schließlich internationale oder transnationale Netzwerke bzw. Regime von internationalen oder transnationalen Organisationen? Zunächst: Sowohl Regime als auch Organisationen sind »Institutionen« in dem Sinn, daß sie stabile Verhaltensmuster aufgrund von Rollenzuschreibungen und Vorschriften einschließen. Die Weltbank stellt ebenso eine Institution dar wie das Konditionalitätsprinzip bei der Vergabe von Krediten durch den Internationalen Währungsfonds. Der Begriff »Institution« bezeichnet also sowohl formale Organisationen (bzw. Körperschaften) als auch normgestützte stabile Verhaltensmuster. Während aber formale Organisationen korporative Akteure sein können, also zielgerichtet zu handeln in der Lage sind, besitzen die normgeleiteten, stabilisierten Verhaltensmuster, wie an den innenpolitischen Beispielen oder am internationalen GATT-Regime aufgezeigt, keine Akteursqualität. Es ist jedoch sinnvoll, den Begriff Institution als Oberbegriff für Organisationen wie für Regime und Entscheidungsnetzwerke zu verwenden, da in der Praxis beide häufig eng miteinander verknüpft sind. Zum einen verständigen sich Staaten häufig über die Errichtung eines internationalen Regimes im Verlauf von durch internationale Organisationen einberufenen Konferenzen. So standen die Treffen in Bretton Woods 1947, auf denen die Grundlagen für die Nachkriegsweltwirtschaftsordnung gelegt wurden und auf die sowohl das GATT-Regime als auch

---

7 Die Unterscheidung ähnelt der von Mayntz (1996) zwischen Netzwerken für das Management von *ad-hoc*-Problemen und Institutionen für die dauerhafte Regelung von wiederkehrenden Problemen.

das Weltwährungsregime zurückging, unter der Obhut der bereits 1945 in San Francisco gegründeten Vereinten Nationen. Häufig entwickeln auch die Sekretariate internationaler Organisationen mit Unterstützung von Gleichgesinnten in nationalen Regierungen selbständig Aktivitäten, die zu internationalen Regimen führen. So kann beispielsweise die Rolle der UNEP (United Nations Environmental Program) beim Zustandekommen des Regimes zur Sauberhaltung bzw. Reinigung des Mittelmeers kaum überschätzt werden. In diesem Sinne können internationale Organisationen an der Entstehung von internationalen Regimen beteiligt sein. Sind internationale Regime einmal errichtet, so werden Entscheidungsprozeduren häufig wiederum auf spezialisiertere Organisationen übertragen. Die Aufgaben der IAEA (International Atomic Energy Agency) für das Regime zur Verhinderung der Weitergabe von Nuklearwaffen gestalten sich vielfältig. Sie stellt allen Teilnehmern wichtige Informationen zur Verfügung, sie kontrolliert die Regeleinhaltung und schlägt schließlich auch Regelmodifikationen vor. die der Erreichung des Regimeziels dienen können. Ganz ähnliche Zusammenhänge wie zwischen internationalen Organisationen und internationalen Regimen lassen sich auf der transnationalen Ebene beobachten.[8]

Zusammengenommen ergeben sich also mindestens acht Typen von internationalen Institutionen, die in ihrer territorialen Reichweite sowohl regional als auch global sein können. Die Summe der Regelungen all dieser Institutionen machen Regieren jenseits des Nationalstaates bzw. *global governance* aus. Das Zusammenspiel verschiedener Formen des Regierens jenseits von, in und unterhalb von Nationalstaaten kann zudem zur Entwicklung neuartiger politischer Systeme wie beispielsweise im Falle der Europäischen Union führen, wenn die vielfältigen Formen des Regierens sich auf ein bestimmtes Territorium beziehen (vgl. Jachtenfuchs/Kohler-Koch 1996b).

---

8 In der formalisierten Sprache der Vereinten Nationen spricht man von »transnationalen Nichtregierungsorganisationen« (TNGO's) im Gegensatz zu »internationalen Regierungsorganisationen« (IGO's). TNGO's sind u.a. alle Berufsorganisationen (wie die International Political Science Association) und auch alle profitorientierten transnationalen Konzerne.

Tabelle V.1.: Typen von Internationalen Institutionen[9]

	Konstitutive Prinzipien	Regime	Netzwerke	Organisationen
International	Souveränität	Ozon-Regime	G-7 Treffen	Vereinte Nationen
Transnational	Kulturelle Toleranz	Doping-Regime	Klima-Wissensgemeinschaft	Greenpeace

Die entscheidende Frage ist, ob internationale Institutionen die Ziele des Regierens jenseits des Nationalstaates erreichen. Häufig wird aus skeptischer Perspektive argumentiert, daß internationale Institutionen zwar einige wenige Leistungen erbringen könnten, jedoch ungeeignet seien, alle wesentlichen Ziele des Regierens zu verwirklichen. In der Tat scheinen die Vorstellungen von sich selbst organisierenden und solidarischen transnationalen Zivilgemeinschaften in der gegenwärtigen Situation nur sehr bedingt realistisch zu sein. *Governance without government* findet sich zwar vereinzelt *in nuce*, dürfte aber bei der Realisierung der vier Ziele des Regierens gegenwärtig nur eine untergeordnete Rolle spielen. Die folgenden Kapitel, in denen das Potential und die Realität des Regierens jenseits des Nationalstaates bestimmt werden, konzentrieren sich daher auf *governance with government*, also auf internationale Prinzipien, Regime, Netzwerke und Organisationen. *Governance without government* kommt wieder ins Spiel, wenn es um die Chancen und Grenzen des Projekts komplexes Weltregieren geht.

9 Ich verwende nicht nur Institution als Oberbegriff für Regime, Entscheidungsnetzwerke, konstitutive Prinzipien und Organisationen, sondern – der Einfachheit wegen – auch *internationale* Institution als Oberbegriff für internationale (zwischenstaatliche) und transnationale (staatsfreie) Typen von Institutionen. Man kann sicher über Sinn und Unsinn der Verwendung von transnational und international trefflich streiten. Jedenfalls ist die Unterscheidung als solche wichtig, und die hier gebrauchte Begriffsverwendung hat sich im politikwissenschaftlichen Teilgebiet der Internationalen Beziehungen eingebürgert. Die umgekehrte Verwendung, die sich beispielsweise bei Kaufmann (1997) und Vogel (1997) findet, würde jedenfalls dazu führen, daß man von IBM als internationalem Konzern und dem Zweiten Weltkrieg als transnationalem Krieg sprechen müßte.

VI. Positives Regieren jenseits des Nationalstaates
Das Beispiel der internationalen Umweltregime

Die Analyse internationaler Institutionen sah sich schon immer einem grundlegenden Einwand ausgesetzt. Vertreter der sogenannten Realistischen Theorie internationaler Politik, die internationale Machtverteilung als ausschlaggebend betrachten, vertraten lange Zeit die Position, daß es dauerhafte, institutionalisierte Formen der Zusammenarbeit von Staaten in einem anarchischen System, in dem jeder Staat sein eigenes Überleben gewährleisten muß, gar nicht geben kann.[1] Diese Debatte ist entschieden. Daß auch die internationalen Beziehungen zu einem gewissen Grad institutionalisiert sind, wird heute kaum noch bestritten. Eine modifizierte Form der Realistischen Theorie, die Theorie der hegemonialen Stabilität, macht jedoch Zustandekommen und Stabilität internationaler Institutionen vom Vorhandensein einer Hegemonialmacht abhängig, die ein funktionales Äquivalent zur hierarchisch übergeordneten Instanz darstellt. Nur eine deutlich überlegene Macht könne es sich leisten, die Kosten für die Bereitstellung von kollektiven Gütern durch internationale Institutionen aufzubringen, und verfüge gleichzeitig über die Mittel, um die Regeleinhaltung durchzusetzen. In dem Maße aber, wie die relative Machtüberlegenheit des Hegemons abnehme, verliere er auch das Interesse und die Fähigkeit, internationale Institutionen aufrechtzuerhalten (Krasner 1976).

Gemäß der Theorie der hegemonialen Stabilität ermöglichte die wirtschaftliche und militärische Stärke der USA eine stabile Weltwirtschaftsordnung und somit das langanhaltende Wachstum in der OECD-Welt nach dem Zweiten Weltkrieg. Pfeiler dieser Ordnung waren die Institutionalisierung des Freihandels für industrielle Güter durch das GATT-Regime, die Einführung fester Wech-

---

[1] Vgl. das bahnbrechende Buch von Waltz (1979) für eine grundlegende Darstellung der neorealistischen Theorie internationaler Politik und Grieco (1990) für eine einflußreiche Anwendung des Neorealismus bei der Analyse internationaler Institutionen.

selkurse auf der Grundlage des Dollar als Reservewährung und die Kontrolle des Kapitalverkehrs durch den Internationalen Währungsfonds (Bretton-Woods-Regime). Allerdings zeigte sich, daß einmal errichtete Regime eine größere Dauerhaftigkeit und Robustheit besitzen, als von der Theorie der hegemonialen Stabilität prognostiziert. Die internationalen Wirtschaftsregime bestanden auch nach dem Hegemonieverlust der USA zum größten Teil weiter (Keohane 1984), und es kam während der Weltwirtschaftskrise zu Beginn der achtziger Jahre nicht zu der befürchteten Protektionismus- und Deflationsspirale. So erlebte beispielsweise das GATT-Regime in den siebziger Jahren zwar einige wichtige Modifikationen und auch Erschütterungen, in seinen Kernbestandteilen blieb es aber unangetastet. Gleichzeitig ließ sich aus der Sicht der Theorie der hegemonialen Stabilität kaum erklären, weshalb es vor allem im Laufe der siebziger Jahre zu internationalen Regimen zwischen Ost und West kam, in einem Beziehungsverhältnis also, das schwerlich als hegemonial bezeichnet werden konnte (vgl. Rittberger/Zürn 1990).

Obgleich die internationale Machtverteilung für die Analyse internationaler Institutionen – wie das nächste Kapitel zeigt – ein wichtiger Aspekt bleibt, ist für das Nachdenken über das Regieren jenseits des Nationalstaates zunächst ein anderer »realistischer« Einwand von größerer Bedeutung. Er besagt, daß internationale Institutionen nur ganz bestimmte Ziele erreichen können. Zwar gelingt es internationalen Institutionen, marktschaffend tätig zu sein und mithin den freien, grenzüberschreitenden Austausch zu ermöglichen, marktkorrigierende Eingriffe lassen sich aber nur im Rahmen eines Nationalstaates von einer übergeordneten Zentralinstanz vollziehen. Wolfgang Streeck (1995a: 60) ist ein bekannter und pointierter Vertreter dieser Position. »Marktverändernde und marktkorrigierende politische Intervention«, schreibt er, »kann nur innerhalb des Nationalstaates stattfinden. (...) Wirtschaftliche Globalisierung untergräbt daher die Bedingungen für eine solche Intervention und läßt nur entpolitisierte, privatisierte und marktgesteuerte Formen der Wirtschaftsordnung zu.« Für den diagnostizierten Mißstand macht er die Unvereinbarkeit von wirtschaftlichen und politisch-hierarchischen Räumen verantwortlich: »In einem integrierten internationalen Markt, der durch fragmentierte

Souveränität regiert wird, können mobile Produktionsfaktoren aus territorialen Regimen auswandern, in denen ihnen hohe Kosten oder umfangreiche regulatorische Beschränkungen auferlegt werden (...) und wirtschaftliche Intervention [beschränkt] sich zunehmend darauf, Investoren zum Bleiben oder Kommen zu bewegen« (Streeck 1997: 320-321). Internationale Institutionen eignen sich »für die Erweiterung von Märkten durch negative Integration« (ebd.: 316). Während negative internationale Institutionen, die nationale Eingriffe in den Wirtschaftsprozeß unterbinden, den internationalen Marktmechanismen entgegenkommen, scheitern positive internationale Institutionen sowohl daran, daß nationale Regelungen nicht ausreichend sind, als auch daran, daß der Wettbewerb zwischen den Staaten die Form eines Wettlaufs um die geringsten Beschränkungen annimmt.

Es gibt in der Tat gute Gründe, das Übergewicht der negativen gegenüber den positiven internationalen Regelungen zu bedauern. Auf der internationalen Ebene hat die Marktschaffung Vorrang vor der politischen Kontrolle der Marktergebnisse. Es besteht mithin die Gefahr, demokratisch legitimierte Elemente des Wohlfahrtsstaates durch die wirtschaftliche und soziale Integration zurückzudrängen, wodurch ein »Markt ohne Staat« (Joerges 1991) entsteht. Das gilt für den Prozeß der Europäischen Integration seit der Einheitlichen Europäischen Akte ebenso wie für die Integration im Rahmen der OECD-Welt spätestens mit Abschluß der Uruguay-Runde des GATT-Regimes. Offen bleibt jedoch die Frage, ob es sich dabei um ein unüberwindbares Strukturdefizit handelt, das zu einem unaufhaltsamen Abbau der politischen Kontrolle des Marktes führt (vgl. neben Streeck auch Narr/Schubert 1994; Hirsch 1995), oder ob diese Entwicklung eher Ausdruck einer *ungleichzeitigen* Denationalisierung ist, bei der die wirtschaftliche Denationalisierung wenigstens im Prinzip durch denationalisierte Formen des Regierens aufgefangen werden kann (vgl. Zürn 1992a; Joerges 1996).

Wenn positive Regelungen jenseits des Nationalstaates tatsächlich undenkbar sind, dann erweist sich das Projekt komplexes Weltregieren als eine schlechte Utopie. Vor diesem Hintergrund möchte ich anhand der Analyse von drei internationalen Regimen aus dem Sachbereich Umwelt zeigen, daß auch jenseits des Nationalstaates positive Regelungen entstehen, wenn sie bestimmten Anforderungen genügen.[2]

1. »Positive« und »negative« Regelungen im Kontext der Denationalisierung

Den Unterschied zwischen positiven und negativen Regelungen transnationaler Handlungszusammenhänge arbeitete ursprünglich John Pinder (1968) mit Blick auf die Europäische Gemeinschaft heraus. Er ist jedoch unabhängig von der Europäischen Integration anwendbar: Alle Regelungen, die neue, größere soziale und wirtschaftliche Handlungszusammenhänge ermöglichen, indem sie politische Grenzen durchlässiger machen und protektionistisch motivierte staatliche Eingriffe unterbinden, sind in diesem Sinne »negativ«. Alle Politiken, die einen gegebenen sozialen Handlungszusammenhang einer kollektiven Regelung unterwerfen, um unerwünschte Effekte von Interaktionen zu verhindern, gelten in dieser Terminologie als »positiv«.[3] Die Unterscheidung zwischen positiv und negativ zielt also auf den *Gehalt* einer Regelung – unabhängig von deren Ebene und institutionellen Rahmenbedingungen. Die zentrale Frage ist somit, ob positive Regelungen jenseits des Natio-

2 Vgl. Winter (1997) für eine Analyse, die den positiven Gehalt der Umweltregelungen in der EU hervorhebt, aber deren Abschwächung durch den internationalen Standortwettbewerb befürchtet.

3 Es existiert eine Reihe von ähnlichen Unterscheidungen, die sich im Detail etwas unterscheiden, im Kern aber auf dasselbe Problem verweisen. Scharpf (1996: 109) differenziert »zwischen der zur Herstellung des freien Binnenmarktes notwendigen Beseitigung nationaler Handelshindernisse und Wettbewerbsbeschränkungen und einer positiv gestaltenden Politik der Europäischen Gemeinschaft«. Diese Unterscheidung, die mit Konzepten der politischen Ökonomie arbeitet, setzt negative Integration mit »marktschaffend« und positive Integration mit »marktkorrigierend« mehr oder weniger gleich. Eine ähnliche Differenzierung kommt aus der Institutionentheorie, nach der die »ermöglichende Institutionen« (Institutionen, die Handlungszusammenhänge erst schaffen) und »restringierende Institutionen« (Institutionen, die die Handlungszusammenhänge regeln) unterschieden werden (Lewis 1969). In der Rechtsphilosophie wird mit dieser Begrifflichkeit meist auf die Unterscheidung zwischen »negativen Freiheitsrechten« und »positiven Geboten« (vgl. Peters 1991: 283) verwiesen. In einem neueren Beitrag unterscheidet Dorette Corbey (1995: 263), der ursprünglichen Formulierung von Pinder (1968) folgend, schließlich zwischen »der Schaffung gemeinsamer Maßnahmen« und »der Schaffung gemeinsamer Regeln, die nationale Maßnahmen oder Eingriffe untersagen«.

nalstaates überhaupt möglich sind und worin deren spezifisches Entstehungsproblem liegt. Der Nachweis von »Kooperation in einer anarchischen Situation« (Oye 1986) wäre in seiner realpolitischen Bedeutung nämlich sehr eingeschränkt, wenn er sich nur auf Kooperation bei negativen Regelungen bezöge.

Mit Blick auf die Europäische Union hat Scharpf (1996) eine vielbeachtete Analyse zum Verhältnis von positiven und negativen Regelungen vorgelegt. Seine Analyse ist zunächst institutioneller Natur. Der von Joseph Weiler (1981) konstatierte Dualismus von supranationalem europäischen Recht und intergouvernementaler europäischer Politik erweist sich demzufolge als ein erster Schritt für die Erklärung der »Asymmetrie zwischen negativer und positiver Integration in der EG-Politik« (Scharpf 1996: 110). Von der Supranationalität des Europarechts profitiere vor allem die negative Integration, die die Handlungsmöglichkeiten der Nationalstaaten einschränkt. Dieser Verlust an nationaler Kompetenz könne jedoch angesichts der hohen Konsensanforderungen bei der intergouvernementalen Politik im Ministerrat nicht durch positive europäische Maßnahmen kompensiert werden. Im Gegensatz zu vorschnellen Urteilen über die generelle Unfähigkeit der EU, positive Regelungen durchzusetzen, geht Scharpf noch einen Schritt weiter und fragt, weshalb es angesichts dieser institutionellen Konstellation trotzdem zu den zahlreichen EU-Regelungen im Bereich des Gesundheits-, Arbeits-, Verbraucher- und Umweltschutzes, die allesamt auf den ersten Blick wie positive Regelungen aussehen, kommen konnte. An dieser Stelle verweist er auf die Interessen, die unterschiedlichen Regelungen zugrunde liegen:

»Die Grenze zwischen konsensfähigen und konflikthaften [Interessen-]Konstellationen [läßt] sich näherungsweise durch die Unterscheidung zwischen der Harmonisierung produkt- und mobilitätsbezogener Regelungen auf der einen und der Harmonisierung produktions- und standortbezogener Regelungen auf der anderen Seite ziehen. (...) Der letztlich ausschlaggebende – und vorderhand nicht ausräumbare – Grund für die Konflikthaftigkeit von produktions- und standortbezogenen Regelungen liegt in den extremen Unterschieden im ökonomischen Entwicklungsstand der Mitgliedstaaten« (Scharpf 1996: 117).

Derartige Regelungen sind aber notwendig, denn die vorhandenen produkt- und mobilitätsbezogenen Regelungen im Bereich des Gesundheits- und Verbraucherschutzes wirken eher marktschaffend als marktkorrigierend und rücken damit in die Nähe negativer Integration.

In letzter Instanz erklärt Scharpf die Schwierigkeit positiver Regelungen also durch ökonomisch bedingte Interessenkonstellationen. Gemäß einer interessentheoretischen oder rationalistischen Sichtweise entstehen internationale Institutionen, wenn sie für die beteiligten Akteure von Nutzen sind. Ein Interesse für eine internationale Institution besteht nach dieser Sicht immer dann, wenn eine soziale Situation existiert, in der das unkoordinierte, nur auf dem kurzfristigen Eigeninteresse beruhende Handeln der Akteure dazu führen kann, daß am Ende Ergebnisse stehen, die von keinem der beteiligten Akteure gewünscht werden. In solchen Situationen helfen Institutionen, kollektiv wünschenswerte Ergebnisse zu ermöglichen. Die Wahrscheinlichkeit der Entstehung von Institutionen hängt aber von der zugrundeliegenden Interessenkonstellation ab, die je nach Problemlage und Interessenwahrnehmung variiert (vgl. hierzu Zürn 1992, Scharpf 1997c).

Vor diesem Hintergrund kann der Kern der Scharpfschen These in operationalisierter Form folgendermaßen formuliert werden: Internationale Regelungen jenseits des Nationalstaates, die (1) produktions- und standortbezogen und (2) effektiv sind, lassen sich (3) zwischen Staaten mit stark unterschiedlich produktiven Ökonomien nicht realisieren.

2. Internationale Umweltregime als Beispiele »positiver« Integration

Kann die internationale Umweltpolitik als Beispiel für ein positives Regieren jenseits des Nationalstaates gelten? Zur Beantwortung dieser Frage betrachte ich drei internationale Umweltregime näher:
– das Regime zur Bekämpfung der weiträumigen grenzüberschreitenden Luftverschmutzung (»Saurer-Regen-Regime«), das auf dem »Übereinkommen vom 13. November 1979 über weitreichende grenzüberschreitende Luftverschmutzung« beruht und durch die Protokolle über die Reduktion von Schwefeldioxidemissionen (SO_2) 1985 und Stickoxiden (NO_x) 1988 sowie flüchtigen organischen Bestandteilen (VOC) 1991 konkretisiert wurde;

– das Regime zum Schutz der Ozonschicht (»Ozon-Regime«), das auf der Wiener Konvention vom 22. Mai 1985 beruht und durch das Montrealer Protokoll vom 16. September 1987 sowie dessen Ergänzungen von 1990 in London und 1992 in Kopenhagen umgesetzt wurde, die zunächst die Reduktion und später das Verbot der Produktion von FCKW festschrieben;

– das Regime zur Reduktion von intendierter Ölverschmutzung der Ozeane (»Öltanker-Regime«), das im »Internationalen Übereinkommen zur Verhütung der Verschmutzung der See durch Öl« von 1954 seinen Ausgangspunkt hatte und durch das »Internationale Übereinkommen von 1973 zur Verhütung der Meeresverschmutzung durch Schiffe« (MARPOL) sowie eine Reihe von Ergänzungen (insbesondere die Einrichtung von besonderen Schutzzonen) wirksam gemacht wurde.

Zur Erinnerung: Die Scharpfsche Hypothese lautet in ihrer operationalisierten Form: Positive Regelungen jenseits des Nationalstaates, die produktions- und standortbezogen sowie effektiv sind, sind zwischen Staaten mit stark unterschiedlich produktiven Ökonomien nicht realisierbar. Es ist also zu zeigen, daß die drei genannten internationalen Umweltregime (1) positive Regelungen im Sinne der angeführten Definitionen darstellen, (2) insofern als effektiv gelten, als ihnen eine kausale Rolle für den aktuellen Zustand der Umwelt im betroffenen Bereich zuerkannt wird, und (3) so weiträumig sind, daß sie eine große Anzahl von Ländern mit stark unterschiedlichen Ökonomien einschließen. Unter diesen Bedingungen belegen sie die Möglichkeit von positiven Regelungen jenseits des Nationalstaates.

ad 1) Die drei genannten internationalen Umweltregime erweisen sich als eindeutige Beispiele für positive internationale Institutionen. Das *Saurer-Regen-Regime* schreibt in seinen beiden ersten Protokollen eine dreißigprozentige Reduktion für Schwefeldioxide (bis 1994 mit 1980 als Basiswert) bzw. eine Stabilisierung der Stickoxide (bis 1994 mit 1987 als Basiswert) vor. Zusätzlich verpflichteten sich einige Regimemitglieder in einer Erklärung zum NO_x-Protokoll auf eine Reduktion der Stickoxidemissionen um etwa 30 Prozent bis 1998. 1991 kam ein Protokoll dazu, wonach die Emissionen von flüchtigen organischen Bestandteilen gleichfalls reduziert werden sollen. Dieses VOC-Protokoll differenziert die Leistungsanforderungen nach den Kapazitäten der Regimemitglieder. Damit sind die drei wichtigsten Verursachungsstoffe des Sauren Regens im Rahmen dieses Regimes von 1991 an geregelt gewesen. Besonderes Interesse kommt der Osloer Neufassung des SO_2-Protokolls von 1994 zu, die erstmals das Prinzip der »kritischen Belastung« statt der »flächendeckenden Reduktionen« festschrieb. Das Konzept der »kritischen Belastung« bestimmt je nach geographischem Gebiet die jeweilig geforderten Reduktionsraten.[4] Demnach müssen beispielsweise Portugal und Griechenland bis zum Jahre 2000 gegenüber dem Basisjahr 1980 keine Reduktionen vornehmen, Länder wie Schweden, Dänemark und Österreich aber den Schadstoffausstoß um 80 Prozent abbauen. Mit aller Wahrscheinlichkeit wird das Konzept der »kritischen Belastung« auch bei einem revidierten Stickoxid-Protokoll zur Anwendung gelangen.

Auch das *Ozon-Regime* hat eine eindeutig marktkorrigierende Stoßrichtung. Auf der Grundlage der Wiener Konvention sieht das Montrealer Protokoll Maßnahmen zur Reduktion der Produktion und des Verbrauchs von ozonzerstörenden Substanzen vor. Es regelt darüber hinaus den Handel mit Ländern, die nicht Mitglied des Regimes sind, und koordiniert die Forschung sowie die Überwachung der vorgesehenen Maßnahmen. Das ergänzende Londoner Protokoll sieht einen Produktionsstopp für eine Reihe von ozonzerstörenden Substanzen bis zum Jahre 2000 vor (insbesondere verschiedener FCKW-Gase und Halone). Die Kopenhagener Ergänzung verpflichtet die Vertragsparteien auf beschleunigte Produktionsverbote sowie eine Erweiterung der zu kontrollierenden Substanzen. Das Regime beinhaltet zudem einen Fonds, für den inzwischen 750 Mio. Dollar zur Unterstützung von ärmeren Ländern zugesagt sind.

Das *Öltankerregime* hat eine längere Geschichte als die beiden anderen. Die erste Konvention über die Reinigung von Öltankern auf hoher See stammt aus dem Jahre 1926. Diese und die folgenden Konventionen (1935, 1954, 1962) hatten zwar allesamt eine »po-

---

4 Die offizielle Definition für »kritische Belastung« lautet: »Die höchste Belastung innerhalb eines bestimmten Gebietes, bei der noch keine chemischen Prozesse in Gang gesetzt werden, die langfristig die wichtigsten Umweltsysteme beeinflussen« (zit. nach Levy 1995: 61, Übersetzung M. Z.).

sitive« Stoßrichtung, sie beinhalteten aber äußerst weiche Vorschriften. Das änderte sich erst 1978, als im Rahmen der MARPOL-Konferenz neue Regeln zur Sicherheit und Reinigung von Öltankern verabschiedet wurden. Demnach müssen alle neuen Tanker mit über 20 000 Tonnen und alle alten Tanker mit über 40 000 Tonnen Ladekapazität neue, kostenintensive Technologien zur Säuberung benutzen, die den Einlaß von Öl in die Meere deutlich reduzieren sollen. Die Vertragsparteien verpflichteten sich darauf, jedes vierte Schiff in den nationalen Gewässern dahingehend zu inspizieren, ob die neuen Reinigungstechnologien installiert sind. Zusätzlich wurden erweiterte Schutzzonen vereinbart, in denen keine Reinigungen vorgenommen werden dürfen (Antarktis und Golf von Aden). Die Normen und Regeln des Öltankerregimes lassen sich daher ebenso eindeutig als »positiv« klassifizieren wie die des Saurer-Regen- und des Ozon-Regimes.

ad 2) Es ist nicht einfach, die Wirksamkeit von internationalen Regimen nachzuweisen. Selbst wenn konkrete Regeln vorliegen, kann immer noch argumentiert werden, daß sie nur die Standards verrechtlichen, die ohnehin alle beteiligten Länder gesetzt hätten. Dieser Einwand trifft insbesondere auf die erste SO_2-Regelung im *Saurer-Regen-Regime* zu (dreißigprozentige Reduktion), die 20 der 21 Vertragsparteien meist weit übertrafen. Österreichs und Schwedens SO_2-Emissionen betragen heute sogar nur noch 20 Prozent des Wertes von 1980. Marc A. Levy (1993; 1995), der die Auswirkungen des Saurer-Regen-Regimes sorgfältig untersucht hat, läßt diesen Einwand für Länder wie Schweden, Norwegen, Frankreich und Deutschland auch gelten. Gleichzeitig zeigt er, daß die Regelung für viele andere Länder einen realen Effekt hatte, der vor allem in den Forschungs- und Informationsaktivitäten des Regimes begründet liegt. Demnach hätten Länder wie die Niederlande, Dänemark, die Schweiz, Rußland, die Ukraine und selbst Großbritannien (dessen Regierung das Protokoll nicht unterzeichnet hat) heute deutlich höhere Emissionen, wenn es das Regime nicht gäbe (vgl. auch Gehring 1994a: Kap. 4).

Beim *Ozon-Regime* stellt sich der Sachverhalt noch eindeutiger dar (vgl. hierzu Parson 1993; Parson/Greene 1995; Gehring 1994a: Kap. 7; Breitmeier 1996; Oberthür 1997). Selbst die Regierungen der umweltpolitisch fortschrittlichsten Länder der Europäischen Gemeinschaft hätten auf die von der Zerstörung der Ozonschicht ausgehende Bedrohung lange Zeit nicht reagiert, wenn die USA nicht frühzeitig Druck ausgeübt hätten (Benedick 1991). Später kehrte sich das Bild um: Nun drängte die Europäische Union die USA zu restriktiveren Regelungen. Außerdem sind inzwischen aufgrund der Informationsaktivitäten und der Transfermechanismen solche Länder Teil des Regimes, die bis heute das Problem der FCKW-Gase und Halone ohne das Regime politisch möglicherweise vernachlässigt hätten. Im Falle des *Öltankerregimes* kann Ronald B. Mitchell (1993; 1994) sogar anhand von Zeitreihenanalysen überzeugend aufzeigen, daß sich just mit der Etablierung des Regimes die mutwilligen Öleinträge in die Meere rapide reduzierten und heute nur noch einen Bruchteil früherer Werte ausmachen (ca. 10 Prozent, wenn relativ zum Handelsumfang gemessen). Wenn man bedenkt, daß die mutwilligen Öleinträge in die Meere bis 1980 um ein Mehrfaches größer waren als diejenigen, die durch Unfälle verursacht wurden (vgl. Mitchell 1993: 185), wird die Bedeutung des Öltankerregimes deutlich.

ad 3) Die untersuchten drei Fälle zeigen, daß trotz schwieriger Interessenkonstellationen, die sich insbesondere aufgrund der stark unterschiedlichen wirtschaftlichen Leistungskraft der beteiligten Länder ergeben, eine marktkorrigierende, positive Regelung möglich ist. Bei den drei geschilderten internationalen Regimen, die zugunsten der Umwelt marktkorrigierend eingreifen, besteht zunächst für alle beteiligten Parteien ein Anreiz, sich der Regelung zu widersetzen und die Möglichkeiten als Trittbrettfahrer auszuschöpfen. In all den geschilderten Fällen sind nämlich die Technologien, die eingesetzt werden müssen, um die vorgeschriebenen Reduktionen erreichen zu können, für die jeweils betroffenen Industrien und/oder Konsumenten kostenintensiv. Gleichzeitig sind die Verschmutzungen derart weiträumig verursacht, daß das Ausscheren der Verschmutzer eines Landes kaum die Wirksamkeit der Regelung reduziert, falls alle anderen Beteiligten die Vorschriften befolgen. Diese Interessenkonstellation ruft ganz im Sinne der Argumentation von Scharpf deutlich mehr Hindernisse für eine institutionalisierte Kooperation hervor als im Falle der produkt- und mobilitätsbezogenen, d. h. der negativen Regelungen. Die Probleme der kooperativen Bewältigung werden in allen drei Fällen zusätzlich durch stark asymmetrische Interessensintensitäten verschärft: Sowohl die (subjektive) Betroffenheit durch die Umweltverschmutzung als auch die Fähigkeit der betroffenen Industrien, die zusätzlichen Kosten zu meistern, waren zwischen den potentiellen Regimemitgliedern ungleich verteilt, und die Anbieter der neuen Umwelttechnologien konzentrierten sich in wenigen Ländern (vgl. Prittwitz 1990: 121-127).

Diese Asymmetrien legen die Vermutung nahe, daß die Ausgangssituation bei allen drei Verhandlungen dem Szenario, das Scharpf (1996: 121) zeichnet, durchaus nahekommt. Einige reiche Länder, die durch die Verschmutzungserscheinungen am stärksten betroffen sind und/oder die Industrien beherbergen, die die neuen Umwelttechnologien besitzen, fordern eine Regelung auf hohem Niveau für alle Beteiligten. Die ärmeren Länder und die Länder, die durch die Verschmutzung weniger stark betroffen sind und keine Produzenten von entsprechenden Umwelttechnologien beherbergen, wehren sich gegen strikte Regelungen, da sie für sie deutliche Wettbewerbsnachteile gegenüber dem *status quo* zur Folge haben. Gemäß strikt rationalistischer Sichtweise sind Situationen mit solcher Struktur eindeutig: Es entsteht keine Kooperation, sie »werden noch nicht einmal zum Problem« (vgl. Taylor 1987: 40). Positive Regelungen müßten demnach ausbleiben.

Wenn man aber die Prämisse von strukturell bestimmten, feststehenden Interessen aufgibt und statt dessen von subjektiven Interessenwahrnehmungen ausgeht, dann kann auch eine Institutionalisierung von kooperativem Verhalten stattfinden, wenn (a) mindestens ein unzufriedener Akteur existiert, der vorhandene normative Verpflichtungen sowie offensichtliche Verletzungen von Gerechtigkeitskriterien einsetzen kann, und/oder (b) ein transnationales Expertennetzwerk besteht, das angesichts großer Ungewißheiten eine Wissensautorität darstellt, für eine internationale Regelung eintritt und mithin dazu beiträgt, die Verhandlungen in einem gegebenen institutionellen Umfeld mehr durch Argumente als durch Verhandlungstricks zu prägen und/oder (c) es einen relativ mächtigen und einflußreichen Akteur im Problemfeld gibt, der in der Lage ist, den Konfliktgegenstand mit anderen Themen zu koppeln.

Der konkrete Verlauf der Verhandlungen bestärkt die Vermutungen über die zugrundeliegende Interessenkonstellation: In allen drei Fällen kam es zu internationalen Verhandlungen, weil eine kleine Gruppe von umweltbewußten und wirtschaftlich hoch leistungsfähigen Ländern eine internationale Regelung anstrebte. In allen drei Fällen verhielt sich die Mehrzahl der anderen Länder äußerst passiv und blockierte schnelle Verhandlungsergebnisse. Es kam jedoch, nicht zuletzt aufgrund des innenpolitischen und transnationalen Drucks, der auf den unpopulären Bremsern lastete, zunächst zu allgemeinen Rahmenkonventionen, die prinzipielle Zielvorgaben, aber keine konkreten Reduktionsvorschriften enthielten. Darüber hinaus wurden internationale Sekretariate, wissenschaftliche Beiräte und internationale Verifikations- und Berichtsmechanismen vereinbart, die transnationale Expertengemeinschaften stärkten, die wiederum dazu beitragen konnten, daß der innenpolitische und inneradministrative Druck in den Mitgliedsländern anstieg. Dies führte in den untersuchten Fällen im Laufe der Zeit zu ergänzenden Protokollen, die zunehmend rigidere Emissionsregelungen beinhalteten. Nach und nach entwickelten die Institutionen eine Eigendynamik, und es entstanden Protokolle mit klaren Verpflichtungen für alle Beteiligten, marktkorrigierend einzugreifen. Alle drei internationalen Umweltregime wurden durch einen dynamischen Prozeß in einem kognitiven Umfeld effektiv, das von hoher Ungewißheit geprägt war. Als entscheidend erwies sich dabei, daß sie vor allem die Politik in den Ländern, die entweder eine geringere Wirtschaftsleistung aufwiesen und/oder von der Umweltverschmutzung weniger betroffen waren, merklich beeinflussen konnten. Es zeigt sich: Der Ausgangspunkt der skizzierten institutionellen Entwicklungen ist ohne Rekurs auf die anfängliche Interessenkonstellationen unverständlich. Gleichzeitig bedarf das Verständnis der Dynamik dieser Prozesse des Rückgriffs auf institutionelle Merkmale und auf die Logik des argumentativen Handelns.

3. Umsetzung als Hindernis positiver Regelungen

Positive Regelungen sind im Bereich der internationalen Umweltpolitik offensichtlich möglich. Die damit häufig verbundene asymmetrische Interessenstruktur steht der Schaffung von Institutionen
nicht grundsätzlich im Wege. Vor allem scheinen sich die Interessen
aufgrund von Lernprozessen im Laufe der Institutionenentwick-
lung zu verändern. Freilich können und sollen diese illustrativen
Fälle nicht grundsätzlich in Frage stellen, daß sich positive Integration besonders schwierig gestaltet. Sie stellen auch nicht in Frage,
daß in der Tendenz die Interessenstruktur im Falle von marktkorrigierenden Regelungen häufig weniger die Kooperation fördert als
bei marktschaffenden Regelungen. Diese Beobachtung von Scharpf
(1996) stellt zweifelsohne einen wichtigen Beitrag zur Erklärung
der Ungleichzeitigkeit von positiven und negativen Regelungen im
europäischen und im OECD-Kontext dar. Es gilt jedoch, ein weiteres prinzipielles Problem von marktkorrigierenden Maßnahmen
in den Blick zu nehmen, das sich m. E. für die Schwierigkeiten, die
mit positiven Regelungen verbunden sind, als ebenso bedeutsam
erweist wie das der Interessenkonstellationen. Darüber hinaus verdient dieses zweite Merkmal mehr Aufmerksamkeit, als ihm bisher
geschenkt wurde, weil es unmittelbar durch die Ausgestaltung von
Institutionen beeinflußbar und insofern auch für die Praxis von
Bedeutung ist.

Wenn man positive Institutionen definiert als die Schaffung gemeinsamer Regelungen, die die freie Interaktion partiell beschränken, und negative Institutionen als die Errichtung gemeinsamer
Regeln, die bestimmte nationale Maßnahmen oder Eingriffe verbieten, dann wird deutlich, daß die Umsetzungsschwierigkeiten bei
negativen Regelungen vermutlich sehr klein sind. Die Staaten müssen sich im Falle der *negativen Regelungen* häufig nur zu der
Unterlassung verpflichten, durch eigene Regeln den freien Austausch zu behindern oder, im Falle der gegenseitigen Anerkennung
von Regelungen, ein gewisses »Schnittstellenmanagement« zu betreiben. Eine Unterlassung stellt jedoch keine besonders hohen
Anforderungen an die Staaten. In dieser Situation besteht das
Hauptproblem für die Stabilität der Kooperation schlimmstenfalls
darin, daß keine der beteiligten Parteien »schummelt« und tatsäch-

lich alle Beteiligten darauf verzichten, etwas zu tun. In vielen Fällen besteht erst gar nicht die Gefahr des Schummelns, weil die Regeleinhaltung ohnehin im Interesse der Regierung ist. Im Falle des Schnittstellenmanagements kann es einen gewissen Aufwand mit sich bringen, die unterschiedlichen nationalen Regelungen miteinander kompatibel zu machen. In diesem Fall müssen zwar die politisch-administrativen Systeme *etwas tun,* dabei sind sie aber nicht auf eventuelle Regelungsadressaten angewiesen und können sich zudem gegenseitig unterstützen. Für das Funktionieren der Regelung reicht es also meist aus, wenn alle Beteiligten guten Willens sind, der Vereinbarung Folge zu leisten. Der typische Fall der negativen Integration besteht etwa darin, daß keine vom Standard abweichenden Produktvorschriften als Handelshemmnisse eingesetzt werden dürfen. Diese Regelung kann durch das *Prinzip der gegenseitigen Anerkennung* relativ problemlos erreicht werden, da (a) auf den Akteur, der die Vereinbarung trifft, auch die Regelung angewandt wird und (b) das Unterlassen von Handelshemmnissen im allgemeinen im Rahmen der Handlungsmöglichkeiten des Akteurs liegt. Im Einzelfall mag zwar die Verpflichtung eines Staates, beispielsweise die zur Gewohnheit gewordene Subvention eines Industriesektors abzubauen, am innenpolitischen Widerstand scheitern, die Umsetzung einer solchen internationalen Verpflichtung dürfte allerdings kaum wegen fehlender technischer, finanzieller oder administrativer Kapazitäten mißraten.

Ganz anders stellt sich die Situation bei *positiven Regelungen* dar. Hier verpflichten sich die beteiligten Regierungen dazu, bestimmte Maßnahmen durchzuführen bzw. bestimmte Ziele zu erreichen. Die typische Vereinbarung besteht hier in einer *Harmonisierung* auf einem Niveau, das oberhalb des kleinsten gemeinsamen Nenners liegt. Als Folge davon sehen sich zumindest einige der beteiligten Regierungen veranlaßt, etwas *zu tun* (statt zu unterlassen), um die Vereinbarung einzuhalten. Darüber hinaus muß die Regierung in den allermeisten Fällen gesellschaftliche Akteure dazu bringen, ihr Verhalten zu ändern. Bekanntermaßen sind aber die besten Intentionen bei dem Versuch, das Verhalten von anderen zu ändern, nicht vor dem Scheitern gefeit. Selbst wenn eine Regierung sich mit dem besten Willen vornimmt, den CO_2-Ausstoß durch einen reduzierten Benzinverbrauch zu senken, bedarf es noch einer doppelten Umsetzung. Die internationalen Vereinbarungen müssen in nationale Gesetze gegossen werden (politische Implementation) und diese tatsächlich eine Verhaltensänderung bei den Produzenten von CO_2 (also Autoherstellern und Autofahrern) bewirken (effektive Implementation). Kurz: Im Falle der positiven Regelungen gibt es die Möglichkeit der ungewollten Nichteinhaltung von Vereinbarungen. Es stellt sich ein formidables Implementationsproblem, weil (a) die von der Regelung Betroffenen letztlich meist gesellschaftliche oder wirtschaftliche Akteure sind und (b) mangelnde finanzielle, technologische und administrative Kapazitäten es den Regierungen unmöglich machen kann, die notwendigen Maßnahmen zu ergreifen.

Man mag nun einwenden, daß die hohe Zahl von Fällen, bei denen erst ein Spruch des Europäischen Gerichtshofs nichttarifäre Handelshemmnisse auf dem Weg zum Binnenmarkt beseitigte, gegen die Hypothese von der relativ einfachen Implementation negativer Regelungen spricht. Es sind jedoch inzwischen (Juni 1997) in allen Ländern der EU die geforderten Maßnahmen zu ca. 90 Prozent oder mehr umgesetzt worden, weitgehend unabhängig von der administrativen und finanziellen Ausstattung der beteiligten Staaten. Deutschland und Frankreich – Länder, denen gemeinhin vergleichsweise große staatliche Kapazitäten zugeschrieben werden – liegen mit den geringsten Umsetzungsquoten von 88,5 bzw. 92,2 Prozent am Ende und doch nicht allzu weit hinter den Spitzenreitern Dänemark und Niederlande (je 99,1 Prozent). Die Länder mit den geringsten administrativen, technologischen und finanziellen Kapazitäten wie Portugal und Griechenland befinden sich im Mittelfeld. Auch bei den Streitschlichtungsfällen in der Welthandelsorganisation verteidigen sich die angeklagten Regierungen fast nie mit dem Hinweis auf die eigene Unfähigkeit bei der Umsetzung der Regelungen. Vielmehr verweisen sie im allgemeinen auf eine unterschiedliche Interpretation des Vertrages bzw. auf entsprechende Regelverletzungen der klagenden Partei. Ganz anders bei positiven Regelungen: Fehlende nationale Umsetzung wird häufig mit Ressourcenmangel begründet und von Forderungen nach internationaler Unterstützung begleitet. Die realen Reduktionsraten beim Ausstoß von Schwefeldioxid – wie vom Saurer-Regen-Regime gefordert – variieren dementsprechend auch viel stärker, wenn kapazitätenreiche Länder wie die Bundesrepublik oder Schweden mit kapazitätenarmen Signatoren wie der (damaligen) Tschechoslowakei und Bulgarien verglichen werden. Während die reichen – und nur die reichen – Länder schon zwischen 1980 und 1989 Senkungen um über 50 Prozent erreichten, lagen die der ärmeren Länder im Bereich zwischen plus fünf und minus zehn Prozent (Levy 1993: 114).

Konkret äußern sich die Implementationsprobleme also darin, daß

(1) das Ausmaß der Regeleinhaltung verifiziert und transparent gemacht werden muß;

(2) die operationalen Regeln an das gegenwärtig Machbare angepaßt werden müssen, ohne die Prinzipien und Normen außer Kraft zu setzen;

(3) ein hohes Maß an administrativem und technischem Knowhow vorhanden sein muß;

(4) die letztlichen Betroffenen ein Bewußtsein für das Problem und mithin die Legitimität der Regelung haben müssen.

Diese spezifische Implementationslogik der positiven Regelung verweist gleichzeitig auf den zentralen Unterschied zur negativen Regelung: die Möglichkeit des *unfreiwilligen Regelbruchs* (*involuntary defection*). Der unfreiwillige Regelbruch reduziert nicht nur die Effektivität positiver Regelungen, er stellt darüber hinaus ein Hindernis für die Errichtung internationaler Institutionen dar. Die Implementationslogik behindert also die Schaffung positiver Regelungen jenseits des Nationalstaates genauso sehr wie die Interessenkonstellation.

4. Institutionelle Merkmale erfolgreicher positiver Regime

Die Betrachtung der Implementationslogik unterschiedlicher Typen von internationalen Institutionen verweist nicht nur auf ein generelles Hindernis für positive Regelungen jenseits des Nationalstaates. Diese Perspektive öffnet auch die Möglichkeit zur Suche nach Vorbedingungen und institutionellen Merkmalen, welche die spezifischen Implementationsprobleme positiver Regelungen lindern können. Insofern bedarf es der Ergänzung der interessenorientierten Analyse internationaler Institutionen. Eng verbunden mit der interessenorientierten Institutionentheorie ist zum einen die *institutionalistische Perspektive*, welche die konkrete Ausgestaltung einer internationalen Institution als den zentralen Bestimmungsfaktor für deren Erfolg identifiziert. Wenn die Interessen der sozialen Akteure nicht als unveränderlich gesetzt, sondern Resultat eines komplexen Wahrnehmungs- und Lernprozesses sind, dann kommt internationalen Institutionen potentiell eine weitere Funktion zu: Bestimmte ihrer Merkmale mögen helfen, Hindernisse der Institutionenbildung, die in der Interessenkonstellation begründet liegen, zu überwinden. So können Regime, deren Regeleinhaltung unter normalen Umständen nur schwer zu überprüfen ist, zusätzliche Mechanismen beinhalten, welche die Transparenz der Regelbefolgung erhöhen. Hinzu kommt, daß Normen und Regeln im Laufe der Zeit internalisiert werden, auch wenn sie ursprünglich als Handlungsbeschränkungen galten. Internalisierte Normen und Regeln schaffen Werte, also Vorstellungen darüber, wie die Welt sein soll, und formen dadurch die Interessen mit. Insofern tragen Institutionen zum Interessenwandel von nationalen Regierungen bei und können weitere politische Integration befördern.

Aus dieser institutionalistischen Perspektive sind Institutionen deutlich mehr als nur Instrumente für die Regelung der Beziehungen zwischen den sozialen Akteuren. Internationale Institutionen bilden dann genauso einen konstitutiven Bestandteil der internationalen Beziehungen wie die Staaten und ihre Regierungen. Regieren jenseits des Nationalstaates entwickelt sich damit zu einem Projekt, das Kräfte und Dynamiken entfalten kann, die es von der unmittelbaren Gnade der Nationalstaaten lösen. Institutionen und die von ihnen ausgehenden Aktivitäten stellen einen Faktor dar, der scheinbar unüberwindbare strukturelle, in der Interessenkonstellation liegende Hindernisse abbauen kann.[6]

Auch in *konstruktivistischer Perspektive* sind bei internationalen Institutionen Weltbilder und Argumentationsprozesse wichtige Faktoren. Peter Katzenstein (1996: 2) hat das in einem einflußreichen Buch wie folgt auf den Punkt gebracht:

---

6 Diese Perspektive wird in anderen Zusammenhängen als historisch-institutionalistisch bezeichnet. Vgl. March/Olsen (1989) und Hall/Taylor (1996).

»Staatsinteressen existieren nicht vorab, um von eigennutzorientierten rationalen Akteuren ›entdeckt‹ zu werden: Interessen werden durch soziale Interaktion konstruiert (...) Es kommt darauf an zu verstehen, wie Identitäten und Normen die Prozesse beeinflussen, mittels derer die Akteure ihre Interessen erst definieren.« (Übersetzung M.Z.; vgl. auch Risse-Kappen 1994; Jachtenfuchs 1995; Checkel 1997; Ulbert 1997)

Gleichzeitig eröffnet diese Perspektive die Möglichkeit, internationale Politik nicht nur als Ausdruck von strategisch agierenden Regierungen anzusehen, sondern die Rolle von Verhandlungen zu erfassen. Die Konstruktion von Interessen ist ein Prozeß, bei dem neben nationalen durchaus transnationale und internationale Diskurse eine Rolle spielen können (vgl. Gehring 1994b; 1995; Müller 1994; 1995b; Schimmelfennig 1995).

Vor diesem erweiterten theoretischen Hintergrund – der Interessen, Institutionen, Werte und Argumentation als relevante Faktoren nahelegt – kann nun gesagt werden: Positive Regelungen müssen angesichts eines stark asymmetrischen Interesses an einer Regelung einerseits einen sach- und vertrauensorientierten Rahmen schaffen, innerhalb dessen die Befürworter einer weitgehenden Regelung die Rückversicherung erhalten, daß ihre Vorleistungen nicht völlig umsonst sind und die Bremser mit Nachsicht und Unterstützung an das neue Regelungsniveau herangeführt werden können. Andererseits müssen erfolgreiche positive Regelungen Merkmale aufweisen, die die Asymmetrie der Interessenlagen aufheben, indem sie den Nachzüglern materielle Anreize anbieten und Lernprozesse induzieren. In Erweiterung der Arbeit von Peter Haas, Robert O. Keohane und Marc A. Levy (1993) kann argumentiert werden, daß internationale Regime mit den institutionellen Merkmalen eines »4-C-Designs«[7] in der Lage sind, diesen in der Logik positiver Regelungen verankerten Implementationsanforderungen gerecht zu werden. Die vier Merkmale beziehen sich unmittelbar auf die im vorhergehenden Abschnitt identifizierten vier Implementationsprobleme:

(1) die Schaffung eines kooperationsförderlichen »vertraglichen Umfeldes« (contractual environment);

---

7 Der Begriff »4-C-Design« leitet sich aus den in Klammern angeführten englischen Begriffen für die vier institutionellen Merkmale ab.

(2) ein flexibler Umgang mit (unfreiwilligen) Regelungsabweichungen (compliance management);

(3) der Ausbau der Fähigkeiten schwächerer Regierungen, die gesteckten Ziele erreichen zu können (capacity building);

(4) die Schaffung von Verständnis für die Regelung bei den Nachzüglern und die relative Stärkung der Position von Gruppen, die die Regelung unterstützen (concern building).

ad 1) Internationale Institutionen erbringen Leistungen, die die Kooperation zwischen eigeninteressierten Akteuren auch dann erleichtern, wenn deren Interessen konstant bleiben. Zuverlässige Informationen über die Regeleinhaltung und geringe Transaktionskosten machen es wahrscheinlich, daß alle Beteiligten in der gegenseitigen Erwartung agieren, daß die Regelungen eingehalten werden. Wenn es diese Erwartungshaltung aber nicht gibt, geht gar nichts. Ein kooperationsförderliches vertragliches Umfeld ist also die grundlegende Leistung jeder Institution, die in dilemmaartigen Interessenkonstellationen entsteht (Keohane 1984: Kap. 7). Wenn die Möglichkeit einer unfreiwilligen Regelabweichung besteht, erweisen sich diese institutionellen Leistungen als noch wichtiger. In Abwesenheit eines entsprechenden vertraglichen Umfeldes führt der unfreiwillige Regelbruch im allgemeinen zu Eskalationen, da Regelverletzungen automatisch auf die »Böswilligkeit« der anderen Seite zurückgeführt und deshalb mit Vergeltung beantwortet werden. Eine solche Eskalation führt zum Zusammenbruch der Kooperation (Axelrod 1984). Umgekehrt kann unfreiwillige Regelabweichungen in einem entsprechend transparenten Umfeld eine Verständigung über den Gehalt von Normen und die Machbarkeit von Regeln auslösen.

Die Schaffung eines transparenten Umfeldes ist also enorm wichtig. In allen drei analysierten Regimen geschieht dies durch Einrichtungen, die über die Umsetzung von Regelungen und die aktuellen Emissionswerte berichten, sowie durch regelmäßige Treffen von Vertretern der Vertragsparteien. Das Öltankerregime beispielsweise bewerkstelligte die eminent schwierige Aufgabe der Verifikation des Verhaltens von Hochseeschiffen dadurch, daß statt Verhaltens- Ausrüstungsvorschriften entwickelt worden sind, die an einigen wenigen, ökonomisch wichtigen Häfen verifiziert werden können. Generell zeichnen sich darüber hinaus fast alle erfolgreichen internationalen Umweltregime durch Umsetzungs- und Überprüfungsmaßnahmen aus, die sowohl mittels interessengeleiteter als auch lernorientierter Mechanismen die Wirksamkeit der Regelungen erhöhen (vgl. Victor et al. 1994; Victor et al. 1998).

ad 2) Ein kooperativer Umgang mit dem Problem der unfreiwilligen Regelabweichung setzt weiterhin die Möglichkeit zur gegenseitigen Adaption von Regeln und Regeleinhaltung voraus. Wenn die Normen und Regeln von Regimen nicht nur in Form von »Schummeln« gebrochen werden, so ist das konventionelle Denken über die Sicherstellung der Regeleinhaltung nicht ausreichend. Regeleinhaltung im zwischenstaatlichen Bereich beruht im allgemeinen Denken fast ausschließlich auf Sanktionsandrohungen, die das Schummeln unterbinden sollen. Wenn der Regelbruch jedoch nicht freiwillig ist, erscheinen andere Formen der Erwirkung von Regeleinhaltung sinnvoller. Und in der Tat kommen in der internationalen Politik Sanktionen nur in den allerseltensten Fällen zum Einsatz. Diese weichen Formen der Sicherstellung von Regeleinhaltung und -anpassung finden sich auch bei den untersuchten internationalen Umweltregimen, insbesondere beim Ozon-Regime. Zum einen wurde die Möglichkeit des Gebrauchs von FCKW in implementationsschwachen Ländern durch das *Produktions*verbot von FCKW eingeschränkt, ohne Zwangsmaßnahmen im eigentlichen Sinn zu ergreifen. Insofern kann dies als Beispiel für eine Regeleinhaltungsstrategie gelten, die auf Einschränkungen der Möglichkeiten zum Regelbruch setzt. Zum zweiten sind im Artikel 8 des Montrealer Protokolls Verfahrensweisen im Umgang mit *non-compliance* vorgesehen, die auf der Vertragsstaatenkonferenz von 1992 zu einer Prozedur führten, die als *managed compliance* beschrieben werden kann (Chayes/Chayes 1995). »Das allgemein anerkannte Ziel war, ein System zu schaffen, das multilateral ist und vertrauensbildend wirkt, indem es auf (verständigungsorientierte) Diskussionen statt auf Schiedssprüche setzt« (Victor 1998: 141; Übersetzung M. Z.). Das Procedere schafft einen Raum für die Diskussion von allgemeinen und fallspezifischen Problemen bei der Regeleinhaltung. Hierdurch lassen sich viele Fälle mangelhafter Regeleinhaltung ausräumen. Ähnliche Prozeduren zum Umgang mit mangelhafter Regeleinhaltung werden momentan für das Osloer SO_2-Protokoll im Saurer-Regen-Regime sowie für die Klimakonvention und die Basler Giftmülltransportkonvention geplant. Mittels der (lockeren) Anbindung von regelkonformem Verhalten an Mittel aus dem Multilateralen Fonds bzw. zusätzlicher Entwicklungshilfe wählte man teilweise auch die Strategie der positiven Anreize, um die Regeleinhaltung im Bereich der internationalen Umweltregime zu erhöhen.

ad 3) Internationale Institutionen können die kognitiven, administrativen und materiellen Kapazitäten der beteiligten Staaten und Gesellschaften verbessern, um die identifizierten Probleme zu bewältigen.[8] Häufig umfassen internationale Institutionen transgouvernementale und transnationale Netzwerke, durch die technische und Management-Fähigkeiten übertragen werden. Manche internationale Institutionen sehen sogar ganz unmittelbare Transfermechanismen für Geld, Management und Technik vor. Wiederum macht ein Blick auf die internationalen Umweltregime den Sachverhalt deutlich. Der Schutz der Ozonschicht ist zum Scheitern verurteilt, wenn es nicht gelingt, so bevölkerungsreiche Länder wie Indien und China, die momentan an der Schwelle dazu stehen, traditionell FCKW-haltige Produkte als Massengüter zu produzieren, effektiv in die Vereinbarung über das Verbot der FCKW-Produktion einzubinden. Zwar erfolgte der entsprechende kostenfreie Technologie- und Kompetenztransfer noch nicht im notwendigen Ausmaß, insofern aber überhaupt Anlaß zum Optimismus besteht, muß sich dieser auf derartige Regelungselemente beziehen, die im Ozon-Regime in Form eines *Trust Funds* verankert sind.

Das Kapazitätenproblem erfordert neben dem Kapazitätentransfer, daß der Regelungsgehalt weder die implementationsstarken Länder unterfordert noch die implementationsschwachen Länder überfordert. Hierfür sind Regelungen notwendig, die die Verpflichtungen der beteiligten Länder relativ zu ihren Fähigkeiten festlegen. Dementsprechend fällt bei den drei untersuchten Regimen als Gemeinsamkeit auf, daß man die konkreten Maßnahmen,

8 Zur Rolle von Kapazitäten in der Umweltpolitik vgl. generell Prittwitz (1990), Jänicke/Weidner (1997).

mit denen Schadstoffreduktionen erreicht wurden, relativ zur Leistungsfähigkeit der Ökonomie der Länder formuliert hat. Hierfür ist der Fall der weiträumigen grenzüberschreitenden Luftverschmutzung exemplarisch. Dessen Protokolle schrieben zunächst generell vor, daß die wichtigsten Schadstoffemissionen in einem gegebenen Zeitraum auf dem Niveau eines vereinbarten Basisjahres stabilisiert werden sollen. Ein weiterer Schritt zu differentiellen Regeln ließ sich beim NO_x-Protokoll beobachten, bei dem sich unterschiedliche Verpflichtungen durch die Wahl von zwei unterschiedlichen Regelungsinstrumenten (Protokoll und Erklärung) ergaben. Durch die Anwendung des Konzepts der kritischen Belastung gelang es schließlich, differentielle Verpflichtungen zu entwickeln, die den Stand der jeweiligen Umwelttechnologie und Produktionsstruktur äußerst differenziert berücksichtigen. Nur eine solche differentielle Behandlung zeigt sich in der Lage, den gegebenen Asymmetrien gerecht zu werden und zu verhindern, daß eine Regelung durch immer neue Meldungen über die Nichteinhaltung binnen kurzer Zeit unterminiert wird.

ad 4) Internationale Institutionen können Lernprozesse auf allen Ebenen einer Gesellschaft in Gang setzen: Internationale Institutionen formen wie andere Institutionen auch die Interessen und Wirklichkeitsdeutungen von sozialen Akteuren mit. Neue nationale Regelungen, mit denen internationale Regime umgesetzt werden, können innergesellschaftliche Interessenkonstellationen berühren, indem sie bürokratische Routinen beeinflussen und Umverteilungen bewirken. So impliziert etwa der Entschluß, die Luftverunreinigung in einer international koordinierten Weise zu reduzieren, eine Stärkung der Umweltbürokratie und eine Umverteilung von Ressourcen zugunsten der Hersteller von Filteranlagen und zuungunsten derjenigen, die diese Filteranlagen bezahlen müssen. Internationale Institutionen können zudem auch Lernprozesse der gesellschaftlichen Akteure verursachen. Beispielsweise sind auf der Grundlage des Regimes zur Reinhaltung des Mittelmeeres in vielen Ländern erst die Informationen über die katastrophale Lage des Mittelmeeres verbreitet und ein Bewußtsein für die dramatischen Konsequenzen der Weiterführung der alten Politik geschaffen worden (vgl. Haas 1990).

Mit Blick auf die genannten internationalen Umweltregime scheinen insbesondere zwei Mechanismen für die wachsende Akzeptanz der Regelungen im Laufe der Zeit verantwortlich zu sein. Zum einen setzten die in allen drei Fällen zunächst vereinbarten allgemeinen Konventionen, die den beteiligten Ländern kaum Kosten aufgebürdet haben, normative Orientierungen, die sowohl eine eigene Legitimation entfalteten als auch die umweltbewußten Gruppen in diesen Staaten stärkten. Insbesondere die Konvention zum Schutz der Ozonschicht sticht hier mit ihren einflußreichen Beratungsgremien als Beispiel hervor. Zum anderen unternahm man zusammen mit den allgemeinen Konventionen immer gemeinsame wissenschaftliche Anstrengungen, um die Tragweite des Problems zu erfassen. Dadurch wurde den Erkenntnissen eines transnationalen Wissensnetzwerkes gleichsam ein Kanal zur Informationsverbreitung zur Verfügung gestellt, der weitreichende Auswirkungen auf die Länder mit geringer Kooperationsbereitschaft hatte. Die Ausbreitung des Wissens über den Sauren Regen und dessen Folgen führte in Deutschland binnen kurzer Zeit zu einer bemerkenswerten Positionsänderung hinsichtlich der Reduktion von Schadstoffemissionen. Ganz ähnlich schwanden die Widerstände in der Europäischen Gemeinschaft gegen eine produktionsorientierte Steuerung der FCKW-Verwendung angesichts neuer Informationen über das Ozonloch recht schnell.

Die Analyse internationaler Umweltregime zeigt, daß positive Regelungen auch jenseits des Nationalstaates selbst zwischen Ländern mit unterschiedlicher wirtschaftlicher Produktivität effektiv sein können. Komplexes Weltregieren gestaltet sich damit nicht als ein auf die negative Integration halbiertes Projekt. Hinsichtlich der langfristigen Chancen des Projektes komplexes Weltregieren bleibt freilich der Einwand, daß positive Regelungen jenseits des Nationalstaates zwar regulativen, nicht aber (re-)distributiven Charakter besitzen können. Demnach erscheinen redistributive Maßnahmen nur im Kontext einer politischen Gemeinschaft möglich, die auf einer gemeinsamen Identität beruht und das Prinzip der Mehrheitsentscheidung anerkennt. Insofern ließe sich eine zentrale Komponente des Regierens im Namen der sozialen Wohlfahrt jenseits des Nationalstaates nicht erreichen (Streeck 1998). Auch ein solcher Befund wäre für das Projekt komplexes Weltregieren nicht gerade ermunternd. Doch auch in diesem Fall erweisen sich schnelle strukturalistische Ableitungen nicht als der Weisheit letzter Schluß. Zum einen gibt es auf der europäischen und auch der internationalen Ebene redistributive Vereinbarungen, obgleich sie zugegebenermaßen sehr schwach sind und sich aus ihnen auch keine individuellen Sozialrechte ableiten (vgl. die Beiträge in Leibfried/Pierson 1998a; Lumsdaine 1993). Zum anderen darf nicht übersehen werden, daß internationale Regelungen zur Aufrechterhaltung nationaler Sozialpolitiken sich von ihrer zugrundeliegenden Interessenkonstellation nicht wesentlich von internationalen Umweltregelungen bei Beteiligten mit stark asymmetrischen wirtschaftlichen Produktivitätsniveaus unterscheiden. Entsprechend gehaltene Sozialregelungen wären regulativ in dem Sinne, daß sie bestimmte Sozialstandards auf der nationalen Ebene vorschreiben, ohne selbst Redistribution zwischen den beteiligten Staaten notwendig zu machen. Es würden also positive Regelungen mit regulativem Charakter auf der internationalen Ebene ausreichen (und keine redistributiven benötigt werden), um den Sozialstaatsabbau zu verhindern. Sie müßten allerdings stark differentielle Elemente enthalten und sich somit von der Vorstellung einheitlicher Mindeststandards lösen.

VII. Genügen internationale Institutionen den Anforderungen?

Regieren jenseits des Nationalstaates ist nicht nur theoretisch denkbar, es vollzieht sich auch praktisch bereits in einem Maße, wie es unser nationalstaatsfixiertes Denken nicht für möglich hält. Ob das Erreichte den Zielen des Regierens in ausreichender Weise genügt, ist allerdings eine andere Frage. Erfüllen die heutigen internationalen Institutionen die Anforderungen, die im Zuge der gesellschaftlichen Denationalisierung für das Regieren erwachsen? Zur Beantwortung dieser Frage erfolgt im folgenden Kapitel eine Bestandsaufnahme der gegenwärtigen Zielerreichung des Regierens unter Berücksichtigung der Rolle internationaler Institutionen. Die in den vorhergehenden Kapiteln diskutierten Theorien zur internationalen Kooperation und Verregelung verweisen auf die Voraussetzungen für Entstehung und Fortbestand internationaler Institutionen: Kooperationsförderliche Interessenkonstellationen, Merkmale der regelnden Institution, Lern- und Kommunikationsprozesse sowie eine günstige internationale Machtverteilung sind wichtige Voraussetzungen für ein effektives Regieren jenseits des Nationalstaates. In der Zusammenschau dieser Theorien erscheint Regieren jenseits des Nationalstaates also äußerst voraussetzungsvoll und von sehr spezifischen Rahmenbedingungen abhängig. Insofern läßt sich erwarten, daß die Möglichkeiten zur Schaffung internationaler Institutionen hinter den Notwendigkeiten zurückbleiben.

Eine weitere wichtige Theorie internationaler Institutionen zeichnet diesbezüglich jedoch ein anderes Bild. Funktionalistische Darstellungen sagen voraus, daß sich politische Institutionen – mit einer gewissen Zeitverschiebung – an die Probleme, die aus der gesellschaftlichen Denationalisierung erwachsen, anpassen. In dieser Sichtweise entstehen funktionsfähige Institutionen durch die Selektion im Wettbewerb oder die notwendige Ausrichtung an die sich verändernden Gegebenheiten und Anforderungen der Umgebung (vgl. Olsen 1996: 248-249). So setzte sich der Nationalstaat im 17. und 18. Jahrhundert gegenüber anderen Formen politischer Organisation deshalb durch, weil er die funktionalen Anforderungen am besten erfüllte (North 1981 und Spruyt 1994a). In dem Maße, wie nationalstaatliches Regieren den Anforderungen nicht mehr gerecht werden kann, erwartet die funktionalistische Perspektive die Herausbildung von neuen politischen Institutionen. In einer denationalisierten Welt mit grenzüberschreitenden sozialen Räumen müßten demnach internationale Institutionen immer wichtiger werden. In diesem Sinne vertreten einige prominente Autoren die Meinung, daß sich in Zukunft postnationale Herrschaftsformen durchsetzen. John G. Ruggie (1993: 174) erwartet eine grundlegende Transformation einschließlich einer »Entgrenzung der Territorialität« (vgl. auch Elkins 1995), während James N. Rosenau (1990: Kap. 15) mit einer »postinternationalen Politik« rechnet, in der sich »souveränitätsgebundene« und »souveränitätsfreie« politische Akteure gegenüberstehen. Andere fordern im Sinne der Anpassung an neue Erfordernisse eine Stärkung der internationalen Organisationen (Mendez 1995; Dror 1995; Commission on Global Governance 1995; United Nations 1995). Die offene Frage lautet also: Passen sich politische Institutionen tatsächlich den neuen Anforderungen an? Führt die gesellschaftliche Denationalisierung zur politischen Integration jenseits des Nationalstaates?

Die Frage, ob das Ausmaß der internationalen Regelungen den Bedarf erfüllt, ist ohne einen Maßstab für das angemessene Ausmaß der politischen Regelung von gesellschaftlichen Beziehungen nicht zu beantworten. Zunächst gehe ich von der Annahme aus, daß die Geschwindigkeit des Wachstums internationaler Institutionen mehr oder weniger parallel zur Geschwindigkeit der gesellschaftlichen Denationalisierung verlaufen sollte, um weiterhin effektives Regieren zu ermöglichen. Die Frage ist dann, ob internationale Institutionen und Regelungen ein ähnliches Wachstumsmuster in den unterschiedlichen Sachbereichen aufweisen wie gesellschaftliche Denationalisierung. Nach diesem ersten quantitativen Zugang zur Materie soll in einem zweiten, mehr qualitativen Zugang unter Berücksichtigung der Befunde über die Defizite nationalstaatlichen Regierens diskutiert werden, ob sich die Ziele des Regierens mit Hilfe internationaler Institutionen heute ähnlich gut erreichen lassen wie in den siebziger Jahren dieses Jahrhunderts.

1. Das Ausmaß der gesellschaftlichen Denationalisierung und der Bedarf an internationalen Institutionen

Gemäß des Kongruenzprinzips hängt effektives Regieren davon ab, ob die Reichweite politischer Regelungen mit den Gebieten mitverdichteten Handlungszusammenhängen deckungsgleich ist. Demzufolge erfordern grenzüberschreitende soziale Handlungszusammenhänge eine entsprechende Anpassung der politischen Institutionen, um die Effektivität des Regierens zu bewahren. Der Fortbestand des effektiven Regierens steht und fällt daher mit der Ausweitung der politischen Räume *parallel* zur Ausweitung der sozialen Räume. Operational gesprochen definiert sich der Bedarf an internationalen Institutionen dann als eine Funktion der Denationalisierungs*geschwindigkeit*. Fraglos handelt es sich hier um einen äußerst groben Maßstab. So benötigt nicht jede quantitative Intensivierung grenzüberschreitender Transaktionen auch eine neue Regelung. Ein weiteres Wachstum des Welthandels kann im Rahmen des vorhandenen internationalen Handelsregimes erfolgen, ohne neue Anpassungsleistungen zu erzwingen. Umgekehrt mögen sich schwer sichtbare qualitative Veränderungen in der gesellschaftlichen Denationalisierung ergeben, die eine Regelung für effektives Regieren jenseits des Nationalstaates unabdingbar machen. Dennoch bietet eine Überprüfung der Frage, ob das Wachstum internationaler Institutionen mit dem Wachstum der gesellschaftlichen Denationalisierung einhergeht, einen ersten wichtigen Anhaltspunkt. Es kann nämlich davon ausgegangen werden, daß eine Ausweitung der sozialen Handlungszusammenhänge *ceteris paribus* eine Ausweitung der Gültigkeitsreichweite politischer Regelungen notwendig macht.

Wenn der Bedarf an internationalen Institutionen durch das Wachstum der gesellschaftlichen Denationalisierung bestimmt wird, so sind zunächst die wesentlichen Befunde über das Ausmaß der gesellschaftlichen Denationalisierung in Erinnerung zu rufen (vgl. Kapitel II).

1. Die gesellschaftliche Denationalisierung umfaßt alle Sachbereiche und alle G-7-Länder. Es handelt sich jedoch um keinen einheitlichen, sondern einen ungleichmäßigen und z. T. zeitlich verschobenen Prozeß mit beträchtlichen Differenzen zwischen den einzelnen Sachbereichen und Ländern.

2. Eine beschleunigte gesellschaftliche Denationalisierung läßt sich in diesem Jahrhundert in Ansätzen bereits seit dem Ende der sechziger Jahre beobachten, als im Sachbereich Sicherheit eine massive Stationierung von Nuklearwaffen stattfand. Mit Beginn der siebziger Jahre beschleunigte sich deutlich der grenzüberschreitende Austausch von Waren und Kapital, von Informationen und Kulturgütern, von Reisen und Migration sowie von regionalen Umweltrisiken.

3. Das Wachstum des intensivierten *Austauschs* flacht jedoch in den achtziger Jahren ab, z. T. zeigen sich sogar leichte Rückgänge.

4. Wahrhafte Denationalisierungs*schübe* gab es in einigen spezifischen Bereichen, als sich das Wachstum des grenzüberschreitenden Austauschs vorübergehend verlangsamte. Diese Entwicklungen sind insbesondere im Hinblick auf die globalen Finanzmärkte, globale Umweltgefahren, das Internet und die Organisierte Kriminalität signifikant. All diesen Entwicklungen ist gemeinsam, daß sie Fälle *integrierter Produktion* darstellen und somit qualitativ eine andere Art erreichen als bloße grenzüberschreitende Austauschprozesse.

Governance with government, d. h. alle *zwischenstaatlichen* Vereinbarungen, in denen sich Staaten in Abwesenheit einer übergeordneten Zentralinstanz auf Rahmenvorgaben des Regierens einigen bzw. internationale Organisationen Regelungen erlassen, ist immer noch die vorherrschende Komponente des Regierens jenseits des Nationalstaates (vgl. Kap. V). Obgleich Ansätze von transnationalen Regimen hier und da existieren – beispielsweise haben sich die großen Sportschuhunternehmen auf einen Verhaltenskodex beim Arbeitschutz in den Fabriken in Südostasien (mit allerdings unzureichenden Ergebnissen) eingelassen –, erweist sich *governance without government* bis heute als untergeordnet. Daher konzentriert sich das Folgende auf die wichtigsten Komponenten des Regierens jenseits des Nationalstaates und betrachtet die quantitative Entwicklung von internationalen Organisationen, internationalen Regimen sowie von spezifischen internationalen Regelungen, die von Organisationen, Regimen oder Netzwerken ausgehen. Um der Differenziertheit des Prozesses der gesellschaftlichen Denationalisierung gerecht zu werden, ist dabei auch auf die sachbereichspezifische Entwicklung einzugehen und zu prüfen, ob die internationalen Institutionen insbesondere in jenen Sachbereichen zugenommen haben, in denen auch die gesellschaftliche Denationalisierung hohe Wachstumsraten erreichte.

a) *Internationale Organisationen:* Ein erstes Maß für die Ausweitung von *governance with government* jenseits des Nationalstaates stellt die Anzahl der internationalen Regierungsorganisationen (IGOs) dar. Bis Anfang der achtziger Jahre wuchs diese Kennziffer kontinuierlich auf eine Gesamtzahl von 378 und spiegelt damit die stetig zunehmende Bedeutung von grenzüberschreitendem Austausch wider. Als sich die Zunahme des grenzüberschreitenden Austauschs ab Mitte der achtziger Jahre verlangsamte, ging die Zahl der internationalen Organisationen in kurzer Zeit auf weniger als 300 zurück. Erst seit einigen Jahren nimmt die Anzahl der IGOs wieder etwas zu. Gegenwärtig liegt sie jedoch noch unter der Anzahl von 1980, wenn man die Ableger der internationalen Regierungsorganisationen unberücksichtigt läßt.[1]

Der Rückgang der Anzahl der internationalen Organisationen in den achtziger Jahren kann bestenfalls teilweise mit dem Zusammenbruch des sozialistischen Blocks und seiner Organisationen erklärt werden. Ein Blick auf die Entwicklung der Mitgliedschaft der G-7-Länder in internationalen Organisationen zeigt nämlich, daß die Anzahl der Mitgliedschaften dieser Länder (die ja nie Mitglieder der sozialistischen IGOs waren) mehr oder weniger parallel zur Entwicklung der Gesamtzahl der internationalen Organisationen verlief: Der Anstieg der Mitgliedschaften der G-7-Länder in den sechziger und siebziger Jahren verlief allerdings weniger steil, und der gegenwärtige Rückgang setzte fünf bis zehn Jahre früher ein als bei der Gesamtzahl der IGOs (Abbildungen VII.1 und VII.2). Bemerkenswert ist die Einheitlichkeit der Entwicklung der GIGO-Mitgliedschaften der betrachteten OECD-Länder.[2]

1 Als »Ableger« gelten solche internationalen Organisationen, die entweder (a) den Namen einer anderen IGO in ihrem Namen tragen oder (b) durch andere internationale Organisationen ins Leben gerufen worden sind, oder (c) ein internationales Zentrum darstellen, das im Namen von mehreren IGOs operiert (vgl. Shanks et al. 1996: 597).
2 Die Bundesrepublik wich in der zweiten Hälfte der siebziger Jahre aufgrund des Grundlagenvertrags mit der DDR und den daraus erfolgenden Mitgliedschaften in der VN-Familie und in anderen IGOs leicht ab.

Abbildung VII.1: Entwicklung der Mitgliedschaft Deutschlands, Frankreichs, Großbritanniens und Italiens in internationalen Organisationen

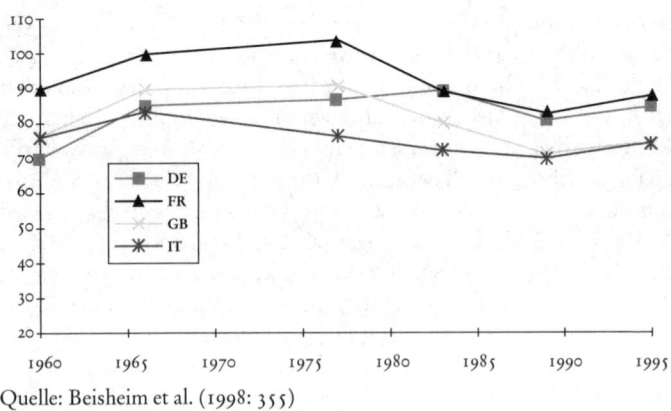

Quelle: Beisheim et al. (1998: 355)

Abbildung VII.2: Entwicklung der Mitgliedschaft Kanadas, Japans, Mexikos und der USA in internationalen Organisationen

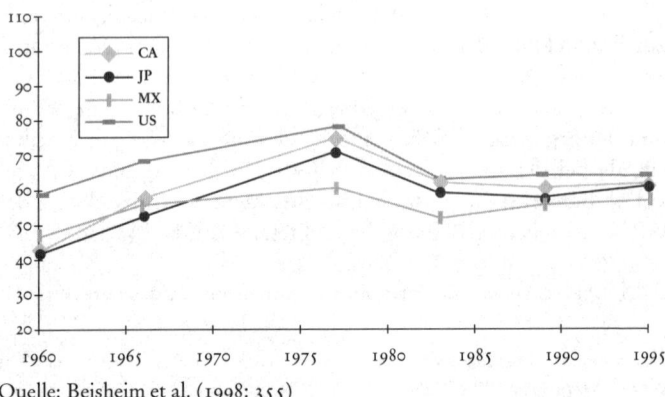

Quelle: Beisheim et al. (1998: 355)

Diejenigen, die sich mit regionaler Integration beschäftigen, mögen angesichts dieser Ergebnisse überrascht sein. In den vergangenen Jahren ergaben sich nämlich überall in der OECD-Welt regionale Integrationsinitiativen. Dazu zählen unter anderem das Kanadisch-Amerikanische Freihandelsabkommen (CUSTA), das Nordamerikanische Freihandelsabkommen (NAFTA), die Asiatisch-Pazifische Wirtschaftskooperation (APEC), die Vereinigung der Südostasiatischen Staaten (ASEAN) sowie die Australisch-Neuseeländische Vereinbarung über engere wirtschaftliche Beziehungen (ANZCERTA). Obgleich die meisten dieser Initiativen in der Hauptsache negative Regelungen beinhalten (d. h. Regelungen, die Zölle und staatliche Interventionen zum Schutz der einheimischen Industrie untersagen), verfügen sie meist über ein Sekretariat und können somit als internationale Organisationen eingestuft werden. Die Zahl der regionalen IGOs sank dennoch in den achtziger Jahren noch schneller als die der weltweiten und überregionalen IGOs (siehe Shanks et al. 1996: 596). Während dieser Zeit (1982-1990) ging der Anteil der Mitgliedschaften europäischer und amerikanischer (Nord und Süd) Länder in regionalen IGOs an allen IGO-Mitgliedschaften geringfügig zurück: von 34,5 auf 31 Prozent in Europa und von 40 auf 34,5 Prozent in Amerika.[3]

Die Zahl der internationalen Organisationen entwickelte sich also zunächst einigermaßen parallel zur gesellschaftlichen Denationalisierung. In den achtziger Jahren tat sich allerdings eine enorme Schere auf: Während sich die gesellschaftliche Denationalisierung in der zweiten Hälfte der achtziger Jahre beschleunigte, nahm die Zahl internationaler Organisationen weiter ab. Die Anzahl der IGOs stellt jedoch nur ein sehr grobes Maß für das Regieren jenseits des Nationalstaates dar. Es ist leicht vorstellbar, daß eine relativ konstante Zahl von IGOs eine wachsende Zahl von Regelungen hervorbringt und somit zur Stärkung der internationalen Komponente des Regierens beiträgt. Als Indiz für eine derartige Entwicklung mag die deutlich anwachsende Anzahl der Ablegerorganisationen dieser IGOs gelten (vgl. Shanks et al. 1996). Neben den Daten zu internationalen Organisationen sind also auch die zu internationalen Regimen und internationalen Regelungen in den verschiedenen Sachbereichen zu betrachten.

3 Berechnet auf der Grundlage der Daten von Taylor (1993: 25-26).

Abbildung VII.3: Entwicklung der Zahl der Rechtsakte des Rates der EG und der verabschiedeten Gesetze in Deutschland, Frankreich, Großbritannien und Italien

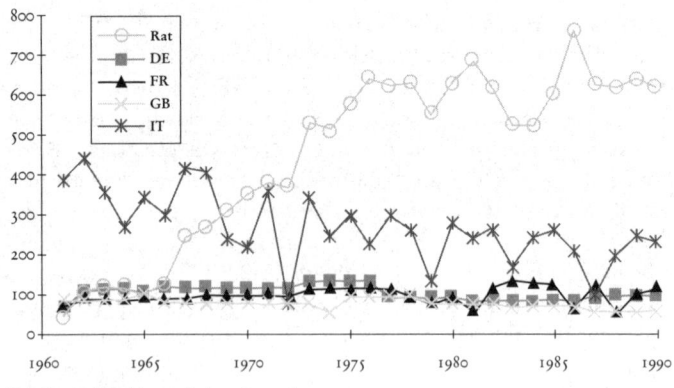

Quelle: Beisheim et al. (1998: 330)

b) *Internationale Regime und Regelungen:* Im Falle der EU läßt sich der legislative *output* direkt betrachten. Die Zahl der EU-Verordnungen, Richtlinien und Entscheidungen[4] nahm bis weit in die achtziger Jahre zu, als die IGO-Mitgliedschaften der G-7-Länder bereits zurückgingen. Die Gesamtzahl der Verordnungen, Richtlinien und Entscheidungen stieg von 36 (1961) über 347 (1970) auf 627 (1980). Seit dieser Zeit blieb sie weitgehend konstant, wobei mit fast 800 im Jahre 1986 ein vorläufiger Höhepunkt erreicht wurde. Besonders bemerkenswert ist in diesem Zusammenhang, daß sich das relative Gewicht der EU-Regelungen deutlich erhöhte. Verglichen mit der nationalen Gesetzgebung in Deutschland, Frankreich und Großbritannien, die seit den sechziger Jahren mehr oder weniger konstant blieb, erweist sich das Wachstum der EU-Erlasse als imposant (Abbildung VII.3).

Für die Betrachtung der Regime und Regelungen auf der internationalen Ebene bietet sich zunächst die Entwicklung der jährlich

4 Die Unterscheidung von Verordnungen, Richtlinien und Entscheidungen gehört zur spezifischen EU-Terminologie. »Regelungen« ist ein Dachbegriff für Verordnungen, Richtlinien und Entscheidungen.

Abbildung VII.4: Entwicklung der Anzahl der wichtigen
neu entstandenen internationalen Umweltabkommen gemäß
zwei verschiedener Quellen

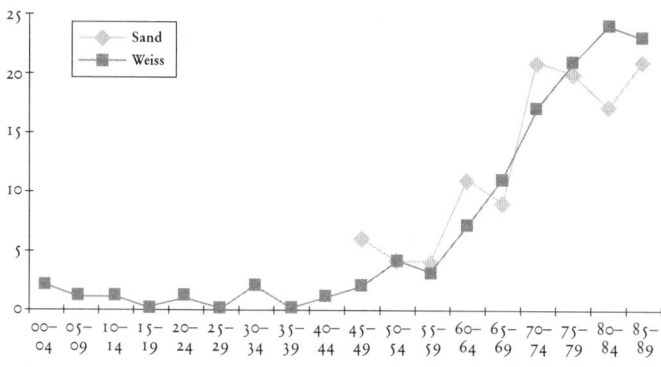

Quelle: Beisheim et al. (1998: 351)

neu abgeschlossen *Verträge als Indikator für die Entwicklung internationaler Regime* an. Alternativ kann der Blick auf die *Zahl der Regelung*en bestehender internationaler Regime und Organisationen geworfen werden. Die Anzahl der jedes Jahr neu abgeschlossenen internationalen *Umwelt*verträge und -vereinbarungen stieg bis in die achtziger Jahre kontinuierlich. Im Verlauf der letzten Dekade bewegte sich die Anzahl der pro Jahr neu geschlossenen Verträge weiterhin auf einem hohen Niveau. Der Bestand an internationalen Umweltregimen stieg demnach konstant und überaus deutlich an (Abbildung VII.4)

Eine ganz ähnliche Entwicklung vollzog sich bei den internationalen *Wirtschaft*sverträgen und -vereinbarungen (Abbildung VII.5).

Im Sachbereich *Kultur und Kommunikation* zeigt die Entwicklung der Konventionen und Resolutionen im Problemfeld Menschenrechte eine kontinuierliche, gleichbleibende Zunahme bis Ende der achtziger Jahre. Danach ist dann ein deutlicher Anstieg der jährlich neu hinzukommenden Deklarationen auszumachen (Abbildung VII.6). Seit Ende der achtziger Jahre stieg auch die Anzahl der neuen Unterzeichnerstaaten bei den verschiedenen Men-

Abbildung VII.5: Entwicklung der Anzahl neu abgeschlossener bedeutender internationaler Wirtschaftsverträge und -abkommen

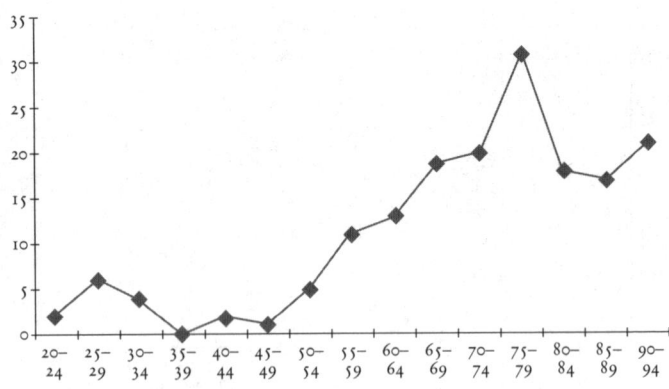

Quelle: Beisheim et al. (1998: 353)

schenrechtsregimen deutlich an, und die Ratifizierung der fakultativen Beschwerdeverfahren nahm parallel dazu gleichfalls drastisch zu (vgl. Dreher/Liese 1997: 25-26).

Auf dem Gebiet der internationalen *Sicherheit* weicht die Entwicklung geringfügig ab. Wenn die Regelungen des internationalen Nichtverbreitungsregimes und die Resolutionen des Sicherheitsrates der Vereinten Nationen als Beispiel gewählt werden, so erkennt man über einen längeren Zeitraum ein eher erratisches Muster. Seit dem Ende der achtziger Jahre stieg jedoch die Zahl der Regelungen in diesem Bereich drastisch an (Abbildungen VII.7 und VII.8, s. S. 212). Das zeigt sich auch daran, daß weit über die Hälfte aller *peacekeeping*-Operationen nach 1990 stattfanden. Bemerkenswert ist zudem, daß acht von neun multilateralen Konventionen, die die internationale Bekämpfung des Terrorismus zum Ziel haben, nach 1970, die Mehrzahl sogar erst in den letzten Jahren unterzeichnet worden sind (Global Issues 1997).

Eine quantitative Überprüfung der Entwicklung von internationalen Institutionen kommt zum Ergebnis, daß sich die internationale Verregelung tatsächlich lange Zeit parallel zum Wachstum der gesellschaftlichen Denationalisierung entwickelte. Bis zur Blüte-

Abbildung VII.6: Entwicklung der Anzahl der im Rahmen des VN-Systems neu in Kraft getretenen Konventionen und Deklarationen zum Schutz von Menschenrechten

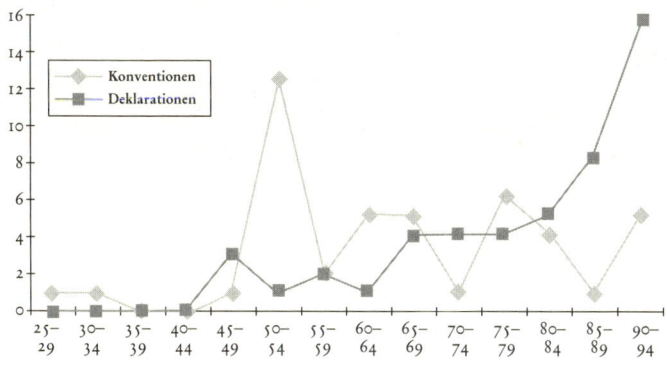

1) Als Konventionen wurden diejenigen »Human Rights Instruments« kodiert, die rechtlich bindende Wirkung entfalten und der Ratifikation bedürfen. Dazu zählen insbesondere »Conventions« und »Protocols«.
2) Als Deklarationen wurden alle »Instruments« kodiert, die keine rechtlich bindende Wirkung entfalten. Dazu zählen u. a. »Declarations«, »Standard Rules«, »Recommendations« oder »Principles«.
Quelle: Beisheim et al. (1998: 343)

zeit des Wohlfahrtsstaates Mitte der siebziger Jahre zeigten sowohl die grenzüberschreitenden Transaktionen als auch die internationalen Institutionen im Durchschnitt stetige, wenn auch nicht so große Zuwachsraten. Während der sich anschließenden Dekade beschleunigte sich zunächst das Wachstum der internationalen Transaktionen, während die Zahl der internationalen Institutionen und Regelungen mit wenigen Ausnahmen konstant blieb oder sogar zurückging (wie bei den IGOs). Obwohl sich die Zunahme des grenzüberschreitenden Austauschs in der ersten Hälfte der achtziger Jahre vorübergehend verlangsamte und einige internationale Institutionen Ende der achtziger Jahre einen neuen Aufschwung erfuhren – möglicherweise um den in den vorangegangenen zehn Jahren entstandenen Rückstand aufzuholen –, scheint sich eine gewisse Kluft in der Entwicklung aufgetan zu haben, die Defizite in der Zielerreichung des Regierens vermuten läßt.

Abbildung VII.7: Entwicklung der Anzahl wesentlicher
regelungsrelevanter Ereignisse im Problemfeld
Nicht-Verbreitung atomarer Waffen

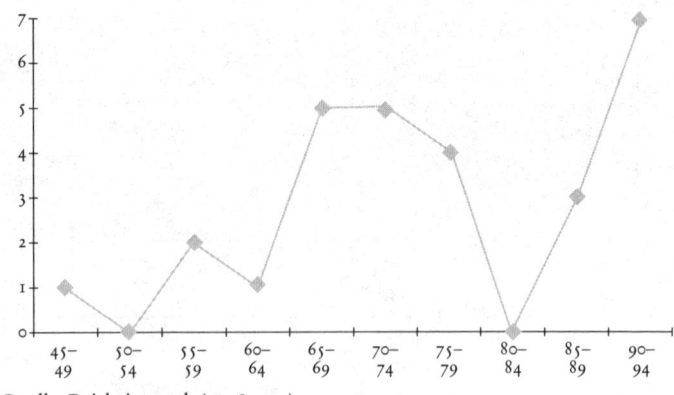

Quelle: Beisheim et al. (1998: 349)

Abbildung VII.8: Entwicklung der Anzahl der Resolutionen
des VN-Sicherheitsrates 1974-1995

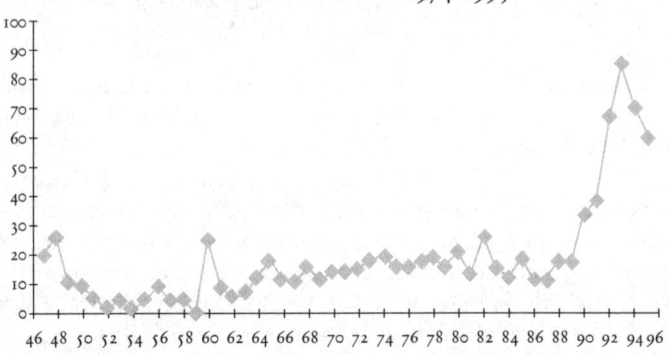

Erstellt nach Angaben in: Hüfner/Naumann 1974: 201-207; VN-Archiv, URL:
gopher://gopher.undp.org:70 /11/ undocs/scd/scouncil.

2. Internationale Institutionen und Ziele des Regierens

Was besagen diese quantitativen Befunde über die Erreichung der Ziele des Regierens? Lassen sich seit Ende der achtziger Jahre tatsächlich Defizite des Regierens ausmachen? In welchen Bereichen sind derartige Defizite am größten? Zur Beantwortung dieser Fragen ist neben der quantitativen auch die qualitative Entwicklung internationaler Institutionen zu berücksichtigen. Als Maßstab dient dann nicht nur die Geschwindigkeit gesellschaftlicher Denationalisierung (wie in Kapitel II dargestellt), sondern die Defizite im nationalstaatlichen Regieren, die in den Kapiteln III und IV ausgemacht worden sind. Dabei konzentriere ich mich in diesem Kapitel auf die materiellen Ziele des Regierens, d. h. auf die Garantie von innerer und äußerer Sicherheit sowie die soziale Wohlfahrt durch die Bereitstellung von wachstumsförderlichen Rahmenbedingungen und durch Marktkorrekturen, die soziale Ungleichheit begrenzen.

a) *Sicherheit:* Die meisten politischen Regelungen, die die innere und äußere Sicherheit gewährleisten sollen, verlieren ihre Wirksamkeit, wenn sie nur einen Teil des sozialen Raumes abdecken, in dem die Sicherheitsbedrohungen auftreten. Konnten diese Effektivitätsverluste durch internationale Institutionen aufgefangen werden?

Internationale Sicherheitsinstitutionen sind keine Erfindung unserer Zeit. Das Metternichsche Kongreßsystem nach 1815 gilt gemeinhin als erste umfassende internationale Sicherheitsinstitution der Neuzeit. Erstmals entwickelte sich im anarchischen internationalen Staatensystem ein Regelwerk, das darauf abzielte, den Krieg der Staaten untereinander als Mittel der Politik zu verhindern. Trotz aller Beschränkungen und seiner restaurativen Ausrichtung beinhaltete das System *in nuce* bereits die Prinzipien, auf denen internationale Sicherheitsinstitutionen bis heute basieren. Die Gefahr von zwischenstaatlichen Kriegen sollte durch Konsultations- und Informationsmechanismen sowie (später, seit dem Washingtoner Flottenabkommen von 1922) durch die Rüstungskontrolle reduziert werden. Falls es dennoch zu einer Aggression käme, waren alle (kollektive Sicherheit) oder die jeweils verbündeten Staaten

(Allianz) verpflichtet, dem angegriffenen Staat beizustehen. Diesen Prinzipien folgten auch die wichtigsten internationalen Sicherheitsinstitutionen, die nach dem Zweiten Weltkrieg entstanden. Die Vereinten Nationen (1945), die NATO (1949) und der Warschauer Pakt (1949) enthielten Beistandsklauseln; die KSZE-Schlußakte von Helsinki (1975), der Vertrag über die Nichtweiterverbreitung von Kernwaffen (1968) in Verbindung mit der IAEA (1957), der partielle Teststopp-Vertrag (1963) und die ersten Ost-West-Rüstungskontrollabkommen (ABM-Vertrag und SALT-Verträge) zielten auf die Verminderung der Kriegsgefahr entweder durch verbesserte Informations- und Konsultationsmechanismen oder durch das Verbot bestimmter Waffensysteme.

Nach dem Zweiten Weltkrieg erhielten internationale Sicherheitsinstitutionen eine weitere Aufgabe: Neben die Verhinderung eines zwischenstaatlichen Krieges trat nun das Ziel, Individuen vor staatlichen Übergriffen zu schützen. Die Allgemeine Erklärung der Menschenrechte, die die Generalversammlung der Vereinten Nationen im Dezember 1948 verabschiedete, stellt diesbezüglich einen Markstein der Geschichte dar. Die im November 1950 vom Europarat entwickelte »Europäische Konvention für den Schutz der Menschenrechte und Grundfreiheiten« ging hinsichtlich der Bindewirkung und Überwachungsmechanismen deutlich weiter. In den siebziger Jahre traten im Rahmen der Vereinten Nationen die Vereinbarungen über zivile und politische (Zivilpakt) sowie über ökonomische, soziale und kulturelle Rechte (Sozialpakt) hinzu, beide am 16. Dezember 1966 ohne Gegenstimme von der Generalversammlung der Vereinten Nationen angenommen und seit 1976 als Folge nationaler Ratifikationen völkerrechtlich verbindlich. In Europa transportierte man in den siebziger Jahren mit der Helsinki-Schlußakte der KSZE (1975) einige, allerdings eher allgemein formulierte menschenrechtliche Standards sogar in den Ost-West-Kontext.

Seit Mitte der siebziger Jahre wurden im Zuge der Entspannungspolitik weitere Verträge unterzeichnet, die den Staat als Quelle der Unsicherheit zu bändigen suchen. Der INF-Vertrag von 1987 über die konventionelle Rüstung in Europa, die START-Verträge zwischen den Supermächten, die Chemiewaffenkonvention (1993), die Fortschreibung des Nichtverbreitungsvertrags (1995) und das umfassende Verbot von Nukleartests (1996) verblieben aber im wesentlichen im vorhandenen institutionellen Rahmen. Auch die Bedeutung einer eventuellen Erweiterung der NATO auf Staaten, die ehemals zum feindlichen Lager gehörten, darf nicht überschätzt werden. In jedem Falle scheint es klar, daß es viel Zeit braucht, um eine echte Einbindung in Form einer *glaubwürdigen* Beistandsgarantie der gegenwärtigen NATO-Staaten für Mittel- und Osteuropa zu erreichen.[5] Parallel zur öffentlichen Debatte über die NATO-*Erweiterung* findet zudem eine akademische De- batte darüber statt, ob die NATO nach dem Ende des Kalten Krieges nicht sogar eine *Schwächung* erfuhr und *de facto* eine Re- Nationalisierung der westlichen Verteidigungspolitiken erfolgte (vgl. R. Wolf 1996). Schließlich wurden auch im Bereich der Men- schenrechte die vorhandenen institutionellen Mechanismen und Instrumente verfeinert, und es kam eine Anzahl an neuen Konven- tionen und Deklarationen dazu (vgl. Abbildung VII.6). Dazu zäh- len das Übereinkommen zur Beseitigung jeder Form von Diskri- minierung der Frau (ratifiziert 1981), das Übereinkommen gegen Folter (1987) sowie das Übereinkommen über die Rechte des Kin- des (1991). Außerdem bildete sich die Möglichkeit von Individual- beschwerden beim Zivilpakt, der Rassendiskriminierungskonven- tion und der Konvention gegen Folter aus. In Abwägung dieser Entwicklungen läßt sich festhalten, daß die internationalen Sicher- heitsinstitutionen, die auf die Kontrolle von zwischenstaatlichen Kriegen abzielen, keine signifikanten Veränderungen erfuhren. In den letzten zwei Jahrzehnten vertiefte sich allerdings die prinzi- pielle Anerkennung von menschenrechtlichen Standards, und sie breitete sich weit über den OECD-Raum hinaus aus. Das ent- spricht der Beobachtung aus Kapitel III, wonach die staatlich induzierten Sicherheitsbedrohungen nicht zuletzt aufgrund der Universalisierung von menschenrechtlichen Standards relativ gese- hen an Bedeutung verloren.

Seit den siebziger Jahren wandten sich internationale Sicher- heitsinstitutionen zunehmend den Problemen bei der Gewährlei- stung des inneren Schutzes und der Sicherung des legitimen Gewaltmonopols zu. In diesem Bereich kann von substantiellen

5 Vgl. Ruggie (1996: 109-124) und Meyer et al. (1996) für hilfreiche Diskussionen der Fragen und Probleme, die mit der NATO-Osterweiterung verbunden sind.

Neuerungen gesprochen werden. So erlangte die Aufgabe der Vereinten Nationen, das Gewaltmonopol der Staaten zu erhalten, in den letzten Jahren größere Bedeutung als ihre Aufgabe, die Staaten bei der Verteidigung nach außen zu unterstützen. Die VN waren öfter in Bürgerkriegen engagiert als in zwischenstaatlichen Auseinandersetzungen, was sich beispielsweise bei der näheren Betrachtung des Zuwachses an *peacekeeping*-Operationen während der letzten Jahre deutlich zeigt, wenngleich einige der Einsätze mit dem Verweis auf die Gefahren für die *internationale* Sicherheit gerechtfertigt wurden. Ein ähnlicher Trend läßt sich in der KSZE-Region beobachten. Die KSZE, die ursprünglich zur Verringerung des Risikos von zwischenstaatlichen Kriegen geschaffen wurde, nennt sich heute OSZE und befaßt sich nun überwiegend mit den Bedrohungen durch Bürgerkriege. Der Teil der OSZE, der sich auf die zwischenstaatlichen Kriege bezieht, beinhaltet kaum substantielle inhaltliche Änderungen gegenüber der KSZE, sondern beschäftigt sich primär mit Verfahrensfragen zur Verbesserung der Aktualität und Qualität der Informationen.[6] Weiterhin gehört es heute auch zu den Funktionen der IAEA – deren anfängliches Ziel es war, die Weitergabe von Nuklearwaffen an andere Staaten kontrolliert zu vollziehen – zu verhindern, daß Nuklearwaffen in die Hände von Terroristengruppen gelangen. Außerdem wurde der Kampf gegen den Terrorismus zu einem zentralen Thema vieler internationaler Organisationen. Im Unterschied zu den fünfziger und sechziger Jahren setzten in den siebziger Jahren Bemühungen zur Bekämpfung des Terrorismus in Form der Zusammenarbeit zwischen Staaten ein. Beispielsweise dehnte Interpol seine Aktivitäten auf diesen Bereich aus. Sogar die VN und die G-7-Treffen beschäftigen sich heute hiermit. Während diese Bemühungen in einem globalen Maßstab noch begrenzt blieben, gingen sie in Europa weiter. Einige Mitgliedsstaaten der EU bildeten im Jahre 1975 die TREVI-Gruppe (Terrorisme, Radicalisme, Extrêmisme, Violence Internationale) mit dem Ziel der Zusammenarbeit nicht nur bei der Festnahme von Terroristen, sondern auch bei den erforderlichen Untersuchungen. Das ermöglichte den Austausch relevanter Infor-

6 Siehe Schlotter et al. (1994), und Gießmann (1996) für detailliertere Darstellungen über die Entwicklung der OSZE.

mationen und wurde durch die Schaffung eines computergestützten Systems weiter verbessert.

Auf der Ebene des internationalen Systems erfuhren zudem die Organisationen, die die Bemühungen zur Bekämpfung der Organisierten Kriminalität, insbesondere des Drogenhandels, koordinieren, eine beträchtliche Stärkung. In den fünfziger und sechziger Jahren galt Interpol als ein privater »Polizistenklub«, dessen Hauptaufgabe der Erfahrungsaustausch war. Es handelte sich um eine internationale Nichtregierungsorganisation, und als solche hatte sie nur einen beratenden Status im Wirtschafts- und Sozialrat der VN (ECOSOC). In den siebziger Jahren entwickelte sich Interpol jedoch systematisch zu einer internationalen Regierungsorganisation, die zunehmend die Aufgabe übernahm, Staaten bei der Festnahme von Kriminellen zu unterstützen. Seit 1985 verfügt sie über ein computergestütztes Netz, das die Polizei weltweit nutzen kann. Ähnliches läßt sich in Europa beobachten. Nach dem Zweiten Weltkrieg hatte der Europarat die Aufgabe, sich mit Verbrechensbekämpfung zu beschäftigen. Der Rat diente als eine Arena für Verhandlungen über das Europäische Auslieferungsabkommen (1957) und das Europäische Rechtshilfeabkommen (1959). Beide Vereinbarungen gingen auf bereits vor dem Krieg geschlossene bilaterale Verträge zurück. In den siebziger Jahren begannen die europäischen Staaten, bei der Bekämpfung der Organisierten Kriminalität im Rahmen der EU intensiver zusammenzuarbeiten. Die bereits erwähnte Etablierung der TREVI in den siebziger Jahren sowie das Schengener Abkommen, der Vertrag von Maastricht und insbesondere die Amsterdamer Übereinkünfte in den neunziger Jahren sind unübersehbare Zeichen eines Trends zu einer Intensivierung der europäischen Bemühungen bei der Verbrechensbekämpfung, speziell der Organisierten Kriminalität (vgl. Busch 1995).

Internationale Umweltinstitutionen für grenzüberschreitende Umweltrisiken gewannen gleichfalls seit den siebziger Jahren verstärkt an Bedeutung. Seit dieser Zeit erließen internationale Organisationen wie UNEP und die EU, aber auch die OECD, der Europarat, die G-7, die ITO, die WMO und die WTO (früher GATT) Regelungen zum Schutz der natürlichen Umwelt. Gemeinsame Bemühungen gelten Risiken, die aus der Ausdünnung der

Ozonschicht, der grenzüberschreitenden Luftverschmutzung, der Verschmutzung der Meere und vielen anderen Umweltproblemen entstanden sind (vgl. Kapitel VI). Die meisten der internationalen Umweltvereinbarungen und -instrumente wurden – als direkte Antwort auf die beschleunigte Denationalisierung in diesem Sachbereich – in den siebziger und achtziger Jahren unterzeichnet. Dieser Trend zeigt sich innerhalb der EU noch deutlicher. Die Europäische Kommission hat in Kooperation mit jenen europäischen Staaten, die traditionell eine strenge Umweltgesetzgebung besitzen, ein erstaunliches Regelungsniveau zugunsten von Umwelt- und Gesundheitsschutz erarbeitet (Vogel 1995). Während die EWG in den sechziger Jahren im Durchschnitt eine Gesetzesvorlage zur Umweltthematik pro Jahr verabschiedete, stieg diese Zahl in den siebziger Jahren auf über fünf und in den achtziger Jahren auf mehr als 20 pro Jahr.

Insgesamt läßt sich bei den internationalen Sicherheitsinstitutionen ein veränderter Schwerpunkt ausmachen. Während sich die internationalen Institutionen in den fünfziger und sechziger Jahren überwiegend mit staatsinduzierten Unsicherheiten beschäftigten, rückte seit den siebziger Jahren zunehmend die Überwindung gesellschaftsinduzierter Bedrohungen und Risiken in den Mittelpunkt, obgleich insbesondere in den neunziger Jahren Menschenrechtsfragen wieder in den Vordergrund traten. Diese Veränderungen können als Reflex auf die gesellschaftliche Denationalisierung gesehen werden. Denationalisierung vollzog sich zunächst in den sechziger Jahren im Sachbereich Gewalt durch die staatlichen Bedrohungen mit Massenvernichtungswaffen. Seit Mitte der siebziger Jahre gewannen jedoch die grenzüberschreitende Umweltverschmutzung, der transnationale Terrorismus und die Organisierte Kriminalität an Bedeutung. Internationale Institutionen unterstützen heute die OECD-Staaten nicht nur bei der Erfüllung der Verteidigungsaufgabe, sondern auch bei der Sicherung ihrer Herrschaft und der Gewährleistung des Schutzes der Bürgerinnen und Bürger. Allerdings wurden die internationalen Institutionen diesen neuen Anforderungen bisher bestenfalls teilweise gerecht. Dem Wachstum der transnationalen Organisierten Kriminalität und des grenzüberschreitenden Terrorismus konnten sie bisher nicht Einhalt bieten. Noch wichtiger: Gerade gegen die drängendsten globalen Umweltgefahren wie Klimaerwärmung, Zerstörung der Biodiversität, Entwaldung und Verwüstung von Anbaugebieten werden keine ausreichenden Vorkehrungen getroffen, und der öffentliche Aufmerksamkeitsgrad scheint umgekehrt proportional zur Bedrohlichkeit zu sein (vgl. Zürn/Take 1997). In diesen Feldern kam es bisher bestenfalls zu Verhandlungsnetzwerken, substantielle Regelungen existieren aber bislang nicht. So brachte die Konferenz der Vertragsstaaten der Rio-Konvention in Berlin (1995) zwar eine Begrenzung des CO_2-Ausstoßes zustande, jedoch ohne jeglichen verbindlichen Zeitplan, was eine Nichteinhaltung äußerst schwierig macht. Vor dem Hintergrund der Theorie internationaler Institutionen kann es jedenfalls nicht überraschen, daß in Kyoto eine erste substantielle, wenn auch bei weitem noch nicht ausreichende und zudem erst noch zu ratifizierende Regelung der Klimaerwärmung zustandekam. In den anderen Bereichen werden die Regelungsdefizite wohl noch länger anhalten.

b) *Soziale Wohlfahrt:* Regieren soll *effizientes Wirtschaften gewährleisten und ökonomisches Wachstum ermöglichen.* In einer denationalisierten Wirtschaft ist der Zugang zu Märkten jenseits der nationalen Volkswirtschaft erforderlich, um kostengünstig zu produzieren. Ökonomische Denationalisierung führt deshalb zur Forderung nach Überwindung der Nachteile nationaler Segmentation mit Hilfe gemeinsamer Regeln, die nationale Eingriffe unterbinden. Verlangt ist also negative Integration durch marktschaffende Regelungen.

Viele der bestehenden internationalen ökonomischen Institutionen stellen eine direkte Antwort auf diese Forderung dar. Ein Beispiel ist die Entwicklung des GATT-Regimes. Die ursprüngliche GATT-Vereinbarung versuchte die traditionelle und einfachste Form der grenzüberschreitenden Handelsbeschränkung, d.h. Zölle auf Waren, abzubauen. Der Erfolg des GATT-Regimes ließ dann mit der Zeit die Bedeutung der neben den Zöllen vorhandenen nichttarifären Handelsbarrieren steigen und brachte die Forderung nach einem neuen Typ marktzugangsschaffender Regelungen mit sich, die auf innerstaatliche Maßnahmen wie Subventionen und Produktvorschriften zielten. Zunehmend geriet also nicht nur der Grenzübertritt der Waren, sondern die Art und Weise, wie sie in einem Land hergestellt und behandelt werden, in den Blick. Derartige »neue« Handelsbarrieren werden zuerst auf der Tokioer Verhandlungsrunde (1973-1979) des GATT behandelt: Antidumping, Subventionen, Zoll- und Lizenzverfahren unterlagen erstmals einer internationalen Regelung. Die Ergebnisse der Uruguay-Runde (1986-1994) brachten einen weiteren, sehr großen Schritt in diese Richtung. Vor allem führte das neue WTO-Abkommen für den Handel mit Fertigerzeugnissen neue Überwachungs- und Schlichtungsverfahren ein, um derartige »innere« Handelsbarrieren effektiver ausräumen zu können. Dem gleichen Zweck dient das Prinzip gegenseitiger Anerkennung der nationalen Standards. Als Ergebnis der Uruguay-Runde entstand zudem ein institutioneller Rahmen für den Handel mit Dienstleistungen, der jenem für den Handel mit Industriegütern ähnelt. Weiterhin regelt das neue Abkommen über »Handelsbezogene Aspekte des Internationalen Eigentumsrechts« (TRIPS) Fragen des transnationalen Eigentumsrechts. Die Vereinbarung über »Handelsbezogene Investitionsmaßnahmen« (TRIM) schließlich enthält hauptsächlich Regelungen zur Erleichterung ausländischer Direktinvestitionen, jedoch kaum Substantielles an Verhaltensvorschriften für die Investoren. Insgesamt dehnte das internationale Handelsregime mit dem erfolgreichen Abschluß der Uruguay-Runde seine Regelungsreichweite aus (mehr Teilnehmer), erweiterte seinen Regelungsbereich radikal (jetzt auch Dienstleistungen und landwirtschaftliche Güter), profilierte seine Organisation (aus GATT wurde die Welthandelsorganisation) und verbesserte vor allem seine Überwachungs- und Durchsetzungsmechanismen (Schiedsverfahren) (vgl. Kahler 1995: 46).

Ähnliche institutionelle Veränderungen lassen sich auch auf nicht-globaler Ebene beobachten: An erster Stelle ist hier die Einheitliche Europäische Akte zu nennen, die die vier Freiheiten in der EU etablierte und ursprünglich als ein eindeutig marktschaffendes Programm galt, das auf die Beseitigung der nationalen Hindernisse für den ökonomischen Austausch durch das Prinzip der gegenseitigen Anerkennung aller Produktregelungen zielte. In anderen Gebieten der OECD-Welt sieht es ähnlich aus, wie Miles Kahler (1995: 103) in seiner Studie feststellt: »Die NAFTA genauso wie die CUSTA [sowie weitere Handelsabkommen im pazifischen Raum,

M. Z.] zielen im wesentlichen auf die Beseitigung von Behinderungen des Austausches, nicht auf die Konstruktion eines Rahmens für positive Politikkoordination« (Übersetzung M. Z.). Gerade den erfolgreichen dieser Vereinbarungen ist gemein, daß sie relativ strikte Überwachungsmechanismen zur Offenlegung der Regeleinhaltung beinhalten.

Auch die Industriezweige, die die infrastrukturellen Voraussetzungen für den transnationalen Austausch schaffen, gerieten im Zuge der wirtschaftlichen Denationalisierung unter erhöhten Effizienzdruck. Während der Linienschiffsverkehr, der Luftverkehr, der Postservice und die Telekommunikation bis in die siebziger Jahre in der gesamten OECD-Welt zu einem hohen Maße staatlich kontrolliert waren, schälten sich im Verlaufe der letzten Dekade die Beseitigung von Hemmnissen für grenzüberschreitende Transaktionen und die Erhöhung der Wirtschaftlichkeit als zentrale Themen in diesen Bereichen heraus. Insbesondere bei Telekommunikation und Luftverkehr entfielen die nationalen Monopole zugunsten des Wettbewerbs und einer Neuregulierung durch unabhängige transnationale Agenturen hauptsächlich im Bereich der Standardisierung (Genschel 1995). Dementsprechend nahmen die Regelungen zum Schnittstellenmanagement der zahlreichen technischen Standards deutlich zu, so stieg beispielsweise der von ihnen benötigte Dokumentationsumfang von 3 400 auf 20 000 Seiten in den letzten 20 Jahren. Dadurch konnten die Kosten für grenzüberschreitende Transaktionen deutlich gesenkt werden – bei Telekommunikationsleistungen z. B. um acht Prozent pro Jahr seit Ende der sechziger Jahre (Zacher mit Sutton 1996: 157).

Auf den denationalisierungsbedingten Effizienzdruck ist auf der Ebene jenseits des Nationalstaates sehr prompt reagiert worden. In allen beschriebenen Feldern entstanden vergleichsweise starke und umfassende internationale Institutionen, die Marktbarrieren abbauen bzw. reduzieren und transnationale Infrastrukturen bereitstellen. Strenge Informations- und Überwachungsmechanismen tragen zur hohen Effektivität dieser Institutionen bei. Eine gewisse Ausnahme mag die Regelung der Eigentumsrechte bei Transaktionen über das Internet sein. Dennoch ist das Fazit gerechtfertigt, daß im Hinblick auf das Teilziel des Regierens, effizientes Wirtschaften zu ermöglichen, die Nachfrage nach internationalen Regelungen

keinesfalls so gedeckt wird wie während der Blütezeit des Wohlfahrtsstaates.

Soziale Wohlfahrt erfordert neben wirtschaftlicher Effizienz
auch *marktkorrigierende Politiken*, um unerwünschte Auswirkungen des Marktes zu lindern. Insofern führen negative, marktschaffende Regelungen zu einem erhöhten Bedarf an positiven,
marktkorrigierenden internationalen Institutionen. Während seiner Blütezeit erreichte der demokratische Wohlfahrtsstaat die soziale Wohlfahrt insofern einerseits durch Nachfragesteuerung zur
Stabilisierung des Konjunkturverlaufs und andererseits durch die
sozialpolitische Milderung der schlimmsten Verteilungsungleich-
heiten. Die dabei angewandten Mittel erweisen sich als kostenintensiv und erfordern ausreichend hohe Abgaben oder Steuern.
Genau darin besteht aber das Problem, solange solche Umverteilungssysteme auf nationalstaatlicher Ebene angesiedelt sind.
Maßnahmen, die die Kosten der Produktion von Gütern und
Dienstleistungen in dem betreffenden Land erhöhen, können sich
mittelfristig negativ auswirken, wenn die Investitionen ausbleiben
und mithin die Steuereinnahmen zurückgehen. Notwendig sind
hier insbesondere internationale Regelungen, die weltweite Deregulierung als Folge des Standortwettbewerbs verhindern.

Im Bereich der Sozialpolitik fällt die Bilanz internationaler Institutionen jedoch vergleichsweise mager aus. Im globalen Maßstab
führten neue Initiativen, wie der Sozialgipfel in Kopenhagen, nicht
zu substantiellen Regimen; der Sozialpakt der Vereinten Nationen
steht unter dem Vorbehalt, wonach jeder Staat die Sozialrechte nach
und nach und nur in Übereinstimmung mit den verfügbaren Mitteln umsetzen muß; die ILO konnte in den letzten Jahrzehnten ihre
Rolle nicht wesentlich ausbauen, und die WTO klammerte sozialpolitische Fragen bisher weitgehend aus. In der Europäischen
Union gibt es wenigstens einige positive Anzeichen. Beim Arbeits-
schutz setzte sich ein Ansatz durch, der auf detaillierte technische
Spezifikationen verzichtet und statt dessen mit allgemeinen Nor-
menvorgaben arbeitet. Auf der Grundlage der Arbeitsschutzrahmen-
menrichtlinie 89/391/EWG (ABl. L 183/1) wurde im Rahmen des
Binnenmarktprogramms ein umfassendes Regelwerk entworfen,
das unionsweite Mindeststandards etabliert und weitergehende nationale Vorschriften zuläßt. Gleichwohl sind bereits die Mindest-

standards teilweise so innovativ und anspruchsvoll formuliert, daß ein Kenner der Materie das Regelungsniveau des Arbeitsschutzes folgendermaßen beurteilt: »Dies ist aus deutscher Sicht – und aus der Perspektive von mindestens neun weiteren Mitgliedsländern (mit Ausnahme von Dänemark und der Niederlande, die bereits zuvor eine innovative Regelungsphilosophie eingeführt hatten) – das genaue Gegenteil von sozialem Dumping« (Eichener 1996: 265). Hinzu kommen einige zukunftsweisende Regelungen zur Geschlechtergleichheit (Ostner/Lewis 1998) und Mechanismen der regionalen Umverteilung (siehe Anderson 1998; Rieger 1998). Ob trotz der Sozialcharta von 1991 »der Weg zu einer echten Sozialgemeinschaft noch sehr weit ist« (Sieveking 1997: 207) oder dies bereits Ausdruck einer »Transformation souveräner Wohlfahrtsstaaten in Elemente eines Mehrebenensystems« ist (Leibfried/Pierson 1998b: 60), bleibt zu einem nicht unerheblichen Maße Interpretationssache. Jedenfalls scheint sich eine Differenzierung sozialpolitischer Zuständigkeiten herauszubilden, derzufolge die Vereinheitlichung der Bedingungen der Produktion zunehmend auf der europäischen Ebene geregelt wird, die Einkommensumverteilung aber der nationalen Ebene überlassen bleibt (Kaufmann 1997: 133). Festhalten läßt sich somit in jedem Fall, daß der Deregulierungs-Druck auf die nationalen Umverteilungssysteme durch Regelungen jenseits des Nationalstaates bisher nur partiell aufgefangen wurde. Allerdings scheint dieser Druck auch nicht so groß zu sein wie gemeinhin vermutet (vgl. Kapitel IV).

Drastischer erscheint das Regelungsdefizit im Bereich der makroökonomischen Steuerung. Auf nationalstaatlicher Ebene ist eine Nachfragesteuerung kaum mehr effektiv (vgl. Kapitel IV). Im Rahmen der OECD erbrachten die Treffen der G-3 und der G-7 wenig bemerkenswerte Ergebnisse hinsichtlich der Koordination der Konjunkturpolitik. Der letzte ernsthafte Versuch makroökonomischer Steuerung auf dieser Ebene liegt schon weit zurück: Er wurde auf dem Bonner Gipfel von 1978 unternommen. Im Kontext der Europäischen Union sieht es kaum besser aus, obwohl sich die Europäische Währungsunion als ein großer Schritt in Richtung auf eine Konjunkturpolitik auf europäischer Ebene erweisen könnte.

Der Bereich der Finanz- und Währungspolitik erfordert insbesondere als Folge der globalen Finanzmärkte weitreichende Regelungen (O'Brien 1992). Bis heute stellt jedoch die Regelung der Sicherheitseinlagen beim Bankenwesen, die das *Committee on Banking Supervision and Regulatory Practices* im Rahmen der Bank für Internationalen Zahlungsausgleich (BIZ) aushandelte, die einzige größere, von den Regierungen getragene Vereinbarung auf diesem Gebiet dar (Genschel/Plümper 1996). Hinzu kommt, daß einige Regelungen der *International Organization for Securities Commission* die internationalen Bankgeschäfte und das Börsenwesen etwas stabilisiert haben (vgl. Lütz 1997). Die Währungsbeziehungen werden bis zu einem gewissen Grade durch die Gipfeltreffen der G-7-Länder kontrolliert. Diese Treffen brachten bisher allerdings weniger substantielle Regeln hervor als vielmehr ein intergouvernementales Netzwerk, das in *ad-hoc*-Manier auf Krisen reagiert (Hirst/Thompson 1996: 131). Trotz aller Ansätze existieren – verglichen mit dem Wohlfahrtsstaat – für viele andere Bereiche keine Regulierungen, wie z.B. die Kontrolle spekulativer Aktivitäten auf den globalen Finanzmärkten in Form einer sog. *Tobin Tax* (vgl. Eichengreen et al. 1995). Auch die Währungsbeziehungen scheinen deutlich unterreguliert (Helleiner 1994).

3. Einige theoretische Überlegungen

Alle materiellen *Ziele* des Regierens können prinzipiell mit Hilfe von *Formen* des Regierens, die jenseits des Nationalstaates angesiedelt sind, erreicht werden. Die Wahrscheinlichkeit, daß dies tatsächlich gelingt, hängt aber offensichtlich von den *Instrumenten* bzw. dem *Inhalt der Politiken* ab. Neben den Differerenzierungen hinsichtlich der Ziele (Sicherheit, soziale Wohlfahrt, demokratische Legitimation und symbolische Integration) und den Formen des Regierens (*governance by, with and without government*) soll daher an dieser Stelle eine dritte Unterscheidung eingeführt werden, die sich auf den Gehalt der Regelung bezieht. Das vorhergehende Kapitel verwendete schon den Unterschied zwischen *negativen Regelungen* (Staaten verpflichten sich darauf, bestimmte Handlungen zu unterlassen) und *positiven Regelungen* (Staaten verpflichten sich darauf, bestimmte Maßnahmen und Eingriffe in koordinierter

Weise durchzuführen). Eine zweite Unterscheidung zielt auf die Ressourcen. Dabei steht die reine Regelsetzung (ohne die Umverteilung materieller Ressourcen) der Regelsetzung in Verbindung mit dem Einzug von und/oder der Verteilung von Mitteln gegenüber (vgl. Majone 1996b). Regieren, das Verhalten regelt und ohne eine ressourcenumverteilende Instanz auskommt, ist meist ausreichend, um Marktversagen im engeren Sinne (Markt produziert ökonomische Ineffizienzen) zu beheben. Wenn das unbeschränkte Wirtschaften zu einer Zerstörung der Umwelt führt, so könnte durch Vorschriften das Wirtschaften umweltverträglicher gestaltet werden. Demgegenüber setzt das Regieren, das auf den Ausgleich des Marktversagens im weiteren Sinne (Markt produziert sozial unerwünschte Ergebnisse) zielt, meist die Umverteilung von Ressourcen oder zumindest solche Maßnahmen voraus, die die Gewinnchancen von wirtschaftlichen Akteuren verschieben. Sozialpolitik oder der Unterhalt von öffentlichen Schulen beispielsweise bedingen, daß eine wie auch immer geartete Instanz zunächst Mittel zugewiesen bekommt, um sie dann zweckgebunden einzusetzen.

Tabelle VII.1: Regelungstypen

	Keine Umverteilung von materiellen Ressourcen	Umverteilung von materiellen Mitteln
Negativ	Konstituierende Regelungen	Distributive Regelungen
Positiv	Regulative Regelungen	Redistributive Regelungen

In der Kombination der beiden Unterscheidungen ergeben sich vier Regelungstypen (vgl. Tabelle VII.1).[7] *Konstituierende Regelungen* schaffen Handlungszusammenhänge (meist Märkte), indem sie Hindernisse der grenzüberschreitenden Interaktionen beseitigen, gegenseitige Anerkennungen vornehmen und prozedu-

---

7 Diese Unterscheidung stimmt im wesentlichen mit der erweiterten Version der fast schon klassischen Policy-Typologie von Lowi (1972) überein, obwohl die ältere Typologie anhand von anderen Unterscheidungskriterien (Angemessenheit von Zwangsmaßnahmen, Durchführbarkeit von Zwangsmaßnahmen) aufgebaut worden ist. Einen hervorragenden Überblick über Policy-Typologien bietet Windhoff-Héritier (1987). Vgl. auch Streeck (1995b).

rale Grundlagen entwickeln. *Distributive Regelungen* im eigentlichen Wortsinne kann es heute angesichts der nahezu vollständigen Aufteilung aller Ressourcen dieser Welt kaum mehr geben. Allerdings sollen hier jene Regelungen als distributiv gelten, bei denen eine Instanz mit ausreichender Ressourcenverfügung infrastrukturelle Leistungen erbringt, die zur Vertiefung von Handlungszusammenhängen beitragen. Dazu zählen Investitionen in Transport- und Kommunikationssysteme und öffentliche Bildungseinrichtungen. *Regulative Regelungen* zielen auf die substantielle Steuerung des Verhaltens von Akteuren in einem gegebenen Feld mittels Ver- und Geboten wie idealtypischerweise im Falle der Umweltpolitik. Manche dieser Regelungen können allerdings auch die Gewinnchancen der betroffenen Akteure merklich verschieben. *Redistributive Politiken* schließlich sind besonders anspruchsvoll, da sie sowohl eine positive Koordination als auch die Umverteilung von Mitteln voraussetzen. Sozialpolitik beispielsweise erfordert häufig redistributive Maßnahmen.

Diese vier Typen von Regelungen entsprechen in gewisser Weise den Typen von Herausforderungen, denen die Staaten durch die gesellschaftliche Denationalisierung ausgesetzt sind (vgl. Einleitung). Vereinfachend kann gesagt werden, daß sich konstituierende und distributive Regelungen besonders eignen, um dem Effizienzdruck im Gefolge der wirtschaftlichen Denationalisierung zu begegnen. Regulative Regelungen auf der internationalen Ebene hingegen sind hilfreich, um das Externalitätsproblem nationaler Politiken aufzufangen. Gegen den Wettbewerb um die geringsten politischen Marktinterventionen können redistributive Maßnahmen entweder auf der internationalen Ebene ergriffen werden, oder es müssen redistributive Regelungen auf der nationalen Ebene durch regulative Politiken auf der internationalen Ebene abgesichert werden.

Unter Zugrundelegung dieser Typologie zeigt sich, daß Regieren jenseits des Nationalstaates bei konstituierenden und distributiven Regelungen bereits recht ausgeprägt ist. Der Effizienzdruck ließ sich erfolgreich durch internationale Institutionen auffangen. Einfache regulative Regelungen (ohne die Verschiebung von Gewinn- und Marktchancen) sind auf der internationalen Ebene gleichfalls häufig anzutreffen. Obgleich anspruchsvolle regulative Maßnahmen (mit Verschiebung von Gewinn- und Marktchancen) auf der internationalen Ebene schon seltener existieren, scheint hier gleichfalls das Angebot an internationalen Institutionen den Bedarf wenigstens einigermaßen zu decken. Am schwierigsten gestaltet sich Regieren jenseits des Nationalstaates bei redistributiven Regelungen. Die bestehenden Defizite benötigen zu ihrer Überwindung meist Regelungen, die positiv sind und ein hohes Maß an Umverteilung implizieren. Makroökonomische Steuerung, internationale Sozialpolitik und die Bekämpfung der meisten globalen Umweltgefahren lassen sich daher auf internationaler Ebene schwerer erreichen als der Abbau von Handelshemmnissen.

Diese Beobachtungen decken sich in einem bemerkenswerten Maße mit den diskutierten Theorien über internationale Institutionen. Zunächst ist nämlich festzuhalten, daß die funktionalistische Erwartung, wonach die Bedeutung internationaler Institutionen parallel zur gesellschaftlichen Denationalisierung zunimmt, gar nicht so falsch ist. Für zwei der vier identifizierten Regelungstypen scheint das grob betrachtet zuzutreffen.[8] Insofern kann es auch nicht überraschen, daß bis zum Ende der siebziger Jahre, als das moderate Wachstum grenzüberschreitender Austauschprozesse konstituierende und einfache regulative Regelungen auf der internationalen Ebene verlangte, die Entwicklung internationaler Institutionen gleichsam parallel zum Wachstum der gesellschaftlichen Denationalisierung verlief. Erst als infolge beschleunigter Denationalisierung das Externalitätsproblem und der Politikwettbewerb Ende der achtziger Jahre zunahm, wurden anspruchsvolle regulative und redistributive Regelungen notwendig, und das Tempo der gesellschaftlichen und politischen Denationalisierung entwickelten sich unterschiedlich.

Mit Hilfe der interessenorientierten Theorie internationaler Institutionen läßt sich im zweiten Schritt verstehen, daß regulative und redistributive Regelungen auf der Grundlage von wenig kooperationsförderlichen Interessenkonstellationen entstehen müssen, insbesondere wenn Verteilungskonflikte in den Vordergrund

8 Dieser Befund soll nicht als Wiederbelebungsversuch einer veralteten Theorie mißverstanden werden. Die Defizite der funktionalistischen Theoriebildung bleiben von dieser Feststellung unberührt (vgl. aber Wolf 1998). Allerdings weist er darauf hin, daß die Entstehung internationaler Institutionen eben *auch* durch das Ausmaß ihrer Funktionalität bestimmt wird.

treten. Bei regulativen und redistributiven Regelungen kommt erschwerend hinzu, daß mit der Intensivierung gesellschaftlicher Denationalisierung und der Zunahme der grenzüberschreitenden *Produktion* die Kontrolle und Verifikation der Regeleinhaltung nur noch selten an den Grenzen vorgenommen werden kann. Die neuen Informations- und Kommunikationstechnologien machen es beinahe unmöglich, den Fluß von Informationen oder Kapital an den Grenzen zu kontrollieren. CO_2- und FCKW-Emissionen sind nicht im klassischen Sinne grenzüberquerend. Sie lassen sich erst in der Atmosphäre feststellen und nicht auf die Länder zurückführen, die sie emittierten. Und selbst das internationale Handelsregime regelt zunehmend Fragen wie wettbewerbsverzerrende Subventionen, die nur im Lande selbst kontrolliert und nicht an der Grenze ermittelt werden können, wie das noch bei den Zöllen der Fall war. Das hat zur Konsequenz, daß solche Regelungen nur schwer zustande kommen und sich somit eine zusätzliche Erklärung ergibt, weshalb sich gesellschaftliche und politische Denationalisierung gerade in den letzten Jahren auseinanderentwickelt haben.

Eine rigide Interpretation der interessenorientierten Theorie internationaler Institutionen könnte vor diesem Hintergrund zu dem Diktum führen, daß marktkorrigierende politische Interventionen jenseits des Nationalstaates unmöglich sind (Streeck 1995b; 1997). Ein solches Urteil übersieht jedoch, daß es Fälle gibt, in denen anspruchsvolle regulative und redistributive Regelungen erzielt werden konnten. Sie sind prinzipiell möglich. Die Theorie(n) internationaler Institutionen weisen nämlich auf weitere Faktoren hin, die es ermöglichen, daß auch bei schwierigen Interessenkonstellationen Regelungen nicht prinzipiell ausgeschlossen sind.

– Anhand der Analyse der drei Umweltregime in Kapitel VI ließ sich zeigen, daß mittels einer *klugen institutionellen Ausgestaltung* die Schwierigkeiten, die mit starken Umverteilungen und den Überwachungsproblemen verbunden sind, überwunden werden können. Die erfolgreichsten internationalen Institutionen, sei es das internationale Handelsregime, das Ozonregime oder die EU-Regelungen, zeichnen sich allesamt durch umfassende Prozeduren im Bereich der Schiedssprechung, der Regelüberwachung und der Regelanpassung aus. Erfolgreiche anspruchsvolle regulative Regelungen wie das Saurer-Regen-Regime oder das Öltankerregime sind sehr differentiell gestaltet, so daß sie die Implikationen für die Gewinn- und Marktchancen der jeweiligen nationalen Industrien auffangen können.

– Hinzu kommt, daß eine Regierung mit einem starken Interesse an einer redistributiven Regelung und mit *überlegenen Machtressourcen* eine kooperationshinderliche Interessenkonstellation unter Umständen zu überwinden vermag. Zum einen kann sie durch die unilaterale Übernahme einer Regelung die Rahmenbedingungen so verändern, daß die anderen Regierungen aus Eigeninteresse über kurz oder lang folgen. David Vogel (1997) prägte für diesen Mechanismus den Begriff des Kalifornien-Effekts. Kalifornien formulierte frühzeitig striktere Umweltgesetze als andere US-Bundesstaaten. Anstatt einer Abwanderung von Direktinvestionen aus Kalifornien passierte etwas ganz anderes: Die anderen Staaten folgten dem kalifornischen Beispiel, um Zugang auf den kalifornischen Markt zu erhalten und um nicht in den wirtschaftlich schädlichen Ruf von ökologisch unverantwortlicher Produktion zu kommen. Zum anderen können selbst Regierungen mit vergleichsweise geringen Machtressourcen redistributive Regelungen erzwingen, wenn sie eine Vereinbarung, die dem mächtigeren Staat wichtig ist, an Konzessionen in anderen Bereichen koppeln. Ein nicht unerheblicher Teil der europäischen Regionalfonds geht auf diesen Mechanismus zurück.

– Schließlich darf auch die Rolle von *Lern- und Argumentationsprozessen* nicht unterschätzt werden. Obwohl die Verteilungsimplikationen und Verifikationsprobleme eines internationalen Klimaregimes nicht geringer wären als die eines internationalen Regimes zur makroökonomischen Koordination, sind die Regimebildungsprozesse im Klimafall ungleich weiter fortgeschritten. Ein wichtiger Grund hierfür bildet das Vorhandensein eines transnationalen Expertennetzwerkes, das mit Nachdruck die Notwendigkeit einer CO_2-Reduktion vertritt und in den internationalen Verhandlungssystemen eine wichtige Rolle einnimmt. Dagegen scheinen die internationalen Verhandlungssysteme im Bereich der internationalen Wirtschaftspolitik von neoliberalen Expertennetzwerken dominiert zu sein, die eine makroökonomische Koordination auf der internationalen Ebene nicht als dringlich ansehen. Mit anderen Worten: Die Defizite auf der internationalen Ebene in diesem Bereich könnten bereits behoben werden mit einer geringfügigen Einstellungsänderung der Eliten (Hirst/Thompson 1996: 7).

Redistributive und anspruchsvolle regulative internationale Institutionen sind also prinzipiell möglich, und sie können auch wesentlich dazu beitragen, innere und äußere Sicherheit sowie soziale Wohlfahrt zu gewährleisten. Die mangelnde Effektivität nationalstaatlichen Regierens läßt sich mittels internationaler Institutionen auffangen. Dies geschieht heute bereits in einem Ausmaß, das im allgemeinen unterschätzt wird. Bereits vor zehn Jahren schrieb Oran Young (1986): »Wir leben in einer Welt der internationalen Regime.« Dennoch verbleiben Regelungsdefizite, insbesondere bei den positiven internationalen Institutionen. Die Defizite sind jedoch strukturell nicht unüberwindbar.

Positive internationale Institutionen bringen allerdings ein anderes Problem mit sich. Negative internationale Institutionen zielen *per definitionem* primär auf Unterlassungen. Solche Regelungen untersagen Staaten den Einsatz bestimmter Waffen, die Vergabe von Subventionen, die Erhöhung von Zöllen, die militärische Aggression, die Beschaffung bestimmter Rüstungsgüter etc. Es geht also um die Normierung und Zivilisierung von Staatenverhalten. Diese traditionellen internationalen Institutionen legitimierten sich durch das Prinzip »Je mehr internationale Zusammenarbeit, desto besser für die Menschheit«.

Positive internationale Institutionen unterscheiden sich davon erheblich. Sie verlangen von den beteiligten Staaten nicht Unterlassungen, sondern Aktivitäten. Sie zielen im Kern also auf Freiheitseinschränkungen, da sie gesellschaftlichen Akteuren bestimmte Vorschriften machen. Im Falle von internationalen Umweltvereinbarungen verpflichten sich die Staaten dazu, das mögliche zu tun, um gesellschaftlich verursachte Emissionen zu reduzieren. Insofern derartige Umweltmaßnahmen den Schutz der (transnationalen) Gesellschaft vor gesellschaftlichen Risiken beinhalten, beruhen sie auf Zielsetzungen, die eine breite Anerkennung genießen. Im Falle von internationalen Vereinbarungen allerdings, die wie im Bereich des Terrorismus und der Organisierten Kriminalität zur Stärkung der Exekutivgewalten gegenüber gesellschaftlichen Akteuren und rechtsstaatlichen Kontrollmechanismen führen, ist die allgemeine Anerkennung der Zielsetzung nicht mehr gegeben. Ähnliches gilt für redistributive Regelungen wie eine internationale Sozialpolitik. Positive internationale Institutionen werden daher heute nicht mehr unisono als Dienst an der Menschheit begrüßt, vielmehr in Frage gestellt. Von diesem Problem handelt das folgende Kapitel.

VIII. Demokratie und internationale
Institutionen

Wenn die EU die Mitgliedschaft in der EU beantragen würde, »so wäre sie wegen des mangelnden demokratischen Gehalts ihrer Verfassung nicht dazu qualifiziert« (Offe 1996: 45). Trotzdem sind gut 50 Prozent der Gesetze, die heute in Frankreich Gültigkeit erlangen, bloße Umsetzungen von Maßnahmen, die im unüberschaubaren und fernen Dickicht der Institutionen in Brüssel entschieden werden (Majone 1996b: 59). Wird Frankreich also noch demokratisch regiert? Ähnlich verhält es sich mit anderen internationalen Organisationen in der OECD-Welt. Das Vertragswerk der WTO beispielsweise umfaßt als Ergebnis eines Verhandlungsmarathons, der über ein Jahrzehnt verlief und an dem über 150 Staaten und Tausende von Experten teilnahmen, beinahe 10 000 Seiten. Obwohl die Konsequenzen dieses Vertrags für die Arbeitsplätze in kriselnden Industriesektoren und in der Landwirtschaft weitreichend sind, setzt die Bundesrepublik die darin formulierten Anforderungen im großen und ganzen rechtsbeflissen um. Hatten die westdeutschen Bürger wirklich einen erkennbaren Einfluß auf diese Entscheidungen? Das Problem ist offensichtlich: Obwohl mit internationalen Institutionen Sicherheit und soziale Wohlfahrt besser erreicht werden als ohne, ist damit noch kein Dienst an den Zielen des Regierens in ihrer Gesamtheit garantiert. Internationale Institutionen stehen nämlich auf wackligen demokratischen Beinen. Worin liegen die Demokratie-Defizite bei Mehrebenenentscheidungen? Es zeigt sich, daß zum einen die Frage nach den legitimen Mitgliedern einer politischen Gemeinschaft im Zuge der gesellschaftlichen Denationalisierung neuartige Probleme aufwirft. Zum anderen wird das spezifische Zusammenspiel von nationalen und internationalen Regelungsinstanzen den Gütekriterien des demokratischen Prozesses kaum gerecht. Vor diesem Hintergrund wird deutlich, daß die Reformvorschläge, die gegenwärtig die öffentliche Diskussion dominieren, zu kurz greifen.

1. Demokratie

»Menschen (…) sollten frei und gleich in der Bestimmung der Bedingungen ihres eigenen Lebens sein, solange sie diesen Rahmen nicht zur Negierung der Rechte anderer benutzen« (Held 1995: 147; Übersetzung M.Z.). Unter Zugrundelegung dieses Autonomieprinzips bezeichnet Demokratie eine Form der öffentlichen Willensbildung und Entscheidungsfindung, bei der alle betroffenen Personen gleiche und wirksame Einflußmöglichkeiten haben und die normativ begründungsfähige Problemlösungen hervorbringt. Ein solches Demokratieverständnis wendet sich gegen eine rein prozedurale oder republikanische Auffassung, die Demokratie auf ein System der Entscheidungsfindung reduziert, das völlig frei in bezug auf den Inhalt von Entscheidungen ist. Dieses Demokratieverständnis wendet sich aber gleichzeitig gegen rein liberale oder konstitutionalistische Auffassungen, die die politischen Rechte der Individuen als vorpolitisch gegeben ansehen und sie deshalb vor den Ergebnissen des demokratischen Prozesses schützen wollen.[1] Das genannte Demokratieverständnis ist *reflexiv* in dem Sinne, als es davon ausgeht, daß sich die Grundlagen des demokratischen Prozesses und deren Rechtfertigung in einem rationalen Diskurs gegenseitig reproduzieren.[2] Gleichzeitig müssen die Ergebnisse des demokratischen Prozesses inhaltlichen Anforderungen genügen. In diesem komplexen Demokratieverständnis kommen somit sowohl deliberative (normative Begründungsfähigkeit) als auch aggregative Elemente (Entscheidungsfähigkeit) zum Zuge.

Vor diesem Hintergrund ergeben sich bereits einige Überlegungen zum Stand der Demokratie jenseits des Nationalstaates. Erstens: Das Demokratiedefizit muß stets im Zusammenhang mit der *Fähigkeit* zu regieren, also angestrebte Ziele zu erreichen, diskutiert werden. Das Axiom vom »Volk, das sich selbst regiert« läßt sich nicht in Richtung des »Volkes« vereinseitigen; das Volk muß

---

1 Zur Diskussion der Frage, welche Verfassungsvorgaben vor Mehrheitsentscheidungen in welcher Form »geschützt« werden sollen vgl. die Beiträge in Preuß (1994).
2 Mit dieser Formulierung wird einer der Kerngedanken der deliberativen Demokratietheorie aufgegriffen. Vgl. hierzu u.a. Cohen (1989), Habermas (1992), Benhabib (1996), Gerstenberg (1997a).

auch »regieren« können, d. h., potentiell in der Lage sein, gewünschte Zustände mittels politischer Maßnahmen tatsächlich herbeizuführen. Wenn es einer politischen Gemeinschaft verwehrt bleibt, aufgrund institutioneller oder struktureller Rahmenbedingungen auf der internationalen Ebene mit politischen Maßnahmen Zustände anzustreben, die eine Mehrheit als Ergebnis eines deliberativen Willensbildungsprozesses als wünschenswert ansieht, so stellt auch dies eine Form des Demokratiedefizits dar. Dieses Demokratiedefizit ähnelt den Nicht-Entscheidungen, die die demokratietheoretische Diskussion der sechziger und siebziger Jahre zu Recht thematisierte (vgl. Bachrach/Baratz 1977).

Wenn beispielsweise die Ordo-Liberalen eine europäische Wirtschaftverfassung anstreben, die den Staat einerseits darauf verpflichtet, einen einheitlichen europäischen Markt zu schaffen, ihn aber andererseits daran hindert, in diesen Markt zu intervenieren, so impliziert eine solche »wirtschaftsverfassungsrechtliche Gewaltenteilung« (Mestmäcker 1994: 274) gemäß der vorgetragenen Demokratieauffassung eine Beschränkung. Die wirtschaftlichen Freiheitsrechte, der Binnenmarkt und das System unverfälschten Wettbewerbs müssen das begründungsfähige Resultat einer demokratischen Willensbildung und Entscheidungsfindung sein und können ihnen nicht entzogen und in den vorpolitischen Raum verwiesen werden. Freilich ist es notwendig, bei der Betrachtung der Fähigkeit zu regieren, »realistisch« zu bleiben und nicht dem Mythos der »Demokratie-Omnipotenz« zu verfallen (Scharpf 1997). Umgekehrt dürfen jedoch die normativen Ansprüche nicht umstandslos an die politische Realität angepaßt werden. Den »realitätshaltigen« Maßstab für die Fähigkeit, die Ziele des Regierens zu erreichen, bildet auch hier der demokatische Wohlfahrtsstaat der siebziger Jahre (vgl. Kapitel I).

Zweitens: Die Klagen über das Demokratiedefizit in der Europäischen Union werden oft und fälschlicherweise als unmittelbare Kritik an einzelnen Organen der EU gewertet. Dabei bezieht sich bei näherer Betrachtung das Demokratiedefizit auf das Zustandekommen und den Gehalt politischer Regelungen in Europa *ganz generell*, also auf dessen Mehrebenenentscheidungssystem. Bei einem Mehrebenensystem wie im Falle der Europäischen Union handelt es sich um ein neuartiges politisches System, das sich aus nationalstaatlichen und europäischen Institutionen zusammensetzt, die sich nur noch in gegenseitiger Abhängigkeit voneinander bilden. Demnach sind die westeuropäischen nationalstaatlichen und die EU-Institutionen so stark miteinander verwoben, daß sie kaum mehr als separate politische Systeme gedacht werden können (vgl. Jachtenfuchs/Kohler-Koch 1996a). Die Aufgabe besteht dann darin, daß Entscheidungsprozesse in komplexen Mehrebenensystemen generell zu demokratisieren sind.

Die Mehrebenenlogik und die aus ihr erwachsenden Demokratieprobleme gelten in ähnlicher Weise auch in anderen internationalen Institutionen. Gleichwohl unterscheidet sich das EU-Mehrebenensystem von der Mehrebenenpolitik mit herkömmlichen internationalen Institutionen durch zwei Merkmale. Zum einen stehen die verschiedenen europäischen Regelungen (europäische Regime, wenn man so will) in einer so engen Beziehung, daß sie als Netz gleichsam einen neuen politischen Raum mit allerdings etwas unscharfen territorialen Grenzen schaffen. Dieser Sachverhalt rechtfertigt den Begriff der Europäischen Gemeinschaft und somit auch den des Mehrebenen*systems*. Demgegenüber sind die internationalen Institutionen eher funktional bestimmt, und die Summe von internationalen Regimen ergibt keinen erkennbaren räumlichen Fokus; hier ist der Begriff der Mehrebenen*politik* (je spezifisch für die einzelne Institution gedacht) angemessener. Zum anderen handelt es sich bei internationalen Regimen im Gegensatz zur EU um weitgehend passive politische Institutionen, die von den Nationalstaaten, die letztlich unabhängig von den Regimen existieren, geschaffen werden und kaum aus den internationalen Organisationen heraus eine eigenständige politische Kraft entwickeln.

Die dritte Vorüberlegung: Lange Zeit galt, daß ein demokratischer Prozeß nur im Rahmen eines konstitutionell abgesicherten Systems von repräsentativen Mehrheitsentscheidungen in einer parlamentarischen Demokratie organisiert werden kann. Ob und inwiefern eine konkrete institutionelle Umsetzung von Demokratie angesichts der jeweiligen (variablen) Rahmenbedingungen gelungen ist, kann nicht *per se* entschieden werden. Die notwendige Auseinandersetzung läßt sich nur auf der Grundlage von idealtypischen Merkmalen und Kriterien führen, die sich aus dem allgemeineren Demokratieverständnis ableiten und Bewertungsmaßstäbe bereitstellen. Die Merkmale des demokratischen Prozesses sind zwar historisch-konkret in keinem real-existierenden politischen System komplett erreicht worden. Abweichungen von diesen Merkmalen gelten heute jedoch gemeinhin als »defizitär«. Die Merkmale ergeben sich vor dem Hintergrund der allgemeinen Demokratiedefinition durch die Unterscheidung von drei Dimensionen einer komplexen Demokratietheorie:

– *Input-Dimension:* Welcher Personenverbund soll entscheidungsbefugte politische Gemeinschaft konstituieren? Welche Voraussetzungen muß der Personenverbund besitzen, damit er demokratisch organisiert sein kann? Welche Interessen müssen berücksichtigt werden?

– *Throughput-Dimension:* Was sind die unabänderlichen Merkmale eines demokratischen Prozesses? Welche Rolle kommt dabei der Mehrheitsregel zu? Welche Bedingungen der kommunikativen Rationalität müssen bei der Entscheidungsfindung erfüllt sein?

– *Output-Dimension:* Welche Qualität müssen die getroffenen Entscheidungen aufweisen? Dienen die Entscheidungen dem Gemeinwohl?

Für jede dieser drei Dimensionen können eine Vielzahl von Voraussetzungen, Merkmalen, Institutionen und Bedingungen diskutiert werden,[3] von denen ich jedoch nur die wenigen hervorheben möchte, die von der ungleichzeitigen Denationalisierung unmittelbar betroffen zu sein scheinen (vgl. auch Scharpf 1993a; Held 1995; Schmalz-Bruns 1997; Kohler-Koch 1998).

2. Merkmale der Demokratie im Zeitalter der Denationalisierung

Demokratietheoretische Diskurse handelten immer wieder von den Grenzen der Demokratie: Sind nur Staaten oder alle sozialen Organisationen demokratisch zu gestalten? Und: Wo sind die Grenzen zwischen privaten und öffentlichen Entscheidungspro-

---

3 Vgl. neben den genannten Beiträgen zur deliberativen Demokratietheorie v. a. Dahl (1989) und Held (1987) als zwei der wichtigsten neueren Beiträge zur Demokratietheorie. Für eine Gesamtdarstellung im Sinn einer komplexen Demokratietheorie vgl. Schmidt (1995).

zessen zu ziehen?[4] Im Zuge der gesellschaftlichen Denationalisierung rückt bei der Frage nach den Grenzen der Demokratie jedoch
ein weiterer Aspekt in den Vordergrund: *Welches ist die angemessene Größe oder Reichweite eines politischen Gemeinwesens?* Zwei
Bedingungen sind von der Ausweitung der verdichteten sozialen
Handlungszusammenhänge betroffen.

(1) Kongruenzbedingung: Die Kongruenz ist unter demokratietheoretischen Gesichtspunkten an *zwei* kritischen Punkten erforderlich: Zum einen zwischen den Betroffenen einer Entscheidung
und denjenigen, die auf die Entscheidung Einfluß nehmen können
(*input*-Kongruenz), und zum anderen zwischen der Gültigkeitsreichweite der Regelungen und dem davon betroffenen Handlungszusammenhang (*output*-Kongruenz).

Falls die *Input-Kongruenz* fehlt, hat die Gruppe, die von den
Entscheidungen betroffen ist, aber nicht an ihnen beteiligt war, als
fremdbestimmt zu gelten. Held (1995: 18) stellt aus britischer Perspektive entsprechend trocken fest: »Diese Überlegungen sind
sicherlich wenig überraschend für diejenigen Nationen und Länder, deren Interdependenz und Identität von der hegemonialen
Reichweite alter und neuer Imperien stark beeinflußt waren, aber
sie erscheinen vielen im Westen überraschend« (Held 1995: 18;
Übersetzung M. Z.). Freilich tritt das Problem der Fremdbestimmung im Kontext moderner Mehrebenenpolitik in der OECD-
Welt etwas anders auf, als es aus imperialen oder feudalistischen
politischen Systemen bekannt ist. Sie ist gegenwärtig tendenziell
symmetrischer Natur und liegt darin begründet, daß viele Entscheidungen, wenn nicht grenzenlose, so doch zumindest grenzüberschreitende Auswirkungen besitzen.[5] Die Entscheidungen der
britischen und der deutschen Regierung in den sechziger und siebziger Jahren, bestimmte umweltpolitische Maßnahmen nicht zu
ergreifen, hatten u. a. übersäuerte Seen und Fischsterben in Skandinavien zur Folge. Einige bundesdeutsche Fließgewässer wurden

---

4 Für eine autoritative Darstellung der Positionen in diesen Fragen vgl. Dahl (1989:
   Kap. 14 und 15).
5 Diese Aussage soll freilich nicht verdecken, daß es auch noch »traditionelle Fremdbestimmung« gibt. In verschiedenen Zweigen des Feminismus wird beispielsweise
   das Geschlechterverhältnis mit Kategorien traditioneller Fremdbestimmung beschrieben. Weiterhin ist zu beachten, daß auch die neuen Formen der Fremdbestimmung bei weitem nicht alle vollständig symmetrisch sind.

wiederum durch Schadstoffeinträge in der DDR stark verunreinigt. Dennoch konnte weder die schwedische Bevölkerung an der britischen oder westdeutschen Politik mitwirken, noch hatten die Menschen in der Bundesrepublik einen Einfluß auf die DDR-Regierung.

Die mangelnde Übereinstimmung der Gültigkeitsreichweite von demokratisch legitimierten politischen Regelungen und den Grenzen der relevanten sozialen Handlungszusammenhänge, also die *output*-Inkongruenz, besitzt gleichfalls demokratietheoretische Bedeutung. In einer denationalisierten Welt, die von einem System von formal unabhängigen Nationalstaaten regiert wird, besteht die Gefahr, daß politische Gemeinschaften ihre Ziele nicht erreichen können, weil Rahmenbedingungen außerhalb ihres Einflußgebietes dies unmöglich machen. So könnte eine mehrheitlich gewünschte Sozialpolitik daran scheitern, daß diese aufgrund des Standortwettbewerbs nicht finanzierbar ist.

Die Ausweitung gesellschaftlicher Handlungszusammenhänge über die Grenzen des Nationalstaats hat zur Unterminierung einer zentralen Voraussetzung demokratischen Regierens, der Identität von Herrschaftssubjekten und Herrschaftsobjekten, geführt. Deshalb liegt der Ursprung des Demokratie-Defizits nicht in den kritisierten internationalen Institutionen, sondern in der gesellschaftlichen Denationalisierung. Internationale Institutionen schaffen nicht das Demokratie-Defizit, sie sind eine (allerdings unzureichende) Reaktion darauf (vgl. Brock 1998).

(2) *Gemeinsinnbedingung:* Demokratische Prozesse setzen voraus, daß die am Entscheidungsprozeß beteiligten Personen insofern eine kollektive Identität aufweisen, als sie neben der Durchsetzung ihrer eigenen Interessen auch an der Förderung des Gemeinwohls interessiert sind und sich gegenseitig als autonome Akteure anerkennen. Eine so verstandene kollektive Identität braucht selbstverständlich nicht ethnisch definiert zu sein. Die Mitglieder eines *demos* müssen sich vielmehr als solche, d.h. als autonome und gleichberechtigte Personen gegenseitig anerkennen und gemeinsame Orientierungen aufweisen. Die Grenzen eines *demos* fallen auch nicht automatisch mit den Grenzen der realen sozialen Handlungsverdichtungen zusammen. Hohe Transaktionsdichten zeigen zunächst nur eine *objektive Verflechtung* an.

Erst wenn die sozialen Akteure diese objektive Verflechtung realisieren und sie mithin in ihr Entscheidungskalkül eingeht, kann von einer *subjektiven bzw. strategischen Verflechtung* gesprochen werden, deren Vorhandensein einen sozialen Handlungszusammenhang konstituiert. Die ein politisches Gemeinwesen bildende *Gemeinsinn- oder Identitätskomponente* gibt es erst dann, wenn sich Interessen ausbilden, die sich auf den sozialen Handlungszusammenhang als Ganzes beziehen, und eine (vorgestellte) Öffentlichkeit beziehungsweise Kommunikationsgemeinschaft diese Interessen diskursiv ermittelt (Peters 1994). Nur wenn solche gemeinsamen Interessen existieren, wird ein öffentlicher Diskurs als Suche nach dem richtigen Weg möglich. Die Gemeinsinnorientierung samt der gegenseitigen Anerkennung schafft die Voraussetzung dafür, daß sich die deliberative Komponente der Demokratie entfalten kann. Ohne diese verkommt Demokratie zur Telekratie, d.h. zur Abstimmung über Gemütslagen, wie sie im Fernsehen durch den TED ermittelt werden.

Dieses Stadium ist heute noch nicht erreicht, nicht einmal in Europa. Zweifelsohne besteht eine strukturelle Verflechtung. Auch hinsichtlich der strategischen Komponente zeigt sich ein Zusammenwachsen in Europa und in der OECD-Welt. Was es aber noch nicht in ausreichender Weise zu geben scheint, ist eine belastbare Identität jenseits des Nationalstaates. Peter Graf Kielmannsegg (1994: 27) faßt dies mit Blick auf Europa in einer inzwischen bekannten Formel zusammen: »Es sind Kommunikations-, Erfahrungs- und Erinnerungsgemeinschaften, in denen kollektive Identität sich herausbildet, sich stabilisiert, tradiert wird. Europa, auch das engere Westeuropa, ist keine Kommunikationsgemeinschaft, kaum eine Erinnerungsgemeinschaft und nur sehr begrenzt eine Erfahrungsgemeinschaft.«

Das wirkt konsternierend genug. Schlimmer ist jedoch, daß wir mit Blick auf die Größenanforderungen für ein demokratisches Gemeinwesen vor einer Art Strukturdilemma zu stehen scheinen: Während die Kongruenzbedingung es nahelegt, die Gültigkeitsreichweite politischer Regelungen möglichst umfassend zu gestalten, weist die Gemeinsinnbedingung exakt in die gegenteilige Richtung. Mit anderen Worten: *Das Auseinanderlaufen von Kongruenz- und Gemeinsinnbedingung ruft ein Demokratiedilemma hervor.* Dieses Dilemma darf jedoch auch hier nicht als unüberwindbar verstanden werden. Gemeinsinnorientierung bzw. Identität in dem hier diskutierten Sinn stellt eine historisch variable Größe dar, die sich zwar nur langfristig verändert, aber dennoch beeinflußbar ist.

Das hinsichtlich der Größe eines demokratischen Gemeinwesens im Zeitalter der Denationalisierung identifizierte Dilemma darf also nicht passiv zur Kenntnis genommen werden, vielmehr sollte dessen Linderung eine Motivation für die institutionelle Gestaltung des Regierens jenseits des Nationalstaates darstellen. Wer demokratisches Regieren jenseits des Nationalstaates möchte, muß, praktisch gesprochen, nach institutionellen Arrangements suchen, die zum einen keine großen Gemeinsinnreservoirs voraussetzen und auf der anderen Seite diese zu generieren in der Lage sind. Die gegenwärtigen Mehrebenenpolitiken erfüllen diese Anforderungen nicht, weil sie zu sehr den Kategorien des Nationalstaates verhaftet bleiben. Das gilt sowohl für die Europäische Union als auch für internationale Regime. Im Gegenteil, die Merkmale des Willensbildungs- und Entscheidungsfindungsprozesses in der EU und in internationalen Regimen werfen drei zusätzliche Probleme auf.

(3) *Zonen der Deliberation:* Neben den Voraussetzungen, die die räumlichen Grenzen eines politischen Gemeinwesens bestimmen, ist es der Willensbildungs- und Entscheidungsprozeß selbst, der *throughput*, der bestimmte Standards erfüllen muß, bevor sich von einem demokratischen Prozeß sprechen läßt. Dabei kann der Entscheidungsprozeß nicht auf eine bloße, auf dem Mehrheitsprinzip beruhende Entscheidungsregel reduziert werden. Die moderne Demokratietheorie zeigt, daß dieser Prozeß sich selbst reproduzieren und die Bedingungen seiner eigenen Existenz schaffen muß. Die freie und gleiche Beteiligung aller bildet zugleich Voraussetzung und Ergebnis des Prozesses. Das erfordert aber, daß sich der demokratische Prozeß nicht in der Aushandlung von Kompromissen erschöpft, bei der alle Beteiligten versuchen, ihre Interessen durchzusetzen. Vielmehr bedarf es deliberativer Prozesse, bei denen alle Beteiligten »der strukturellen Nötigung ausgesetzt sind, für ihre Belange öffentliche Rechtfertigungsgründe zu formulieren« (Gerstenberg 1997a: 18). Im demokratischen Prozeß darf

nicht nur *verhandelt*, es muß auch vom Standpunkt der Unparteilichkeit aus *argumentiert* werden, was die Bereitschaft einschließt,
den eigenen Standpunkt und die eigenen Interessen im Zuge der
Deliberation zur Disposition zu stellen.[6] Nur dann lassen sich Po-
litikergebnisse erwarten, die normativ begründungsfähig sind.
Wenn beispielsweise über die Rechte und Pflichten von neuen,
nicht verfassungsrechtlich geschützten Minderheiten nur auf der
Grundlage bestehender Interessen abgestimmt würde, könnte dies
leicht zu Entscheidungen führen, die normativ nicht begründungsfähig sind und zugleich das Autonomieprinzip untergraben.

Mit dem normativen Postulat ist es jedoch nicht getan. Institutionell betrachtet geht es um die Bereitstellung von Räumen, die
öffentliche deliberative Prozesse ermöglichen und fördern. Im nationalen politischen Rahmen geschieht dies annäherungsweise zum
einen durch Tagungen, Informationsveranstaltungen, Schriften
und Auseinandersetzungen, die in der Wirtschaft, im sozialen Bereich, in Umweltfragen, im Sport etc. erwachsen. Diese einge-
schränkten Öffentlichkeiten werden von Experten dominiert. Es
ist daher von großer Bedeutung, daß zum anderen die anspruchs-
volleren Elemente des Zeitungs-, Rundfunk- und Fernsehwesens,
gestützt durch die Kultur- und Wissensproduzenten, deren Produkte nicht unmittelbar dem Marktprozeß ausgesetzt sind, einen
zweiten deliberativen Kreis bilden, der sich größer, öffentlicher
und sektorenübergreifend darstellt. Derartig konstituierte, »vor
strategischen Zugriffen geschützte deliberative Räume« (Giegel
1997:13) existieren aber auf der Ebene jenseits des Nationalstaates
nur unzureichend. Zwar verfügen viele Expertennetzwerke inzwischen über einen transnationalen Charakter. Es fehlt aber die öffentliche Deliberation im zweiten Kreis, der nach wie vor primär
national organisiert bleibt. Dementsprechend ist der Standpunkt
der Unparteilichkeit in diesen Diskursen durch das nationale Gemeinwohl definiert.

(4) *Reversibilitätsbedingung:* Selbst bei optimalen institutionellen Voraussetzungen und einem hohen Maß an Gemeinwohlorientierung bei allen Beteiligten erscheint es höchst unwahrscheinlich,
daß Deliberationsprozesse zum vollständigen Konsens führen. Al-

---

6 Zum Begriffspaar »bargaining« vs. »arguing« vgl. Elster (1991), Gehring (1995),
Zangl/Zürn (1996) und die Beiträge in Prittwitz (1996).

lein um die Entscheidungskosten nicht unermeßlich in die Höhe zu treiben, gilt es ab einem gewissen Punkt den Deliberationsprozeß abzubrechen und zu einer Abstimmung überzugehen. An dieser Stelle arbeitet das europäische Mehrebenensystem mit komplizierten Verfahren, die teils auf dem Einstimmigkeits- und teils auf dem Mehrheitsprinzip (sei es in Form der einfachen, der absoluten oder der qualifizierten Mehrheit) beruhen. Es stimmt aber nicht, wie vielfach angenommen, daß dies zu unmäßig hohen Entscheidungskosten oder langen Entscheidungszeiten führt. Die durchschnittliche Zeit, die eine Richtlinie der EU vom Moment des Vorschlags durch die Kommission bis zur Verabschiedung benötigt, erweist sich als eher moderat, auch wenn sie aufgrund der veränderten Mitwirkungsverfahren für das Europäische Parlament zugenommen hat (König/Schulz 1996). Das Problem ist ein anderes. Demokratische Mehrheitsentscheidungen beruhen aus guten Gründen auf der Überzeugung, daß sowohl das Ergebnis der vorhergehenden Beratung als auch die Mehrheitsregel keinesfalls dauerhafte und allgemein gültige Wahrheiten zum Ausdruck bringen, sondern vielmehr aus dem Zusammenspiel von Interessen, Argumenten und Überzeugungen entstehen, die sich im Laufe der Zeit verändern können. Dies erfordert, daß einmal getroffene Entscheidungen revidierbar sein müssen. Claus Offe (1984) hat schon vor geraumer Zeit darauf hingewiesen, daß in einer von Großtechnologien geprägten Gesellschaft bestimmte Sachentscheidungen eben nicht mehr revidierbar sind und sich daher dem Mehrheitsprinzip entziehen. Im Falle der modernen Mehrebenenpolitik tritt häufig ein weiteres Problem hinzu, das in der institutionellen Ausgestaltung begründet liegt und somit unabhängig von der zur Entscheidung anstehenden Materie besteht. Die von Fritz Scharpf (1985: 337) zu Anfang der achtziger Jahre identifizierte Politikverflechtungsfalle stellt nämlich genau die Bedingung in Frage, daß einmal getroffene Entscheidungen in komplexen Mehrebenensystemen wieder rückgängig gemacht werden können: »Mit zunehmender Regelungsdichte bedeutet Nicht-Einigung immer häufiger die Weiterleitung früherer Beschlüsse und nicht die Rückkehr in einen Zustand ohne kollektive Regelung.« Die Reversibilitätsbedingung wird also v. a. dann verletzt, wenn es sich um Entscheidungssysteme handelt, die (i) hohe Austrittskosten hervorrufen und (ii) der Einstimmigkeitsre-

gel unterliegen. Da in internationalen Regimen die Einstimmig-
keitsregel bisher kaum in Frage gestellt wird, verletzen v.a. die
internationalen Regime mit sehr hohen Austrittskosten wie beispielsweise das Welthandelsregime oder die Regime zur Regelung
der grenzüberschreitenden Kommunikation die Reversibilitätsbedingung. Im Falle der EU stellt sich die Lage etwas anders dar, da
zwar enorm hohe Austrittskosten vorliegen, gleichzeitig jedoch
mit der qualifizierten Mehrheitsabstimmung im Rat und den
Mehrheitsregeln im Europäischen Parlament die Einstimmigkeits-
regel zumindest teilweise ausgesetzt ist. Trotz dieser Einschränkung im Falle der EU unterliegt die Mehrebenenpolitik generell
dem Trend, daß einmal getroffene Entscheidungen kaum mehr zu-
rückgenommen werden können. Wenn ein Beschluß jenseits des
Nationalstaates einer Gruppe überdurchschnittlich stark zugute
kommt, dann erweist es sich als schwierig, einen Weg zurückzufin-
den, auch wenn sich die Lösung kaum mehr als problemadäquat
bezeichnen läßt.

(5) *Bedingung der angemessenen Repräsentation:* Sowohl die
deliberative als auch die aggregative Komponente des demokratischen Prozesses erfordert eine angemessene und gleiche Repräsentation der von der Regelsetzung betroffenen Personen. Diese
Bedingung ist räumlich gesprochen bereits durch die *Input*-Inkon-
gruenz verletzt (siehe (1). Selbst bei einem räumlich vollständig
abgeschlossenen politischen System können jedoch zudem *institutionell bedingte Repräsentationsdefizite* auftreten.

Die von Maßnahmen Betroffenen müssen in regelmäßigen Ab-
ständen die Möglichkeit besitzen, die rechtsetzenden Akteure ab-
oder wiederwählen zu können. Gleichzeitig soll die Legislative in
der Lage sein, die Exekutive zu kontrollieren. Unabdingbare Voraussetzung dafür ist ein Mindestmaß an Informationen über die
Leistungen und Aktivitäten der Amtsinhaber. Das Problem der
Mehrebenenpolitik besteht nun darin, daß weder die entsprechenden Möglichkeiten noch die dafür notwendigen Informationen
ausreichend zur Verfügung stehen. Internationale Regime und die
Legitimation des Ministerrats in der EU werden zwar über den
Umweg der nationalen Wahlen gerechtfertigt, die Repräsentation
der Betroffenen ist dadurch jedoch bestenfalls indirekt gewährleistet, und weder die mit internationalen Regimen verbundenen

Verhandlungssysteme noch der Ministerrat der EU unterliegen als »kollektive Organe« einer demokratischen Kontrolle. Das wirft für die Repräsentationsbedingung insofern Probleme auf, »als demokratische Legitimationsketten nur dann ihre Funktion erfüllen können, wenn sie nicht beliebig lang sind« (Claasen 1994: 252). Es gibt keine Wähler, die den Ministerrat oder ein intergouvernementales Verhandlungssystem in ihrer Gesamtheit durch ihre Stimmzettel »abstrafen« können. Die Teilnehmer an solchen Verhandlungssystemen werden vielmehr aufgrund von Wahlen bestimmt, die im allgemeinen dadurch gekennzeichnet sind, daß sie nationale, aber nicht europäische oder gar internationale Angelegenheiten zur Abstimmung stellen.

Intergouvernementale Verhandlungssysteme zeichnen sich weiter dadurch aus, daß interne Diskussionen höchst intransparent sind. Die Intransparenz verstärkt sich noch, wenn der Ministerrat in der EU in engem, aber ebenfalls nicht transparentem Zusammenspiel mit der Kommission zu Entscheidungen gelangt. Für die Wähler und deren Repräsentanten herrscht daher ein hohes Maß an Unsicherheit, was internationale Institutionen vorschreiben und was national noch erlaubt ist, was politisch auf europäischer Ebene durchsetzbar gewesen wäre und was nicht. Hinzu kommt, daß nationale Parlamente, sofern sie überhaupt in die Entscheidungsprozesse jenseits des Nationalstaates mit einbezogen werden, häufig nur noch die Option haben, die getroffenen Vereinbarungen entweder als ganzes anzunehmen oder als ganzes abzulehnen. Damit verlieren sie den Einfluß auf die Ausgestaltung einzelner Regelungen und v. a. die Möglichkeit, über die Abstimmungsagenda frei zu bestimmen.

Alternativ und ergänzend zum Abwahlmechanismus können von Regelungen Betroffene über Interessengruppen und soziale Bewegungen Einfluß auf politische Entscheidungen nehmen. Dies setzt jedoch im Sinne einer demokratischen Legitimation zweierlei voraus: Erstens müssen Kanäle institutionalisiert sein, die es allen Interessengruppen und sozialen Bewegungen ermöglichen, permanent und dauerhaft auf die Entscheidungsfindung Einfluß zu nehmen, und zweitens müssen sich die Interessengruppen selbst grenzüberschreitend organisieren. Die erste Bedingung ist im Rahmen des EU-Mehrebenensystems wenigstens teilweise erfüllt. Interessengruppen gewinnen insbesondere über das Ausschußwesen einen bemerkenswerten Einfluß auf die Regelungen beispielsweise im Bereich des Gesundheitsschutzes (Joerges/Neyer 1997). Bei internationalen Verhandlungen konnten zumindest im Umwelt- und im Menschenrechtsbereich transnationale Nichtregierungsorganisationen ihre Präsenz und Einflußmöglichkeiten in den letzten Jahren deutlich verbessern (Princen/Finger 1994). Trotzdem verbleiben die Einflußmöglichkeiten deutlich hinter den in nationalen politischen Systemen üblichen Standards zurück.

Hinsichtlich der Organisationsweise von Interessengruppen bleibt festzuhalten, daß sich national organisierte Interessengruppen und soziale Bewegungen gemäß ihrer inhärenten Logik mit ihren Wünschen häufig zunächst an die nationalen Regierungen wenden. In der EU nimmt zwar seit einigen Jahren die Zahl der in Brüssel präsenten Interessengruppen zu (vgl. Streeck/Schmitter 1991; Kohler-Koch 1994), unter ihnen dominieren jedoch die Arbeitgeber.[7] Zudem kämpfen selbst diese bereits relativ gut organisierten Wirtschaftslobbys zum Teil mit enormen Schwierigkeiten, ihren Einfluß in gewohnter Weise geltend zu machen. Edgar Grande (1994) zeigte am Fall der EU-Telekommunikationspolitik überzeugend, daß politische Entscheidungsträger auf der europäischen Ebene über eine sehr hohe Autonomie verfügen, weil sie (a) aufgrund entscheidungsinterner Bindungen und Verpflichtungen eine gestärkte Verhandlungsposition gegenüber den gesellschaftlichen und wirtschaftlichen Interessen einnehmen; (b) der Abschluß des Entscheidungsprozesses im Ministerrat die Einflußnahme behindert; und (c) die wirtschaftlichen Interessen aufgrund der komplexen Struktur des Entscheidungsvorgangs häufig nicht den richtigen Zugang finden. Im internationalen Bereich haben außer den multinationalen Unternehmen und den transnational organisierten Nichtregierungsorganisationen im Umwelt- und Menschenrechtsbereich gesellschaftliche Interessengruppen kaum Zugang zu den Verhandlungen. Große Defizite weisen diesbezüglich v. a. die internationalen Wirtschafts- und Sicherheitsregime auf.

---

7 Gründe für den zuungunsten der Arbeitnehmerinteressen asymmetrischen Organisationsgrad der Interessenvertretung auf der europäischen Ebene werden von Traxler/Schmitt (1995) genannt.

3. Unzureichende Vorschläge zur Behebung des Demokratiedefizits

Spätestens mit der Ablehnung des Maastrichter Vertrags durch die dänische Bevölkerung bei deren erstem Referendum ist das Demokratiedefizit zu einem zentralen Problem des Regierens in Westeuropa geworden. Seit diesem Referendum hat sich der Verdacht verstärkt, daß das demokratische Defizit nicht nur einen normativen Makel darstellt, den sich die Demokratietheoretiker aufzudekken oder zuzudecken bemühen. Das demokratische Defizit des Regierens jenseits des Nationalstaates scheint seitdem wirkungsmächtig. Deshalb kann es nicht überraschen, daß es in der akademischen und politischen Diskussion inzwischen eine ganze Reihe von Vorschlägen darüber gibt, die EU institutionell so auszugestalten, daß sie die Voraussetzungen und Merkmale eines demokratischen Gemeinwesens erfüllt. Auch die Rolle des Sicherheitsrates in den Vereinten Nationen wird hin und wieder unter demokratietheoretischen Gesichtspunkten betrachtet.

Während sich noch vor wenigen Jahren mit der Diskussion dieser Demokratiedefizite in Übertragung des institutionellen Arrangements der nationalstaatlichen Demokratie gleichsam automatisch die Forderung nach stärkeren europäischen oder internationalen Parlamenten verband, hat sich das Bild inzwischen geändert. Manche stellen die parlamentarische Demokratie als Legitimationsgrundlage für das Regieren jenseits des Nationalstaates heute generell in Frage. Und auch diejenigen, die Mehrheitsentscheidungen (qualifiziert oder nicht), parlamentarische Repräsentation und Gewaltenteilung als institutionelle Grundlage eines demokratischen Gemeinwesens auch jenseits des Nationalstaates ansehen, erkennen, daß sich der demokratische Prozeß angesichts der Mehrebenenproblematik kaum als bloßes Abbild der demokratischen Institutionen des Nationalstaates organisieren läßt. In dem Maße, wie das Regieren jenseits des Nationalstaates an Bedeutung gewinnt, gilt es darüber nachzudenken, wie sich demokratische Legitimation neu konstituieren kann. Dabei dominieren, stark vereinfacht, in der öffentlichen Debatte zwei widerstreitende Reformstrategien:[8] Die eine Strategie versucht, Wege zu finden, die den

8 Vgl. auch Schimmelfennig (1996), der die Diskussion in ihrer Vielfalt konsequent

Legitimationsbedarf senkt; die andere strebt die Erhöhung der Legitimation der Ebenen über dem Nationalstaat an (vgl. Schmalz-Bruns 1997).

(1) *Erhöhung der Legitimationsfähigkeit:* EG-Recht bindet und durchdringt die Rechtsetzung der Mitgliedsstaaten immer stärker, obwohl, so die entsprechende Argumentation, diese »europäische Staatsgewalt« nicht vom Volke ausgeht und v. a. nicht durch besondere Organe der Gesetzgebung ausgeübt wird. Von den 5 229 EU-Verordnungen, Richtlinien und Entscheidungen, die zwischen 1984 und 1994 entstanden, sind über 70 Prozent vom Europäischen Rat entschieden worden, nur bei 7 Prozent hatte das Europäische Parlament eine formale Rolle (König/Schulz 1996). Die Entscheidungsgewalt des Ministerrats macht die Bundesregierung für das in Deutschland geltende EG-Recht zur gesetzgebenden und gesetzvollziehenden Gewalt in einem. Gemäß dieser Argumentation geht es also nicht nur darum, das Europäische Parlament zu stärken, sondern auch um den Schutz des Prinzips der Gewaltenteilung und mithin des Parlamentarismus im allgemeinen. Der ehemalige Präsident des Europäischen Parlaments, Klaus Hänsch (1986: 191), hat das auf die griffige Formel gebracht:

»Wer eine Parlamentarisierung der Gemeinschaft nicht will, muß, der parlamentarischen Demokratie im eigenen Land wegen, die weitere Integration ablehnen. Wer die weitere Integration will, muß, eben wegen der parlamentarischen Demokratie im eigenen Land, die Parlamentarisierung der EG betreiben« (vgl. u. a. Schmuck/Wessels 1989; Williams 1991).

Ähnliche Forderungen finden sich auch für die internationale Politik. Die von David Held (1995) vorgelegte Konzeption einer »kosmopolitischen Demokratie« folgt im Prinzip dieser Argumentation. Zwar sollen die Nationalstaaten den Beitritt zur kosmopolitischen Demokratie freiwillig vollziehen: »Danach (...) sollte die Zustimmung durch die Mehrheitsentscheidung der Volksrepräsentanten erfolgen, solange diese, die Sachwalter der Regierten, kosmopolitisches demokratisches Recht und dessen Verpflichtungen beachten« (Held 1995: 231; Übersetzung M. Z.). Konkret werden in dieser Argumentation die Entmachtung des Sicherheitsrates und die Schaffung einer zweiten, repräsentativen

auffächert. Er unterscheidet in seiner Aufarbeitung der Debatte 64 verschiedene Positionen.

Kammer in den Vereinten Nation gefordert, die in Verbindung mit der Generalversammlung der Regierungsvertreter die Politik bestimmt (vgl. Archibugi 1993; Czempiel 1994). Alternativ gibt es auch die Position, derzufolge das *one-state, one vote*-Prinzip der Generalversammlung langsam zugunsten einer nach realen Bevölkerungszahlen gewichteten Stimmkraft der Regierungsvertreter aufgeweicht würde. Im Extremfall besäßen dann allerdings China, Indien, die USA und Rußland zusammen bereits die absolute Mehrheit (vgl. Bienen et al. 1996: 31).

Ein starkes Parlament erfüllt eine Reihe von Leistungen, die den demokratischen Prozeß absichern sollen. Es realisiert das Prinzip der Gewaltenteilung, welches das System gegen Übergriffe einzelner Staatsorgane sichert und die Innovationsfähigkeit des Systems aufgrund der Pluralität der Staatsorgane erhält. Ein Parlament setzt sich aus den Repräsentantinnen der Bevölkerung zusammen, die im allgemeinen in territorial bestimmten Wahlkreisen gewählt werden. Insofern erkennt die Forderung nach einer Stärkung der Parlamente jenseits des Nationalstaates die *Kongruenzbedingung* an und versucht die Schwierigkeiten zu beheben, die im Falle der Ausweitung politischer Räume für das Prinzip der *angemessenen Repräsentation* bei einer Mehrebenenpolitik auftreten.

In der Tat würde beispielsweise ein starkes Europäisches Parlament, das die Kommissionsmitglieder aus ihren Reihen wählt und das letztendliche Beschlußrecht für EG-Gesetze besitzt, die Informationsdefizite und das Problem der Zuordnungsfähigkeit reduzieren, die Gewaltenteilung absichern und die Produktivität des europäischen politischen Systems als Ganzes unter Umständen erhöhen. Das Problem einer Stärkung von Parlamenten jenseits des Nationalstaates besteht jedoch in den ambivalenten Auswirkungen einer solchen institutionellen Reform auf andere Merkmale des demokratischen Prozesses.

Angesichts eines starken Europäischen Gerichtshofs, eines auch nicht ganz bedeutungslosen Europäischen Parlaments und eines Ministerrats, der keinesfalls unter zuviel Homogenität leidet, scheint das Problem der EU nicht in zuwenig Gewaltenteilung, sondern in zuviel *checks and balances* zu liegen. Zuviele *checks and balances* können im Ergebnis zu einer »konservativen Demokratie« führen, so der in diesem Zusammenhang für das amerikanische

System verwendete Begriff, da sie auf Kosten der Reversibilitätsbedingung gehen. So bleibt abzuwarten, ob die Maastrichter Stärkung des Parlaments mittels der Einführung des Kodezisionsverfahrens nicht zu einer verringerten Entscheidungsfähigkeit der EU führt (vgl. Schneider 1995).

Ein weiterer Einwand gegen eine Stärkung des Europäischen Parlaments bezieht sich auf die Gemeinwohlbedingung und die Diskursräume. Er konstatiert, daß eine Stärkung des Europäischen Parlaments in Abwesenheit von europäischen Medien, europäischen Parteien und einer europäischen öffentlichen Meinung ungeeignet ist, das Demokratiedefizit zu beheben (Weiler 1989; Sbragia 1992; Scharpf 1993a; Kielmansegg 1996). Solange es kein einheitliches politisches Gemeinwesen gebe, orientiere sich ein stärkeres Parlament nicht an gemeinwohlorientierten öffentlichen Debatten. Die deliberative Komponente der Demokratie werde vielmehr vollständig zurückgedrängt und die professionelle Konfrontation nationaler Interessen ins Parlament verlagert. Auf die Spitze getrieben folgt aus diesem Einwand, daß es »im Sinne der sozialen Legitimität keinen Unterschied gibt zwischen einer Entscheidung, die im Ministerrat getroffen wird, und einer, die im Europäischen Parlament getroffen wird« (Weiler 1989: 85). Eine Stärkung des Europäischen Parlaments könnte also das Problem der angemessenen Repräsentation kaum beseitigen.

Die Schaffung einer zweiten Kammer der Vereinten Nationen bzw. die Parlamentarisierung der internationalen Institutionen im Sinne der kosmopolitischen Demokratie nach David Held (1995) stößt auf ähnliche Schwierigkeiten. Im Zentrum des Kosmopolitismus steht eine liberale Konzeption des Individuums, die vernachlässigt, wie die Individuen, ihre Interessen und Werte, durch die Gemeinschaft bestimmt werden, der sie angehören. Demokratie könne deshalb nur gedeihen, wenn sie zuerst eine demokratische Gemeinschaft mit einer gemeinsamen Identität ausbilde (Sandel 1996: 342). Globalisierung schafft zwar ein Gefühl für universale Verbundenheit, erzeugt aber kein entsprechendes Gemeinschaftsgefühl auf der Basis von geteilten Werten und Überzeugungen (vgl. auch Brown 1995).

(2) *Senkung des Legitimationsbedarfs:* Diese Strategie beruht auf der Überlegung, daß demokratische Legitimität nur im Rahmen

eines Gemeinwesens erlangt werden kann. Diese Position nimmt also die Gemeinsinnbedingung zum Ausgangspunkt. Der Zusammenhang zwischen Nation und Demokratie gilt nicht als historisch zufällig, sondern als unauflösbar. Demnach ist es ein demokratisches Erfordernis, die nationale Komponente in der Mehrebenenpolitik nicht mehr als nötig zu schwächen. Kooperative Lösungen seien zwar notwendig, sollten aber autonomieschonend sein, so daß sie den Handlungsspielraum der nationalen Einheiten nicht unnötig einschränken. Es wird mithin pragmatisch akzeptiert, daß immer da, wo »Demokratieprinzip und föderatives Prinzip zusammengefügt werden, (...) sich tatsächlich Modifikationen des Demokratieprinzips ergeben« (Kielmannsegg 1994: 27). Um diese »Modifikationen« in einem akzeptablen Rahmen zu halten, gilt es, die beiden Elemente klar zu trennen. Statt eines integrierten Mehrebenensystems bedarf es eines institutionellen Rahmens, in dem nationale Regierungen distinkte Entitäten bleiben und in klar abgrenzbaren Bereichen miteinander verflochten sind. Konkret werden mit Blick auf die Europäische Union v. a. zwei Empfehlungen ausgesprochen:

– Die *prozessuale* Empfehlung ist eng mit dem Namen Joseph Weiler (1987; 1989) verbunden. Ihm zufolge soll das demokratische Mehrheitsprinzip nur in identitätsstiftenden Gemeinwesen angewandt werden. Wenn scheinbar demokratisierende Mehrheitsverfahren auf die europäische Ebene übertragen werden, schwäche dies die Veto-Position der einzelnen Mitgliedsstaaten, und genau dies führe zu Legitimationsdefiziten. Diese lange vor Maastricht ausgearbeitete Analyse hat durch die innenpolitischen Debatten über die Ratifizierung des Maastrichter Vertrags in Dänemark und England ein bemerkenswertes Maß an empirischer Unterstützung erfahren.

– Die *substantielle* Empfehlung bezieht sich auf den Gehalt der europäischen Politik. Europäische Politiken sollen demnach so formuliert sein, daß sie *autonomieschonend* sind. Diese v. a. von Scharpf (1993a; 1993c) vorgetragene Empfehlung legt es nahe, auf der europäischen Ebene nur mit allgemeinen Ge- und Verbotsvorgaben zu arbeiten und auf die integrierte Planung von Gemeinschaftsaufgaben zu verzichten. Um zur Koordination zu gelangen, mögen zwischenstaatliche Finanzausgleichsmaßnahmen notwendig sein. Es gelte aber, auf europäische Förderprogramme zu verzichten.

Gefordert wird also eine Anlehnung der Europäischen Union an die Formen der internationalen Zusammenarbeit, wie sie in starken internationalen Regimen mit Schiedssprechung wie beispielsweise dem Welthandelsregime anzutreffen sind. Freilich lassen sich auch auf der internationalen Ebene institutionelle Arrangements finden, die den Anforderungen einer autonomieschonenden Koordination widersprechen. Diese Abweichungen sind somit auch Gegenstand der Reformstrategie mit Blick auf internationale Institutionen. Insbesondere geht es um den Abbau der privilegierten Position der mit Vetorecht ausgestatteten permanenten Mitglieder im Sicherheitsrat der Vereinten Nationen. Kurzfristig wird eine Stärkung der Interessen der Entwicklungsländer und langfristig die Abschaffung des Vetorechts bzw. sogar die Unterordnung des Sicherheitsrates unter die Generalversammlung gefordert (Commission 1995: 239; Bienen et al. 1996: 27).

Die Stärke dieser Position liegt in ihrer Pragmatik. Sie ist weder veralteten Hoffnungen auf einen europäischen Superstaat oder gar einen Weltstaat verpflichtet noch haften ihr unrealistische Erwartungen hinsichtlich ihrer Anforderungen an Gemeinsinnpotentiale jenseits des Nationalstaates an. Trotzdem erkennt sie die Notwendigkeit koordinierter Politiken an. Wenn die Ebenen klar getrennt und der nationalen Ebene ausreichend Handlungsspielräume zuerkannt würden, dann ließen sich, so die Hoffnung, auch die Demokratieeinschränkungen in einem akzeptablen Rahmen halten.

Auch diese Position stößt jedoch auf Schwierigkeiten, konfrontiert man sie mit allen Anforderungen an demokratische Verfahren. Sicherlich setzt das Konzept der autonomieschonenden Koordination nicht das Konstrukt eines europäischen oder gar OECD-weiten Gemeinwesens voraus. Es scheitert also bestimmt nicht an der *Gemeinsinnbedingung*. Auch erkennen die Vertreter dieser Position durchaus die Notwendigkeit der Deckungsgleichheit von Herrschaftsobjekten und Herrschaftssubjekten (*Kongruenzbedingung*). Scharpf schreibt: »Deshalb bleibt, wenn nicht bei zunehmender Interdependenz die überhandnehmenden externen Effekte jede Hoffnung auf absichtsvolle Gestaltung des kollektiven Schicksals vereiteln sollen, nur der Versuch einer koordinierten Lösung, die zwischen den beteiligten Einheiten ausgehandelt werden muß« (Scharpf 1993c: 167). Die Nationalstaaten müßten daher eine *ge-*

meinschaftsverträgliche Politik betreiben. Die Frage stellt sich allerdings, ob sich hinter einer solchen Formulierung nicht der Wunsch verbirgt, in das Zeitalter des gezähmten Liberalismus zurückzukehren, in dem internationale Institutionen das Ziel hatten, nationales Regieren zu ermöglichen. Nicht daß ein solcher Wunsch verwerflich wäre. Es sind aber Zweifel angebracht, ob es diesen Weg nach dem Schub in der gesellschaftlichen Denationalisierung überhaupt noch gibt. Die Institutionen des gezähmten Liberalismus gerieten nicht wegen der überzogenen Integrationswünsche der Politik ins Wanken, sondern aufgrund eines nicht-intendierten gesellschaftlichen Verflechtungsschubes, der die Grenzen zwischen Innen und Außen auflöste und nationale Handlungsspielräume einschränkte. Der neuerliche politische Integrationsschub reagierte darauf. Die gegenwärtige Autonomie*un*verträglichkeit scheint also weniger ein Merkmal europäischer oder internationaler Politik zu sein als vielmehr eine strukturelle Rahmenbedingung, die kaum zu beseitigen ist. Die Strategie der autonomieverträglichen Koordination sieht sich mit dem Problem konfrontiert, daß sie in einer denationalisierten Welt nicht mehr länger eine ausreichende Zielerreichung garantieren kann und damit auf eine Zementierung des Effektivitätsverlusts der Politik hinausliefe. Die auf den Nationalstaat ausgerichtete Demokratie läuft also Gefahr, daß sie die Instrumente verliert, mittels derer ein begründungsfähiger Gemeinwille umgesetzt werden kann. Demokratie erfordert nicht nur die Kontrolle über die Mittel zum Regieren, sie erfordert auch, daß die Mittel des Regierens in der Lage sind, die erwünschten Leistungen zu erbringen. Insofern scheint die Option der autonomieschonenden Koordination eine zentrale Voraussetzung des demokratischen Prozesses zu verletzen.

Mein zweiter Kritikpunkt am Konzept der autonomieschonenden Koordination bezieht sich auf das *Kriterium der angemessenen Repräsentation*. Mehrebenenpolitik mit klaren Grenzen zwischen den Ebenen verletzt die Zugangsbedingung. Sie verhindert den Zugang zu den Informationsvoraussetzungen für die begründete Wieder- oder Abwahl eines Entscheidungsträgers. Gerade Entscheidungssysteme, in denen verschiedene Ebenen scharf getrennt sind und in denen die oberste Ebene den Geheimhaltungsregeln internationaler Diplomatie folgt, verhindern die Bereitstellung dieser

Information. In diesen Fällen ist die höchste Entscheidungsebene hochgradig intransparent und behindert somit eine öffentliche Deliberation.[9] Der strategischen Manipulation von Informationen durch die Entscheidungsträger öffnet sich damit Tür und Tor.[10] Auf der *nationalen Ebene* gelingt es nämlich den Entscheidungsträgern, mittels der übergeordneten europäischen Ebene (i) die innenpolitische Agenda besser zu kontrollieren; (ii) die realen innenpolitischen Wahlmöglichkeiten einzuschränken; (iii) einen privilegierten Zugang zu Informationen über internationale Sachzusammenhänge zu bekommen; und (iv) einen privilegierten Zugang zu exklusiven Informationen über internationale Entscheidungsprozesse zu erhalten, der es ihnen ermöglicht, sich das Verdienst für Erfolge zuzuschreiben und andere für Mißerfolge verantwortlich zu machen (vgl. hierzu Moravcsik 1994; Rieger 1995; K. D. Wolf 1997). Die Quellen, aus denen gesellschaftliche Gruppen ihren Einfluß gewinnen, geraten also zunehmend unter Regierungskontrolle.

Drittens ist kritisch anzumerken, daß eine autonomieschonende Koordination in der EU, zumindest wenn sie den prozessualen Empfehlungen von Weiler folgt, direkt in die Politikverflechtungsfalle tappt. Es entstünde dann ein Mehrebenensystem mit prohibitiven Austrittskosten, das nur mittels Konsensentscheidungen zu verändern wäre. Das aber verletzt unmittelbar die *Reversibilitätsbedingung* als einen integralen Bestandteil des demokratischen Prozesses. Insgesamt bietet somit die Strategie der autonomieschonenden Koordination kaum einen tragfähigen Ausweg aus dem Demokratiedilemma in einer denationalisierten Welt. Der zentrale Fehler dieser Reformstrategie liegt darin, daß sie die kollektive Identität zu statisch an die Nation bindet und somit zum einen deren historische Gewordenheit aus dem Auge verliert und zum anderen »suggeriert, daß kollektive Identitäten sich, wo nicht exklusiv, so doch primär auf durch primordiale Faktoren wie Geschlecht, Generation, Verwandtschaft, Ethnizität und Rasse gestiftete soziale Beziehungen zurückführen lassen« (Schmalz-Bruns

9 Der enge Zusammenhang von deliberativer Demokratie und Transparenz wird u. a. von Giddens (1997: Kap. 9) betont.
10 Vgl. auch die Analysen von Evans (1993) und Goldstein (1996), die zeigen, wie zentrale Entscheidungsträger in two-level-games ihre »Scharnierposition« nutzen können.

1997: 71). Im Sinne einer klugen Institutionenpolitik ist also nach Verfahren zu suchen, die weniger von Gemeinschaftspotentialen zehren als die parlamentarische Mehrheitsentscheidung und dafür ein höheres gemeinschaftsschaffendes Potential besitzen.

Ob dadurch und wenn mittels welcher Maßnahmen das gegenwärtige Demokratiedilemma der denationalisierten Welt, die Auseinanderentwicklung der Kongruenz- und der Gemeinsinnbedingung, realistischerweise überwunden werden kann, damit befaßt sich das abschließende Kapitel. Als Ergebnis dieses Kapitels steht der Befund, daß politische Legitimation durch parlamentarische Mehrheitsentscheidungen als zentraler Quelle eine Erscheinung der auslaufenden Moderne zu sein scheint. In dem Maße, wie Regieren jenseits des Nationalstaates Wirkungsmächtigkeit gewinnt, muß nach alternativen und ergänzenden Verfahren der demokratischen Legitimation gesucht werden. Zurück bleibt zumindest zunächst ein Demokratiedefizit, das wenigstens solange nicht überwunden werden kann, wie unser Denken im konzeptionellen Käfig des Nationalstaates gefangen bleibt. Insofern reicht das Demokratiedilemma unserer Zeit sehr tief. Es läßt sich nur dann tragfähig überwinden, wenn Wege zwischen der *Skylla* des Nationalstaates auf Weltebene und der *Charybdis* bloßer intergouvernementaler Kooperation gesucht werden.

In Abwesenheit einer demokratisch legitimierten Form des komplexen Weltregierens kann man die gegenwärtige Lage daher tatsächlich als *ungleichzeitige Denationalisierung* charakterisieren. Infolge der gesellschaftlichen Denationalisierung sinkt die nationalstaatliche Fähigkeit, die Ziele des Regierens so gut zu erreichen wie während der Blütezeit des demokratischen Wohlfahrtsstaates. Um die Regierungsfähigkeit zurückzugewinnen, errichten Nationalstaaten internationale Institutionen und passen damit die Gültigkeitsreichweite politischer Regelungen den Grenzen der sozialen Handlungszusammenhänge an. Internationale Institutionen können *bis dato* den Anforderungen der gesellschaftlichen Denationalisierung aber nicht vollständig entsprechen, so daß die gesellschaftliche Denationalisierung in den letzten zwei bis drei Jahrzehnten zu einem Regelungsabbau führte. Nicht genug damit: Da positive internationale Institutionen in Zahl und Bedeutung gleichwohl rapide zunehmen und sie gleichzeitig an einem Demokratiedilemma leiden, hinkt die demokratische Kontrolle des Regierens jenseits des Nationalstaats wiederum deren Wirksamkeit weit hinterher. Obwohl die Fähigkeit zu regieren aufgrund der Schwierigkeiten, die mit der Re-Regulierung verbunden sind, materiell betrachtet zu langsam voranschreitet, ist sie prozedural betrachtet der demokratischen Legitimation europäischer Politik wiederum erheblich voraus.

IX. Kollektive Identitäten –
Politische Fragmentierung auf dem Vormarsch?

Kalevi Holsti sah bei den Theoretikern in den Internationalen Beziehungen schon vor langer Zeit eine gewisse Einseitigkeit: »Analytiker sind von der wachsenden Interdependenz so beeindruckt gewesen, daß sie den simultanen oder parallelen Prozeß der wachsenden Fragmentierung ignorierten« (Holsti 1980: 23; Übersetzung M. Z.). In der Tat: Zwar lassen internationale Institutionen manches wieder möglich werden, was außerhalb der Reichweite nationalstaatlichen Regierens liegt, sie weisen aber auch gewichtige Schwächen auf. Sie können die Defizite in der Zielerreichung des Regierens nur unvollständig auffangen. So liegt die Anzahl der Menschen in der OECD-Welt, die zumindest in materieller Hinsicht am Rand der Gesellschaft stehen, heute viel höher als zur Blütezeit des demokratischen Wohlfahrtsstaates. Der Anstieg der Armutsquote in den letzten Jahren zeigt dies materiell (vgl. Kapitel IV), der Autoaufkleber »Eure Armut kotzt mich an« (Hengsbach/Möhring-Hesse 1995) in psychischer Hinsicht. Darin drückt sich zunehmende Fragmentierung als Parallelentwicklung zur politischen Integration aus.

Zur Erinnerung: *Politische Fragmentierung* bezeichnet einen Prozeß, bei dem sich die Gültigkeitsreichweite von politischen Regelungen und der sie tragenden politischen Organisationen reduziert, so daß die Existenz politischer Gemeinschaften untergraben wird. Politisch fragmentierend sind alle Aktivitäten, die beabsichtigt oder tatsächlich auf die Auflösung oder Verkleinerung bestehender politischer Gemeinschaften zielen, sei es durch räumliche Sezession oder durch Ausschluß bestimmter Personengruppen. Insofern bildet die materielle Verarmung von Individuen mit beschränkter Leistungsfähigkeit eine Form der politischen Fragmentierung, da ihnen die sozialen Rechte verweigert werden, die notwendig sind, um als Teil einer Gemeinschaft gelten und wirken zu können. In diesem Fall ergibt sich politische Fragmentierung als ungewolltes (allerdings billigend in Kauf genommenes) Nebenprodukt von Maßnahmen, zu denen sich Entscheidungsträger aus anderen Gründen gezwungen sehen.

Die im folgenden zu betrachtenden Komponenten der Fragmentierung gehen weiter: Sie beinhalten den *gewollten* Angriff auf existierende politische Gemeinschaften und Organisationen. Sie sind Ausdruck einer Situation, in der es dem Nationalstaat nicht mehr gelingt, ein überzeugungsfähiges symbolisches Bezugssystem bereitzustellen, in dem sich eine zivilbürgerliche kollektive Identität entwickeln kann, die sich auf alle Mitglieder einer prinzipiell offenen politischen Gemeinschaft erstreckt. Kollektive Identität liegt in dem Maße vor, wie das subjektive Wohlergehen und Leiden der Mitglieder einer Gruppe durch das Wohlergehen und Leiden der Gruppe als Kollektiv mitbestimmt wird.[1] Unter dieser Voraussetzung bilden sich soziale Interessen heraus, die sich auf die Gruppe als Ganzes beziehen (Gemeinsinnorientierung, vgl. Kap. VIII). Die positiv gewendete zivilbürgerliche Identität demokratischer Nationen sieht sich gegenwärtig einer Reihe von fragmentierenden Herausforderungen gegenüber: Es formieren sich soziale Kräfte, die Teile der Bevölkerung aus der Gemeinschaft ausschließen und dabei die zivilbürgerliche durch eine ethnisch begründete Identität ersetzen wollen (Rechtsextremismus), und soziale Bewegungen, die eine territoriale Abspaltung von der Gemeinschaft anstreben und dabei eine partikulare regionale Identität (sei sie zivilbürgerlich oder ethnisch konstruiert) hervorheben (Regionalismus). Im Sinne der Ziele des effektiven Regierens kommt es zwar nicht darauf an, ob kollektive Identitäten auf der Ebene der Nation vorliegen oder nicht, sondern daß die Identitätsbildung auf zivilbürgerlichen und integrativen Grundlagen erfolgt, d. h. *im Prinzip offen für alle* ist. Genau dieser Anforderung genügen aber fragmentierende Bewegungen kaum.

Bei der Analyse der fragmentierenden Kräfte stellen sich im Zusammenhang mit der Denationalisierung die folgenden Fragen: Haben die Formen der politischen Fragmentierung tatsächlich par-

---

1 Eine solche Definition spiegelt den Doppelcharakter des Identitätsbegriffs wider. Sog. kollektive Identitäten werden individuell gefühlt und getragen, das Subjekt, dem die kollektive Identität und die damit verbundenen Attribute zukommen, ist aber die Gruppe (vgl. dazu Weller 1997). M. a. W.: In der individuellen Identität schlagen sich kollektive Identitäten nieder, ohne daß »ich« und »wir« deckungsgleich werden.

allel zur gesellschaftlichen Denationalisierung zugenommen (Abschnitt 1)? Wenn das so ist, welche Mechanismen schaffen einen kausalen Nexus zwischen gesellschaftlicher Denationalisierung und gewollter politischer Fragmentierung (Abschnitt 2)? Was kann darüber hinaus an empirischen Belegen dafür angeführt werden, daß es sich bei diesen Kausalmechanismen tatsächlich um diejenigen handelt, die für die Zunahme gewollter Fragmentierung (mit-) verantwortlich sind (Abschnitt 3)?

1. Zunahme der gewollten politischen Fragmentierung

Die offensichtlichste Form einer beabsichtigten Fragmentierung tritt auf, wenn ethnisch definierte Gruppen sich aus einem nationalstaatlichen Zusammenhang ganz oder teilweise herauslösen wollen. Derartige *Sezessions- oder Autonomiebestrebungen* lassen sich nach dem Zusammenbruch des sowjetischen Imperiums in großer Zahl in Osteuropa und auf dem ehemals sowjetischen Gebiet beobachten. Meist entstehen daraus Konflikte, die entweder gewalttätig wie im ehemaligen Jugoslawien und in Tschetschenien oder auch friedlich und mit zivilisierten Mitteln wie in der ehemaligen Tschechoslowakei ausgetragen werden. Derartige Sezessions- oder Autonomiebestrebungen sind sicherlich *per se* nichts Schlechtes. Sie fallen letztlich unter das Prinzip der Selbstbestimmung und können Ausdruck sowohl emanzipatorischer als auch regressiver politischer Tendenzen sein. Sie zeigen jedoch das Scheitern der betroffenen Nationalstaaten bei den Bestrebungen, ein überzeugungsfähiges symbolisches Bezugssystem auszubilden, in dem sich eine zivilbürgerliche kollektive Identität entwickeln kann, die sich auf alle Mitglieder der politischen Gemeinschaft erstreckt. Sezessions- oder Autonomiebewegungen sind eine Form politischer Denationalisierung, indem sie auf eine Verkleinerung der Gültigkeitsreichweite von politischen Regelungen und eine Fragmentierung der sie tragenden politischen Organisationen abzielen.

Ist der Zusammenbruch der Sowjetunion und der sozialistischen Staaten in Osteuropa aber nicht vielmehr Ausdruck der politischen Nationalisierung, weil in diesem Prozeß ein Imperium aufgelöst und durch Nationalstaaten ersetzt wurde? Haben denn Sezessions-

und Autonomiebestrebungen nicht auch außerhalb des ehemaligen sowjetischen Imperiums zugenommen? Diese Einwände sind wichtig. Man sollte sich allerdings von den dramatischen Ereignissen in der ehemaligen Sowjetunion und in Osteuropa, die teilweise tatsächlich politische Nationalisierungsprozesse darstellen, nicht blenden lassen. Zum einen gehen sie in dieser Region der Welt momentan eher mit gesellschaftlichen Nationalisierungs- als mit Denationalisierungsprozessen einher und sind somit Ausdruck eines ursprünglichen Nationalismus. Und zum anderen haben Autonomie- und Sezessionsbewegungen in den letzten Jahrzehnten nicht nur dort, sondern weltweit und auch in der OECD-Welt zugenommen. Einer groß angelegten Analyse zufolge gab es 1990 mehr Minoritätenkonflikte in der Welt als jemals zuvor. Demnach haben solche Konflikte seit dem Ende des Zweiten Weltkriegs stetig zugenommen, mit einem allerdings besonders eindrucksvollen Wachstum seit Ende der sechziger Jahre. Zwar gingen sie danach vorübergehend etwas zurück, dann setzte aber erneut ein Wachstum ein. Ted Gurr, der Leiter der Untersuchung *Minorities at Risk*, faßt die diesbezüglichen Ergebnisse der Studie wie folgt zusammen:

»Das Wiedererstarken regionaler politischer Aktivitäten lag vor der Gorbatschow-Ära: Sie begannen in einigen Regionen in den siebziger Jahren und eskalierten schnell in gewaltlosen und gewalttätigen Protest nach 1985. Die Untersuchung endet 1989, so daß die Intensivierung gewalttätiger nationalistischer und regionaler Konflikte in den Jahren 1990 – 1991 ausgeblendet ist« (Gurr 1993: 131; Übersetzung M. Z.).

Auch in der OECD-Welt läßt sich ein solches Muster beobachten. In den westlichen Demokratien insgesamt sind heute ungefähr 35 regionale oder ethnische Gruppen mit Autonomie- und Sezessionsbestrebungen aktiv (vgl. Schultze/Sturm 1992: 408 und Coakley 1992b als Überblick), wobei in Westeuropa und Nordamerika, also im Kern der OECD-Welt, heute insbesondere die Bewegungen in Norditalien, in Wales und Schottland, in Québec und außerhalb der G-7-Länder die Bewegungen in Katalanien und im Baskenland sowie der Konflikt zwischen Flamen und Wallonen in Belgien ins Gewicht fallen.

In der Region Québec erreichte der *Parti Québecois* 1981 mit 49,3 Prozent der Stimmen bei den Wahlen zum regionalen Parlament einen Höhepunkt, sank auf unter 40 Prozent am Ende der achtziger Jahre ab und erreichte 1994 wieder knapp 45 Prozent. In Schottland erzielte die *Scottish National Party* (SNP) 1974 ihr bestes Ergebnis mit 30,4 Prozent. Der Stimmenanteil fiel bis auf 11,8 Prozent 1983, um danach wieder kontinuierlich bis auf 22 Prozent 1997 anzusteigen. Eine parallele Entwicklung läßt sich im Falle der *Plaid Cymru* in Wales beobachten (1974: 10,8 Prozent; 1987: 7,3 Prozent; 1997: 10 Prozent). In Italien blieb die Wahlunterstützung für die Südtiroler Volkspartei (SVP) seit 1948 mit 0,4 bis 0,6 Prozent bei nationalen Wahlen konstant, während die Lega Nord erst in den neunziger Jahren substantielle Erfolge verbuchen konnte und 1996 10,1 Prozent der Stimmen in ganz Italien erhielt (Schmidtke 1996). Offensichtlich nimmt die Stärke der regionalistischen Bewegungen in diesen Fällen ab Ende der achtziger Jahre wieder deutlich zu. Demgegenüber erstarkten einige andere regionalistische Bewegungen, die Mitte der siebziger Jahre gleichfalls präsent waren, aus unterschiedlichen Gründen nicht wieder. Dazu zählen beispielsweise die korsische und bretonische Bewegung in Frankreich sowie die skandinavischen Minderheiten. Auffällig an den Bewegungen, die nicht wiedererstarkt sind, ist, daß es sich durchweg um Regionen handelt, die ganz deutlich ärmer und wirtschaftlich schwächer sind als der Rest des jeweiligen Landes.[2] Bemerkenswerterweise blieben zudem die USA und die Bundesrepublik seit vielen Jahrzehnten von ernstzunehmenden regionalistischen Autonomiebestrebungen verschont.

Der Befund läßt sich wie folgt zusammenfassen: Die regionalistischen Bestrebungen, die sich gegen evidente wirtschaftliche Benachteiligungen richteten und den Nationalstaat für ihre wirtschaftliche Rückständigkeit verantwortlich machten, nahmen in den letzten zwei bis drei Jahrzehnten an Bedeutung ab. Stärker geworden bzw. erst entstanden sind hingegen die regionalistischen Bestrebungen, die eine wie auch immer geartete Autonomie gegenüber dem Nationalstaat wollen, ohne daß sie dazu die evidente wirtschaftliche Diskriminierung als Begründung heranziehen müssen. Idealtypisch (und nicht die Ausnahme) für den *neuen Regionalismus* scheint mithin die Lega Nord zu sein. Sie fordert die Ablösung

---

2 Eine wichtige Ausnahme stellt das vergleichsweise arme Galizien dar: Dort stieg der Stimmenanteil der Partei, die für den galizischen Regionalismus eintritt (die BNG), in den neunziger Jahren wieder deutlich an (Lange 1998).

von einem politischen Zentrum und den Abgabepflichten an dieses Zentrum, das außerhalb der Region liegt, insbesondere um die eigene, ohnehin schon überlegene wirtschaftliche Dynamik voll entfalten zu können. Eine solche Intention läuft auf die Einschränkung der Gültigkeitsreichweite politischer Regelungen hinaus.

Politische Fragmentierung zeigt sich außerdem im neuerlichen Aufstieg *rechtsextremer Parteien*, der gleichfalls seit Mitte der achtziger Jahre zu beobachten ist. Das Programm all dieser Parteien stimmt in mindestens zwei Punkten überein: Minderheiten, die sichtbar andere ethnische Wurzeln besitzen, werden (allerdings mehr oder weniger offen) aus der nationalen politischen Gemeinschaft zugunsten einer ethnischen Definition von Nation ausgeschlossen. Im Unterschied zu regionalistischen Bewegungen lehnen sie Integration jenseits des Nationalstaates ab. Diese Parteien repräsentieren mithin soziale Kräfte, die offen für die politische Fragmentierung eintreten (vgl. Husbands 1992). Gleichwohl scheint es notwendig, auch innerhalb dieser Gruppe eine Feinunterscheidung zu treffen. Zum einen gibt es Parteien, die sich im wesentlichen auf die Thematik der Immigration beschränken und sich in Ideologie und Organisation an den faschistischen Vorbildern orientieren. Idealtypen für diese *neofaschistischen Parteien* stellen die DVU hierzulande und die *National Front* in Großbritannien dar. Zum anderen gibt es *rechtspopulistische Parteien*, die neben einer verschärften Immigrationspolitik und *law and order*-Forderungen gleichzeitig für eine Entmachtung der korrupten politischen Klasse in den Altparteien und des intellektuellen Establishments zugunsten der einfachen, arbeitenden Bevölkerung sowie für Steuerkürzungen eintreten und insofern ethno-nationalistische Elemente mit neoliberalen Programmpunkten verbinden. Berlusconis Forza Italia und Haiders FPÖ in Österreich stellen Beispiele für diesen hochgradig opportunistischen Typus von rechtsextremer Partei dar, wenngleich in der zweiten Hälfte der achtziger Jahre die neoliberalen Programmpunkte bei der FPÖ ausgeprägter waren als heute (Ulram 1997). In den hier näher betrachteten G-6-Ländern (G-7 ohne Japan) sind die Republikaner in Deutschland, Le Pen's Front National, die Forza Italia und die neue Alleanza Nazionale in Italien, die kanadische Reform Party sowie Ross Perot und Pat Buchanan in den USA Vertreter dieser rechtspopulistischen Richtung, während die italienische Lega Nord einen Zwitter von regionalistischer und rechtspopulistischer Partei abgibt (vgl. Woods 1992; 1994). Sicherlich unterscheidet sich das konkrete Mischungsverhältnis von neoliberalen und ethno-nationalistischen Elementen bei den genannten Parteien sehr deutlich. So liegen beispielsweise hinsichtlich offenem und unterschwelligem Rassismus Welten zwischen dem fremdenfeindlichen Le Pen und Ross Perots Plattform. Bei den deutschen Republikanern fehlt wiederum das neoliberale Element. Dennoch kann die neue populistische Rechte in ihrer Gesamtheit durchaus als autoritäre Gegenbewegung zu den neuen Parteien am antiautoritären Pol gesehen werden: Während die einen auf charismatische Führer, auf volkswirtschaftliches Wachstum und ethnische Homogenität bzw. den Patriotismus der einfachen Leute setzen, betonen die anderen basisdemokratische Entscheidungsprozeduren, ökologische Grenzen des Wachstums und Multikulturalismus, verstanden als die Wünschbarkeit des Zusammenlebens verschiedener Ethnien und Kulturen in einer politischen Gemeinschaft (Taggart 1995: 38).

Anders als die neofaschistischen Parteien, die in den letzten zwei Jahrzehnten nur punktuelle Erfolge verbuchen konnten, erzielten die rechtspopulistischen Parteien gerade während der letzten zehn Jahre größere und nachhaltigere Erfolge. Le Pen in Frankreich erreichte zum ersten Mal 1986 bei den nationalen Parlamentswahlen fast 10 Prozent und pendelte sich inzwischen sowohl bei Präsidentschafts- als auch bei Parlamentswahlen bei 15 Prozent ein. Die Alleanza Nazionale konnte 1994 sogar zusammen mit der Forza Italia und der Lega Nord vorübergehend eine Drei-Parteien-Regierungskoalition bilden. Bei den Wahlen 1996 verbesserten die Alleanza und die Lega Nord ihre Ergebnisse weiter, während Berlusconis Forza Italia deutliche Einbußen hinnehmen mußte. Die Republikaner hierzulande konnten zumindest bei Landtagswahlen einige spektakuläre Erfolge erreichen: In Baden-Württemberg kamen sie sowohl 1992 als auch 1996 auf über 9 Prozent. Als Ersatz für die zerstrittenen Republikaner zog die DVU 1998 mit 12,9 Prozent in den Landtag von Sachsen-Anhalt. In den USA erzielte Ross Perot bei den Präsidentschaftswahlen 1992 mit 18,9 Prozent der Stimmen das beste Ergebnis eines dritten Kandidaten seit 1912, und der republikanische Vorwahlkampf von Pat Buchanan im Jahr 1996 zeigte, daß es in den USA unabhängig von Perot ein großes rechtspopulistisches Potential gibt. In Kanada schließlich erreichte die Reform Party bei den Wahlen 1993 mit 18,7 Prozent der Stimmen 52 Sitze und 1997 mit 19,3 Prozent gar 60 Sitze.

Dazu paßt, daß die gewalttätigen Anschläge auf Personen mit erkennbar anderen ethnischen Ursprüngen als die Mehrheit der Bevölkerung gleichfalls zunahmen. Dadurch soll einem Teil der in einem Land lebenden Menschen der Zutritt zur Gemeinschaft verwehrt werden bzw. sollen sie aus der Gemeinschaft gewaltsam ausgeschlossen werden – politische Fragmentierung *par excellence*. 1993 gab es in der Bundesrepublik über 2 000 Anschläge gegen solche Minoritäten, d.h. pro Tag mehr als sechs, und damit mehr als zehnmal soviel wie noch zehn Jahre zuvor. Fremdenfeindliche Ausschreitungen beschränken sich aber keinesfalls auf die Bundesrepublik. Die Toten, die es bei rechtsextremen Anschlägen gegen nordafrikanische Immigranten in Frankreich gab, übersteigen die entsprechenden Zahlen in der Bundesrepublik. In den Arbeiterbezirken von britischen Städten, die sich durch sehr hohe Arbeitslosenquoten auszeichnen, herrscht gleichfalls Haß. Gegenüber 1979 verdreifachten sich die rassistisch motivierten Vorfälle in Großbritannien und erreichten 1995 den Spitzenwert von 11 878 (die Zahl ist nicht direkt vergleichbar mit den 2 000 deutschen Anschlägen). Auch in Italien gibt es seit dem Sommer 1989 fremdenfeindliche Anschläge. Die herausragenden Ereignisse sind hier der Überfall auf Zigeunerlager durch die »Fiat-Uno« Bande (Ende 1990) sowie ein Brandanschlag auf provisorische Behausungen im Januar 1991 bei Caserta. In den Ländern also, die sich traditionell als die treibende Kraft der menschlichen Zivilisation verstanden haben, offenbaren sich in den letzten 10 bis 15 Jahren wieder vermehrt barbarische Züge.

Wo liegt die Gemeinsamkeit von regionalistischen und rechtsextremen Manifestationen? Ist es wirklich sinnvoll, die beiden unterschiedlichen politischen Bewegungen als Resultat der politischen Fragmentierung zu betrachten? Bei all diesen Formen der gewollten politischen Fragmentierung bilden sich Gruppen heraus, deren Identitätsbezug unterhalb der Nation liegt. Solche Gruppen können einen defensiven Charakter besitzen und andere zu Sündenböcken für reale oder angenommene Mißstände erklären wie im

Falle von fremdenfeindlichen Anschlägen. Sie können aber auch einen offensiven Charakter haben und auf eine Überlegenheitsvorstellung zurückgehen wie im Falle mancher Autonomiebewegung in einer wirtschaftlich erfolgreichen Region (vgl. Wievorka 1995). Die bemerkenswerten Wahlerfolge von rechtspopulistischen Parteien und mancher regionalistischen Partei beruhen nicht zuletzt darauf, daß es ihnen gelingt, Sündenbock- und Dominanzmechanismen kunstvoll zu vermischen und verwirrte Denationalisierungsverlierer und -gewinner zugleich anzusprechen. In gewisser Weise wollen alle genannten Fragmentierungsbewegungen den Wettbewerb um Ressourcen nach ethnischen oder zumindest territorialen Linien re-organisieren.

Insgesamt kann festgehalten werden, daß fraglos ein Zusammenhang zwischen gesellschaftlicher Denationalisierung und politischer Fragmentierung besteht. Es fällt auf, daß die erfolgreiche Mobilisierung von regionalistischen und rechtsextremen Gruppen mit einem Wandel im Charakter dieser Gruppen einher geht. Der neue Regionalismus findet kaum Zuspruch in wirtschaftlich rückständigen Regionen, und rechtspopulistische Parteien vermischen Modernität, Neoliberalismus und den Mythos der einfachen Leute in einer Weise, die sich von der Programmatik älterer neofaschistischer Parteien deutlich unterscheidet. Die Kräfte der politischen Fragmentierung erstarkten also im letzten Jahrzehnt nicht nur wieder, sondern erscheinen auch modernisiert. Gleichwohl fallen sie hinter die zivilbürgerliche Konstituierung von kollektiver Identität zurück.

2. Wie Denationalisierung zu politischer Fragmentierung führen kann

Läßt sich der vermutete Zusammenhang zwischen gesellschaftlicher Denationalisierung und politischer Fragmentierung durch ein plausibles Erklärungsmodell abstützen? Führte der beobachtete gesellschaftliche Denationalisierungsschub in der OECD-Welt tatsächlich zum Wiedererstarken von Bewegungen, die auf fragmentierende Formen von kollektiven Identitäten zielen? Die Ausgangshypothese bei der Beantwortung dieser Fragen lautet, daß infolge der gesellschaftlichen Denationalisierung ein neuer Typus von regionalistischer Bewegung und ein neuer Typus von rechtsextremer Partei an Bedeutung gewonnen haben. Beim neuen Regionalismus steht weniger die Beseitigung von evidenten politischen und wirtschaftlichen Diskriminierungen im Vordergrund als vielmehr die Lösung aus nationalen politischen Zusammenhängen, um eine bereits günstige wirtschaftliche Position weiter zu verbessern. Die neuen rechtspopulistischen Parteien schreiben nicht bloß neofaschistische Programmatiken fort, sie sind vielmehr integraler Bestandteil der neuen Politik, bei der weniger das alte Rechts-Links-Schisma als vielmehr Fragen wie Selbstverwirklichung, Identität, Ökologie und Partizipation in den Mittelpunkt der politischen Auseinandersetzung rücken.

Die Ausgangshypothese besagt nicht, daß gesellschaftliche Denationalisierung notwendigerweise die originäre, geschweige denn die einzige Ursache für die Ausbildung einer bestimmten regionalistischen Bewegung oder den Erfolg einer bestimmten rechtspopulistischen Partei mit ethno-nationalistischer Ausrichtung ist. Gesellschaftliche Denationalisierung stellt eine strukturelle Rahmenbedingung dar, die bestimmte, möglicherweise bereits vorhandene Gemeinschaftsorientierungen bzw. Gruppenidentitäten verstärkt zur Manifestation kommen läßt. Die gesellschaftliche Denationalisierung wirkt *vermittelt,* und zwar über die Faktoren, die in der einschlägigen Literatur genannt werden: »Ökonomischer Strukturwandel«, »wachsende Ungleichheit«, »Immigration«, »nachlassende Bedeutung von Klassenkonflikten«, »Abbau kultureller Differenzen«, »Unzufriedenheit mit dem Zentralstaat«, »ökonomische Unsicherheit« sind hier die wichtigsten Stichworte. Alle diese Elemente gehören zur gesellschaftlichen Denationalisierung oder werden von dieser hervorgerufen. Das hier vertretene Argument bedeutet also nicht, daß eine komplett neue Theorie notwendig ist, sondern daß die gesellschaftliche Denationalisierung einige der Faktoren schafft oder stärkt, die laut vorhandener Theorie politische Fragmentierung begünstigen.[3]

3 Insofern stelle ich der primordialen Erklärung von Ethnopolitik nicht eine instrumentalistische, sondern eine situationsbezogene Erklärung entgegen, welche die Opportunitätsstrukturen betont, unter denen bestimmte Dispositionen entstehen und sich ausbreiten können (vgl. hierzu Keating 1992: 56).

Gemäß dem Erklärungsmodell der *ungleichzeitigen Denationalisierung* gilt es, für die Aufhellung des Zusammenhangs von gesellschaftlicher Denationalisierung und politischer Fragmentierung zwei Wirkungspfade näher zu betrachten: Die Ausweitung von sozialen Handlungszusammenhängen über nationale Grenzen hinweg reduziert die Wirksamkeit nationalstaatlicher Politik und führt zu einer *verringerten Leistungsfähigkeit von nationalen politischen Einheiten*. Diese reduzierte Effektivität nationaler Politiken wird partiell durch die Errichtung internationaler Institutionen aufgefangen. Als Folge der zunehmenden Verlagerung von politischen Entscheidungen in internationale Institutionen tritt dann jedoch ein zweites Problem hinzu: *Ohnmachtsgefühle in einer komplexer werdenden Welt*, die den Wunsch nach überschaubaren und homogenen kollektiven Identitäten und politischen Einheiten nähren. Diese beiden Wirkungspfade öffnen sich einer weiteren Ausdifferenzierung:

(a) *Politische Fragmentierung als Ruf nach politischem Schutz in einer rauhen Welt:* Die Ziele des Regierens lassen sich auf der nationalstaatlichen Ebene nur noch ungenügend erreichen. Das heißt, daß sich die Vorteile und Leistungen verringern, die sich aus staatlichen Eingriffen in Marktprozesse ergeben. Diese Vorteile und Leistungen, die als Folge staatlicher Eingriffe erwachsen, erwiesen sich aber immer schon als eine wichtige Quelle des Nationalismus, wie auch Jack Snyder in seiner Analyse der Entwicklungen in der ehemaligen Sowjetunion feststellt: »Neuere Forschungen legen nahe, daß Nationalismus das Bedürfnis zum Ausdruck bringt, einen effektiven Staat zur Erreichung von Wirtschafts- und Sicherheitszielen zu errichten. Die aggressivsten nationalistischen Bewegungen entstehen, wenn Staaten bei der Erfüllung dieser Aufgaben versagen und dadurch den Menschen einen Ansporn geben, einen effektiveren Staat zu gründen« (Snyder 1993: 81; Übersetzung M. Z.). Dabei sind zwei Formen der politischen Fragmentierung als Antwort denkbar: sowohl die Wiederbelebung der Nation durch deren Radikalisierung und Ethnisierung (Rechtsextremismus) als auch die Suche nach anderen kollektiven Einheiten, die diese Leistungen ersatzweise erbringen und gleichzeitig eine kollektive Identität ausbilden können (Regionalismus).

Mit Blick auf die OECD-Welt ist es aus dieser Sicht nicht der

komplette Zusammenbruch des Nationalstaates, sondern die wahrgenommene Unterhöhlung der Institutionen und Leistungen des
demokratischen Wohlfahrtsstaates, die zur politischen Fragmentierung führt. Dabei rückt insbesondere die Gruppe der Denationalisierungsverlierer ins Blickfeld. Politische Fragmentierung bildet
sich dann heraus, wenn die nationalen Regierungen sich nicht in der
Lage sehen, die Verlierer vor den negativen Effekten des Wandels
zu schützen (vgl. Horsman/Marshall 1995: 174). Indem sie die Effektivität nationalstaatlicher Wirtschafts- und Sozialpolitik reduziert und den Standortwettbewerb verschärft, schafft die gesellschaftliche Denationalisierung Bedingungen, die den Konflikt
zwischen Kapital und Arbeit im nationalen Rahmen zurücktreten
läßt und somit Raum für ethno-nationalistische oder ethno-politische Konflikte eröffnet.[4] Der Wandel, der ökonomische Unsicherheit hervorruft, den Wunsch nach staatlichem Schutz wachsen läßt
und den Konflikt zwischen Kapital und Arbeit zurückdrängt, ist
im Zeitalter der Denationalisierung jedoch ein anderer als vor gut
100 Jahren, als ähnliche Vorgänge in der sich damals industrialisie-
renden Welt zu beobachten waren. »Heute« – schreibt Ulrich Beck
(1993: 39) – »werden die Menschen nicht aus ständischen, religiös-
transzendentalen Sicherheiten in die Welt der Industriegesellschaft
›entlassen‹, sondern aus der Industriegesellschaft in die Turbulenzen der Weltrisikogesellschaft.« In solchen Zeiten nimmt der
Ruf nach staatlichem Schutz in einer rauhen Welt zu, die Fähigkeit
des Staates, diesen Schutz bereitzustellen, aber ab.

Auf diesem Widerspruch lassen sich zum einen leicht rechtsextreme Ideologeme aufbauen und verbreiten, die fremde Minoritäten sowohl als Ursache der erhöhten Unsicherheit als auch als
Ursache für die reduzierte Leistungsfähigkeit des Wohlfahrtsstaates ausmachen und somit die »Reinigung« der Nation vom Frem-

---

4 Zum damit einhergehenden Prozeß der Ethnisierung sozialer Konflikte vgl. Solomos (1995: 173-75) und Kushnick (1995). Zum Verhältnis von Klassenauseinander-
setzungen und ethnischen Konflikten vgl. Gellner (1994: 1-19). Generell scheint
die These, die Michel Wievorka (1995: 81) in seiner Abhandlung zum Rassismus
formuliert hat, auch für den vorliegenden Zusammenhang von Bedeutung: »Je stärker eine Gesellschaft durch soziale Konflikte im strengen Sinn organisiert ist (...)
und je stärker dieser Konflikt im Mittelpunkt der Politik und des Staates steht und
die Diskussionen innerhalb der Gesellschaft, einschließlich der unter den Intellektuellen, beherrscht, um so eingeschränkter ist der Spielraum für rassistische Einstellungen.« (Übersetzung M. Z.)

den als Lösung der Probleme vorgaukeln. Als ökonomisch meist unterprivilegierte Gruppen erhalten solche Minoritäten einen gewissen Anteil der wohlfahrtsstaatlichen Leistungen und lassen sich somit als Ursache der leeren Staatskassen stilisieren. Gleichzeitig ist *ceteris paribus* die Kriminalitätsneigung bei Mitgliedern einer ökonomisch unterprivilegierten Gruppe höher, was sie als Auslöser erhöhter innergesellschaftlicher Unsicherheit erscheinen läßt. Ein- und dieselbe Gruppe kann somit als Ursache der beiden Hauptprobleme des nationalstaatlichen Regierens im Zeitalter der Denationalisierung ausgemacht werden. Rechtsextreme Parteien nutzen diese Gelegenheit teils unterschwellig, teils offen und erhalten dadurch eine überproportionale Unterstützung durch (potentielle) Denationalisierungsverlierer. In der Tat zeigen sich in den Großstädten der Bundesrepublik die Erfolge rechtsextremer Parteien in Vierteln mit hoher Arbeitslosigkeit, hohem Ausländeranteil und niedrigem Ausbildungsniveau, während auf dem Land v. a. industrialisierte Gebiete mit unterdurchschnittlichen Einkommen rechtsextrem wählen. Jürgen Falter (1994: Kap. 4) sieht als Resultat seiner Studie *Wer wählt rechts?* die Modernisierungsverliererthese dementsprechend »voll und ganz bestätigt«.

Zum anderen kann der Widerspruch zwischen erhöhtem Verlangen nach staatlichem Schutz und verringerter Fähigkeit des Nationalstaates, diesen Schutz zu erbringen, sich auch zugunsten von regionalistischen Bewegungen auswirken, wenn diese ihre Unterstützung nicht nur von erfolgreichen ökonomischen Sektoren, sondern auch von staatlichen Schutzmaßnahmen abhängigen Sektoren erhalten. So war beispielsweise die Kritik an den Thatcherschen Kürzungen der Staatsausgaben in Schottland besonders lautstark. Während die Krise des Wohlfahrtsstaates ausreicht, um rechtsextreme Wählerpotentiale zu schaffen, profitieren regionalistische Bewegungen eher von einer umfassenden Krise des nationalen politischen Entscheidungssystems. Die nachlassende Fähigkeit des Nationalstaates, bestimmte Leistungen zu erbringen, schwächt letztlich die Befürworter einer Integration in den Nationalstaat. Regionalistische Bewegungen werden dann besonders stark, wenn sich auf der Ebene jenseits des Nationalstaates eine alternative Quelle für politisch erreichbare Ressourcen auftut. Beispielhaft ist hier Katalonien, das einerseits von den Europäischen

Regionalfonds profitiert (0,5 Mrd. ECU zwischen 1989 und 1993) und andererseits mit Jordi Pujol eine Führungspersönlichkeit besitzt, die sich als Vorsitzender des Ausschusses der Regionen und als Mitinitiator des »4-Motoren-Abkommens« (mit Rhônes-Alpes, Baden-Württemberg und der Lombardei) als äußerst rührig erweist (vgl. Petschen 1996).

(b) *Politische Fragmentierung als Folge des transnationalen Abbaus kultureller Differenzen:* Mit der abnehmenden Fähigkeit des Nationalstaates, die transnationalen Informationsflüsse zu kontrollieren, verbindet sich die Tendenz, daß die Unterschiede zwischen nationalen Kulturen verringert bzw. durch die Ansätze einer transnationalen Konsumentenkultur überdeckt werden. Diese Entwicklung kann leicht in eine verstärkte Betonung kultureller Differenzen innerhalb des Nationalstaates münden. In dem Maße, wie die globalen Kommunikationszusammenhänge in der Tendenz die realen Differenzen zwischen »Wir-Gruppen« auflösen, sucht das verbleibende »Wir-Bedürfnis« neue Bindungen.[5] So entsteht ein »Narzißmus der kleinen Differenzen« (Freud), der lokale oder ethnische Besonderheiten zu verschiedenen kulturellen Welten stilisiert.

In einer Welt signifikanter kultureller Unterschiede zwischen Nationen konnten geringe kulturelle Unterschiede innerhalb von Nationen kaum politisch wirksam werden. Die »Meta-Kontraste« zwischen den Nationen waren zu deutlich. In einer kulturell zunehmend homogenisierten Welt hingegen lassen sich auch kleine kulturelle Unterschiede politisch beleben und in Autonomie- und Separationsbestrebungen überführen.[6] In den Worten von Perry Anderson: »Ungleiche ökonomische Entwicklung gab einen Impuls zu regionaler Identifikation, zu einheitliche kulturelle Entwicklung gab den anderen« (Anderson 1994: 11; Übersetzung M. Z.). Je weiter der Prozeß der gesellschaftlichen Denationalisie-

---

5 Vgl. auch Beck (1993: 121-22) und insbesondere Hassner (1993: 131): »In der Moderne entsteht aufgrund der Revolution im Kommunikationssektor eine starke Tendenz zur kulturellen Angleichung; gleichwohl macht sich das Bedürfnis nach Unterschieden und Trennungen, nach Differenzierung zwischen ›wir‹ und ›den anderen‹ immer stärker bemerkbar.« (Übersetzung: M.Z.)

6 Diese These folgt unmittelbar aus der soziologischen Einsicht, daß sich eine Gemeinschaftsbildung meist in Abgrenzung zu einer anderen Gruppe ergibt. Vgl. Elias (1987: 305) sowie Estel (1994).

rung im Sachbereich der Kommunikation voranschreitet, desto schicker wird die Betonung regionaler Besonderheiten. So etablierten sich in dem Maße wieder lokale Dialekte in der Öffentlichkeit, wie sich Englisch als globale *lingua franca* durchsetzte. Generell erlaubt die Verwischung kultureller Differenzen in der OECD-Welt die Betonung neuer kultureller Grenzziehungen. Sowohl die Lega Nord als auch die Katalanen betonen immer wieder die Differenzen zwischen den entwickelten und wirtschaftlich leistungsfähigen Regionen in der Mitte Europas und den weniger entwickelten Regionen im Süden Europas, die sich insbesondere im kulturellen Bereich zeigten.

In ähnlicher Weise profitiert der Rechtsextremismus vom Narzißmus der kleinen Differenzen. So richtet sich die Ausländerfeindlichkeit nicht unmittelbar gegen die »Neuankömmlinge«, sondern vielmehr gegen die an ihrem Aussehen erkennbaren Minoritäten, ganz gleich wie lange sie schon im Land wohnen. Die naturalisierten Franzosen aus Nordafrika, die in der zweiten Generation in Frankreich leben, werden Opfer von Anschlägen, auch wenn sie gesellschaftlich integriert sind. Ähnliches läßt sich über Türken sagen, die schon Jahrzehnte in der Bundesrepublik arbeiten.

(c) *Politische Fragmentierung als Folge des Demokratiedefizits:* Infolge der gesellschaftlichen Denationalisierung vergrößert sich die Bedeutung von internationalen Institutionen, was zur weiteren Unübersichtlichkeit und Komplexität der Politik und dadurch zu einer Reduzierung demokratischer Kontroll- und Einflußmöglichkeiten führt, insbesondere solange keine befriedigenden Mechanismen zur Demokratisierung internationaler Institutionen existieren. Die notwendigen demokratischen Grundlagen einer zivilbürgerlichen nationalen Identität sind kaum mehr erfahrbar. Gleichzeitig werden fragmentierende Identitäten gestärkt. In einer Welt, in der die Zuordnung einzelner Entscheidungen zu bestimmten Repräsentanten und Parteien nicht mehr gelingt, können sich leicht Ohnmachtsgefühle herausbilden gegenüber einer als einheitlich wahrgenommenen politischen Klasse in den Hauptstädten der OECD-Welt, die sich als politische Apathie, Politikverdrossenheit und Unterstützung rechtsextremer Protestparteien artikuliert (Beyme 1994). Auch regionalistische Autonomiebewegungen finden durch diesen Mechanismus Unterstützung, da mit der Stärkung internationaler Institutionen einerseits der Anreiz wächst, unmittelbar, ohne Vermittlung über den Nationalstaat, Einfluß auf die internationale Politik zu nehmen und die Vereinbarungen dann auf regionaler Ebene umzusetzen, und sie andererseits gerade dadurch als »bürgernäher« wahrgenommen werden (Horsman/Marshall 1995: 224).

(d) *Rechtsextremismus als Folge gewachsener Immigration:* Die gesellschaftliche Denationalisierung impliziert eine größere Durchlässigkeit der nationalen Grenzen. Neben Waren, Zahlungsmitteln, Schadstoffen, Informationen und Bedrohungen überschreiten auch Menschen in wachsender Zahl die Grenzen zwischen zwei Nationalstaaten. In allen hochentwickelten Industrienationen greifen seit Mitte der siebziger Jahre zwei Entwicklungen ineinander, die die Immigration erst zum Problem werden ließen. Zum einen begannen sich die Arbeitsplätze auch in den Einwanderungsländern zu verknappen. Ohne daß es besonders aufgefallen wäre, trat daher an die Stelle der Arbeits- eine Bevölkerungsmigration. Wachsende Arbeitslosigkeit und soziale Marginalisierung riefen eine erste Welle der Ausländerfeindlichkeit hervor, die die rechtsextremistischen Parteien (und in Frankreich auch die kommunistische Linke) im Wahlkampf instrumentalisierten.[7] In Reaktion auf diese Entwicklungen ergriffen die europäischen Regierungen Maßnahmen, um die Zuwanderung zu bremsen. Um nur die wichtigsten Regelungen zu nennen: Großbritannien verabschiedete 1971 einen *Immigration Act*, der die Einwanderung für Menschen von außerhalb des Commonwealths und der EG enorm erschwerte; Deutschland beschloß 1973 ein Gesetz, das die aktive Anwerbung von Arbeitskräften beendete, und Frankreich stoppte 1974 die Programme zur Arbeitsmigration und zum Familiennachzug. Die entsprechenden Zuwanderungsgesetze beendeten zwar die Wahlerfolge der Parteien mit ausländerfeindlichen Parolen, führten aber nicht zu einem Rückgang der Einwanderungszahlen, die teilweise sogar beschleunigt zunahmen (Betz 1994: 71).

Zum anderen wuchs seit Mitte der achtziger Jahre, und in Europa insbesondere nach dem Ende des Ost-West-Gegensatzes, die

---

7 Erwähnenswert sind hier v. a. die deutsche NPD, die »British National Front« und die Schweizerischen Anti-Ausländerparteien.

Zahl der Menschen, die aufgrund der Asyl- und Flüchtlingsrechte in die westlichen Industriestaaten kamen. Allein in Westeuropa stieg die Zahl der Asylbewerber innerhalb von sechs Jahren zwischen 1983 und 1989 von ungefähr 70 000 auf beinahe 320 000 pro Jahr. Im Unterschied zur Arbeitsmigration handelt es sich hierbei um eine Form der gesellschaftlichen Denationalisierung, die auch eine begrenzte staatliche Handlungsfähigkeit zum Ausdruck bringt. Nach einer neuerlichen Welle von Gesetzesänderungen im Asyl- und Zuwanderungsbereich – wie beispielsweise das neue Asylverfahrensgesetz in der Bundesrepublik aus dem Jahre 1992, das mit dem *Asylum Bill* (1992) in Großbritannien, der Reform der Nationalisierungspolitik in Frankreich (1993), dem kanadischen *Refugee Reform Act* (1989) und seinen Ergänzungen (C-86 etc.) seine Entsprechungen fand – gingen die entsprechenden Zuwanderungszahlen wieder deutlich zurück.

Die Art und Weise, wie die Bevölkerungen in den westlichen Industrieländern auf die Zuwanderung in den letzten zwei Jahrzehnten reagierten, machte deutlich, daß ein intensivierter Kontakt zwischen unterschiedlichen Gruppen keinesfalls zu harmonischen Beziehungen führen muß. Die Prämisse, wonach mit intensivierten Transaktionen das Bewußtsein für Gemeinsamkeiten wächst, ist in dieser einfachen Form unzutreffend. Gleichzeitig wächst nämlich das Bewußtsein von kulturellen Differenzen (Connor 1994: 69), und zwar insbesondere dann, wenn die Einwanderer dank der neuen Informations- und Kommunikationstechnologien die Möglichkeiten besitzen, über lange Distanzen einen engen Kontakt zur Heimatkultur zu bewahren.[8] Es sind drei situationsspezifische, gleichsam zufällig parallel aufgetretene Bedingungen, die diesen Zusammenhang in den westlichen Industrieländern während der letzten zwei Jahrzehnte so stark akzentuierten:

– Laut Umfragedaten dominieren insbesondere zwei mit der Zuwanderung verbundene Ängste bei der einheimischen Bevölkerung. Neben der Befürchtung, die eigene Arbeitsstelle an Einwan-

---

8 Benedict Anderson, der die Rede vom Nationalismus als *imagined community* prägte und dies v. a. in Zusammenhang mit der Ausbreitung des Buchdrucks brachte (Anderson 1991), schreibt erneut der Entwicklung der Kommunikationstechnologie eine entscheidende Rolle zu – heute als Grundlage des neuen Phänomens des *long-distance nationalism* (Anderson 1994). Vgl. dazu auch Yinger (1994: 53-57) und Faist (1997).

derer zu verlieren und gleichzeitig das nationale Wohlfahrtssystem zu unterminieren, wuchs in den letzten Jahren die Angst vor Kriminalität deutlich (Betz 1994: 88; Kapitel III). Zweifelsohne nahmen auch realiter die Kriminalität wie die Arbeitslosigkeit und die Schwierigkeiten des Wohlfahrtsstaates in den letzten zwei Jahrzehnten deutlich zu, gleichsam parallel mit der Zahl der Einwanderer. Obwohl einfache kausale Verbindungen zwischen der Zahl der Einwanderer und den Problemen der Arbeitslosigkeit, der Kriminalität sowie der Krise des Wohlfahrtsstaates gänzlich unangemessen sind, trägt der so gedeutete Zusammenhang zur Fremdenfeindlichkeit bei.

– Zusätzlich gestärkt wird dieser Zusammenhang durch das Schüren von fremdenfeindlichen Einstellungen seitens politischer Gruppierungen, die aus den genannten Ängsten Stimmenkapital schlagen wollen; aber auch durch Regierungen, die sich gewisser Handlungskompetenzen beraubt sehen und ihre Position durch das Ausspielen der nationalen Karte stärken möchten (Kushnick 1995: 189). So erzielten die rechtsextremen Parteien gerade während der Debatten über neue Einwanderungsgesetze, in denen auch *mainstream*-Politiker die Ausländer unterschwellig immer wieder als Ursache von Arbeitslosigkeit und Kriminalität benannten, die größten Wahlerfolge.

– Schließlich ging die Zuwanderung in die westlichen Industrieländer zeitlich einher mit der Auflösung der traditionellen Arbeitersiedlungen. Aufgrund der Verbürgerlichung der Arbeiterschaft verließen viele die ehemaligen homogenen Arbeitersiedlungen, die sich durch ein sehr hohes Maß an Solidarität und Gemeinschaftsorientierung auszeichneten, um gemäß des kleinbürgerlichen Vorbildes in die eigenen vier Wände im Grünen zu ziehen. Gleichzeitig ging auch die absolute Zahl der Industriearbeiter in den achtziger Jahren aufgrund des wirtschaftlichen Strukturwandels zurück. In die leergewordenen Wohnungen zogen v.a. die Einwanderer ein. Dies führte zu Wohnmilieus, die einerseits durch einen Verfall der alten Arbeiterkultur sowie ihrer sozialen Kontrollmechanismen, andererseits durch hohe Arbeitslosigkeit und durch hohe Kriminalität charakterisiert sind. Die folgende Beschreibung aus einer eindrucksvollen Studie über den Niedergang der »roten Vorstädte« in Frankreich gibt diesen Sachverhalt wieder:

»Unmittelbar kommt diese Umwälzung des Arbeitermilieus in der veränderten Bedeutung des Gegensatzes von ›denen‹ und ›uns‹ zum Ausdruck. Jede Siedlung, jede Straße, jeder Wohnblock, jeder Aufgang grenzt sich gegen die anderen in der Nachbarschaft ab. Die Fraktionierung scheint kontinuierlich bis in die kleinste Einheit fortzuschreiten, so daß sich oft auch einzelne Familien voneinander distanzieren. Das erste Gesprächsthema, das ein Soziologe bei Feldforschungen zu gewärtigen hat, betrifft den Leumund der Siedlung, in der der Interviewte wohnt. Was die unmittelbare Umgebung angehe, so stehe sie zu Unrecht in schlechtem Ruf, aber man müsse schon sagen, daß in der anderen Siedlung, dem anderen Wohnblock oder der anderen Straße Familien wohnen, mit denen man lieber keinen Umgang haben sollte: ›Sozialfälle‹, ›Ausländer‹, ›Ausländer, die sich nicht benehmen können‹, im Gegensatz zu ›unseren‹ Ausländern, die verhalten sich ja ruhig. Gegen dieses als Bedrohung erlebte, extreme Neben- und Durcheinander geht jeder in Abwehrstellung« (Dubet/ Lapeyronnie 1994: 63).

Diese Parallelität der Entwicklungen machen sich rechtsextreme Parteien zunutze, indem sie an die Ausländerfeindlichkeit appellieren und diese weiter schüren. Kein Wunder also, daß Immigration das Thema *par excellence* für rechtsextreme Parteien darstellt. Ausländerfeindliche Positionen fanden bei jungen Arbeitslosen, der Arbeiter- und der unteren Mittelklasse und in unterentwickelten Stadtteilen Unterstützung. Rechtsextreme Parteien zielen also auf die Stimme des kleinen Mannes, der nicht nur aufgrund seiner sozialen Lage froh ist, »Schuldige« für die eigene Lage vorgeführt zu bekommen, sondern auch aufgrund schlechterer Bildungsstandards große Schwierigkeiten hat, kulturelle Differenz auszuhalten und als bereichernd zu empfinden – die Soziologie spricht hier von geringer Ambiguitätstoleranz.

(e) *Regionalismus als Folge der nachlassenden Bedeutung von wirtschaftlichen Grenzen:* Die gesellschaftliche Denationalisierung und insbesondere der Abbau wirtschaftlicher Barrieren an den politischen Grenzen führen dazu, daß die Bedeutung nationaler Wirtschaftsräume sinkt. Als das Prinzip der nationalen Selbstbestimmung sich als Teil der bürgerlichen politischen Theorie des 19. Jahrhunderts durchsetzte, dachte man gleichsam selbstverständlich in Kategorien relativ großer Staaten. »Kleinstaaterei« galt als ein durchweg negativer Begriff. Nur große Staaten konnten die ökonomischen Rahmenbedingungen bereitstellen, die sich das Bürgertum vom Nationalstaat versprach. Dieser wurde als Instrument gesehen, um nationale Verkehrswirtschaften zu schaffen, um also die sozialen Handlungszusammenhänge vom Lokalen zum Nationalen auszudehnen (Gellner 1991). Eric Hobsbawm (1992: 42) hat das – Friedrich List folgend – auf den Punkt gebracht: »Eine ausreichende Größe war (…) eine Grundbedingung ihrer materiellen Entwicklung. Blieb sie unterhalb dieser Schwelle, so war sie historisch nicht gerechtfertigt.«

In dem Maße, wie sich nun die verdichteten sozialen Handlungszusammenhänge über die nationalen Grenzen ausdehnen, verliert der Nationalstaat seine privilegierte Stellung als Instanz der wirtschaftlichen Steuerung. Wenn der politische Raum den wirtschaftlichen Raum ohnehin unterschreitet, dann schlagen die Vorteile von dezentraler, regionaler Wirtschaftspolitik voll zu Buche.[9] Statt volkswirtschaftlicher Maßnahmen und der Aufbauförderung von nationalen Industrien sind regionale Netzwerke mit eigenständigem Wachstumspotential gefragt (Sabel 1994). Mit der Denationalisierung der Wirtschaft verringert sich die Bedeutung nationaler Märkte insbesondere für kleine, aber ökonomisch erfolgreiche Regionen. Für diese Regionen besteht somit ein ökonomischer Anreiz, nach mehr Unabhängigkeit zu streben, um im globalen Wettbewerb der Standorte eine eigenständige, von nationalen Vorgaben befreite Politik betreiben zu können und um nationalen Umverteilungspflichten zu entgehen. In diesem Zusammenhang kann im Anschluß an Tom Nairn (1977) von einer neuen Variante des Regionalismus gesprochen werden – *regionalism by trade* oder auch besitzstandsorientierter Regionalismus (Senghaas 1994).

»Nationalismus per Handel ist neuartig bei Separationsbewegungen in Regionen mit fortschrittlichen Gesellschaften. [Er] funktioniert wahrscheinlich am besten, wenn die fragliche Region gute Chancen für wirtschaftliche Prosperität besitzt: Genau wie die sechs nordirischen Provinzen kein Verlangen hatten, sich mit mittellosen katholischen Bauern zu verbinden, möchten die Katalanen und spanischen Basken, vielleicht sogar die Norditaliener, ihre wirtschaftlichen Interessen schützen. Ein Repräsentant dieser Art des Regionalismus ist der Führer der Parti Québécois, Jacques Parizeau, dessen Strategie darin besteht, die Québécois davon zu überzeugen, daß sie ohne den Rest von Kanada reicher wären« (Hall 1995: 24; Übersetzung M. Z.).

Der Anreiz, sich von den nationalstaatlichen Zwängen zu befreien, steigt weiter an, wenn sich jenseits des Nationalstaates negative In-

9 Zur kritischen Diskussion vgl. jetzt Kohler-Koch (1996; 1997) und Lange (1998).

tegration fest institutionalisiert. Negative Integration vollzog und festigte sich in der letzten Dekade nicht nur in Europa, sondern in der gesamten OECD-Welt (vgl. Kapitel VII). Aufgrund dieser Entwicklungen werden große Staaten bereits zu politischen Dinosauriern erklärt. Die Schweizer Autoren Thomas Bernauer und Peter Moser (1995: 31-32) schreiben (nicht ohne innere Genugtuung): »Je stärker die grenzüberschreitende Verflechtung im Bereich der Wirtschaft, der Kommunikation des Transportwesens und anderer Bereiche ist, desto niedriger sind (...) die Sezessionskosten. Das gilt besonders für wirtschaftlich leistungsstarke Gebiete, die bereits eng mit dem Ausland verflochten sind.« Das 21. Jahrhundert wird in dieser Perspektive zum Jahrhundert der Regionalstaaten werden (vgl. Ohmae 1993).

Die abnehmende Bedeutung nationaler Märkte für ökonomisch erfolgreiche Regionen resultiert freilich nicht in jedem Fall in starken Regionalismusbewegungen. Weniger wichtig für die Ausbildung einer regionalen Identität scheint dabei zu sein, ob die ökonomisch erfolgreiche Region eine Geschichte und Kultur aufweist, die sich in expliziter Abgrenzung zur Geschichte und Kultur des politischen Zentrums rekonstruieren läßt. Zwar verfügen solche Minderheitenkulturen verglichen mit der Mehrheitskultur traditionellerweise über weniger ausgeprägte Loyalitäten zum Nationalstaat, die sich mit dem Rückgang von dessen Funktionalität schnell erschöpfen können (Connor 1994: 91). Das Beispiel der Lega Nord zeigt aber, wie »gewaltsam« sich solche historischen Besonderheiten herstellen lassen: Die hervorragende Leistungsfähigkeit der norditalienischen Wirtschaft gilt dort angesichts des verschärften Standortwettbewerbs aufgrund eines maroden Zentralstaates und den ressourcenverschwendenden Regionen in Süditalien als mittelfristig gefährdet. Nur wenn sich die »fleißigen« Norditaliener von den »faulen« und »barocken« Süditalienern trennen, könne der eigene Lebensstandard erhalten werden. Genau in diesem Zusammenhang geben sich die Vertreter der Lega Nord ethno-nationalistisch und versuchen, an eine eigene norditalienische Identität zu appellieren:

»Der Kampf gegen ein anonymes und abstraktes Gebilde namens ›Staat‹ wird oft ersetzt durch eine Kampagne gegen konkrete Feinde: Die römischen Politiker, i partiti (in seiner denunzierenden Bedeutung), die ›faulen‹ Südländer oder die ›parasitären‹ Immigranten. Die Stigmatisierung derjenigen, die *per definitionem* der Lombarden oder Nordländer aus der Gemeinschaft ausgeschlossen sind, ist daher sowohl integraler Teil des Versuchs, eine regionale Identität zu ›kreieren‹, als auch ein Weg, Probleme auf eine Ursache zurückzuführen« (Ruzza/Schmidtke 1993: 18; Übersetzung M. Z.).

Wichtiger als das Vorhandensein einer abgrenzbaren Tradition scheinen somit politische Bedingungen zu sein. Demnach lassen sich derartige Besitzstandsregionalismen dann am besten aktivieren, wenn die ökonomisch dynamische Region weder mit dem Zentrum der politischen Macht identisch ist noch eine weitreichende regionale Autonomie im Rahmen eines föderalen Systems besitzt.

3. Hypothesen zur politischen Fragmentierung im Zeitalter der Denationalisierung

Bisher habe ich argumentiert, daß eine Beziehung auf der Makro-Ebene zwischen gesellschaftlicher Denationalisierung und politischer Fragmentierung besteht und daß theoretisch plausible Kausalmechanismen dafür identifiziert werden können, wie gesellschaftliche Denationalisierung zu politischer Fragmentierung führen kann. In einem letzten Schritt möchte ich nun die Überlegungen in überprüfbare Hypothesen überführen und gleichzeitig eine erste Plausibilitätsprüfung vornehmen, ob diese Hypothesen die verschiedenen Formen politischer Fragmentierung erklären können. Dabei konzentriere ich mich im wesentlichen auf die G-6 Länder.

(a) *Regionalistische Bewegungen:* Im betrachteten Raum sind ungefähr ein Dutzend regionalistische Bewegungen aktiv, zu deren wichtigsten die Norditaliener, Südtiroler und Sarden in Italien, die Québécois in Kanada, die Schotten und Waliser in Großbritannien[10] sowie die Bretonen und Korsen in Frankreich gehören. Demgegenüber gibt es in Deutschland und den USA kaum bemerkenswerte regionalistische Bewegungen. Aus der Diskussion der Kausalpfade lassen sich für die Erklärung dieser Verteilung von regionalistischen Bewegungen vier Hypothesen ableiten:

10 Nordirland erscheint als ein Sonderfall, der hier nicht näher betrachtet wird und dessen Entwicklung in den letzten zwei Jahrzehnten relativ unabhängig von der gesellschaftlichen Denationalisierung stattfand.

1. Regionalistische Bewegungen sind in den neunziger Jahren dann stärker geworden, wenn bei ausgeprägten regionalen Ungleichheiten die ökonomisch dynamische Region nicht das politische Zentrum stellt.

2. Regionalistische Bewegungen sind in den neunziger Jahren dann stärker geworden, wenn der Nationalstaat sich in einer umfassenden Krise befindet und die Regionen kein hohes Maß an politischer Autonomie im Rahmen eines föderalen Systems besitzen.

3. Regionalistische Bewegungen sind in den neunziger Jahren dann stärker geworden, wenn der Prozeß der gesellschaftlichen Denationalisierung im Sachbereich der Kultur und Kommunikation relativ stark zunimmt.

4. Regionalistische Bewegungen sind in den neunziger Jahren dann stärker geworden, wenn ein Land intensiv in marktschaffende internationale Institutionen eingebunden ist und internationale Institutionen quasi-staatliche Ressourcen bereitstellen.

Es fällt zunächst auf, daß in den *Vereinigten Staaten* keine relevante regionalistische Gruppe mit Autonomieforderungen existiert. Dieser Befund kann auf der Grundlage der vier Hypothesen wenig überraschen. Das politische System der USA ist föderal strukturiert mit signifikanten Autonomierechten für die Einzelstaaten, mit in den letzten Jahren erstaunlichen wirtschaftlichen Erfolgen, einer vergleichsweise geringen kulturellen Denationalisierung[11] und einer verglichen mit den europäischen Ländern geringen Einbindung in internationale Institutionen. Zwar gibt es in den USA ein relativ großes regionales Wohlstandsgefälle zugunsten von Regionen, die eine große Distanz zum politischen Machtzentrum in Washington aufweisen und die gerade im letzten Jahrzehnt wirtschaftlich deutlich schneller wuchsen als der Rest des Landes. Es fehlen hier jedoch die Grundlagen für die Wahrnehmung kultureller Überfremdung und für die Wahrnehmung der Fremdbestimmung durch internationale Institutionen. Außerdem verhindern

11 Als Orientierung für das Ausmaß der kulturellen Globalisierung ziehe ich den Anteil ausländischer Filme in Filmtheatern und das wertmäßige Importvolumen von »Printed Matter und Literature« heran. Vgl. Kapitel II, Abbildungen II.4 und II.5. Im Falle der USA liegen eine extrem geringe Denationalisierung der Filmindustrie (allerdings ist Hollywood selbst in gewisser Weise denationalisiert) und eine pro Kopf vergleichsweise geringe Importquote von Büchern vor.

die jüngsten Erfolge der amerikanischen Zentralregierung in der Wirtschaftspolitik und der ausgeprägte Föderalismus das Aufkommen regionalistischer Bestrebungen.

Ähnlich arm an regionalistischen Bewegungen wie die USA erweist sich die *Bundesrepublik*, obwohl einige der betrachteten Faktoren in Richtung auf etwas stärkere Autonomiebestrebungen hindeuten: Das Ausmaß der kulturellen Denationalisierung ist hoch, und die Einbindung in internationale Institutionen stark ausgeprägt. Regionalistische Bewegungen können aber wegen der extrem ausgeprägten regionalökonomischen Homogenität nicht entstehen – die Abweichung vom Durchschnittswert beträgt sowohl nach oben als auch nach unten weniger als 10 Prozent – und auch weil die Bundesrepublik eine stabile föderale Struktur mit ausgeprägten regionalen Mitspracherechten besitzt. Außerdem bleiben den reichen Ländern der Bundesrepublik die Regional- und Strukturfonds der EU verschlossen. Die Kritik am Länderfinanzausgleich und die Forderung nach einer Regionalisierung der Sozialbeiträge, die gegenwärtig die beiden reichsten Länder in der Bundesrepublik – Baden-Württemberg und Bayern (die sich abzeichnende Lega Süd?) – vortragen, lassen sich allenfalls als dezenter Hinweis auf die Möglichkeit von Autonomiebestrebungen deuten, obwohl sie in das Bild des besitzstandsorientierten Regionalismus passen würden.

In *Frankreich* gibt es im Gegensatz zur Bundesrepublik mit den Bretonen, den Okzetaniern, den Korsen und den Basken regionale Bewegungen. Dabei handelt es sich jedoch durchweg um Regionen, die vom Standpunkt der kulturellen und sozioökonomischen Benachteiligung aus agieren und die im Zuge der gesellschaftlichen Denationalisierung mithin auch kein neues Momentum gewinnen konnten. Die Abwesenheit eines Wachstums regionalistischer Bestrebungen liegt in Frankreich zum einen an der relativ hohen ökonomischen Homogenität – der einzige Ausreißer nach oben, die Ile de France, ist mit dem politischen Zentrum identisch – und zum anderen an der Dezentralisierungspolitik der Regierung Mitterand, die regionalistischen Bewegungen für das erste den Wind aus den Segeln nahm. Natürlich besitzen die französischen Provinzen eine ungleich geringere Autonomie als die Länder in der Bundesrepublik, die Dezentralisierung in Frankreich ist aber gleichsam noch im Prozeß begriffen. Außerdem steht der Stärkung regionalistischer Bewegung die in Frankreich noch nicht besonders ausgeprägte kulturelle Denationalisierung gegenüber. Ansonsten kann man den Stand der unabhängigen Variablen in Frankreich mit dem in Deutschland vergleichen.

Den drei Ländern mit einem geringen Wachstum an regionalistischen Bewegungen in den letzten 20 Jahren stehen Italien, Großbritannien und Kanada gegenüber. Das stärkste Wachstum regionalistischer Bewegungen erlebte in den letzten zwei Jahrzehnten *Italien*. Selbst bei nationalen Parlamentswahlen liegt der Stimmenanteil für regionalistische Parteien inzwischen bei über zehn Prozent, während er noch bis zu Beginn der achtziger Jahre unter einem Prozent lag. Die stärkste dieser Parteien, die Lega Nord, strebt laut ihrem Führer Umberto Bossi die Teilung Italiens bis zum Jahre 2000 an (*Welt am Sonntag*, 23. 6. 1996, 3). Die SVP (Südtiroler Volkspartei) hält ihren Stimmenanteil, obwohl sie bereits signifikante Autonomiezugeständnisse erreicht hat. Daneben ist auch noch die lokale Liste in Valle D'Aosta von Bedeutung. Der extreme Bedeutungszuwachs von regionalistischen Bestrebungen in Italien im Zuge der letzten zwei Jahrzehnte kann tatsächlich auf die Faktoren zurückgeführt werden, die durch die gesellschaftliche Denationalisierung an Bedeutung gewannen. Entscheidend ist dabei, daß Italien das Land mit den größten Wohlstandsunterschieden in der EU darstellt und diese Differenzen im letzten Jahrzehnt sogar noch zugenommen haben. Das Bruttoinlandsprodukt pro Kopf liegt in der Lombardei 34 Prozent über dem EU-Durchschnitt, während es in Kalabrien 38 Prozent darunter liegt. Nach der Lombardei sind mit nur geringem Abstand tatsächlich Valle D'Aosta und Südtirol die reichsten Regionen. Alle diese Regionen besitzen zudem eine traditionelle Distanz zum Machtzentrum in Rom und verfügen über vergleichsweise geringe Autonomierechte. Hinzu kommt ein Zentralstaat, der in einer tiefen Krise steckt und wie wohl kein anderer in der engeren OECD-Welt als defizitär wahrgenommen wird. Schließlich ist die Einbindung und auch das Vertrauen in marktschaffende internationale Institutionen sehr hoch, zumal auch die reicheren Regionen noch Ressourcen der EU abschöpfen können. Italien sieht sich von der kulturellen Denationalisierung leicht überdurchschnittlich betroffen, wobei die Filmimporte relativ gesehen sehr stark zunahmen, während die Buchimporte auf einem sehr niedrigen Niveau angesiedelt sind. Entlang der meisten identifizierten erklärenden Variablen weist Italien also sehr hohe, nirgendwo unterdurchschnittliche Werte auf: Die Stärke des Regionalismus in Italien kann also kaum überraschen.

Die Situation in Großbritannien ist der in Italien nicht ganz unähnlich. Hinsichtlich der kulturellen Denationalisierung und der Einbindung in den Europäischen Binnenmarkt lassen sich keine großen Unterschiede ausmachen. Zwar steckt der britische Staat nicht als Ganzes in der Krise, die radikalen Einschnitte in den Thatcher-Jahren laufen aber auf eine deutliche Rücknahme des Staates aus wirtschaftlichen Prozessen hinaus. Gleichzeitig wuchs die Bedeutung der Regionalfonds der Europäischen Union: »So wie sich ›Westminster‹ immer weiter von den britischen Regionen entfernte, rückte ›Brüssel‹ näher – zumindest für die Eliten in Politik, Verwaltung und Wirtschaft, die die EU als alternativen Weg zur Erlangung politischer und finanzieller Ressourcen ansehen« (Loughlin/Matthias 1996: 52). Innerhalb der betrachteten Länder besitzt Großbritannien zudem nach Italien das größte Wohlstandsgefälle. Im Unterschied zu Italien bildet die reichste Region, der Südwesten Englands mit Greater London im Mittelpunkt, auch das politische Zentrum. Die schon lange Zeit zumindest latent vorhandenen Regionalbewegungen in Schottland und Wales nahmen dementsprechend als ökonomische Peripherie im Zuge der gesellschaftlichen Denationalisierung in ihrer Bedeutung zunächst ab. In dieser Zeit zu Beginn der achtziger Jahre stellte sich in Anbetracht des Mangels an materiellen und personellen Ressourcen die Selbständigkeit von Wales bzw. Schottland als ökonomisch gefährlich dar (vgl. Loughlin/Matthias 1996). Inzwischen ist in diesen beiden Regionen allerdings die ökonomische Talsohle durchschritten. In Schottland bildeten sich inzwischen einige Wachstumsnetzwerke heraus, und die Region holte beim BIP pro Kopf deutlich auf und erreicht inzwischen den Landesdurchschnitt. Angesichts der Konzentration der Wirtschaftstätigkeit im Südosten des Vereinigten Königreichs steht Schottland im Vergleich zu den meisten englischen Regionen besser da. In Wales verachtfachten sich die auswärtigen Direktinvestitionen zwischen 1988 und 1992, und die Region befindet sich auf dem Wege in eine post-industrielle Zukunft. Insgesamt gewann

Wales in den letzten Jahren deutlich an wirtschaftlicher Potenz, auch wenn das Pro-Kopf-BIP unter dem von Schottland liegt. Kein Wunder also, daß die »frühen neunziger Jahre als Beginn einer neuen Phase regionaler Mobilisierung angesehen werden [können]« (Loughlin/Matthias 1996: 64). Darüber hinaus hat die Regierung Blair durch ihre Politik der Schaffung von Regionalparlamenten in diesen Landesteilen die regionalistischen Bestrebungen kanalisiert.

In *Kanada* stellt Québec ähnlich wie Schottland und Wales nicht eine Region mit einem deutlich überdurchschnittlichen BIP pro Kopf dar. Sie weist jedoch gleichfalls starke Wachstumssektoren auf und kann in der Tendenz als eine der Gewinnerregionen des wirtschaftlichen Strukturwandels in Kanada angesehen werden, was sich nicht zuletzt in der breiten und weit über dem Landesdurchschnitt liegenden Unterstützung der NAFTA – der internationalen Institution, die den regionalen Freihandel sichern soll – bei Umfragen widerspiegelte. Sicherlich fußt Kanada auf einem föderalen politischen System, und Québec bekam zudem Sonderrechte eingeräumt. Allerdings gilt der Föderalismus in Kanada als weniger ausgeprägt als in Deutschland oder den USA.[12] Als wichtiger erweist sich jedoch, daß diese Region die kulturelle Denationalisierung extrem stark wahrnimmt und die politische Dominanz der USA fürchtet. Der Buchimport ist pro Kopf in keinem Land so hoch wie in Kanada. Insofern sind die originär kulturellen Motive dieser Regionalismusbewegung ungleich größer als etwa die der Lega Nord in Italien. Hinzu kommt eine gewisse Schwächung des kanadischen Wohlfahrtsstaates. So thematisieren beispielsweise Rainer Olaf Schultze und Steffen Schneider (1995: 24) diesen Zusammenhang, wenn sie das neuere Anwachsen des Autonomiestrebens mit dem von der Regierung Mulroney durchgeführten Abbau sozialstaatlicher Leistungen in Verbindung bringen: »Die Entfremdung der Bürger gegenüber Ottawa wuchs mit der Entsolidarisierung und Polarisierung in der kanadischen Gesellschaft.«

12 Nach einer standardisierten Skala ist die Stärke des Föderalismus in Deutschland mit 1,79 Punkten und den USA mit 1,62 in der OECD-Welt am ausgeprägtesten. Kanada weist auf dieser Skala 1,22 Punkte auf, während Italien mit -0,01 Punkte, Frankreich mit -0,36 Punkte und Großbritannien mit -1,40 im Minusbereich liegen. Hinzu kommt, daß Kanada eine ausgeprägte Neigung zur Mehrheitsdemokratie besitzt und mithin kaum Minderheiten in Verhandlungssystemen berücksichtigt (vgl. Schmidt 1995: 244).

Insgesamt scheinen die Unterschiede im Auftreten von regionalistischen Bewegungen zwischen verschiedenen Ländern tatsächlich durch Faktoren miterklärt zu werden, die sich unmittelbar aus
den identifizierten Kausalmechanismen ableiten lassen. Das bestätigt zusätzlich die Auffassung, daß die gesellschaftliche Denationalisierung das Wachstum der Regionalismusbewegungen im letzten
Jahrzehnt befördert hat.

Tabelle IX.1: Hypothesen zum Regionalismus

Hypothesen[1] Länder[2]	H1 – Dynami- sche Region/ Ökonomische Ungleichheit	H2 – Krise des Staates/geringe reg. Autonomie	H3 – Kulturelle Denationalisie- rung	H4 – Internatio- nale Institutio- nen
Italien	++	++	+/–	++
GB	+	+	+	++
Kanada	+/–	–	++	+
Frankreich	–	+/–	–/+	++
BRD	– –	–	+	++
USA	+/–	– –	– –	+

[1] Die vollständige Formulierung der Hypothesen findet sich auf S. 278.
[2] Die Länder sind in Reihenfolge der Stärke der Zunahme regionalistischer
Bewegungen in den letzten zwei Jahrzehnten aufgeführt.

Entscheidend scheint zu sein, daß im Zuge des verschärften Stand-
ortwettbewerbes ökonomisch dynamische Regionen, die nicht
gleichzeitig das nationale Zentrum der politischen Macht bilden
und in eine mittelvergebende internationale Institution wie die EU
eingebunden sind, verstärkt nach regionaler Unabhängigkeit streben (insbesondere wenn sie keine föderalen Rechte besitzen). Darin
erweist sich die grundlegend *neue Qualität* der regionalistischen
Autonomiebestrebungen: Sie stellen das wirtschaftliche Wohlergehen eines Landesteils über das der nationalen Solidargemeinschaft.
  (b) *Rechtsextreme Parteien und rassistische Anschläge:* Die Zu-
sammenführung der Wahlerfolge rechtsextremer Parteien und der

Anzahl rassistisch motivierter Anschläge in einer Art »Rechtsextremismusindex« stößt aufgrund einer Reihe von Daten- und Vergleichbarkeitsproblemen auf unübersehbare Schwierigkeiten. Eine einfache Form eines solchen Indexes möchte ich hier dennoch versuchen. Bei den rechtsextremen Wahlerfolgen nehmen Italien und Frankreich die höchsten Werte ein. Mit der neofaschistischen Alleanza Nazionale und der rechtspopulistischen Forza Italia erreichen in Italien momentan zwei rechtspopulistische Parteien bemerkenswerte Erfolge, während in Frankreich Le Pen und seine Front National respektable Ergebnisse erzielen. Es folgen in Reihenfolge Kanada mit der Reform Party, die Bundesrepublik (mit regionalen Erfolgen für Republikaner und DVU), die USA (Ross Perot, Pat Buchanan) und Großbritannien, wo die National Front bestenfalls punktuelle Erfolge erzielen konnte (allerdings scheint der Rechtspopulismus bei den Tories stärker zu werden). Hinsichtlich der rassistisch motivierten Anschläge in den hochentwickelten Industrieländern ist die Datenlage notorisch schlecht. Zwar existieren einige Länderstatistiken, die auch einen deutlichen Anstieg rassistisch motivierter Anschläge anzeigen. Der Vergleich der Länder erweist sich aber als sehr schwierig. Es lassen sich allerdings zwei Gruppen von Ländern unterscheiden, wobei in Deutschland, Frankreich und Großbritannien Gewalt gegen Ausländer vergleichsweise häufig aufzutreten scheint, während in den USA, Italien und Kanada weniger Anschläge mit rechtsextremistischem Hintergrund notiert werden. Das heißt, daß Frankreich, Italien und die Bundesrepublik einen höheren Rechtsextremismuswert aufweisen als die USA, Kanada und Großbritannien.

Sind auch diese Differenzen durch die Entwicklungen und Veränderungen zu erklären? Aus den Kausalpfaden, die von der gesellschaftlichen Denationalisierung zur politischen Fragmentierung führen, lassen sich zur Erklärung von rechtsextremen Wahlerfolgen und fremdenfeindlichen Anschlägen die folgenden vier Hypothesen ableiten.

1. Rechtsextreme Parteien und rassistisch motivierte Anschläge sind in den neunziger Jahren stärker geworden, wenn die relative Einwanderungszahl auf hohem Niveau liegt und gleichzeitig das Arbeitermilieu starken Auflösungstendenzen (durch Verbürgerlichung und/oder wirtschaftlichen Strukturwandel) ausgesetzt ist.

2. Rechtsextreme Parteien und rassistisch motivierte Anschläge sind in den neunziger Jahren stärker geworden, wenn in den letzten Jahrzehnten eine hohe ökonomische Unsicherheit (hohe Arbeitslosigkeit) und ein starker Abbau von wohlfahrtsstaatlichen Leistungen zu beobachten sind.

3. Rechtsextreme Parteien und rassistisch motivierte Anschläge sind in den neunziger Jahren stärker geworden, wenn der Prozeß der gesellschaftlichen Denationalisierung im Sachbereich der Kommunikation relativ stark zugenommen hat.

4. Rechtsextreme Parteien und rassistisch motivierte Anschläge sind in den neunziger Jahren stärker geworden, wenn ein Land intensiv in internationale Institutionen eingebunden ist.

Die Werte für die einzelnen Länder wurden hinsichtlich der Hypothesen 3 und 4 bereits im vorhergehenden Abschnitt diskutiert. Für Hypothese 1 kann auf die Entwicklung des im Ausland geborenen Anteils der Bevölkerung zurückgegriffen werden (vgl. Kapitel II, Abbildungen II.8 und II.9). Es zeigt sich, daß in der Bundesrepublik dieser Anteil nicht nur sehr hoch, sondern gerade in den letzten Jahren auch deutlich angestiegen ist. In Frankreich, Kanada und den USA liegt der Anteil traditionell hoch, ohne daß die letzten Jahre spektakuläre Anstiege erbracht hätten. Allerdings schlägt in Frankreich noch zusätzlich die Auflösung traditioneller Arbeitermilieus relativ stark zu Buche. In Großbritannien läßt sich kein Wachstum feststellen, und der absolute Anteil liegt unterhalb von Frankreich oder den USA. Auf dem niedrigsten absoluten Niveau bewegt sich Italien, allerdings mit einem erstmaligen und gleich recht deutlichen Anstieg in den letzten Jahren, in denen sich Italien erstmals zum Einwanderungsland entwickelte. Die Krise des Wohlfahrtsstaates – um zum zweiten Faktor zu kommen – erweist sich dann als besonders prekär, wenn es eine hohe Arbeitslosenrate gibt und sozialstaatliche Kürzungen erfolgen, was v. a. auf Frankreich, Deutschland und Italien zutrifft. In England und in den USA brachten gerade die letzten Jahre sinkende Arbeitslosenzahlen (nach starken Beschneidungen des Sozialstaates), während in Kanada ähnliche, aber weniger drastische Entwicklungen wie in der Bundesrepublik oder Frankreich zu beobachten sind. Tabellarisch zusammengefaßt ergibt sich dann das folgende Bild:

Tabelle IX.2: Hypothesen zum Rechtsextremismus

Hypothesen[1] Länder[2]	H1 – Ausländer-anteil	H2 – Krise des Wohlfahrtsstaa-tes	H3 – Kulturelle Denationalisie-rung	H4 – Internatio-nale Institutionen
Frankreich	+	+	+/–	++
Italien	+/–	+	+/–	++
BRD	++	+	+	++
USA	+	+/–	–	+
Kanada	+	+/–	++	+
GB	–	+/–	+	++

[1] Die vollständige Formulierung der Hypothesen finden sich auf S. 284 f.
[2] Die Länder sind in Reihenfolge der Stärke des Rechtsextremismusindexes aufgeführt.

Insgesamt zeigen sich die Hypothesen für Rechtsextremismus als nicht ganz so erklärungsstark wie im Falle der Autonomiebestrebungen. Gleichwohl bestätigen sie sich in groben Zügen. Während in der Gruppe mit einem höheren Rechtsextremismuswert (Frankreich, Italien, BRD) alle Erklärungsvariablen in der Tendenz positive Werte aufweisen, trifft das für die zweite Gruppe mit einem niedrigeren Rechtsextremismuswert (USA, Kanada, GB) nur für manche der Erklärungsvariablen zu. Insofern scheint das Aufkommen von rechtspopulistischen Parteien seit Ende der achtziger Jahre gleichfalls in einem kausalen Zusammenhang mit der gesellschaftlichen Denationalisierung zu stehen.

Die Beziehung auf der Makro-Ebene zwischen gesellschaftlicher Denationalisierung und politischer Fragmentierung stellt keinen Zufall dar. Es lassen sich theoretisch plausible Kausalmechanismen identifizieren, die aufzeigen, auf welche Weise gesellschaftliche Denationalisierung zu politischer Fragmentierung führen kann. Die Erklärungsfaktoren, die sich unmittelbar aus den identifizierten Kausalmechanismen ableiten, erklären zudem einen beträchtlichen Teil der Unterschiede im Aufkommen politischer Fragmentierung in den hochentwickelten Industrieländern. Es scheint also tatsächlich so zu sein, daß die gegenwärtigen politischen Fragmentierungsprozesse teilweise einer Entwicklung geschuldet sind, bei der sozioökonomische und soziokulturelle Veränderungen große Verunsicherung bei den Bevölkerungen hervorrufen, ohne daß sich die Nationalstaaten in der Lage sehen, den Bürgern ausreichend Absicherung zu gewähren. Insofern zeigen sich der aktuelle Regionalismus und Rechtsextremismus nicht nur in seiner Ausrichtung anders als noch vor 30 Jahren, sondern es existieren auch andere strukturelle Rahmenbedingungen, vor deren Hintergrund sich politische Fragmentierung äußert. Im Ergebnis wird jedenfalls die integrative, zivilbürgerlich konstituierte Identität der westlichen Demokratien durch partikulare, zum Teil ethnisch konstituierte kollektive Identitäten angegriffen. Insofern verpaßt das gegenwärtige Regieren eines seiner zentralen Ziele.

Das Ergebnis darf jedoch nicht dramatisiert werden. Die erstarkten rechtspopulistischen Parteien erweisen sich nicht als faschistische Spätgeburten. Sie instrumentalisieren Themen wie »Ausländer« und »Mißbrauch von Sozialleistungen« direkter als gemäßigtere Parteien. Sie akzeptieren jedoch die Institutionen liberaler Demokratien im Grundsatz, ohne einige ihrer Werte wie umfassende soziale Integration und Pluralität zu übernehmen. Ähnliches kann über die besitzstandsorientierten Regionalbewegungen gesagt werden: Sie beruhen auf demokratischen und freihändlerischen Prinzipien und würden diese auch im Falle vollständiger Autonomie nicht in Frage stellen. In Frage stellen sie vor allem den nationalen Wohlfahrtsstaat. Insofern scheint sich politische Fragmentierung im Zeitalter der gesellschaftlichen Denationalisierung insbesondere in Form von sozialer und weniger von territorialer Fragmentierung zu äußern. In dem Maße, wie gesellschaftliche Denationalisierung gleichzeitig zu einer Stärkung internationaler Institutionen führt, kann die Diagnose von der Gleichzeitigkeit von politischer Integration und politischer Fragmentierung spezifiziert werden: Gesellschaftliche Denationalisierung führt auf der politischen Ebene zu territorialer Integration bei gleichzeitiger sozialer Fragmentierung.

Teil C

Das Projekt komplexes Weltregieren –
Die Zukuft des Regierens?

X. Die Grenzen der Denationalisierung

Globalisierung hebt die Kongruenz der wirtschaftlichen und politischen Räume auf. Die abnehmende Kongruenz macht nationalstaatliches Regieren ineffektiv. Die Abwesenheit von effektivem Regieren schafft politische Fragmentierung in und außerhalb der OECD-Welt. Dieser Dreisatz bildet den Kern der Krisendiagnosen in der Globalisierungsdebatte. Diese sind aber meist auf das Modell des Nationalstaates fixiert, empirisch vereinseitigend und lähmen die Suche nach Handlungsmöglichkeiten. Die Globalisierungskrisendiagnose bleibt erstens ungenau, weil die verdichteten sozialen und wirtschaftlichen Handlungszusammenhänge zwar nationale Grenzen überschreiten, jedoch kaum globale Räume schaffen, sondern neue Grenzen an den Rändern der OECD-Welt errichten. Falsch an ihr ist, zweitens, daß die gesellschaftliche Denationalisierung die Ziele des Regierens generell für den Nationalstaat unerreichbar macht. Nicht nur eröffnen sich im Zuge der gesellschaftlichen Denationalisierung neue nationalstaatliche Handlungsoptionen, manche Ziele wie beispielsweise die Sicherheit vor staatlichen Bedrohungen und Übergriffen werden sogar besser erreicht. Die skeptische Diagnose vernachlässigt drittens, daß effektives Regieren auch jenseits des Nationalstaates im Rahmen von internationalen Institutionen möglich ist und schon heute in einem erheblichen Maße stattfindet. Wer internationale Institutionen nicht in die Rechnung miteinbezieht, übersieht, wieviel internationale Institutionen sowohl zu marktschaffenden als auch marktkorrigierenden Zielen des Regierens beitragen. Wer internationale Institutionen nicht in die Rechnung miteinbezieht, übersieht aber auch, welche Probleme das gegenwärtige Regieren jenseits des Nationalstaates für die Ziele der demokratischen Legitimation von Politik und der Bereitstellung eines symbolischen Bezugsrahmens für die Bildung ziviler kollektiver Identitäten verursacht. Richtig an der Dreisatz-Krisendiagnose ist viertens allerdings, daß gesellschaftliche Denationalisierung politische Fragmentierung hervorruft, und zwar im Sinne des sozialen Ausschlusses wie ansatzweise im Sinne der territorialen Zersplitterung. Das Gesamtbild läßt sich mit den Worten eines Leitartikels der *New York Times* konzise zusammenfassen: »Ist nun also internationales Regieren logischerweise nicht zu stoppen? Ja, aber es wird mit einigen Schwierigkeiten voranschreiten, weil zwei (...) Merkmale des Aufstiegs der Nationalstaaten – Identität und Legitimität – weiterhin auf einer höheren Ebene fehlen« (zit. nach Rosenau 1997: 439; Übersetzung M. Z.).

Ein solcher Befund bleibt freilich umstritten. Gemeinsam ist den meisten anderen Positionen, daß sie zielerreichendes Regieren jenseits des Nationalstaates, also das Projekt komplexes Weltregieren, implizit oder explizit als schlechte Utopie oder oberflächliche Phantasterei abtun (vgl. z. B. Röttger 1996). Die Verteidigung des komplexen Weltregierens als *Zukunftsprojekt, das die Entwicklung zum Regieren jenseits des Nationalstaates fortschreibt und gleichzeitig dessen gegenwärtige demokratische und sozialintegrative Defizite abbaut,* erfordert daher eine explizite Auseinandersetzung mit der weitverbreiteten Skepsis.

Die letzten drei Kapitel versuchen dies, wobei sich die Gliederung der Argumentation durch die Unterscheidung von drei Diskursen ergibt, die allesamt implizit oder explizit die Möglichkeit des Projektes komplexes Weltregieren zurückweisen. Jeder dieser Diskurse beruht auf eigenständigen Argumentationen, die einzeln entkräftet werden müssen:

1. Der erste Diskurs sieht *Entwicklungen innerhalb der OECD-Welt* als entscheidend an. Ausgangspunkt dieses Diskurses bildet die neoliberale Position, die nicht einmal die hier entwickelte Problemdiagnose teilt, da sie die wachsende Ineffektivität nationalstaatlicher Politiken als Segen betrachtet. In der neoliberalen Sicht beschränkt sich gutes Regieren nämlich auf die Etablierung des Marktes als dominanten gesellschaftlichen Steuerungsmodus. Die Gegenseite sieht im Erfolg der Neoliberalen die Ursache für eine große Gesellschaftskrise. In dem Maße, wie sich neoliberale, marktöffnende Maßnahmen in der OECD-Welt durchsetzten, bildeten sich politische Gegenkräfte, die den kulturellen, sozialen und ökologischen Schutz vor wirtschaftliche Effizienz setzten. Personale und territoriale Fragmentierung werde demnach über kurz oder lang das Resultat der neoliberalen gesellschaftlichen Denationalisierung in der OECD-Welt sein, weshalb sich die Globalisierung letztlich selbst untergrabe. Elmar Altvater und Birgit Mahnkopf (1996) haben in

diesem Sinne die »Grenzen der Globalisierung« (vgl. auch Boyer/ Drache 1996) identifiziert, während Robert Kurz (1991) explizit einen »Kollaps der Modernisierung« vor Augen hat. In diesem Kapitel werde ich demgegenüber argumentieren, daß sowohl die Neoliberalen als auch ihre traditionellen Gegner eine gewichtige Gemeinsamkeit besitzen: Sie streben allesamt eine aktive Stärkung politischer oder sozialer Grenzen an. Alle diese Formen der politischen Fragmentierung sind aber zum Scheitern verurteilt. Der Weg zurück zu einer Welt der Nationen steht zumindest in den westlichen Regionen nicht mehr offen, zumal die politischen Koalitionen, die notwendig wären, um politische Fragmentierung als dominante Strategie durchzusetzen, unwahrscheinlich sind. Das mag man bedauern. Viele der heute in Frage gestellten Leistungen des demokratischen Wohlfahrtsstaates werden vermißt. Eine Re-Nationalisierung kann die Probleme aber bestimmt nicht lösen, sondern nur zur Regression führen.

2. Zum zweiten gilt es im nächsten Kapitel einen Diskurs zu betrachten, in dem *externe Entwicklungen, die sich außerhalb der OECD-Welt als Reaktionen auf die gesellschaftliche Denationalisierung ergeben,* als Ursache für die Unmöglichkeit der Fortschreibung der gesellschaftlichen Denationalisierung in der OECD-Welt angesehen werden. Außerhalb der OECD-Welt entstehen demnach Gegenreaktionen, die die Weltpolitik so mit Konflikten aufladen, daß Verteidigungspolitik und Blockkonfrontation wie auch schon die Jahrhunderte vor dem Ende des Ost-West-Gegensatzes wieder die Welt bestimmen. Die Grenzen zwischen den Nationalstaaten und die Grenzen zwischen den Blöcken von befreundeten und kulturell verwandten Nationalstaaten werden demnach wiedererrichtet. Samuel P. Huntington (1996) gehört mit seiner These vom Kampf der Kulturen zu den bekanntesten Vertretern dieser Argumentation. Demgegenüber vertrete ich die These, daß sich in Zukunft globale Konfliktlinien in der bekannten Form nicht mehr zu entwickeln vermögen. In einer Welt von denationalisierten Handlungszusammenhängen (im Gegensatz zu einer Welt von interdependenten Gesellschaften) können die Bedingungen, die globalen Konflikten bisher zugrunde lagen, nicht auftreten.

3. Der dritte hier relevante Diskurs verweist weniger auf zukünftige Krisen als auf die *Errungenschaften und die Bedeutung des*

Nationalstaates in der OECD-Welt. Die Diskussion betont die *strukturellen* Grenzen des Regierens jenseits des Nationalstaates und fordert »realistische« Zukunftsprognosen. Demnach nehmen die Defizite in der Zielerreichung des Regierens in dem Maße zu, wie die gesellschaftliche Denationalisierung voranschreitet, ohne daß dieser Prozeß auf einen selbstreinigenden Umkehrpunkt hinauslaufe. Wolfgang Streeck (1997) beispielsweise vertritt diese Position sehr pointiert. Mit dieser Argumentation werde ich mich im abschließenden Kapitel auseinandersetzen. Dabei gilt es, Politikvorschläge zu machen und institutionelle Wegzeichen zu setzen, die zwei Bedingungen erfüllen sollen: Sie müssen im Lichte der theoretischen Analysen aus Teil A und B dieses Buches erstens *möglich* sein und zweitens die *Zielerreichung des Regierens verbessern.* Aufgrund der Analyse des gegenwärtig gegebenen Regierens jenseits des Nationalstaates (mit all seinen Defiziten) wird somit ein Projekt komplexes Weltregieren angedeutet, das die Defizite abbauen soll und sich gegen das »Unmöglichkeits-Theorem« stellt.

1. Das Elend der fragmentierenden Reaktionen

Unsere Zeit – so meine These – ist von einer ungleichzeitigen Denationalisierung geprägt: Während die gesellschaftliche Denationalisierung, verstanden als die Ausweitung wirtschaftlicher, ökologischer, kultureller und militärischer Handlungs- und Wirkungszusammenhänge, in Windeseile voranschreitet, erweist sich die Schaffung von politischen Instanzen jenseits des Nationalstaates als ein bedeutsamer, aber eben doch zäher Prozeß. Auf der Strecke bleiben dabei wichtige Komponenten der politischen Gestaltungsmacht. Nicht genug damit: Die politischen Institutionen, die sich auf einer Ebene jenseits des Nationalstaates etabliert haben, leiden zudem unter weiteren Defiziten: sie entbehren der demokratischen Legitimation und zehren zivile Identitätspotentiale auf. Während der *bourgeois* längst in übernationalen Kategorien denkt und handelt, bleibt der *citoyen* noch im nationalen Rahmen gefangen. Damit gelang es dem *bourgeois,* aus den Normen und Regeln kollektiver politischer Vernunft der *citoyens* auszubrechen. *Ungleichzeitige* Denationalisierung heißt aber auch, daß das Hinter-

herhinken eines demokratischen Regierens jenseits des Nationalstaates im Laufe der Zeit überwunden werden kann und es sich
nicht um eine strukturell unüberwindbare Entwicklung handelt.
Die Geschichte gilt in der Deutung der ungleichzeitigen Denationalisierung als prinzipiell offen und somit auch als beeinflußbar.

Die hier vertretene universalistische Position nimmt die Denationalisierung als gegeben und unumkehrbar an. Die Zeit der souveränen *und* relativ autonomen Nationalstaaten ist gemäß dieser
Sichtweise zu Ende gegangen. Gefordert wird konsequenterweise
politische Integration, definiert als ein Prozeß, bei dem sich die
Gültigkeitsreichweite von politischen Regelungen und der sie tragenden politischen Organisationen entweder ausweitet oder sich
ganz neue Regelungen und Organisationen ausbilden. Dieser Position haftet freilich der Makel des haltlosen Optimismus an. Das
Projekt komplexes Weltregieren sei – so die Kritik – im schlechten
Sinne utopisch, da es das soziale Gesetz der Notwendigkeit von
Grenzziehungen verkenne. Demokratie und soziale Solidarität
seien extrem voraussetzungsvoll: Zwingend erforderten sie den
souveränen Staat und die nationale Gemeinschaft und blieben daher jenseits des Nationalstaates schlechte Utopien.

Diese Kritik führt unmittelbar zur kommunitaristisch inspirierten Gegenposition. Demnach müssen der Entgrenzung neue politische und soziale Grenzziehungen entgegengesetzt werden. Eine
entgrenzte Welt erweist sich in dieser Sichtweise als nicht bestands-
fähig. Folglich hat man sich der normativen Anerkennung der Entgrenzung zu widersetzen. Über diese Gemeinsamkeit hinaus handelt
es sich bei dieser Position um ein äußerst disparates Lager. Es deckt
das gesamte bekannte politische Farbenspektrum ab. Dabei werden
ganz unterschiedliche Probleme zum Ausgangspunkt der Argumentation genommen: Die einen wollen den demokratischen Wohlfahrtsstaat bewahren und fordern Schutz vor Produkten aus Billig-
lohnländern und vor politischen Interventionen von außen; andere
wollen den nationalen Standort retten und nehmen soziale Ausgren-
zungen in Kauf. Die Forderungen laufen auf eine Politik hinaus, die
zu *politischer Fragmentierung* führt: ein Prozeß, bei dem die Gültigkeitsreichweite von politischen Regelungen beschränkt bleibt.

Bewahrende politische Positionen galten in ihrer Zeit immer als
pragmatisch, erwiesen sich aber nicht selten in einer langfristigen

Perspektive als unhaltbar. Im vorliegenden Fall impliziert die bewahrende Position ein Zurück zum Nationalstaat sowie zur überschaubaren und steuerbaren politischen Gemeinschaft. Das ist nicht unsympathisch. Zu Ende gedacht, laufen derartige fragmentierende oder protektionistische Reaktionen aber auf das eine hinaus: auf die Auflösung oder Verkleinerung bisher integrierter politischer Gemeinschaften, sei es durch räumliche Sezession oder durch personale Exklusion, oder zumindest auf die Verhinderung der Entstehung neuer, größerer politischer Gemeinschaften. Derartige protektionistische Maßnahmen sind aber spätestens im Zeitalter der Denationalisierung nichts als partikularistische Optionen, die dann, wenn sie verallgemeinert werden, zur Regression mit unübersehbaren Folgen führen.

»Rettet den Standort«

Das Programm ist wohlbekannt: Standortsicherung durch Senkung der Lohn(neben)kosten. Der permanente Hinweis auf den Standortwettbewerb macht es heute schwierig, politische Fragen unabhängig von der Standort- und somit auch von der Lohnnebenkostenfrage zu diskutieren. Nicht nur, daß der Standortwettbewerb reale Konsequenzen hat, er wird zudem von marktliberalen politischen Akteuren kräftig mißbraucht. Angeblich arbeiten die Deutschen zu wenig, beziehen zu hohe Einkommen, sind zu häufig krank, machen zu viel Urlaub, gehen zu früh in Pension, bleiben zu lange an der Universität und noch vieles mehr. Manches daran mag im Einzelfall wahr sein. Warum aber die ersatzlose Streichung des »Modell Deutschland«, das bis vor kurzem weltweit als eine besonders moderne Form des organisierten Kapitalismus galt, das Problem lösen soll, ist auch nicht ganz einsichtig. Man wundert sich ob der mit ernster Miene vorgetragenen Behauptung, die Zukunft des deutschen Hochlohn- und Hochqualifikationsstandorts hänge davon ab, daß die Sozialhilfe um ein paar Mark gekürzt wird. Hier kann das Urteil nur lauten: ökonomisch unnötig und sozial unverträglich.

Das Grundanliegen der marktliberalen Version der Reaktion auf ungleichzeitige Denationalisierung läßt sich indes leicht nachvollziehen (vgl. ausführlich Kapitel IV). Durch die gestiegene Bedeutung des Welthandels verschärfte sich die internationale Konkurrenz erheblich. Die gesteigerte Konkurrenz beschleunigt in den jeweiligen Volkswirtschaften Strukturveränderungen, die mit erheblicher Arbeitslosigkeit einhergehen. So sorgten beschleunigte Rationalisierungsprozesse und das Auftreten großer Produzenten in den Schwellenländern am Rande der OECD-Welt für den Rückgang des relativen Weltmarktanteils der industriellen Produktion im Kern der OECD-Welt. Daß in der Folge Nachfrage und Preis für industrielle Arbeit in den betroffenen OECD-Ländern sinken, kann nicht verwundern. Arbeitslosenquoten von 10 Prozent und mehr sind an der Tagesordnung und machen verständlich, daß das Motto politischer Debatten sich derzeit auf »jobs, jobs, jobs« reduzieren läßt. Zu allem Überfluß drohen die sozialen Sicherungssysteme gerade in dem Moment in die Krise zu geraten, in dem man ihrer am nötigsten bedarf. Und auch hier spielt der verschärfte Konkurrenzdruck eine wichtige Rolle: Je mobiler das Kapital, desto wahrscheinlicher wandert es – so die Argumentation – dorthin, wo Umverteilung am wenigsten zu erwarten ist. Was liegt deshalb also näher, als Arbeit wieder billiger zu machen, um die Abwanderung von Arbeitsplätzen zu verhindern und die Lohn(neben)kosten zu senken, also Investitionen ins Land zu locken?

Die marktliberale Reaktion wirkt auf den ersten Blick eher integrativ. Sie fordert den Abbau ökonomischer Barrieren durch internationale Vereinbarungen und stellt sich gegen wirtschaftsprotektionistische Forderungen. Ein zweiter Blick offenbart hingegen den fragmentierenden Kern dieser Position. Zum einen gehen marktliberale Positionen in der Praxis der Neuen Rechten meist mit einem kulturellen Konservatismus einher. So sehen sie die Deregulierung der Märkte als zugleich notwendige und wünschenswerte Reaktion auf die wirtschaftliche Denationalisierung, während sie den damit verbundenen Wandel des Alltagslebens als Werteverfall bekämpfen. Obwohl die bedingungslose Bejahung der Marktkräfte den Traditionsabbau beschleunigt, gilt die sittliche Erneuerung – verstanden als Betonung von Familie und Tüchtigkeit – als zweiter Pfeiler der Neuen Rechten.[1] Gerade mit ihrem kämpferischen Kulturkonservatismus bereitet die Neue Rechte fragmentierenden

---

1 Vgl. Giddens (1997: 52-81) für eine instruktive Analyse des Neoliberalismus und Konservatismus in der heutigen Zeit.

Praktiken den Boden, wie sie am rechten Rand des politischen Spektrums zu beobachten sind. Besonders deutlich zeigt sich dies, wenn die Zuwanderungs- und Abschiebungsgesetze aus dieser politischen Richtung thematisiert werden. Die weltoffene, marktliberale Weltmarktvision des globalen Konsumentenparadieses bekommt dann eine eigenartige ethno-nationale Schlagseite.

Zum zweiten resultiert diese Politik, wenn auch nicht gewollt, so aber billigend in Kauf genommen in sozialer Fragmentierung. Generell läuft nämlich die Forderung nach der Reduzierung der Arbeitskosten zumindest in den Ländern mit starken Gewerkschaftsbewegungen weniger auf eine Reduzierung der Reallöhne hinaus, sondern auf eine Senkung der Lohnnebenkosten und der steuerlichen Belastungen für Unternehmen. Im Ergebnis stehen dann staatlichen Mindereinnahmen gleichzeitig aufgrund der Arbeitslosigkeit wachsende Sozialausgaben gegenüber. Sparen wird notwendig, aber wo? Politisch am einfachsten ist das fraglos bei den Maßnahmen, die keiner politisch organisationsfähigen Gruppe wehtut. Praktisch bedeutet die Politik der Neuen Rechten somit die Kürzung der Programme zur Wiedereingliederung und zur Einkommenssicherung der Arbeitslosen. Die Politik der Standortsicherung durch Senkung der staatlichen Ausgaben führt dazu, daß der Anteil der Menschen anwächst, die durch das soziale Netz fallen und somit ihre sozialen Bürgerrechte verlieren. Gleichzeitig wird sie von einem kulturellen Konservatismus begleitet, der auf die Vermeidung und Bekämpfung abweichender kultureller Praktiken abzielt.

Entscheidend ist jedoch etwas anderes: Wie alle fragmentierenden Reaktionsweisen muß das Programm der Neuen Rechten spätestens in dem Moment scheitern, in dem es verabsolutiert und universalisiert wird. Der Versuch, Arbeitsplätze durch die relative Verbesserung der eigenen Produktivität zu gewinnen, mag zu einem gewissen Grade sicherlich legitim sein. Bei einem Land wie der Bundesrepublik Deutschland gerät dies aufgrund der nach wie vor vorhandenen Exportüberschüsse bei Industriegütern ab einem bestimmten Punkt jedoch zu einem äußerst zweifelhaften Unterfangen. Vollbeschäftigung hinge demnach von der Bereitschaft anderer Länder ab, noch höhere Handelsbilanzdefizite mit der Bundesrepublik in Kauf zu nehmen. Dieser Strategie sind somit

politische Grenzen gesetzt, zumal sie ohnehin durch weitere über-
schußbedingte Aufwertungen der eigenen Währung, die gerade die
Problemsektoren besonders hart treffen, ins Leere läuft. Zu völlig
unsinnigen Ergebnissen führt die Sache jedoch dann, wenn sich der
Kampf um die höchste Arbeitsproduktivität zwischen den am meisten entwickelten Industrieländern primär in Form der Senkung
der Lohn(neben)kosten abspielt. Dieser wahnhafte Wettbewerb
(Krugman 1996) bedeutet nämlich, daß sich die allgemeine Nachfrage auf den kaufkräftigsten Märkten reduziert und sich der zu
verteilende Kuchen somit verkleinert, während der eigene, d. h. der
nationale Anteil am Kuchen, gleich bleibt. Zudem untergräbt diese
Politik genau die Traditionen, die die Neue Rechte wieder stärken
möchte. Die »schwarze« Version der fragmentierenden Reaktionsweise erweist sich also in einem doppelten Sinne als widersprüch-
lich: Sie löst die Gemeinschaft auf, die sie beschwört, und sie führt
zu wirtschaftlich kontraproduktiven Ergebnissen.

»Rettet den Wohlfahrtsstaat«

Die »rote« Version einer fragmentierenden Antwort auf die Herausforderung der gesellschaftlichen Denationalisierung möchte die
sozialen Kosten der vorherrschenden »schwarzen« Politik eindämmen. Eine von Vorstellungen sozialer Gerechtigkeit getragene
Politik findet sich in einem gravierenden Dilemma, wenn sie vom
Zusammenhang zwischen hohen Lohn(neben)kosten und niedriger Anzahl der Arbeitsplätze ausgeht. Ohne Senkung der Sozialausgaben und der Lohnkosten nehmen die Arbeitslosenzahlen zu,
ohne die Schaffung neuer Arbeitsplätze droht das Sozialsystem als
Ganzes zusammenzubrechen. Der radikale Ausweg aus der
Klemme besteht in der Abkoppelung von der Struktur, die die un-
angenehme Alternative hervorruft. Diese Position vertritt in unge-
schminkter Form etwa Horst Afheldt. Die beiden wirtschaftspolitischen Grundentscheidungen in unserem Land – die für eine
Marktwirtschaft und die für den globalen Freihandel – zerstören
sich seiner Ansicht nach in ihrer spezifischen Verbindung in einer
sozialen Katastrophe letztlich selbst.

»Dort wo die Marktwirtschaft noch durch Reglementierungen eingeschränkt
ist, fordert globaler Freihandel, diese Hemmnisse zu beseitigen. Innerhalb der

Bundesrepublik bzw. der EG soll dies durch Deregulierung geschehen. Nach außen dient GATT, der Abbau der Zölle, diesem Zweck (...) Werden alle Handelsbeschränkungen wirklich vollständig abgebaut, wie es das Ziel von GATT ist, wird menschliche Arbeit deshalb so billig wie eine leere Coca-Cola-Dose, wird billig wie Dreck. Wird menschliche Arbeit billig wie Dreck, können die Menschen mit den am Markt für ihre Arbeitskraft erzielbaren Löhnen ihre Existenz nicht mehr aus eigener Kraft sichern. Erst recht unmöglich wird es dann, durch Marktwirtschaft einen Sozialstaat aufzubauen oder zu erhalten« (Afheldt 1994: 207-208).

Gestoppt werden müsse also die weitere Liberalisierung des Welthandels (vgl. auch Gruppe von Lissabon 1997).

Eine besondere Note erhält diese Argumentation im Rahmen neomarxistischer Diskussionen. Dort nimmt man angesichts der gesellschaftlichen Denationalisierung eine radikale Umwertung des demokratischen Wohlfahrtsstaates vor. Sah die neomarxistische Kritik im demokratischen Wohlfahrtsstaat in den siebziger Jahren nicht viel mehr als eine Fassade, so gilt er heute als eine Errungenschaft von historischer Größe, die durch die Globalisierung der Zerstörung anheimfällt: Der Wohlfahrtsstaat wird in einen Wettbewerbsstaat verwandelt (vgl. z. B. Beiträge in Marglin/Schor 1990). Es sei allerdings angemerkt, daß die klugen Vertreter dieser Richtung keinesfalls zur protektionistischen Lösung greifen. Sie suchen vielmehr nach neuen politisch-institutionellen Formen wie etwa einer »Republik der runden Tische«, die die repressiven Momente des Wettbewerbsstaates auffangen sollen (Hirsch 1995).

In der Tat erweist sich die protektionistische Lösung als unhaltbar: Wie eine Volkswirtschaft, die relativ zu ihrer Größe wie keine andere in den Weltmarkt eingebunden ist, eine Abkoppelung erreichen soll, bleibt ein Geheimnis. Bekanntermaßen zeigt sich gerade die bundesrepublikanische als »exzentrisch ausfuhrorientiert« (Senghaas 1996b: 1295). Aber nicht nur das: Bei den Produkten, die in Deutschland fertiggestellt werden, handelt es sich in den allerseltensten Fällen um von Grund auf deutsche Produkte; sie entstehen vielmehr zu einem großen Maße in transnationalen Produktionsketten und könnten im Falle einer vollständig deutschen Produktion gar nicht konkurrenzfähig sein. Kurz und gut: Die Kosten einer protektionistischen Abkoppelung vom Weltmarkt wären für die deutsche Wohlfahrt schlichtweg katastrophal. Dasselbe gilt für alle anderen Volkswirtschaften im Kern der OECD-Welt.

Auch subtilere Spielarten des wirtschaftlichen Protektionismus in Form der Subvention von Unternehmen, die auf dem Weltmarkt nur noch schwerlich bestehen können, besitzen langfristig keine Tragfähigkeit. Die Geschichte des Bremer Vulkan-Verbunds macht deutlich, daß sich auf längere Sicht Unternehmen trotz staatlicher Unterstützung nicht auf dem Weltmarkt halten können, wenn sie nicht nach den Regeln des ökonomischen Wettbewerbs operieren. Alle Formen des Protektionismus rufen in einer hochgradig denationalisierten Ökonomie eine Art Protektionismusspirale hervor, die entweder gestoppt werden oder zu einer vollständigen Abkoppelung mit fatalen Wohlfahrtsverlusten führen muß. Die Wirtschaftspolitik François Mitterrands zu Anfang der achtziger Jahre steht hierfür als Kronzeugin.

Generell erscheint es als äußerst fragwürdig, den Weltmarkt als Ursache für das ganze Unheil dieser Erde auszumachen. Die Probleme der Arbeitslosigkeit und der Sozialpolitik können durchaus auch hausgemacht sein. Zum einen stößt die Finanzierung von Sozialmaßnahmen durch erhöhte Staatsverschuldung dann an ihre Obergrenze, wenn sich die Schuldendienste selbst zum zentralen Haushaltsposten entwickeln. Insofern resultieren die gegenwärtig aufscheinenden Grenzen des Wohlfahrtsstaates auch aus einer Sozialpolitik, die in den siebziger Jahren auf der Grundlage eines Generationenabsolutismus betrieben wurde. Auch ohne wirtschaftliche Denationalisierung und wirtschaftlichen Strukturwandel wäre der bedingungslose Ausbau des Wohlfahrtsstaates in absehbarer Zeit an seine immanenten Grenzen gelangt. Zum zweiten folgt eine geschlossene genauso wie eine offene Marktwirtschaft den Gesetzen des Kapitalismus. Rationalisiert wird im Kapitalismus auch ohne Weltmarktdruck. Und daß der Kapitalismus in Westeuropa inzwischen ein wirtschaftliches Produktivitätsniveau erreicht hat, das ermöglicht, mit ca. 20 Prozent der arbeitsfähigen Bevölkerung alle die Produkte herzustellen, die wir konsumieren können (was ohnehin ökologisch gesehen zu viel ist), erweist sich als Segen und Fluch dieser Wirtschaftsform zugleich (vgl. Rifkin 1995). Arbeitslosigkeit und die Grenzen des Wohlfahrtsstaates wären also auch ohne wirtschaftliche Denationalisierung existent. Die weltweite wirtschaftliche Verflechtung und die daraus erwachsenden Wohlfahrtsgewinne bilden wahrscheinlich eher die Voraussetzung dafür, die Probleme noch einigermaßen im Zaum zu halten. Insofern sollte es sich bei einer sozialdemokratisch inspirierten Politik im nationalen Kontext um eine »der vorauseilenden, intelligenten und schonenden Anpassung der nationalen Verhältnisse an den globalen Wettbewerb« (Habermas 1998: 72) handeln.

Abgesehen davon, daß es sich für hochgradig denationalisierte Ökonomien nicht auszahlt, auf die protektionistische Karte zu setzen, ist und bleibt auch die protektionistische Strategie eine Option, die nicht alle gleichzeitig anwenden können. Sind denn die Erfahrungen nach dem New Yorker Bankencrash von 1929 wirklich schon vergessen? Als Reaktion auf die Krise suchten alle wichtigen Industrienationen ihr Heil im Protektionismus, erhöhten die Schutzzölle (damals allen voran die USA) und werteten ihre Währungen ab. Als Folge davon ging der Umfang des Welthandels im Jahre 1933 auf 992 Mio. US-Dollar zurück und betrug damit nur noch ein Drittel jener 2 998 Mio. US-Dollar aus dem Jahre 1929 (Kindleberger 1973: 179-80), während sich die relativen Weltmarktanteile kaum verschoben. Der Protektionismus kann als wirtschaftspolitische Krisenstrategie nur dann funktionieren, wenn ihn nicht alle wählen. Auch der Protektionismus ist nicht universalisierbar.

»Rettet die Umwelt«

Auch die »grüne« Version der fragmentierenden Reaktionsweise hat den Weltmarkt als Feind Numero eins ausgemacht. Ähnlich wie bei der Sozialpolitik befürchtet sie aufgrund der Denationalisierung eine permanente Anpassung nach unten. Die Beispiele, die den Hintergrund für diese Befürchtungen abgeben, sind spektakulär genug, als klassisch gilt der sogenannte »Delaware-Effekt«: Im gemeinsamen amerikanischen Markt bestimmen zum Großteil die Länder die regulativen und steuerlichen Anforderungen an die Unternehmen. Das hat sich der Staat Delaware zunutze gemacht. Um Investitionen zu fördern, lockerte er die Anforderungen an Firmen drastisch – mit bemerkenswertem Erfolg (Cary 1974). Auch auf der internationalen Ebene gibt es Beispiele für diese Logik: So lockerten 1977 die USA die bis dahin weltweit striktesten Anforderungen für Autoemissionen als Reaktion auf die Krise der amerikanischen Automobilindustrie.

Die Angst vor dem Delaware-Effekt führte auch schon zu handfesten internationalen Handelskonflikten. So unterbanden die USA auf Druck der Umweltverbände und der heimischen Fischereiindustrie mexikanische Thunfischimporte. Die mexikanischen Fischer arbeiten nämlich mit billigeren Netzen, die in einem exzessiven Ausmaß auch Delphine töten. Zu großer Aufregung gab dann der Schiedsspruch der GATT-Streitschlichtung Anlaß, der den US-Boykott für illegal erklärte. Vor dem Hintergrund dieser Entwicklungen bildete sich eine öko-protektionistische Position heraus: Sie fordert die Unterordnung des Prinzips des Freihandels unter alle ökologischen Erwägungen; und zwar nicht nur dann, wenn die Produktsicherheit nicht den heimischen Standards entspricht – was im GATT und in der EU bei gesundheits- und umweltpolitisch begründeten Standards ohnehin geschieht –, sondern auch in den Fällen, in denen in den exportierenden Ländern laxere Produktionsstandards vorherrschen als im importierenden Land. Nur so könne der Delaware-Effekt verhindert werden (Lang/Hines 1993; Windfuhr 1994).[2]

Obwohl diese Position nicht zuletzt angesichts des Thunfisch-Delphin-Falles auf den ersten Blick sehr nachvollziehbar klingt, handelt es sich im wesentlichen um eine fragmentierende Reaktion auf die gesellschaftliche Denationalisierung mit fragwürdigen Ergebnissen. Im Thunfisch-Delphin-Fall weist schon allein die bemerkenswerte Koalition aus amerikanischer Fischereiindustrie und Umweltverbänden auf die Ambivalenz der Forderung nach einem Importverbot hin. Wenn es denn tatsächlich um das Leben der Delphine ginge, dann wäre die Bereitstellung von Ressourcen, die es den mexikanischen Fischern erlauben, mit modernen, delphinschonenden Netzen zu arbeiten, sicherlich sinnvoller. Generell: Wenn Entwicklungsländer mehr Ressourcen für den Umweltschutz ausgeben sollen, dann muß man ihnen zusätzliche Mittel geben, anstatt ihre Volkswirtschaften durch Exportverbote zu schwächen. Hinzu kommt, daß die relativen Kosten von Umweltvorschriften für die Produktion überschätzt werden. Sie machen in der westlichen Welt nur einen Bruchteil der Lohn(neben)kosten aus. Martin Houldin, der Umweltdirektor der Beratungsfirma

---

2 Für sehr differenzierte Diskussionen des Verhältnisses von Freihandel und Umweltschutz vgl. Helm (1995) und Simonis (1996).

KPGM Peat Marwick, London, schreibt: »Die internationalen Unterschiede in den Arbeitskosten sind generell viel wichtiger, so daß die Umwelt zur Bedeutungslosigkeit verblaßt« (Maddox 1994: 8; Übersetzung M. Z.). So spricht auch bei systematischer empirischer Betrachtung kaum etwas dafür, daß sich reichere und »grünere« Nationen von der Verschärfung ihrer Umweltstandards durch ärmere Länder mit geringeren Standards abhalten lassen.

Umgekehrt spricht manches dafür, daß die weltweite wirtschaftliche, ökologische und kulturelle Verflechtung eher eine Chance zur Bewältigung des Problems als das Problem selbst darstellt. Erstens scheint der »Kalifornien-Effekt« in der Realität zumindest für Produktstandards (im Gegensatz zu Produktionsstandards, vgl. Kapitel VI) kaum eine geringere Bedeutung zu besitzen als der Delaware-Effekt (Vogel 1995; 1997). Im föderalen System der USA schritt Kalifornien immer wieder mit den striktesten Umweltgesetzen voran, die die kalifornische Industrie auch akzeptierte. Im Laufe der Zeit empfanden die anderen Länder einen Anpassungsdruck nach oben, ohne daß Kalifornien mit Importverboten oder ähnlichem gedroht hatte. Ähnliche Prozesse lassen sich im Kontext der Europäischen Union beobachten (Héritier et al. 1994). Ursache dieses Wettbewerbs um das höchste Regulierungsniveau sind zum einen die Vorteile für Industrien, die frühzeitig moderne, ökologische Technologien entwickeln und einsetzen. In solchen Regionen entstehen nicht selten Umweltindustrien, die in der Folge ihre Produkte in umweltschwächere Regionen exportieren können. Zum anderen bestraft offensichtlich der Konsument in den Ländern mit strikten Umweltregelungen zumindest mittelfristig die Produkte, die den hohen ökologischen Ansprüchen nicht genügen. In integrierten Märkten scheint es also einen nicht-intendierten Mechanismus zu geben, der in der Tendenz für die Ausbreitung von Umweltstandards sorgt und den Deregulierungswettbewerb ausgleicht.

Zweitens sorgen internationale Umweltregime – also integrative Lösungen – dafür, daß sich höhere Umweltstandards in verdichteten Handlungszusammenhängen ausbreiten. Derartige Regulungen beinhalten sicherlich internationale Kompromisse, die meist unterhalb der weitestgehenden Forderungen angesiedelt sind. Sie liegen aber meist ebenso deutlich über dem kleinsten gemeinsamen Nenner und sorgen somit dafür, daß ihr realer oder kausaler

Effekt v. a. in den Ländern am höchsten ist, in denen nur eine schwache Basis für entsprechende umweltpolitische Maßnahmen auf der nationalen Ebene existiert. Wenn wir aber in einer Weltrisikogesellschaft leben, in der Risiken ihre Raum- und Zeitbegrenzungen tendenziell durchbrochen haben, sollten die umweltpolitisch fortschrittlicheren Länder Lösungen unterhalb ihres Maximums akzeptieren, um ökologisch – und v. a. grenzkostentheoretisch gesehen – wichtigere Verbesserungen in den ökologisch rückständigeren Ländern zu erreichen.

Eine öko-protektionistische Politik, die Märkte mit strikten Umweltregelungen von Märkten mit weniger strikten Umweltregelungen abkoppeln möchte, kann somit als kontraproduktiv gelten (vgl. Jänicke 1998). Sie schützt Industrien, deren Umweltstandards relativ unabhängig von jenen in weniger entwickelten Volkswirtschaften sind, und sie verhindert die Ausbreitung der höheren Standards in Regionen mit mangelndem Umweltbewußtsein, also dort, wo man sie ökologisch betrachtet vielfach am dringendsten benötigt. Darüber hinaus erweisen sich die ökonomischen Kosten, die entstehen, wenn eine derartige Abkoppelungspolitik universalisiert würde, als katastrophal hoch. Sie führten zu wirtschaftlichen Krisen in einem Ausmaß, das jede ökologische Politik auf geraume Zeit unmöglich macht.

Um Mißverständnissen vorzubeugen: Fraglos muß man manche der gegenwärtigen transnationalen Produktionsketten unter ökologischen Gesichtspunkten als eine Katastrophe ansehen. Nordseekrabben, die erst von Bremerhaven nach Marokko zum Schälen gebracht und in Polen verpackt werden, ehe sie in Hamburg wieder auf den Markt kommen, sind Ausdruck ökologischen Raubbaus. Darauf kann und soll es aber keine protektionistische Antwort geben. Notwendig ist vielmehr eine entsprechende Energiesteuer, die die realen Transportkosten widerspiegelt und die sich entweder über ein internationales Regime oder über den Kalifornien-Effekt ausbreitet. Da die wichtigsten ökologischen Probleme längst denationalisiert und in diesem Bereich tatsächlich global geworden sind, gäbe es in einer sozialen und politisch vollständig fragmentierten Welt keinerlei Hoffnung zur Bewältigung dieser Probleme. In einer denationalisierten Welt besteht hingegen die Chance, durch integrative politische Maßnahmen zu verhindern, daß die ökologischen Kosten auf andere Bereiche abgewälzt werden. Die Lage gebietet Skepsis. Ohne die weltwirtschaftlichen und politischen Verflechtungen, die die umweltpolitischen Regelungen verbreiten und intensivieren, sähe sie allerdings noch schlechter aus. Mit anderen Worten: Der Öko-Protektionismus schadet seinem eigenen Anliegen.

2. Auf dem Weg zu einer großen Koalition der politischen Fragmentierung?

Fragmentierende Reaktionsweisen führen zu Ergebnissen, die nicht als wünschenswert angesehen werden können. Ganz gleich, ob es sich um die »schwarze«, »rote« oder »grüne« Version handelt, in jedem Fall unterlaufen die nicht-intendierten Nebenwirkungen die intendierten Folgen der jeweiligen Politik (und verkehren sie ins Gegenteil) spätestens dann, wenn es zur Universalisierung der geforderten Politik kommt.

Auch wenn die Folgen fragmentierender Reaktionsweisen auf die ungleichzeitige Denationalisierung wenig wünschenswert sind, so läßt sich nicht ausschließen, daß sie sich durchsetzen. Die These von den »Grenzen der Globalisierung« macht auf diese Gefahr aufmerksam. In dem Maße, wie die gesellschaftliche Denationalisierung der demokratisch legitimierten politischen Denationalisierung voranschreitet und nicht durch Regieren jenseits des Nationalstaates begleitet wird, besteht die Gefahr, daß eine populistische Mischversion fragmentierender Reaktionen an Bedeutung gewinnt. Schon einmal in der Geschichte des modernen Kapitalismus hat eine große Transformation (Polanyi) zu traumatischen politischen Umwälzungen geführt. Als die Nationalisierung der Volkswirtschaften in Europa lokale und regionale Mechanismen der politischen Regelung untergrub und die Nationalstaaten die entstehenden Regelungsdefizite nicht unmittelbar auffangen konnten, stürzte das europäische Staatsystem in eine Krise, die erst nach dem Zweiten Weltkrieg ihr Ende fand (Kapitel I). Robert Cox (1987: 191) beispielsweise hält im Zuge der neuerlichen großen Transformation die Wiederholung einer rechtspopulistisch geführten anti-modernistischen Bewegung, getragen von den Moderni-

Tabelle X.1: Fragmentierende Reaktionsweisen und ihre Folgen

Version der fragmentierenden Reaktionsweise	Geforderte Politik	Intention	Nicht-intendierte Nebenwirkung
Schwarz	Ökonomische Deregulierung und Kulturkonservatismus	Wettbewerbsvorteile	personale Fragmentierung und beschleunigter Traditionsabbau
Rot	Ökonomischer Protektionismus	Bewahrung sozialer Kohäsion	Wohlfahrtsverluste und Arbeitsplatzvernichtung
Grün	Ökologischer Protektionismus	Bewahrung der nationalen Umweltstandards	Wohlfahrtsverluste und Verschärfung der grenzüberschreitenden Umweltprobleme

sierungsverlierern, für nicht ausgeschlossen. Neben den Erfolgen der rechtsextremen Parteien in Westeuropa sieht Cox (1997: 65) die Aufstände in Chiapas gegen die mexikanische Zentralregierung und die Massendemonstrationen in Paris als erste Anzeichen einer solchen Entwicklung, als öffentlichen Protest der Bevölkerung gegen die wirtschaftliche Globalisierung. Eine andere Version dieses Arguments verweist auf den historischen Zusammenhang von wirtschaftlicher Öffnung und Wohlfahrtsstaatlichkeit (vgl. Rodrik 1996). Demnach war die Öffnung der wirtschaftlichen Grenzen nach dem Zweiten Weltkrieg nur möglich, weil die potentiellen Verlierer dieser Politik in Form von wohlfahrtsstaatlichen Leistungen entschädigt und eingebunden wurden. »Je stärker Politiker mit dem Hinweis auf die Zwänge globaler Standortkonkurrenz, Binnenmarkt und Währungsunion Veränderungen sozialpolitischer Strukturen legitimieren und durchsetzen wollen«, so schreiben Elmar Rieger und Stephan Leibfried (1997: 790), »desto mehr laufen sie Gefahr, daß die tatsächlichen, potentiellen oder vermeintlichen Verlierer dieser Politik sich unmittelbar gegen die wirtschaftliche Globalisierung wenden und eine stärkere Kontrolle der außenwirtschaftlichen Seite verlangen.«

Wenn auch die Herausstellung des positiven Zusammenhangs von Wohlfahrtsstaat und wirtschaftlicher Öffnung richtig und wichtig ist, dürfen die Gefahren einer protektionistischen Schließung oder gar einer rechtspopulistischen großen Koalition der politischen Fragmentierung nicht überschätzt werden. Die Geschichte wiederholt sich nicht einfach. Zum einen vollzog sich im Kern der OECD-Welt seit den dreißiger Jahren ein tiefgreifender sozioökonomischer Strukturwandel. Die binnenmarktorientierte Industrie, die vom Protektionismus profitieren könnte, erweist sich mittlerweile gegenüber dem exportorientierten Teil der Wirtschaft als ökonomisch und politisch unbedeutend. Als Folge davon sichern zweitens unterschiedliche internationale Institutionen den Freihandel so gut ab, daß protektionistische Ausreißer in einzelnen Ländern mittelfristig wieder eingefangen werden können und nicht gleich zu einem Protektionismuswettlauf wie in den dreißiger Jahren führen müssen. Gegen die Gefahr einer rechtspopulistisch getragenen großen Koalition der politischen Fragmentierung spricht zudem drittens, daß demokratische und internationalistische Werte sich in der politischen Elite und in der Bevölkerung aller westlichen Demokratien als deutlich gewachsener und stabiler zeigen als etwa zur Jahrhundertwende oder in der Zwischenkriegszeit. Viertens macht der Anteil der Menschen an der Gesamtbevölkerung, die in der Landwirtschaft arbeiten – eine wichtige Quelle des Rechtsextremismus während der ersten großen Transformation – nur noch weniger als 5 Prozent aus und damit ungefähr ein Fünftel von damals. Schließlich beruhen fünftens die Unterschiede in den fragmentierenden Reaktionsweisen auf stark voneinander abweichenden Vorstellungen über den institutionellen Rahmen, der eine Verwirklichung des guten Lebens zuläßt. Im einen Fall ist es die frei handelnde Marktgesellschaft, im anderen die nationale Solidargesellschaft, die die politische Kontrolle über die wirtschaftliche Sphäre bewahrt, im dritten Fall eine kommunitäre Gemeinschaft, die das nachhaltige Wirtschaften ermöglicht. Die fragmentierenden Reaktionsweisen auf die ungleichzeitige Denationalisierung unterscheiden sich somit grundlegend in ihrer ideologischen Ausrichtung. Insofern erscheint eine große Koalition zugunsten der politischen Fragmentierung als eher unwahrscheinlich.

Freilich kann in Ermangelung eines demokratisch legitimierten und effektiven Regierens jenseits des Nationalstaates diese Gefahr nicht ausgeschlossen werden, zumal in einer anderen Hinsicht schon die große Koalition der verschiedenen Versionen einer fragmentierenden Reaktionsweise besteht: Gemeinsam schreiben sie hierzulande Globalisierung als eine Leidensgeschichte, die von außen, gleichsam schicksalhaft über die OECD-Welt hereinbrach. Sie übersehen dabei, daß Denationalisierung längst alle gesellschaftlichen Teilbereiche umfaßt und jeweils auch in der Logik der Teilsysteme liegt, d. h. nicht nur ökonomisch aufgedrängt ist. Denationalisierung erweist sich als kein ungewolltes *Schicksal*, das die heile Welt der demokratischen Wohlfahrtsstaaten der siebziger Jahre ereilte. Denationalisierung in ihrer heutigen Form existiert längst als deren integraler Bestandteil. Zweifelsohne wirft die gesellschaftliche Denationalisierung eine Vielzahl von Problemen auf. Sie läßt sich aber nicht mittels fragmentierender Reaktionen rückgängig machen. Das heißt nicht, daß keine politischen Grenzsetzungen mehr möglich sind und die Gesellschaft voll und ganz den Launen des Marktes ausgesetzt bleibt. Nationale Grenzziehung kann aber heute nur noch dann erfolgreich sein, wenn sie koordiniert mit anderen Nationalstaaten zustande kommt und keinen diskriminierenden Charakter hat. Damit setzt sie jedoch voraus, was sie verhindern soll: komplexes Weltregieren.

XI. Globale Konfliktlinien als Hindernis für komplexes Weltregieren?

Seit der Konsolidierung des internationalen Staatensystems im 18. Jahrhundert entstanden immer wieder große weltpolitische Auseinandersetzungen. Solche globalen Konfliktlinien resultierten sowohl aus Rivalitäten um die Hegemonialstellung im internationalen System als auch aus dem Widerstreit über die gute politische Ordnung im Innern. Das trifft auf den napoleonischen Feldzug gegen die feudalistische Ordnung, auf die rechtsautoritäre und faschistische Herausforderung der westlichen Demokratien in der ersten und auf die Ost-West-Auseinandersetzung in der zweiten Hälfte des 20. Jahrhunderts zu. Jede dieser drei globalen Konfliktlinien prägte die gesamte Weltpolitik, und zusammen sind sie für die fünf bis heute verheerendsten Kriege im modernen Staatensystem verantwortlich: Die beiden Weltkriege bedeuteten den Tod für insgesamt 70 Millionen Menschen, die Napoleonischen Kriege für 4,5 Millionen und die beiden blutigsten Ost-West-Auseinandersetzungen in Ostasien – der Koreakrieg und der Vietnamkrieg – für je ca. drei Millionen.

Der Begriff »globale Konfliktlinien« bedarf der Erläuterung: Konflikt bezeichnet eine Situation, in der zwei oder mehrere Akteure verschiedene Positionen hinsichtlich der angestrebten Ziele und/oder hinsichtlich der zu wählenden Mittel zur Erreichung dieser Ziele vertreten. Solche Konflikte können gewaltförmig oder auch unter Rückgriff auf Mechanismen der friedlichen Konfliktregelung ausgetragen werden. Eine Konflikt*linie* liegt dann vor, wenn dieselben (relativ stabilen) Konfliktparteien sich in einer Vielzahl von Einzelkonflikten gegenüberstehen. Eine Konfliktlinie gilt dann als *global*, wenn sie für einen gegebenen Zeitraum das gesamte internationale System dominiert und so das Handeln in allen neben- und untergeordneten Konfliktlagen mit ausrichtet.

Vor diesem Hintergrund erwarten manche nach einer Übergangsphase einen globalen Kulturkonflikt. In dem Maße, wie die kulturellen Gegner des abendländischen Zivilisationsmodells, die v. a. in Asien und Nordafrika zu suchen seien, eine machtpolitische

Unterfütterung erfahren, ergebe sich ein Aufeinanderprallen der Kulturen, bei dem auf der einen Seite eine Allianz abendländischer Nationalstaaten und auf der anderen eine Allianz aller Gegner des westlichen Modells antreten.[1] Im Schatten eines solchen Kampfes der Kulturen wäre das Projekt komplexes Weltregieren zum Scheitern verurteilt: Statt dessen würden kulturelles Unverständnis, machtpolitische Instrumentalisierungen der kulturellen Differenzen, Rüstungswettläufe, martialische Rhetorik und das neidische Beäugen der Konfliktgegner die Oberhand gewinnen.

Für die realistische Theorie internationaler Politik, die das Fehlen einer übergeordneten Zentralinstanz, die Recht und Ordnung durchsetzen könnte, als zentrales Merkmal des internationalen Systems betont, stellt Weltpolitik ohne globale Konfliktlinien ohnehin einen Beelzebub dar (Waltz 1979). Realisten bestreiten die eigenständige Rolle »ideologischer« Faktoren bei den großen Auseinandersetzungen und erwarten, daß nach der Auflösung des Ost-West-Konflikts der Grundcharakter der internationalen Politik, die ewige Konkurrenz der »großen Mächte«, wieder unvermittelt hervortritt. Die reine realistische Lehre bedauert daher das Ende des Ost-West-Gegensatzes. John Mearsheimer beispielsweise schrieb bereits wenige Wochen nach dem Fall der Berliner Mauer: »Es steht zu erwarten, daß nach dem Ende des Kalten Kriegs die Wahrscheinlichkeit gewichtiger Krisen und eines Krieges in Europa zunimmt.« (Mearsheimer 1990: 6, Übersetzung M. Z.). Gemäß dieser Sichtweise führte die bipolare Struktur des Kalten Krieges zu einer stabilen und übersichtlichen Ordnung, die aufgrund der gegenseitigen nuklearen Abschreckung eine disziplinierende Wirkung für den Zusammenhalt der Blöcke besaß und einen Imperativ der Kriegsvermeidung zwischen den Blöcken hervorrief. Mit dem Ende der bipolaren Struktur wird daher die Wiederkehr altbekannter Muster europäischer Machtpolitik erwartet, in der sich Nationalstaaten wie eh und je kompetitiv gegenüberstehen. Insbesondere prognostiziert die hegemoniezyklische Variante des Realismus eine Auseinandersetzung zwischen der gegenwärtigen Hegemonial-

---

1 Huntington (1993: 45) spricht in diesem Zusammenhang von einer konfuzianisch-islamischen Verbindung, die die Macht und die Werte des Westens herausfordert. Kritische Auseinandersetzungen mit der These von Huntington gibt es viele. Vgl. z. B. Senghaas (1996a).

macht USA und den neuen Herausforderern wie Japan und (mittel-fristig) China. Auch in einer solchen Welt wäre komplexes Weltre-gieren unmöglich. Komplexes Weltregieren und die Realpolitik der alten Staatsräson schließen sich aus.

In der Tradition der Dependenztheorien stehen die Analysen, die eine Nord-Süd-Konfrontation um die Aufteilung der knapper werdenden Ressourcen aufziehen sehen. Angesichts massiver Un-gleichheiten zwischen dem reichen Norden und dem armen Süden, der Zurückweisung des westlichen Zivilisationsmodells durch reli-giöse Nationalisten und der wachsenden Abhängigkeit des Nor-dens vom Süden in der ökologischen Frage zeichnet sich demnach ein »Nord-Süd-Konflikt« ab, der sich an einigen einfachen Fragen manifestiert, die die Vertreter der Entwicklungsländer stellen: Wes-sen Bäume wachsen in den Regenwäldern? Weshalb dürfen die Länder im Süden der Erde heute nicht denselben Entwicklungsweg einschlagen wie die im Norden gestern? Weshalb beansprucht der Westen eine Überlegenheit für seine eigene politische Ordnung? Ist nicht der scheinbar kulturell überlegene Westen mit einem Verfall der Sitten und den Auswüchsen eines haltlosen Individualismus konfrontiert? Diese Fragen bringen eine Ablehnung des als pater-nalistisch empfundenen Versuchs der Einmischung in innere Ange-legenheiten zum Ausdruck und verbinden die bekannten Vertei-lungskonflikte zwischen Nord und Süd (jetzt auch um ökologische Ressourcen) mit einer kulturellen Auseinandersetzung. Erste Kon-turen eines solchen Konflikts zeichneten sich auf der Weltbevölke-rungskonferenz und auf den Klimakonferenzen in Rio und Berlin ab, wo die Delegationen sich nicht nur über die Verteilung der Ko-sten bei der Lösung ökologischer Probleme, sondern auch über Lebensstile stritten (vgl. Zürn/Brozus 1996). Da die »Chaos-macht« des Südens aufgrund der Überbevölkerung und anderer ökologischer Gegebenheiten so hoch wie noch nie in der Ge-schichte des modernen Staatensystems sei, berge dieser latente Konflikt Sprengkraft, die bald strukturprägend werden könne. So mutmaßt Mark Juergensmeyer im Kontext einer Studie über die Konfrontation zwischen »säkularem Nationalismus« im Norden und »religiösem Nationalismus« im Süden: »Verfechter des neuen Nationalismus haben das Potential, gemeinsame Sache gegen den säkularen Westen zu machen, was sich zu einem Kalten Krieg entwickeln könnte.« (Juergensmeyer 1993: 2; Übersetzung M.Z.) Auch in diesem Szenario bleibt kein Platz für komplexes Weltregieren.

Ist das Projekt komplexes Weltregieren also in dem Moment zum Scheitern verurteilt, in dem dunklere Wolken am Horizont der Weltpolitik aufziehen? Bleibt es nicht an externe, gleichsam unbeeinflußbare Voraussetzungen – also die Abwesenheit wie auch immer gearteter globaler Konfliktlinien – gebunden, deren Fortbestand höchst ungewiß ist? Auf diese Einwände läßt sich zweierlei entgegnen: Langfristig gesprochen gilt, daß in dem Maße, wie Regieren jenseits des Nationalstaates effektiv wird, dieses selbst zur Auflösung globaler Konfliktlinien und damit zu seinem eigenen Fortbestand beiträgt. Mit anderen Worten: Komplexes Weltregieren beruht nicht nur auf dem Fehlen globaler Konfliktlinien, die langfristige Abwesenheit globaler Konfliktlinien wäre vielmehr auch das Resultat eines komplexen Weltregierens. Mittel- und kurzfristig gesprochen argumentiere ich im folgenden, daß in einer Welt von denationalisierten Handlungszusammenhängen mit unscharfen Außengrenzen im Gegensatz zu einer Welt von interdependenten Nationen die Voraussetzungen für globale Konfliktlinien fehlen. Keine der drei skizzierten Szenarien ist besonders wahrscheinlich. Es besteht also die Chance, an dem Projekt komplexes Weltregieren jetzt zu arbeiten, um globale Konfliktlinien in der Zukunft zu verhindern.

1. Weshalb das doppelt kompetitive Staatensystem globale Konfliktlinien produzierte

Globale Konfliktlinien setzten sich immer aus zwei Komponenten zusammen. Die machtpolitische Komponente äußerte sich in den Hegemoniekonflikten zwischen Großmächten wie Spanien, England, Frankreich, Deutschland, USA und der UdSSR. Globale Konfliktlinien gab es aber immer nur dann, wenn sich ein Hegemoniekonflikt mit der Frage nach der guten innerstaatlichen Ordnung, also mit einer ideologischen Komponente, verband. Die globalen Konfliktlinien institutionalisierten sich dann in Form von konvergierenden Erwartungshaltungen und von Allianzen in und zwischen Staaten. Beispielsweise dominierte nach dem Ende des Zweiten Weltkrieges die lange Zeit nur schwach verregelte Ost-West-Konfliktlinie die Weltpolitik. Die ideologische Konfrontation und die Rüstungskonkurrenz der Supermächte warfen ihre bedrohlichen Schatten auf die ganze Erde. Die Entwicklungspolitik vollzog sich entlang von Blocklinien, und vielen der kriegerischen Auseinandersetzungen auf der südlichen Halbkugel wurde der Ost-West-Gegensatz von außen übergestülpt. Innerhalb der Blöcke galten kritische Stimmen schnell als Verrat an der eigenen Sache.

Für das hier vertretene Argument ist entscheidend, daß globale Konfliktlinien das internationale *Staaten*system zur Voraussetzung haben. Es sind zwei konstitutive Merkmale des internationalen Staatensystems, die globale Konfliktlinien erst möglich machen: Souveränität und gesellschaftliche Interdependenz. Die normative Grundlage des internationalen Systems bildet das Prinzip der *Souveränität* (zum Begriff vgl. Kapitel I). Das Prinzip der Souveränität schafft ein System fragmentierter Herrschaft, in dem die einzelnen, mit dem Gewaltmonopol ausgestatteten Souveräne in Abwesenheit einer übergeordneten Zentralinstanz miteinander in einem herrschaftsfreien Raum interagieren.[2] Das führt zu einem Machtwettlauf zwischen Staaten. In Abwesenheit einer übergeordneten Zentralmacht ist jeder für die Sicherung der eigenen Integrität und für die Durchsetzung der eigenen Interessen auf sich selbst angewiesen. Im dezentralen Selbsthilfesystem (Link 1988) herrscht der unbedingte Verhaltensimperativ »Hilf Dir selbst« und mithin das *Sicherheitsdilemma*. Dadurch sehen sich Staaten gezwungen, selbst für ihre Sicherheit zu sorgen, so daß sie möglichen Gegnern gegenüber zumindest nicht unterlegen sind. Dies wiederum löst bei diesen Gegnern ein Bedrohungsgefühl aus, mit der Konsequenz, daß auch sie danach streben, ihre Sicherheit durch vermehrte Anstrengungen auf militärischem Gebiet zu erhöhen. Hierdurch entsteht ein Verhältnis, das zu immer größeren Anstrengungen zur Befriedigung des Sicherheitsbedürfnisses führen und Rüstungs-

---

2 Das heißt freilich nicht, daß es keine Macht- und Gewaltbeziehungen gibt. Es heißt nur, daß in einem internationalen System keine Instanz mit einer legitimen Kompetenz-Kompetenz existiert. Herrschaft wird hier also als legitimierte Hierarchie verstanden.

wettläufe hervorrufen kann. Es bildeten sich in diesem Wettlauf immer wieder neue Hegemonialmächte heraus, deren Überlegenheit neben der militärischen Dominanz auch auf einer hohen Produktivität beruhte. Demzufolge erreichten nacheinander Portugal und Spanien, die Niederlande, Großbritannien sowie die USA eine Hegemonialstellung. Der jeweilige Hegemonialstaat war in der Lage, eine Weltordnung zu schaffen, die weitgehend eigene politische Ordnungsvorstellungen auf der internationalen Ebene institutionalisierte. Im Laufe der Zeit verfiel jedoch die Macht aller Hegemonialstaaten, mit dem Ergebnis, daß sich Konkurrenten etablierten, die die Veränderung der Weltordnung anstrebten. Dies führte schließlich immer zu einer Krise des internationalen Systems, der die Gefahr eines hegemonialen Konkurrenzkampfes beinhaltete (Modelsky 1987).

Da die souveräne Staatlichkeit mit der gegenseitigen Anerkennung von Staaten einhergeht, ist die Interdependenz *zwischen Staaten* gleichsam existentiell. In einer Welt von politischen Gemeinschaften mit trennscharfen Außengrenzen und punktuellen Kontakten der Repräsentanten der Gemeinschaften bedarf es nicht zwingend der Homogenität der politischen Ordnungen. Fragmentierte Herrschaft heißt territorial aufgeteilte Herrschaft und ermöglicht daher durchaus das Nebeneinander von verschiedenen Herrschaftsformen. Ein wesentliches Motiv für die Anerkennung des Souveränitätsprinzips bestand historisch sogar in dem Zwang, wechselseitige Toleranz aufzubringen, um die (selbst-)zerstörerischen konfessionellen Kriege zu beenden. Realistische Theoretiker haben den Politikern daher auch immer nahegelegt, innenpolitische Vorgänge nicht zum Thema der Außenpolitik zu machen.

Warum hat das internationale System dennoch immer wieder Herrschaftskonflikte hervorgebracht? Weil nationale Gesellschaften nie sauber abgetrennte politische Einheiten waren, die immer auch unmittelbar miteinander in Kontakt standen. Neben dem Souveränitätsprinzip bildet die *Interdependenz zwischen Gesellschaften* das zweite konstitutive Merkmal des modernen internationalen Systems. Nationale Gesellschaften verglichen sich im modernen Staatensystem immer auch miteinander. Legitimation von Herrschaft und eine nationale kollektive Identität mußten daher im Wettbewerb der Ordnungen erlangt werden. Dieser Tatbestand legte es nahe, daß sich Legitimationsmuster entfalteten, die auf der Universalisierung der eigenen Herrschaftsordnung beharrten. Der Verzicht auf einen universellen Anspruch könnte sich nämlich in ein Legitimationsdefizit übersetzen, da volle Legitimität viel besser für die *eine* richtige Ordnung beansprucht werden kann. Die universalistische Logik des Wettbewerbs um Legitimation überlagerte daher die werterelativistische Logik fragmentierter Herrschaft. Die volle Ausbildung von nationalen kollektiven Identitäten setzte die Ausbildung eines universalistischen Maßstabes voraus. Neben den internationalen Hegemonialkonflikten entbrannten also transnationale Konflikte über die angemessene politische Ordnung (Halliday 1994). Als Resultat trat zur machtpolitischen Auseinandersetzung im internationalen System eine ideologische Auseinandersetzung hinzu, so daß das internationale System immer zwei Arenen des Wettbewerbs beinhaltete und sich somit doppelt kompetitiv gestaltete.[3]

Es war stets die unheilvolle Allianz von machtpolitisch gestütztem Hegemonialstreben und ordnungspolitischem Sendungsbewußtsein, die zu den großen weltpolitischen Auseinandersetzungen führte. Nur bei gleichgerichteten Hegemonial- und Herrschaftskonflikten entstand eine Konfliktlinie, die das Verhalten systemumspannend ausrichtete. Der ideologische Konflikt gibt der hegemonialen Auseinandersetzung Substanz, indem er die bloße Machtkonkurrenz um weltordnungspolitische Vorstellungen ergänzt, die sich aus der inneren Herrschaftsordnung ableiten. Eine *Pax Sovjetica* hätte eine andere Gestalt gehabt als die *Pax Americana*. Der Hegemonial- gibt dem Herrschaftskonflikt Glanz und Gloria, indem er die beiden konkurrierenden Ordnungen mit dem Flair des »Platzes an der Sonne« ausstattet. Ohne dieses Flair kann eine ordnungspolitische Differenz keine weltpolitische Bedeutung

3 Konflikttheoretisch heißt das, daß sich globale Konfliktlinien zusammensetzen aus einem Interessenkonflikt über relativ bewertete Güter – alle Staaten streben nach militärischer und wirtschaftlicher Macht, also einem Gut, das seinen Wert nur daraus erlangt, daß man mehr davon besitzt als die anderen – und einem Wertekonflikt – alle Staaten bevorzugen die Universalisierung ihres Herrschaftssystems und streben mithin nach unterschiedlichen Dingen. Es ist demnach das Zusammenspiel der beiden am schwierigsten zu verregelnden Konflikttypen, das der Prägekraft globaler Konfliktlinien zugrundeliegt. Zur Unterscheidung zwischen Werte- vs. Mittelkonflikten auf der einen Seite und Interessenkonflikten über relativ bewertete vs. absolut bewertete Güter auf der anderen Seite vgl. Rittberger/Zürn (1990).

erlangen. Deshalb ist es auch nicht überraschend, daß alle globalen Konfliktlinien des modernen internationalen Systems ihren Ursprung im Zentrum der Weltpolitik hatten, in dem Teil der Welt, der heute als erweiterte OECD-Welt bezeichnet werden kann. Nur in diesem Teil der Welt bildeten sich Herrschaftsordnungen heraus, die universale Aufmerksamkeit auf sich zogen, und nur in diesem Teil der Welt entstanden Volkswirtschaften, die die materielle Basis von hegemonialen Bestrebungen abgeben konnten. Herrschaftskonflikte ohne machtpolitische Unterstützung gab es in anderen Teilen der Welt immer wieder. Sie vermochten aber nie eine Konfliktlinie global auszurichten. Und die zahlreichen Machtkonflikte zwischen den Mächten im Zentrum der Welt erlangten nur dann welthistorische Bedeutung, wenn sie zugleich ausreichend große ordnungspolitische Differenzen abbildeten.

Die Abfolge der großen weltpolitischen Auseinandersetzungen bezeugt zudem, daß es neben den Gemeinsamkeiten und den vielen idiosynkratischen Besonderheiten auch eine regelhafte Veränderung gibt. Im Laufe der Zeit gewann die ideologische Komponente der globalen Konfliktlinien infolge der wachsenden *gesellschaftlichen Interdependenz* an Bedeutung. Als sich mit dem Westfälischen Frieden die ersten Konturen des internationalen Systems abzeichneten, waren die beiden zentralen Merkmale des Systems noch vergleichsweise schwach ausgeprägt. Das Prinzip der Souveränität erwies sich noch als sehr löchrig. So blieb etwa die im Vertrag von Münster festgeschriebene Vertragsfreiheit der Staaten insofern eingeschränkt, als sie nicht gegen das Kaiserreich genutzt werden durfte. Erst im Laufe der Zeit setzte sich das Prinzip der Souveränität weitgehend durch, wiewohl es immer auch internationale Auseinandersetzungen um die Frage gab, wo die gottgewollten, natur- oder menschenrechtlichen Grenzen der inneren Souveränität lagen (vgl. Krasner 1993). Noch schwächer ausgeprägt zeigte sich allerdings zunächst die Interdependenz zwischen den Gesellschaften. In Abwesenheit einer gesellschaftlichen und kommunikativen Interdependenz ließ sich noch eine ausschließlich opportunistische Machtpolitik verfolgen, die ohne Rücksicht auf die Herrschaftskonkurrenz agieren konnte.

Erst mit der Ausbildung von nationalen Verkehrswirtschaften infolge der ersten industriellen Revolution zu Ende des 18. Jahrhunderts und dem damit verbundenen räumlichen Schrumpfungsprozeß (Straßenbau und bald danach Eisenbahnverkehr) nahm der transnationale Austausch einen solchen Umfang an, daß Ereignisse, die in einer europäischen Gesellschaft stattfanden, die Ereignisse in einer anderen Gesellschaft beeinflußten, ohne daß Regierungen diesen Einfluß vermittelten. Als Folge der langsam zunehmenden gesellschaftlichen Interdependenz wuchs die Bedeutung ordnungspolitischer Differenzen. In einer Welt, die zunehmend Kontaktpunkte zwischen national organisierten Gesellschaften entwikkelte, erlangte der Vergleich unterschiedlicher Herrschaftsformen eine immer größere Bedeutung. Die langfristige Legitimation einer politischen Ordnung konnte nur noch unter Rückgriff auf eine Ordnung mit universalistischem Anspruch geschehen. Dank der *qua* Souveränität garantierten Möglichkeit, die Herrschaftsordnung frei zu wählen, mußten somit irgendwann unterschiedliche Ordnungen aufeinanderprallen, die sich aufgrund ihres Universalanspruches ausschlossen.

Das geschah, nachdem die Französische Revolution zu einem in Europa völlig neuartigen Herrschaftssystem führte und die traditionalen Herrscher im Gegenzug ihre politischen Systeme ideologisierten. Eine globale Konfliktlinie aufgrund des Dissens von gottgewollter traditionaler Herrschaft (vertreten durch die *Ançien Regimes*) und bürgerlicher Oligarchie in Gestalt des frühen Liberalismus (vertreten durch das revolutionäre Frankreich) erwuchs aber tatsächlich erst in der Phase, in der das hegemoniale Streben des napoleonischen Frankreichs die ideologische Konfrontation untermauerte. Das französische Hegemonialstreben wurde andererseits durch Berufung auf die Grundwerte der Französischen Revolution sowie die damit verbundenen Verfahren der politischen Entscheidungsfindung und Vorstellungen von legitimen Staatstätigkeiten ideologisch überhöht. Spätestens mit der Einrichtung des Konzerts der Großmächte in Folge des Wiener Kongresses zeigte sich jedoch, wie sehr die machtpolitische Komponente unter alten ordnungspolitischen Vorzeichen bei dieser Auseinandersetzung noch dominierte. Für einige Zeit gelang es dem Wiener Kongreßsystem, ein Mächtegleichgewicht zu schaffen, das die Konflikte zwischen unterschiedlichen Herrschaftssystemen ausklammerte. Die Staaten mit liberal-oligarchischen Neigungen ließen sich aufgrund machtpolitischer Erwägungen und der Anerkennung des Souveränitätsprinzip bis zur Mitte des 19. Jahrhunderts in die *status quo* orientierte Metternichsche Ordnung einbinden.

Im 19. Jahrhundert schritt die Durchsetzung des Souveränitätsprinzips in Europa voran. Neue Staaten entstanden, und deren Legitimation fand im Prinzip der nationalen Selbstbestimmung eine solide Abstützung (Gellner 1991). Mit der Ausbreitung der industriellen Revolution nahm jedoch auch die Interdependenz zwischen Gesellschaften deutlich zu. Der Welthandel weitete sich enorm aus, und die Portfolioinvestitionen erreichten ungekannte Ausmaße. Die alte Politik des Mächtegleichgewichts scheiterte letztlich daran, daß sie es nicht vermochte, die wachsenden Interdependenzen zwischen den Volkswirtschaften zu regeln. Spätestens die nationalen Politiken, die nach dem Börsenkrach von 1929 zu einer Protektionismus- und Abwertungsspirale führten und damit erst die Wirtschaftsflaute zur großen Weltwirtschaftskrise machten, zeigten dies – mit katastrophalen Auswirkungen.

Die rechtsautoritäre Reaktion auf die in der zweiten Hälfte des 19. Jahrhunderts voranschreitende Demokratisierung führte wiederum erst dann zu einer großen weltpolitischen Auseinandersetzung, als sich mit dem Wilhelminischen Deutschland ein Nationalstaat mit hegemonialen Ambitionen an die Spitze der Gegenbewegung setzte. Doch auch bei dieser globalen Konfliktlinie dominierte zunächst eindeutig die machtpolitische Komponente. Es handelte sich vorrangig um einen Hegemonialkonflikt zwischen England und Deutschland, obwohl diese Auseinandersetzung zahlreiche ideologische Obertöne – »am deutschen Wesen soll die Welt genesen« – besaß (Kehr 1970). Der Herrschaftskonflikt akzentuierte sich erst, als sich nach dem Scheitern der spätabsolutistischen Ordnungen im Ersten Weltkrieg ab Mitte der zwanziger Jahre der Faschismus als Alternative zur liberal-demokratischen Ordnung etablierte. Die Symbiose von nationalsozialistischer Radikalisierung der Gegenmoderne mit dem wiedererwachten deutschen Hegemonialstreben ließ diese Konfliktlinie der Katastrophe des Holocaust und dem schrecklichsten aller Kriege, dem Zweiten Weltkrieg, entgegenstreben. Diese weltpolitische Auseinandersetzung läutete den Beginn des »ideologischen Zeitalters« ein, wie die kommende Periode später bezeichnet werden sollte (Bender 1981;

Bracher 1982). Im ideologischen Zeitalter emanzipierte sich die ordnungspolitische Komponente der globalen Konfliktlinie gegenüber der machtpolitischen Komponente.

Nach dem Zweiten Weltkrieg entwickelten sich unter Führung der USA internationale Institutionen, die sich der politischen Regelung der Interdependenz zwischen Gesellschaften in der westlichen Welt annahmen. Weitgehend außerhalb dieses internationalen Institutionengefüges blieb allerdings der sozialistische Block unter Führung der UdSSR. Doch auch der »Eiserne Vorhang« konnte nicht verhindern, daß sich zwischen dem sozialistischen und dem liberal-demokratischen Herrschaftssystem ein Wettbewerb um Legitimation entfaltete. Während der Trend zu wachsender wirtschaftlicher Interdependenz vorübergehend gebrochen werden konnte, intensivierte sich die kommunikative Interdependenz in Form eines transnationalen Legitimationsdiskurses weiter. Beide Herrschaftssysteme besaßen nicht nur einen universalistischen Anspruch, sie wiesen beide zunächst auch soviel Anziehungskraft auf, daß sie sich gegenseitig ideologisch bedroht fühlten. Im Laufe der Zeit geriet das sowjetische System aber ideologisch in die Defensive (Schimmelfennig 1995: Kap. 7), was in eine asymmetrische Deutung der Konfliktlinie mündete. Während sich der Osten in der Tat v. a. durch die ideologische Anziehungskraft der westlichen Ordnung in Gefahr wähnte, stand auf der westlichen Seite die machtpolitische Komponente im Vordergrund der Bedrohungsvorstellung. Nie war allerdings die ideologische Komponente in einer globalen Konfliktlinie bedeutender als bei der Auseinandersetzung zwischen dem kommunistischen Osten und dem liberal-demokratischen Westen.

Generell formuliert: Je ausgeprägter sich die gesellschaftliche, und hierbei insbesondere die kommunikative Interdependenz entwickelte, desto mehr wuchs auch die Bedeutung der ideologischen Komponente bei globalen Konfliktlinien. Können wir somit erwarten, daß der Trend anhält und eine neue große Konfliktlinie entsteht, bei der die ideologische Komponente – der Dissens über unterschiedliche Herrschaftssysteme – gegenüber der machtpolitischen Komponente – der hegemonialen Auseinandersetzung – vollends in den Vordergrund rückt? Spricht diese Analyse also für den Kampf der Zivilisationen und gegen den Hegemoniekonflikt zwischen Japan und der USA sowie v. a. gegen die These vom Ende des ideologischen Zeitalters? Der angezeigte Trend unterstützt sicherlich die These, daß es nach dem Ende des Ost-West-Gegensatzes weder einen Hegemonialkonflikt traditioneller Art zwischen den zwei mächtigsten Staaten der Welt noch eine ideologiefreie Weltrepublik demokratischer Gemeinwesen geben wird. Möglicherweise übersehen wir aber eine noch weitreichendere Veränderung, wenn wir den Trend einfach fortschreiben: Globale Konfliktlinien sind nach 1648 unmittelbar Ausdruck eines Systems gewesen, dessen wesentliche Komponenten die Nationalstaaten bildeten, die gemäß dem Souveränitätsprinzip nach außen in einem Wettbewerb um die machtpolitische Vorherrschaft zueinander standen und sich nach innen bemühten, eine legitime Herrschaftsordnung zu etablieren. Es stellt sich also die Frage, ob es sich beim internationalen System auch nach dem Ende des Ost-West-Konflikts in erster Linie um ein System handelt, das weiterhin von souveränen Nationalstaaten mit interdependenten Gesellschaften dominiert wird.

2. Weshalb es dank der gesellschaftlichen Denationalisierung keine globalen Konfliktlinien mehr geben wird

Globale Konfliktlinien entstanden aus dem Zusammenspiel von Konflikten über die korrekte innerstaatliche Ordnung mit Machtkonflikten zwischen Nationalstaaten. Insofern sind globale Konfliktlinien vom Fortbestand des doppelt kompetitiven internationalen Staatensystems abhängig. Im Zuge der Denationalisierung verdichteter gesellschaftlicher Handlungszusammenhänge transformiert sich das internationale Staatensystem jedoch. Zum einen sorgt die gesellschaftliche Denationalisierung für eine Verlagerung der Leistungen, die der Territorialstaat zu erbringen vermag, und stellt damit dessen traditionelles Souveränitätsverständnis in Frage. Da der Nationalstaat selbst bei der Erfüllung seiner zentralen Aufgabe, der Bereitstellung von Sicherheit, im Rahmen von komplexen institutionellen Arrangements verstärkt auf andere soziale Organisationen angewiesen ist und mithin nicht mehr Sicherheit und

Ordnung schlechthin verkörpert (vgl. Kapitel III), dürfte generell seine Fähigkeit abnehmen, Konfliktlinien entlang von national-staatlichen Grenzen zu formen und zu verstetigen. Zum anderen verringern sich aufgrund des durch die wirtschaftliche Denationa-lisierung ausgelösten Effizienzdrucks die ideologischen Grundla-gen globaler Konfliktlinien. Der erhöhte Anpassungsdruck, der aufgrund der gesellschaftlichen Denationalisierung auf den Gesell-schaften lastet, nimmt den Raum für deutlich unterscheidbare ordnungspolitische Konzeptionen. Der »Narzißmus der kleinen Differenzen« vermag zwar den Regionalismus zu befördern (vgl. Kapitel IX), nicht aber ordnungspolitische Gegensätze zu begrün-den. Dieser Trend verstärkt sich zusätzlich durch die wachsende Bedeutung internationaler Institutionen, die mit dem Ziel errichtet werden, staatliche Politiken zu harmonisieren und zu koordinie-ren. Die abnehmenden ordnungspolitischen Differenzen und der zunehmende Harmonisierungsdruck machen wiederum die ideo-logische Mobilisierung zugunsten einer globalen Konfliktlinie un-wahrscheinlich. Es spricht also vieles dafür, daß das Ende des Kalten Krieges Ausdruck eines umfassenderen Schauspiels ist, das die Nationalstaatlichkeit und das territoriale Ordnungsprinzip moderner Politik in ihrer bisherigen Form generell in Frage stellt. Gemäß einer solchen Sichtweise erwiesen sich die Freudentänze, die 1989 auf der Berliner Mauer aufgeführt wurden, nicht als der Abgesang auf die sozialistische Ordnung, sie symbolisierten viel-mehr, viel epochaler, die Freude über die Entmachtung der natio-nalstaatlichen Grenze und über das friedliche Ende der definitiv letzten großen weltpolitischen Konfliktlinie schlechthin. Mit ande-ren Worten: Als Folge der gesellschaftlichen Denationalisierung treten zwei Konsequenzen ein, die dazu führen dürften, daß sich in absehbarer Zukunft keine globalen Konfliktlinien mehr herausbil-den: Zum einen verlieren die Nationalstaaten ihre beinahe absolute Strukturierungsmacht im Bereich der Sicherheit und mithin die Fä-higkeit, Konfliktlinien global auszurichten, und zum anderen in-ternationalisieren sich Herrschaftskonflikte nicht mehr *via* Staa-ten.

Diese Sichtweise unterscheidet sich von allen eingangs genannten Prognosen über die Zukunft globaler Konfliktlinien. Diejenigen, die in der Zukunft den Kampf der Kulturen prognostizieren, übersehen, wie sehr globale Konfliktlinien an das nationalstaatlich konstituierte internationale System gebunden sind. Diejenigen, die nach dem Kalten Krieg ein hegemoniepolitisches Duell erwarten, übersehen die notwendige ideologische Überhöhung einer globalen Konfliktlinie. Diejenigen schließlich, die nach dem Ost-West-Konflikt einen strukturprägenden Nord-Süd-Konflikt vorhersagen, übersehen die notwendige machtpolitische Untermauerung einer globalen Konfliktlinie. Die »Chaosmacht« vieler Länder auf der südlichen Erdhalbkugel mag zwar anwachsen und fatale Auswirkungen zeitigen, sie läßt sich aber nicht gestaltend einsetzen, und sie kann mithin nicht die Grundlage des hegemonialen Strebens im Rahmen einer globalen Konfliktlinie sein. Zugespitzt läßt sich sagen, daß im Zeitalter der Denationalisierung Länder sich entweder anders als die liberale Demokratie organisieren *oder* wirtschaftlich erfolgreich und mithin mächtig und attraktiv sein können. Beides zusammen ist schwer vorstellbar. Gerade in China und in Südostasien zeigt sich derzeit diese Logik: In dem Maße, wie die politische Führung in Ländern wie China oder Singapur den Sprung in die moderne Ökonomie schaffen und kreative statt billige Arbeitskräfte zum Schlüssel des Wachstumserfolges machen möchten, fühlen sich die autoritären Regierungen zähneknirschend zu Zugeständnissen in Sachen Zugänglichkeit von Internet-Anschlüssen sowie Informations- und Reisefreiheit gezwungen. »Asiatische Werte« mögen in einer leistungsstarken Ökonomie auf Konsensverfahren, sozialen Zusammenhalt und Gleichheit als gesellschaftliche Werte hinweisen, damit läßt sich jedoch kein ideologischer Konflikt mit dem Westen aufbauen. Wenn mit der Beto nung solcher Werte aber die Einschränkung der Menschenrechte zugunsten von autoritären politischen Apparaten gemeint ist, dann fehlen ihnen zum einen die ideologische Anziehungskraft, und zum anderen werden sie sich über kurz oder lang als Hindernis für die wirtschaftliche Entwicklung erweisen.

Die Rede vom »Ende der Dritten Welt« als einheitlicher Kategorie (Menzel 1992) verdeutlicht zudem, daß den benachteiligten Ländern die Organisation einer gemeinsamen Konfliktposition schwerer denn je fällt. Freilich thematisieren in der Auseinandersetzung mit säkularen politischen Ordnungen gerade diejenigen die Ungleichheiten und Ungerechtigkeiten im Verhältnis zwischen

Nord und Süd und innerhalb von Gesellschaften, die ein der Religion untergeordnetes Staatswesen anstreben. Die »islamische Herausforderung« führt aber wegen der fehlenden machtpolitischen Untermauerung und der fehlenden Einheitlichkeit der antisäkularistischen Front nur an den Rändern der OECD-Welt zu Verwerfungen. Sie liefern jedoch nicht den Stoff für eine globale Konfliktlinie, in der Macht- und Herrschaftskonkurrenz zur Deckung kommen.

Obwohl sich keine durch eine umfassende Herrschaftskonkurrenz überhöhte globale Konfliktlinie entwickelt, wäre es sicherlich falsch zu glauben, daß die zukünftige Weltordnung auf einer ideologie- und kriegsfreien Weltrepublik demokratischer Wohlfahrtsstaaten fußt. Die zukünftige Weltordnung wird keine herrschaftsfreie und bloß effizienzorientierte Wohlfahrtsmaschinerie sein. In Abwesenheit von effektiven Konfliktregelungsmechanismen jenseits des Nationalstaates dürfte sogar eher das Gegenteil eintreten. So birgt bekanntermaßen jeder Transformationsprozeß von globalen Strukturen ein enorm hohes Gewaltpotential. Der Etablierung des internationalen Staatensystems ging einer der brutalsten Kriege in der Geschichte der Menschheit überhaupt voraus – der Dreißigjährige Krieg. Darüber hinaus entstehen auch unabhängig vom Transformationsprozeß neue Konfliktpotentiale, wenn die nationalstaatliche Fähigkeit abnimmt, die traditionellen Ziele des Regierens zu erreichen. Die abnehmende Fähigkeit des Staates, eine einigermaßen krisenfreie Wirtschaftsentwicklung zu gewährleisten, macht wieder Wirtschaftskrisen möglich, die schon immer ein erhöhtes Gewaltpotential mit sich brachten. Die wachsende Ungleichheit zwischen den Denationalisierungsgewinnern und den Denationalisierungsverlierern unterminiert den gesellschaftlichen Zusammenhalt in der westlichen Welt weiter und erzeugt Gewaltpotentiale. Umweltschäden können gleichfalls leicht zu gewalttätigen Auseinandersetzungen führen, v. a. wenn die Bewohner des geschädigten Territoriums zu Flüchtlingen werden und in ein Gebiet wandern, das eine andere, ebenfalls krisengeschüttelte Bevölkerungsgruppe bewohnt. Terroristische Organisationen und sektenartige Gruppen gehören auch in Zukunft zum Alltag und kämpfen möglicherweise mit noch schrecklicheren Waffen als heute. Korrupte politische Klassen, die aufgrund der mangelnden

Aufgabenerfüllung mit gewalttätigen Oppositionsbewegungen konfrontiert sind, greifen auch in Zukunft zu militärischen Maßnahmen.

All die genannten Konflikte dürften häufig mit Gewalt ausgetragen werden, sie führen allerdings kaum zu einer globalen Konfliktlinie. Keiner dieser Konflikte wird nämlich – vermittelt durch Nationalstaaten – mit weltweiter Wirkung internationalisiert, also »verstaatlicht« werden. Alle diese Konflikte sind zutiefst transnational. Sowohl die Ursachen der Konflikte als auch die Organisation der Konfliktparteien lassen sich nicht mehr mit bezug auf den nationalen Kontext verstehen. Keines der Probleme, das den Konflikten zugrundeliegt, ermöglicht dauerhafte nationale Lösungen, obwohl alle gleichzeitig innerhalb der national definierten Gesellschaften auftreten. Es ist daher unwahrscheinlich, daß sich die Nationalstaaten aufgrund der genannten Konflikte wie im Ost-West-Gegensatz entlang einer Linie in zwei die Weltpolitik prägende Konfliktlager von Nationalstaaten aufspalten. Selbst wenn einzelne Staaten ganz in die Hand von fragmentierenden Kräften gelangen, so werden dies strukturell bedingt schwache Staaten sein, die nicht dauerhaft eine Partei in einer globalen Konfliktlinie abgeben können. Den machtpolitischen und wirtschaftlichen Interessen dieser Staaten fehlt außerdem die Überhöhung durch eine Ideologie, die offensiv und universalistisch antritt.

Der Nationalstaat verliert seine dominant strukturierende Kraft, weil er zunehmend in ein komplexes Netz von internationalen Institutionen eingebunden ist. Parallel dazu agieren auf transnationaler Ebene auch sektoral oder funktional definierte Organisationen wie transnationale Unternehmen, aber auch transnationale Interessengruppen wie Greenpeace oder Amnesty International bei der Ausbildung von Regelungen mit. Der Nationalstaat spielt in einem solchen institutionellen Arrangement weiterhin eine zentrale Rolle. In dem Maße jedoch, in dem er noch ein wichtiges politisches Organisationsprinzip bleibt, verhindert er gleichzeitig die Dominanz von anderen denkbaren kollektiven Identitäten und politischen Organisationsformen, die globale Konfliktlinien schaffen könnten. So kommt es beispielsweise bei regionalen Zusammenschlüssen mit supranationalem Charakter nicht ohne weiteres zu machtpolitischen Konfrontationen, solange der Nationalstaat die

Verfügungsgewalt über das Militär besitzt. Die Auseinandersetzung zwischen einem transnationalen Unternehmen wie Shell und einer transnationalen Organisation wie Greenpeace um die Versenkung der Brent Spar mag heftig gewesen sein und den Staaten die Relativierung ihrer Macht vor Augen geführt haben – wer hat sich schon darum gekümmert, daß Großbritannien sich in seiner »Souveränität« nicht beschränken ließ und die Genehmigung der Versenkung des Bohrturms aufrechterhielt? Es existierte aber nie die Gefahr einer Militarisierung, nicht zuletzt, weil die Nationalstaaten in dieser Auseinandersetzung marginalisiert waren. Es läßt sich mithin erwarten, daß zukünftige Konflikte über ökologische oder soziale Fragen transnational sind und quer zu den Nationalstaaten verlaufen. Die »neue« Welt birgt nicht weniger Konflikte und mit hoher Wahrscheinlichkeit auch nicht weniger Gewalt. Die neuen Konflikte werden aber Teil einer sich ausbildenden Welt(risiko)gesellschaft sein, in der Differenzen quer zu Staatsgrenzen verlaufen. Globalisierung – hier sei der Begriff erlaubt – führt also paradoxerweise zum Ende der *globalen* Konfliktlinien und produziert in Abwesenheit eines komplexen Weltregierens statt dessen zahlreiche *lokale* Konfliktherde.

An der strukturprägenden und polarisierenden Kraft einer globalen Konfliktlinie scheitert das Projekt komplexes Weltregieren also nicht. Allerdings steigt das Gewaltpotential in einer Welt, in der zwar global gehandelt und gewirtschaftet, aber lokal gedacht und gekämpft wird, deutlich an. In dem Maße, wie demokratisch legitimiertes und effektives Regieren jenseits des Nationalstaates nicht über das heutige Ausmaß hinauswächst, bleibt die Welt auch in Abwesenheit einer globalen Konfliktlinie ein unwirtlicher Platz. Gefragt sind also konstruktive Überlegungen darüber, wie das Projekt »komplexes Weltregieren« vorangetrieben werden kann.

XII. Die Zukunft des Nationalstaates und das Projekt komplexes Weltregieren

Der Prozeß der ungleichzeitigen Denationalisierung und damit die Gleichzeitigkeit von politischer Fragmentierung und politischer Integration – so lautet die Quintessenz der letzten beiden Kapitel – könnte sich als dauerhaft erweisen. Es ist unwahrscheinlich, daß Großereignisse in der Weltpolitik zu einer neuen globalen Konfliktlinie führen, die so polarisierend und disziplinierend wirkt, daß die gesellschaftlichen Akteure in die nationalen Grenzen und auf die absolute Dominanz nationaler kollektiver Identitäten verwiesen werden. Auch die inneren Grenzen der gesellschaftlichen Denationalisierung sind nicht recht absehbar. Politische Fragmentierung als Antwort auf die gesellschaftliche Denationalisierung ist weder erstrebenswert noch besonders wahrscheinlich. Fragmentierende Reaktionsweisen auf die gesellschaftliche Denationalisierung erweisen sich nämlich spätestens dann als kontraproduktiv, wenn sie universalisiert werden. Zwar existieren unterschiedliche soziale Kräfte, die neue Schutzwälle und Grenzziehungen oder die Stärkung alter Grenzen anstreben und mithin Austausch- und Produktionsprozesse im Käfig des Nationalstaates halten wollen, eine Koalition dieser Kräfte ist aber aufgrund der enormen weltanschaulichen Differenzen innerhalb dieses Lagers unwahrscheinlich. Ohne eine solche Koalition lassen sich aber die etablierten Kräfte, die aus wirtschaftlichen und politischen Motiven die gesellschaftliche Denationalisierung vorantreiben, kaum aus der Bahn werfen. Wer die gegenwärtigen Defizite in der Zielerreichung des Regierens abbauen möchte, sollte also nicht auf die Widersprüchlichkeit und die damit verbundene Selbstauflösung der gesellschaftlichen Denationalisierung warten und auch nicht auf die nationalisierende und disziplinierende Konflikthaftigkeit der Weltpolitik setzen, sondern sich mit der Frage beschäftigen, durch welche politischen Arrangements die problematischen Auswirkungen der gesellschaftlichen Denationalisierung gelindert und die günstigen Auswirkungen befördert werden können: »Endlich die Debatte«, so der Aufruf von Ulrich Beck (1997b:

217), »über die *politische* Gestaltung von Globalisierung eröffnen.«

Wie können also die Ungleichzeitigkeiten durch ein Projekt komplexes Weltregieren aufgefangen *und* die Chancen der Denationalisierung genutzt werden? Wie können die vier Ziele des Regierens – (a) die dauerhafte Reproduktion eines legitimen politischen Prozesses; (b) die Bereitstellung eines symbolischen Bezugsrahmens, der die Gemeinsinnorientierung der Akteure befördert; (c) die Reduktion von Unsicherheit und (d) die Ermöglichung sozialer Wohlfahrt, so daß Effizienz und Verteilungsgerechtigkeit im wirtschaftlichen Prozeß einigermaßen austariert sind – im Zeitalter der Denationalisierung erreicht werden? Durch ein Zukunftsprojekt, das den Ausbau internationaler Institutionen so weit wie nötig betreibt und gleichzeitig deren Defizite abbaut. Komplexes Weltregieren steht dabei für weit mehr als nur den weiteren Ausbau von internationalen Mechanismen und Formen des Regierens. Das Adjektiv »komplex« ist wörtlich zu nehmen: Es geht um das effektive Zusammenspiel verschiedener Politikebenen. V. a. aber geht es um die Gestaltung dieses Zusammenspiels in einer solchen Weise, daß auch die *immateriellen* Ziele des Regierens (demokratische Legitimation und Gemeinsinn jenseits der Nationalgesellschaften) erreicht werden. So gesehen handelt es sich beim Projekt komplexes Weltregieren um eine Utopie im Sinne Ernst Blochs: »Utopien sind (...) nicht nur abstraktes *wishful thinking*; (...) sondern sie geben einen Vorgeschmack oder ein versuchtes Vorgemälde von Tendenzen und Latenzen in der gegenwärtigen Gesellschaft. (...) Man hat dieses Wesen, womit die gegenwärtige Gesellschaft schwanger ist, in Freiheit zu setzen« (Bloch 1970: 70-71).

In diesem Sinne geht es um die Auseinandersetzung mit den Argumentationen, die die *strukturellen* Grenzen des Regierens jenseits des Nationalstaates betonen und die Errungenschaften des demokratischen Wohlfahrtsstaates als abhängig von einer einigermaßen homogenen Nationalgesellschaft ansehen. Vor dem Hintergrund dieser skeptischen Argumentation diskutiere ich in einem ersten Schritt, welche Rolle der Nationalstaat in Zukunft möglicherweise spielen und wie er sich angesichts einer Ausdifferenzierung der Dimensionen von Staatlichkeit in das Zusammenspiel verschiedener Politikebenen eingliedert. Es geht dabei um ein angemessenes Verständnis einer nach wie vor zentralen Form des Regierens. In einem zweiten Schritt erörtere ich die Optionen des Projekts komplexes Weltregieren. Analytisch gemeint sind dabei die Argumente, die sowohl die *Möglichkeit* der Umverteilung als auch die *Möglichkeit* demokratischer Politik im Zeitalter der Denationalisierung begründen wollen. Erst vor diesem Hintergrund wage ich mich dann auf das dünne Eis der Präskription: In den Bereichen, in denen das gegenwärtige Regieren die größten Defizite besitzt und am stärksten die politische Fragmentierung fördert, stelle ich mehrere einigermaßen konkrete Vorschläge vor, die strukturell realisierbar und möglich im Sinne der vorhergehenden Analyse über die ungleichzeitige Denationalisierung sind und gleichzeitig wünschenswert im Sinne der identifizierten Defizite des Regierens erscheinen. Kaum betrachtet werden allerdings die gegenwärtigen realpolitischen Durchsetzungschancen. Diese sollen ja nicht zuletzt durch den Diskurs über derartige Maßnahmen beeinflußt werden.

1. Die Ausdifferenzierung der Dimensionen der Staatlichkeit

»Das Prinzip [der Souveränität], auf das während vier Jahrhunderten das gesamte internationale Leben hin orientiert war, ist den seit langem verloschenen Sternen vergleichbar, die trotzdem noch unsere Blicke bannen« (Knieper 1991: 58). Nicht wenige Vertreter der Politikwissenschaft folgen dem Rechtswissenschaftler Rolf Knieper und argumentieren: »Staaten lösen sich stetig auf und setzen ihre Gesellschaften zunehmend den kulturellen, wirtschaftlichen und menschlichen Dynamiken des gesamten Kontinents aus«, so der Brite Barry Buzan (1994: 97; Übersetzung M. Z.). Der Franzose Jean-Marie Guéhenno (1994: 13) sagt das »imperiale Zeitalter« vorher, das auf den Nationalstaat so folgen wird »wie das römische Kaiserreich auf die Republik«. Der Deutsche Tilmann Evers (1994: 125) sieht bei der gegenwärtigen »Europäischen Architektur« bereits mehr Ähnlichkeiten mit der Verfassung des Heiligen Römischen Reichs als mit dem Konzept der konkurrierenden und kooperierenden Nationalstaaten. Und auch in den USA machen die Analytiker der westeuropäischen Integration inzwischen eine Diffusion von Machtzentren und mithin eine Aushöhlung des Nationalstaates aus (Marks 1993: 392, vgl. auch Camilleri/Falk 1992; Hughes 1992; Zacher 1992).

Freilich wird auch eine andere Position vertreten. Für viele bilden internationale Institutionen weniger ein Anzeichen für den Niedergang des Nationalstaates als primär ein Instrument der politischen Klasse, um gesellschaftliche Widerstände überwinden zu können. Als klassisches Beispiel hierfür gilt der Bonner Wirtschaftsgipfel der G-7 aus dem Jahre 1978. Die Regierungschefs einigten sich dabei auf eine aufeinander abgestimmte Wirtschaftspolitik, die den unterschiedlichen Ländern verschiedene Aufgaben zuwies, um die damalige Krise zu bewältigen. *De facto* wurden die Regierungen aber nur zu Maßnahmen angehalten, die sie ohnehin ergreifen wollten, aber aufgrund innenpolitischer Widerstände nicht umsetzen konnten (Putnam/Henning 1989). Mit Blick auf die Europäische Union kommt Andrew Moravcsik (1994: 52) zu einer ähnlichen Interpretation: »Maßnahmen der Europäischen Union verstärken tendenziell die Verfügungsgewalt nationaler Regierungen.« (Übersetzung M. Z.) Gemäß dieser Sicht führt die Integration zu einer Stärkung der Zentralstaaten gegenüber ihren Gesellschaften (vgl. auch Héritier et al. 1994; Rieger 1995), zu einer »neuen Staatsräson« (K. D. Wolf 1996; 1997).[1]

Wer hat nun recht? Wie steht es um den Nationalstaat? Beide Seiten bringen stichhaltige Argumente hervor, die sie jedoch mangels einer wichtigen Differenzierung zu überzogenen Schlußfolgerungen verleiten. Die beiden Positionen beziehen sich nämlich auf unterschiedliche Dimensionen des herkömmlichen Staatsverständnisses (vgl. Kapitel I). Der Staat, verstanden als das politisch-administrative System bzw. die politische Klasse zeichnet sich durch eine innere Autonomie gegenüber gesellschaftlichen Subsystemen aus, die auf überlegenen materiellen und informationellen Ressourcen beruht (Ressourcendimension). Der gemeinwohl-

---

1 Vgl. zudem Milward et al. (1992) und Thomson/Krasner (1989), die eine Bedeutungszunahme des Nationalstaates als andauernden Prozeß mit Blick auf die gesamte westliche Welt konstatieren. Für sehr differenzierte Argumentationen vgl. Jackson (1993) und Sørensen (1997).

orientierte Staat (mit einem Interesse an sich selbst) zielt hingegen auf die Erfüllung bestimmter Ziele des Regierens, die seinen Fortbestand langfristig sichern (Zieldimension). Diese beiden Dimensionen des modernen Nationalstaates gingen lange Zeit Hand in Hand und waren ihrerseits gebunden an dessen ursprüngliche internationale Anerkennung als souveräner Staat (Anerkennungsdimension). Es galt als Faustregel, daß eine gewisse Autonomie einer politischen Klasse auf einem Territorium die internationale Anerkennung zur Folge hat und sich auf dieser Grundlage die Fähigkeit zu effektivem Regieren ausbildet. Im Zeitalter der Denationalisierung löst sich dieser Zusammenhang in der Tendenz auf: Nationalstaaten verlieren Handlungsspielräume in der Zieldimension, ihre Anerkennung unterliegt verschärften und v. a. permanenten Anforderungen, während die politisch-administrativen Apparate gemäß eines ressourcenorientierten Verständnisses gegenüber der politischen Öffentlichkeit autonomer denn je sind. Mit anderen Worten: Staatlichkeit differenziert sich aus.

Dieser Befund löst die skizzierte Kontroverse: Während die eine Seite völlig zu Recht die abnehmende Effektivität nationalstaatlichen Regierens konstatiert, stellt die andere Seite – ebenfalls mit einer gewissen Berechtigung – fest, daß sich die politische Klasse einer wachsenden Autonomie erfreut. Indem der Staat für das Regieren einer Gesellschaft unwichtiger wird, relativiert sich seine Bedeutung. Auf diese unbeabsichtigte Auswirkung des politisch unterstützten gesellschaftlichen Wandels reagieren nun die Regierungen. Sie streben internationale Institutionen zur Rückgewinnung der Effektivität an, deren Zustandekommen sich der gesellschaftlichen Einflußnahme und Kontrolle in der Tendenz entzieht und zugleich nationale Entscheidungen präjudiziert. Insofern ergibt sich eine größere Unabhängigkeit der politischen Klasse gegenüber weiten Teilen der Nationalesellschaft. Verlierer sind auf den ersten Blick beide: die Nationalgesellschaften, die an Entscheidungen nicht mehr mitwirken können, und die Nationalstaaten, die aufgrund der rapide verbesserten Mobilität der großen wirtschaftlichen Akteure an Effektivität einbüßten.

Gleichzeitig – und das übersehen beide skizzierten Positionen zur Zukunft des Nationalstaates – verändern sich jedoch auch die Bedingungen, unter denen die äußere Anerkennung als legitimer

Staat erfolgt. Traditionell erlangte man die Anerkennung des Selbstbestimmungsrechtes (die dritte Dimension der Staatlichkeit) einmal und unterlag danach keiner substantiellen äußeren Kontrolle mehr. Aber auch hier zeichnet sich ein grundlegender Wandel ab, auf den der Völkerrechtler Thomas M. Franck (1992: 50; Übersetzung M.Z.) frühzeitig aufmerksam gemacht hat: »Wir erleben einen Zeitenwechsel des internationalen Rechts, als dessen Resultat die Legitimität jeder Regierung eines Tages definitiv anhand internationaler Regeln und Prozesse gemessen wird.« So setzt die internationale Anerkennung eines Staates zunehmend dessen Achtung der individuellen bürgerlichen Freiheitsrechte voraus, die inzwischen durch die Individuen selbst beim Europäischen Gerichtshof und unter bestimmten Bedingungen auch bei der VN-Menschenrechtskommission eingeklagt werden können (vgl. Evans 1997: 127). Weiterhin deutet die zunehmende Einsetzung von Beobachtern bei wichtigen nationalen Wahlen auf einen Trend, wonach Wahlen zu globalen Ereignissen werden (Rosenau 1997: 259). Immer häufiger wird mit Bezug auf *good governance* sogar über Bewertungen nationaler Politik im Wirtschafts- und Umweltbereich durch internationale Institutionen nachgedacht (World Bank 1997). Statt einer einmaligen und unbefristeten internationalen Anerkennung von Staaten zeichnet sich also eine *permanente Legitimationskontrolle* für Staaten ab.

Hinzu kommt, daß die Instanzen, welche die Kontrollen vornehmen und somit die Gütesiegel für legitime Staatswesen zuteilen, eben nicht mehr nur andere Staaten oder zwischenstaatliche Organisationen sind, sondern zunehmend auch nichtstaatliche transnationale Akteure. In diesem Zusammenhang erweist sich das von James N. Rosenau (1997: 39) eingeführte Konzept der *spheres of authority* (SOA), in denen »Akteure Gefolgschaft mobilisieren können, wenn sie ihre Autorität einsetzen«, als nützlich. Zu der Gruppe der nichtstaatlichen SOAs gehören beispielsweise Greenpeace im Umweltbereich oder Amnesty International im Bereich der Menschenrechte (also sog. NGOs), aber auch privatwirtschaftliche Firmen wie Moody's oder Poor's, die die Kreditwürdigkeit von Staaten bewerten. Die »Verurteilung« eines Staates durch derartige SOAs bringt diesen deshalb in Schwierigkeiten, weil sie Auswirkungen auf das Verhalten von transnational agierenden Individuen und Gruppen hat. Die Kritik von Greenpeace oder Amnesty International kann zu Konsumentenboykotten führen, die durch Moody's oder Poor's zur Investorenflucht. In dem Maße, wie derartige SOAs transnational agieren und nicht den verschiedenen Nationalstaaten zu- und untergeordnet sind, gewinnen gesellschaftliche Akteure auf der transnationalen Ebene ein gewisses Maß an Kontrolle gegenüber den nationalen politischen Klassen zurück. Folgebereitschaft können derartige SOAs im wesentlichen durch ihre Glaubwürdigkeit mobilisieren. Angesichts dieser Quelle der Folgebereitschaft dürfen die fraglos existierenden Probleme hinsichtlich der Legitimation solcher SOAs nicht dramatisiert werden.

Sicherlich sind der Auseinanderentwicklung der drei Dimensionen von Staatlichkeit logische Grenzen gesetzt. Ein allmächtiges politisch-administratives System, das keinerlei Beitrag zur Erreichung der Ziele des Regierens leistet, läßt sich kaum denken und scheitert an der Notwendigkeit, äußere Legitimation zu erlangen. Gleichwohl scheint aufgrund des beschriebenen Trends die Rolle des Nationalstaates neu definiert werden zu müssen. Aus den konstatierten Veränderungen in der nationalstaatlichen Fähigkeit zu regieren, sollte man also das Ende des Nationalstaates weder vorschnell ableiten noch wünschen. Erstens handelt es sich beim Verlust der Effektivität nationalstaatlicher Maßnahmen nur um eine relative Gewichtsverschiebung. Es gibt nach wie vor Sachbereiche, in denen die gesellschaftliche Denationalisierung *keinen* signifikanten Einfluß auf die Effektivität nationalstaatlicher Politik hat. Es ist zweitens nicht die gesellschaftliche Denationalisierung schlechthin, sondern die Denationalisierung im Kontext demokratischer Wohlfahrtsstaaten, die dazu führte, daß manche der festgestellten Auswirkungen – wie etwa die Bereitstellung der Verteidigungs- und der Rechtsstaatsfunktion in der OECD-Welt auf einem außerordentlich hohen Niveau – als erfreulich einzustufen sind. Daß wir diese Sicherheiten heute als selbstverständlich ansehen, sollte daher nicht zu dem Schluß führen, der Nationalstaat sei in diesen Fragen überflüssig geworden. Es ist schließlich drittens nicht zu erkennen, daß sich die Ziele des Regierens *ohne* den Nationalstaat besser erreichen lassen. Die sinkende Leistungsfähigkeit einer Institution erweist sich aber nur dann als Vorzeichen ihres Absterbens, wenn konkurrierende Institutionen in Sicht sind, die diese Funktion besser zu erfüllen versprechen (vgl. Spruyt 1994b). Kaum vorstellbar, daß der Terrorismus, das Organisierte Verbrechen, die Risiken globaler Umweltschädigungen oder die sozialen Ungleichheiten ohne Hilfe der Nationalstaaten ausgeräumt werden. Daraus folgt: Der Nationalstaat wird nicht nur bleiben, es gibt auch gute Gründe dafür, sein Bleiben zu begrüßen.

Im Zuge der neuen Staatlichkeit findet Regieren zunehmend durch das Zusammenspiel verschiedener Entscheidungsebenen statt, wobei die einzelnen Ebenen nicht mehr ohne die anderen voll funktionsfähig sind (vgl. Jachtenfuch/Kohler-Koch 1996b). Die verschiedenen politischen Systeme verbinden sich also zu einem Gesamtarrangement von *governance by, with and without government*, ohne daß Nationalstaaten spezifische Merkmale wie das Steuerprivileg und das Gewaltmonopol deshalb verlören. Ein idealtypisches Modell der neuen Staatlichkeit könnte sich durch drei Elemente auszeichnen. Als erstes Element legen internationale Regelungen, die zwischen Staaten letztlich vereinbart, aber unter einer fairen und gleichen Beteiligung von transnational organisierten Interessengruppen entwickelt werden, die Ziele in Form von Rahmenrichtlinien fest (Zieldimension). Zweitens setzen entweder nationale oder subnationale politische Einheiten diese Rahmenrichtlinien um. Die nationalen politisch-administrativen Systeme behalten nach wie vor ein legitimes Gewaltmonopol und das Recht, Steuern einzutreiben. Dank dieser Ressourcen besitzen die Staaten die notwendige Sanktionsfähigkeit, um die jenseits des Nationalstaates verabredeten Vereinbarungen durchzusetzen (Ressourcendimension). Als einziger raumdeckender Hoheitsträger besitzt der Nationalstaat demnach seine wichtigste dauerhafte Funktion in einer Art Judikative in der Wahrung und Durchsetzung des Rechts, auch und gerade von anderen Instanzen wie heute bereits der Europäischen Union (vgl. Evers 1997). Drittens schließlich kontrollieren transnationale SOAs die nationalstaatliche Umsetzung der internationalen Richtlinien auf der internationalen Ebene und die Einhaltung grundlegender Rechte (Anerkennungsdimension). Die drei Dimensionen der Staatlichkeit, die sich in der ersten Moderne im Nationalstaat vereinten, verteilen sich mithin auf drei unterschiedliche Instanzen, wobei die erste und dritte jenseits des Nationalstaates angesiedelt sind.

Im Zuge der Mehrebenenpolitik verliert auch der typische Regelungsmodus des Nationalstaates – die hierarchische Setzung – an Bedeutung. Nicht nur auf der internationalen Ebene stellt inzwischen die Koordination aufgrund von Verhandlungen das zentrale Entscheidungsverfahren dar, auch innerhalb der Nationalstaaten werden die Beschlüsse zunehmend in Form von kollektiven Bemühungen zwischen staatlichen und den betroffenen gesellschaftlichen Akteuren getroffen. Der Nationalstaat entwickelt sich zum »verhandelnden Staat«, und Mechanismen der »gesellschaftlichen Selbststeuerung« gewinnen weiter an Bedeutung, auch bei der Umsetzung von international vereinbarten Richtlinien (vgl. hierzu Mayntz/Scharpf 1995a; Mayntz 1996). Zudem verändern sich die Mittel des Regierens in diesem Prozeß. Nicht mehr durch Drohungen abgestützte Verbote oder durch finanzielle Mittel direkt angestrebte Ziele kennzeichnen eine erfolgreiche politische Steuerung. Vielmehr bilden kontextbeeinflussende Maßnahmen und die Gestaltung der verhandelnden Netzwerke die zentralen Instrumente des Regierens.

Neben dem skizzierten Modell der neuen Staatlichkeit findet Regieren freilich auch noch in anderen Formen statt. In all den Sachbereichen, in denen Handlungszusammenhänge nach wie vor einen stark ortsgebundenen bzw. lokalen Charakter besitzen oder sich Denationalisierung nicht in Effizienz, Externalitäten- oder Standortprobleme übersetzt, können Entscheidungskompetenzen auf dezentrale Einheiten übertragen werden. Und schließlich stellt auch die transnationale Selbststeuerung von gesellschaftlichen Handlungszusammenhängen ein denkbares Element eines komplexen Arrangements des Regierens dar (vgl. Kapitel V).

Ob in diesen Formen und mit diesen Instrumenten des Regierens auch die *substantiellen Ziele des Regierens* erreicht werden können, bleibt eine offene Frage. In einem Schreckensszenario dümpelt das Regieren vor sich hin, während die Armut in der OECD-Welt weiter zunimmt, der Wohlfahrtsstaat bis zur Unkenntlichkeit abgebaut wird, ethnisch motivierte Ausschreitungen sich zur Normalität entwickeln, der Organisierten Kriminalität genausowenig Einhalt geboten wird wie der globalen Umweltzerstörung, rechtsextreme Parteien sich als dauerhafte Größen der nationalen Politik etablieren und die demokratische Qualität der

Politik im Mehrebenen-Tohuwabohu gänzlich verloren geht. Gesellschaftliche Denationalisierung verkommt dann zur unendlichen Leidensgeschichte, in der selbst das Hölderlinsche Wort »Wo aber Gefahr ist, wächst das Rettende auch« kaum Hoffnung spenden kann. Ein solches Elend der Ungleichzeitigkeit kann lange Zeit Bestand haben, es wird sich kaum durch einen wie immer gearteten Automatismus selbst auflösen.

Ich betrachte hingegen die Schwierigkeiten, die mit der ungleichzeitigen Denationalisierung verbunden sind, als überwindbar. Das Projekt komplexes Weltregieren setzt darauf, die gesellschaftliche Denationalisierung durch die politische Denationalisierung aufzufangen, Gemeinsinn jenseits der Nationalgesellschaften zu bilden und auch für die Mehrebenenpolitik demokratische Qualität zu gewinnen, um damit die substantiellen Ziele des Regierens wieder annäherungsweise zu erreichen. Demnach zeichnet sich die Zweite Moderne politisch gesehen dadurch aus, daß die substantiellen Werte der Ersten Moderne in neuen politischen Formen und mit neuen politischen Instrumenten verwirklicht werden. Fraglos handelt es sich dabei um kein kleines Projekt. Es bedarf vielmehr weitreichender institutioneller und politischer Veränderungen, die kraftvolles Handeln voraussetzen. »Schau'n m'r mal« reicht hier nicht aus. Es sind v. a. drei große Aufgaben mit steigendem Schwierigkeitsgrad zu meistern: Zum einen müssen durch das Zusammenspiel von internationalen, nationalen und subnationalen politischen Regelungen Sicherheit und soziale Wohlfahrt soweit gefördert werden, daß es gelingt, *personale Fragmentierung, insbesondere in Form der sozialen Ungleichheit abzubauen*. Zum zweiten gilt es, derartige *Mehrebenenarrangements zu demokratisieren*. Schließlich müssen drittens Mechanismen zur Verfügung stehen, die auch in einer komplexen Welt das *Bedürfnis nach Identität* befriedigen, ohne auf ausschließende und fragmentierende Mechanismen zurückzugreifen.

2. Sozial- und umweltverträgliches Regieren

Die Bilanz des gegenwärtigen Regierens erschließt sich nur dann vollständig, wenn nationalstaatliches Regieren *und* die Leistungen

bereits existierender internationaler Institutionen berücksichtigt
werden. Trotz dieses erweiterten Blickes zeigte sich, daß die gegenwärtige Zielerreichung bei den materiellen Zielen des Regierens –
Sicherheit und soziale Wohlfahrt – zwei größere Defizite aufweist:
zum einen bei den Sicherheitsrisiken, die von transnationalen Akteuren ausgehen, insbesondere in Form der grenzüberschreitenden
Produktion von Umweltgefahren, und zum anderen bei der Korrektur von Marktergebnissen zum Zwecke der sozialverträglichen
Verteilung der Wohlfahrt (Kapitel III, IV und VII). Da die Möglichkeiten effektiver internationaler Umweltregime schon in Kapitel VI exemplarisch diskutiert wurden, möchte ich mich in diesem
Kapitel stärker auf die Frage der sozialen Wohlfahrt konzentrieren.
Schließlich ist gerade in diesem Bereich besonders umstritten, ob
sich effektives Regieren im Zeitalter der gesellschaftlichen Denationalisierung überhaupt noch verwirklichen läßt. Die zu entwickelnden konkreten Vorschläge sollen jedoch auch daran gemessen
werden, ob sie *zumindest* umweltverträglich sind. Zunächst stelle
ich denkbare Maßnahmen zum Umbau des Wohlfahrtsstaates im
nationalstaatlichen Kontext vor, um dann die Möglichkeiten eines
sozialintegrativen Regierens jenseits des Nationalstaats zu diskutieren.

Der Umbau des Sozialstaates

Im Bereich der Wohlfahrtspolitik überschätzt man allgemein das
Ausmaß der Restriktionen, die die gesellschaftliche Denationalisierung verursacht. Viele Maßnahmen zur Förderung der sozialen
Wohlfahrt sind und bleiben eine vornehme Aufgabe der nationalstaatlichen Politik, ja durch die gesellschaftliche Denationalisierung ergeben sich teilweise neue Aufgaben (vgl. Kapitel IV). Die
Ursachen für die gegenwärtigen Defizite des Regierens im Wohlfahrtsbereich liegen offensichtlich zu bemerkenswerten Anteilen
an (manchen) Wohlfahrtsstaaten selbst. Auf der einen Seite steht die
gebetsmühlenhafte Forderung nach Deregulierung und Liberalisierung und auf der anderen Seite das Festhalten an einer Struktur
des Wohlfahrtsstaates, die die Bewegungs- und Einfallslosigkeit
honoriert. Es handelt sich um eine paradoxe Debatte: Der radikal
auf Veränderung drängende Konservatismus steht heute der kon-

servativ gewordenen Sozialdemokratie gegenüber. In dieser ver-
kehrten Welt scheint manchmal gar nichts mehr zu gehen. Notwendig ist aber der Umbau des nationalen Wohlfahrtsstaates, damit
staatliche Unterstützung individuelle Kompetenzen und Entfaltungsmöglichkeiten permanent und lebenslang fördert, während
die »Absturzsicherung« auf klassenspezifische Komfortgrade verzichten und statt dessen Grundeinkommen garantieren sollte. Freilich lassen sich solche Überlegungen nicht allgemeingültig formulieren, sie gewinnen nur vor dem Hintergrund der konkreten
institutionellen Vorgaben eines politökonomischen Systems an
Substanz. Die Vorschläge werden daher aus der Perspektive der
Bundesrepublik Deutschland formuliert.

Vorschlag 1: Besonders gravierend wirkt sich der verschärfte
Standortwettbewerb auf die Sozialpolitik aus, wenn die Sozialko-
sten in Form von Lohnnebenkosten unmittelbar in die Produktionskosten der Unternehmen einfließen. Das Standortargument
sticht dann besonders gut. Die Autonomie der Sozialpolitik läßt
sich deshalb besser schützen, wenn es sich um ein einkommen-
bzw. mehrwertsteuergestütztes Sozialsystem handelt. Dänemark
verfügt über ein solches Sozialsystem, das sich dem Weltmarktdruck besser entziehen kann als das deutsche, obwohl die Welt-
marktabhängigkeit in Dänemark größer ist (vgl. Scharpf 1993b).
Während in Deutschland die Sozialbeiträge, die die Arbeitnehmer
und Arbeitgeber entrichteten, 1994 ca. 15 Prozent des BIP betru-
gen, machten sie in Dänemark nur 1,7 Prozent des BIP aus (Langhammer 1997: 4). Den Dänen gelang eine Sozialstaats- und
Lohnstrukturreform, die ökonomisch inzwischen in Form von
drastisch fallenden Arbeitslosenraten Früchte trägt, ohne daß die
Bedürftigsten durch diese Reform überdurchschnittlich belastet
wurden. Ein Vergleich der deutschen und dänischen Praxis sollte
auch den Glaubenssatz von der gerechten »progressiven Einkom-
menssteuer« und der ungerechten »Verbrauchssteuer« ins Wanken
bringen. Während in der Bundesrepublik die Steuerschlupflöcher
einen solchen Umfang annehmen, daß es in Oberursel – einem Ort,
an dem Topverdiener aus dem Frankfurter Raum wohnen – im Ge-
samtergebnis des Jahres 1996 zu einem Minus-Steueraufkommen
kam (vgl. *Der Spiegel*, 46/1997, 30-48), wir es also hierzulande vielleicht schon mit einem regressiven Steuersystem zu tun haben,

können steuerreduzierte Grundgüter bei gleichzeitig hohen Luxussteuern wie in Dänemark ein Stück praktische Steuergerechtigkeit schaffen. Wer sich viel Luxus leistet, muß höhere Steuern bezahlen.

Vorschlag 2: Die Bundesrepublik nutzt das Arbeitsplatzpotential, das die Dienstleistungsbranche bereit hält, nicht. Während in den USA und auch in Schweden die Beschäftigungsquote im Dienstleistungssektor (Anteil der Beschäftigten im tertiären Sektor an der Bevölkerung im Alter zwischen 15 und 65) bei knapp über 50 Prozent und in Großbritannien bei knapp unter 50 Prozent liegt, beträgt sie in Deutschland noch unter 40 Prozent.[2] Zugespitzt formuliert: Allein dieses Potential könnte die Arbeitslosigkeit in der Bundesrepublik restlos beseitigen. Dies setzt allerdings voraus, Arbeitsplätze mit Niedriglöhnen zum einen möglich zu machen und zum anderen entsprechende Beschäftigungschancen zu schaffen. Die zugrundeliegende Idee ist denkbar einfach: Eine Vielzahl von Arbeitskräften, insbesondere die Langzeitarbeitslosen, sind offensichtlich betriebswirtschaftlich nicht produktiv genug. Dennoch wäre ihre Beschäftigung volkswirtschaftlich sinnvoll und individuell v. a. dann wünschenswert, wenn sie nicht zu einem Dasein als arbeitende Arme führen. Staatliche Zusatzzahlungen für Billiglohnarbeitsplätze (negative Einkommensteuer) könnten das entsprechende Arbeitsplätzepotential kostenneutral aktivieren, ohne die Armut trotz Arbeitsplatz zu einem ähnlichen Problem werden zu lassen wie in den USA. Dies liefe auf ein (national)staatlich garantiertes Grundeinkommen hinaus, das oberhalb von absoluten Billiglohnarbeitsplätzen liegt.[3] Ein derartiger *Umbau* des Sozialstaates, der diesen Namen verdient und nicht einen simplen Abbau darstellt, stößt allerdings auf zahlreiche Widerstände im politischen System. Denn er verlangt in den Tarifverträgen solidarische Anpassungsleistungen von denen, die Arbeit haben.

Vorschlag 3: Wenn das Kapital heute gegenüber der organisierten

---

2 Es handelt sich hier um Zahlen, die aufgrund unterschiedlicher statistischer Verfahren nur bedingt miteinander verglichen werden können. Wenn sich auch der reale Anteil der Dienstleistungsbeschäftigten nach der Bereinigung der statistischen Differenzen annähern würde, so spricht doch alles dafür, daß es sich immer noch um signifikante Unterschiede in der Größe des Dienstleistungssektors in den einzelnen Ländern handelt.

3 Vgl. Scharpf (1993b) und als Überblick Kaufmann (1997: 92-98).

Arbeit einen strukturellen Vorteil besitzt, so sollten auch die abhängig Beschäftigten in Form von Kapitalbeteiligungen von diesem Vorteil profitieren können (vgl. u. a. Scharpf 1998). Notwendig ist also eine staatliche Förderung der Kapitalbeteiligung von Arbeitnehmern. Wünschenswert wäre zum einen die Ersetzung von Lohn- durch Kapitalanteile als Ergebnis der Tarifpolitik, zum zweiten steuerliche Anreize für Kleinaktionäre im Falle eines entsprechenden Beschäftigungsverhältnisses sowie zum dritten staatliche Transfer- und Risikoabsicherungen (bei einem verbleibenden Eigenrisiko) im Falle des Firmenwechsels oder Konkurses. Derartige Maßnahmen, die die inzwischen teilweise künstliche Konfrontation von Arbeitnehmer- und Arbeitgeberinteressen auflösen und gleichzeitig die Probleme einer langfristigen Politik der Altersversorgung lindern könnten, nutzen allerdings nur denjenigen, die noch in Arbeit stehen.

Vorschlag 4: Das »Modell Deutschland« erweist sich noch in einer weiteren Hinsicht als dringend reformbedürftig. Die deutsche Variante des Wohlfahrtsstaates zeichnet(e) sich durch die Kombination von hochqualifizierten industriellen Arbeitskräften mit sehr hohen Löhnen mit einem hohen industriellen Innovationspotential unter starker Einflußnahme des Staates und der Banken aus (Streeck 1995a). Die langfristige und grundlegende Herausforderung für das deutsche System liegt nun darin, daß sich die institutionellen Anforderungen für die Ausbildung hochqualifizierter Arbeitskräfte und für ein hohes Innovationspotential verschoben haben. Der Schlüssel für den nachhaltigen Erfolg des Standortes Deutschland und damit sowohl für die Anzahl der Arbeitsplätze als auch die Löhne liegt demnach im Bereich der Bildungspolitik zum einen und der Forschungs- und Technologiepolitik zum anderen. Das im *status quo* verharrende bundesrepublikanische Bildungssystem scheint nur noch bedingt in der Lage zu sein, die Qualifikationsanforderungen zu erfüllen, die eine denationalisierte Wirtschaft stellt. Generell gilt: Wenn Arbeit teuer ist, so erwartet der Käufer hohe Qualität. Hohe Qualität bedeutet aber heutzutage nicht mehr nur Zuverlässigkeit und Präzision, sondern auch Flexibilität und Anpassungsfähigkeit, Sozialkompetenz und vernetztes Denken. Hier scheint zum einen das deutsche Arbeitsrecht in mancherlei Hinsicht veraltet zu sein. Zum anderen erweisen sich Bildung und Wissen mehr denn je als die wichtigste Determinante für den beruflichen Erfolg. Obwohl die deutschen Arbeitskosten nach wie vor an der Spitze stehen, liegen die öffentlichen Bildungsausgaben inzwischen auf einem erschreckend geringen Niveau. In der OECD-Welt unterbieten die deutschen 4,8 Prozent des BIP nur noch Griechenland und Mexiko. Dementsprechend weisen Schul- und Hochschulabsolventen im internationalen Vergleich v. a. im naturwissenschaftlichen Bereich Defizite auf (OECD 1996c: Kap. 1 und 2). Neben all den internen Reformbemühungen im Ausbildungsbereich erfordert eine zukunftsorientierte Politik auch ein deutliches Mehr an Investitionen in die Zukunft. Alles andere ist hochgradig gegenwartsbezogen und auch unsozial gedacht: Wenn die Langzeitarbeitslosigkeit und mithin auch die Langzeitarmut von Familien zunimmt, müssen Kinder, die in solchen Familien aufwachsen, eine staatliche Bildungsförderung erhalten, damit sich die Armut nicht zum generationenübergreifenden Familienschicksal entwickelt. Staatliche Bildungsförderung gerät somit zur Sozialpolitik *par excellence* (Reich 1991). Gleichzeitig muß unter Einführung von Wettbewerb und Verzicht auf Scheu vor elitären Einrichtungen das Ausbildungssystem differenziert gestaltet und Platz für Spitzenleistungen geschaffen werden. Andernfalls erwerben die Kinder reicher Familien künftig ihre (dann weit überlegene) Ausbildung an teuren Privatschulen im Ausland. Kurz und gut: Das Modell Deutschland beruhte in der Vergangenheit auf der überlegenen *Qualität* des Faktors Arbeit. Die Verfahren zur Erlangung dieser Arbeitsqualität müssen sich jetzt den neuen Herausforderungen anpassen.

Vorschlag 5. Derartige Maßnahmen machen das Nachdenken über »Das Ende der Arbeit und ihre Zukunft« (Rifkin 1995) nicht überflüssig. Guy Kirsch (1997: 54) formulierte schön: »Entweder senken wir die Zahl jener, die ohne Arbeit sind, so daß es nicht mehr zu viele sind. Oder aber wir schaffen die Voraussetzungen, daß selbst viele nicht *zu* viele sind.« In diesem Sinne wird verstärkt die Förderung eines Sektors gefordert, in dem Dienste für die Gemeinschaft und bedürftige Menschen als Arbeit gelten und ein Mindesteinkommen garantieren. Das Arbeitspotential ist enorm. Bereits jetzt sind in den USA in den gemeinnützigen *non-profit*-Organisationen mehr Menschen tätig als etwa im Baugewerbe oder in der Elektronikindustrie (Rifkin 1995: 182). Jedes Jahr kommen allein in den USA fast 20 Mrd. Stunden an freiwilliger Hilfe zusammen (Wuthnow 1997: 37). Derartige Zahlen machen deutlich, daß eine Anerkennung von sozialen, ökologischen und kulturellen Diensten als Arbeit sowie eine Kopplung solcher Tätigkeiten an ein garantiertes Mindesteinkommen die Zukunft der Arbeit bedeuten kann, wenn sie uns ausgegangen ist. Die gegenwärtigen Überlegungen zur Ausgestaltung eines »Staatsbürgereinkommens für Sozialdienste« (Zoll 1994) bzw. zum »Bündnis für Bürgerarbeit« (Beck 1997b: 235-238) sind freilich noch zu konkretisieren.

Internationale Institutionen

Die bisher diskutierten Maßnahmen zum Umbau des Wohlfahrtsstaates im Zeitalter der gesellschaftlichen Denationalisierung lassen sich durchweg in Form von nationalstaatlichen Maßnahmen verwirklichen. Sie bringen eine schonende Anpassung der nationalen Verhältnisse an den globalen Wettbewerb zum Ausdruck. Eine derartige Anpassung stellen v. a. diejenigen in den Vordergrund, die die Möglichkeiten eines effektiven Regierens jenseits des Nationalstaates für gering erachten und gleichzeitig die gesellschaftliche Denationalisierung für einen unumkehrbaren Prozeß halten. Wenn ich mit weiteren Vorschlägen aus dem Käfig der nationalstaatlichen Politik ausbrechen möchte, so gilt es also, sich nochmals zusammenfassend mit der Position auseinanderzusetzen, die der Leistungsfähigkeit von Regieren jenseits des Nationalstaates skeptisch gegenübersteht.

(a) Weshalb sozial- und umweltverträgliches Regieren jenseits des Nationalstaates nicht ausgeschlossen ist: Obwohl es sicher nicht zutrifft, daß »[m]arktverändernde und marktkorrigierende politische Intervention (...) nur innerhalb des Nationalstaates stattfinden [kann]« (Streeck 1995a: 60), sind internationale Regelungen, die unmittelbare Verteilungsimplikationen besitzen, tatsächlich nur schwer zu erreichen. Durch eine angemessene Ausgestaltung von Institutionen, welche die schwierigen Interessenkonstellationen und Implementationsprobleme, die sich bei positiven und verteilungswirksamen Regelungen ergeben, berücksichtigen, lassen sich diese Schwierigkeiten allerdings überwinden (Kapitel VI). In-

ternationale Institutionen existieren »für und wider den Markt« (Wolf/Zürn 1989), sie können mehr erreichen als nur die Schaffung von Märkten zur Steigerung der wirtschaftlichen Effizienz. Sie können mittels regulativer internationaler Institutionen auch Marktergebnisse korrigieren. Selbst offen redistributive Regelungen bleiben auf der internationalen Ebene nicht *per se* ausgeschlossen (vgl. Leibfried/Pierson 1998b).

In der Praxis ist es allerdings bedeutender, daß zur Stärkung von *nationalstaatlichen* Maßnahmen, die die Ungleichheit eindämmen und mithin die Integration befördern, auf der *internationalen* Ebene keine redistributiven, sondern »nur« regulative Regelungen erforderlich sind. Derartige internationalen Regime im Bereich der sozialen Wohlfahrt, wie etwa die Vereinbarung von sozialen Mindeststandards, wirken international gesehen regulativ, weil sie weder unmittelbar auf die Umverteilung von Gütern zwischen Regionen noch auf Steuerabgaben an eine supranationale Instanz, die dann bedürftige Individuen unterstützt, abzielen. Die Festlegung von einheitlichen sozialen Mindeststandards in der gesamten OECD-Welt besäße gleichwohl weitreichende redistributive Implikationen, weil sie die Weltmarktchancen von Volkswirtschaften mit geringerer Produktivität einschränken würde. An dieser Stelle benötigt man wiederum ein kluges institutionelles Vorgehen, das differenzierte Regelungen vorsieht, um die Verteilungsimplikationen zwischen Volkswirtschaften zu minimieren bzw. gerecht auszugestalten. Der redistributive Effekt einer solchen Regelung könnte sich dann ausschließlich innerhalb des nationalen Rahmens vollziehen. Aufgrund der internationalen Regelung erhielten die Nationalstaaten die Möglichkeit, Sozialpolitik zu betreiben, ohne im Standortwettbewerb Rückschläge hinnehmen zu müssen. Im Extremfall könnte beispielsweise international eine Höchstarmutsquote von 10 Prozent zwischen den OECD-Ländern vereinbart werden. Eine solche Höchstquote machte weder Umverteilungen zwischen Nationalstaaten notwendig noch verschöbe sie die Wettbewerbschancen, da sich die Armutsschwelle üblicherweise relativ zum Durchschnittseinkommen definiert. Kurz und gut: Internationale Institutionen können auch dann sozialintegrative Folgen besitzen, wenn sich bei den einzelnen Menschen noch keine Gemeinsinnvorstellungen und kollektive Identitäten jenseits des

Nationalstaates ausgebildet haben. In diesem Sinne möchte ich eine Reihe von Vorschlägen unterbreiten, um die *Verteilungskompetenz* der Nationalstaaten durch internationale Institutionen wieder zu stärken, ohne daß sie dadurch *Effizienzverluste* erleiden.

(b) Wie das Regieren jenseits des Nationalstaates sozial- und umweltverträglich gestaltet werden kann: Einer dieser Schlüsselbereiche effektiven Regierens bildet im Zeitalter allgegenwärtig leerer Kassen fraglos die Bereitstellung von ausreichenden finanziellen Ressourcen für die regelnden Instanzen. Inzwischen werden *aufgrund* haushaltspolitischer Zwänge politische Maßnahmen, die als wünschenswert gelten, nicht mehr durchgeführt. Auch Maßnahmen zum Beispiel im Bereich der Forschungsförderung, die der Verbesserung der nationalen Position im internationalen Standortwettbewerb dienen, scheitern teilweise an leeren Kassen. Es sind also vorrangig solche multilateralen internationalen Institutionen anzustreben, die *sowohl regulativ sinnvoll sind als auch die Ressourcenlage der regelnden Instanzen verbessern.*

Vorschlag 6: Es sollte ein internationales Regime angestrebt werden, das in den hochentwickelten OECD-Ländern eine Energiesteuer vorschreibt. Es ist ökologisch und ökonomisch folgerichtig, die Produktion und Distribution mit Umweltkosten zu belasten in Form von Steuern und anderen Instrumenten. Derartige Maßnahmen scheitern aber nicht selten am Wettbewerb der Nationalstaaten um Direktinvestitionen. Ein internationales Energiesteuerregime erweist sich nicht nur regulativ als sinnvoll, es verschafft zudem den regelnden Instanzen eine zusätzliche Einnahmequelle. Wenn die größten Umweltgefahren globaler Natur und inzwischen zu einem wachsenden Maße armutsbedingt sind, sie also von den Entwicklungsländern gelöst werden müssen, dann liegt es zudem nahe, die Mittel eines internationalen Energiesteuerregimes unmittelbar einem multilateralen Umweltfonds zur Verfügung zu stellen.

Man mag nun einwenden, daß dieser Vorschlag zwar wohlgemeint, aber unpraktikabel sei, weil die zwischenstaatlichen redistributiven Auswirkungen eines solchen Regimes für die beteiligten Länder so weitreichend sind, daß eine Einigung ausgeschlossen bleibt. In der Tat dürfte eine im ganzen OECD-Raum einheitliche Energiesteuer nicht durchsetzbar sein, weil die Widerstände in den Ländern mit deutlich überdurchschnittlichem pro-Kopf-Verbrauch an Energie (wie die USA) und mit deutlich geringerer wirtschaftlicher Produktivität (wie Portugal) dann unüberwindbar wären. An dieser Stelle kommen jedoch die *institutionellen Merkmale* ins Spiel, *die effektive internationale Institutionen auszeichnen* (vgl. Kap. VI). Zum einen dürfen die vorgeschlagenen internationalen Regelungen nicht unterschiedslos auf jedes Land angewendet werden: Notwendig sind *differentielle* und zeitlich *flexible Regelungen,* welche die unterschiedlichen Arbeitsproduktivitäten, die unterschiedlichen Ausgangsbedingungen beim Energieverbrauch etc. berücksichtigen. Entsprechende Verhandlungen sind komplex und langwierig, und sie bedürfen der *Experten,* die weisungsungebunden von den Regierungen und *quasi* als Vertretung direkt betroffener gesellschaftlicher Interessen Empfehlungen entwickeln und vorlegen. Zum anderen sollten alle derartigen internationalen Regelungen mit ausgeklügelten Verifikations- und Schiedsspruchmechanismen arbeiten. Nur dadurch kann sich die notwendige gegenseitige Erwartungssicherheit entwickeln und die Fähigkeit entstehen, auf neue Informationen und Sachverhalte sowie auch auf ungewollte Regelverletzungen flexibel und im Rahmen des Regimes zu reagieren.

Vorschlag 7: Es sollte ein internationales Regime angestrebt werden, das Rahmenvorgaben für die nationale Steuergesetzgebung in der OECD-Welt festlegt. Es ist regulativ sinnvoll, zu verhindern, daß systematisch die Steuern, die grenzüberschreitend-mobile Bemessungsgrundlagen besitzen, im Rahmen des Standortwettbewerbs gesenkt werden. Denn nirgendwo hat sich der Wettbewerb um die anspruchslosesten Marktinterventionen so negativ geäußert wie bei den Steuern für Spitzenverdiener und für Unternehmen (vgl. Kapitel IV). Selbst innerhalb der EU schufen Belgien, die Niederlande und Irland in den letzten Jahren punktuelle Steueroasen. In einer Zeit, in der die Einkommensverteilung aufgrund von Marktentwicklungen in der OECD-Welt ungleicher wird (Entwertung der industriellen Arbeit), muß die Politik gegensteuern und darf die Entwicklung nicht noch weiter verstärken. Ein solches Steuerregime würde die Einnahmequellen der Nationalstaaten zumindest stärken. Auch in diesem Falle gilt es allerdings, die institutionellen Merkmale effektiver Regime zu berücksichtigen. Ein erster Anfang wäre ein Verhaltenskodex, der sich zunächst auf die

Firmenbesteuerung bezieht, wie dies innerhalb der EU derzeit diskutiert wird.

Vorschlag 8: Es sollte ein internationales Regime angestrebt werden, das eine *Tobin-Tax* weltweit einführt. Ein Regime zur Besteuerung von internationalen Geldströmen in Höhe von 0,5 Prozent ist regulativ sinnvoll, weil dies die spekulativen Aktivitäten auf den internationalen Finanzmärkten bremst und somit den Nationalstaaten ein gewisses Maß an Autonomie im Bereich der Geldpolitik zurückgibt, ohne die gewünschten Direktinvestitionen zu behindern. Barry Eichengreen, James Tobin und Charles Wyplosz (1995: 165; Übersetzung M. Z.) formulieren dies so:

»Die Hoffnung, daß Transaktionssteuern die exzessiven Austauschdynamiken dämpfen werden, beruht auf der Wahrscheinlichkeit, daß Keynes' Spekulanten einen kürzeren Zeithorizont haben als Marktteilnehmer, die in langfristigen Auslandsinvestitionen engagiert sind.«

Ähnlich wie die Einnahmen aus einer internationalen Energiesteuer der Bekämpfung globaler Umweltgefährdungen zugute kommen könnte, läßt sich die *Tobin-Tax* zu einem großen Teil zur Finanzierung der Entwicklung in der Dritten Welt einsetzen. Allerdings müßten auch die Länder, die bisher als Hauptplätze spekulativer Finanztransaktionen fungierten, zumindest vorübergehend eine finanzielle Kompensation aus den Einnahmen erhalten, um die Verteilungsimplikationen eines solchen Regimes einzudämmen.[4]

Generell gilt, daß neue Grenzziehungen in Form von protektionistischen Maßnahmen, sei es zum Schutz des Wohlfahrtsstaates oder zum Schutz hoher nationaler Umweltstandards, zum Scheitern verurteilt sind. Es sei denn, derartige Maßnahmen wirken nicht diskriminierend und beruhen auf kooperativen Absprachen der beteiligten Regierungen. Das ist der Kern des Multilateralismus-Prinzips, wie John Gerard Ruggie (1996: 20; Übersetzung M. Z.) es formuliert:

»In ihrer reinsten Form wird eine multilaterale Weltordnung Durchführungsbestimmungen beinhalten, die normalerweise auf alle Länder anwendbar sind, und keine Unterschiede aufgrund besonderer Situationen oder partikularer Interessen machen. So eine Ordnung würde außerdem einen höheren Grad der Unteilbarkeit der Interessen der Länder an den Tag legen als alternative Formen.«

4 Vgl. Hag et al. (1996) für eine umsichtige Diskussion der Vor- und Nachteile einer Tobin-Tax.

Regelungen wider den Markt sind also allgemein gesprochen dann erfolgversprechend, wenn sie nicht partikularistischen Interessen dienen, sondern aus Verhandlungen resultieren, welche die Interessen aller Beteiligten in einem verdichteten gesellschaftlichen Handlungszusammenhang berücksichtigen. D. h.: Maßnahmen, die den freien Fluß von Gütern, Kapital, Menschen, Kultur, Information sowie Risiken und Bedrohungen einschränken, lassen sich steuernd oder als Sanktionsinstrument gegen die Staaten, die sich internationalen Institutionen zu entziehen versuchen, einsetzen, wenn sie vorher multilateral (im Ruggieschen Sinne) verabredet wurden.

3. Demokratisches Regieren

Regieren jenseits des Nationalstaates kann die soziale Wohlfahrt im Zeitalter der gesellschaftlichen Denationalisierung fördern; und zwar im Extremfall selbst dann, wenn sich der Gemeinsinn nach wie vor ausschließlich an den Nationalgesellschaften orientiert und insofern keine Umverteilung zwischen Nationalstaaten möglich ist. In dem Maße jedoch, wie positive internationale Institutionen wichtiger werden, steigt die Notwendigkeit von deren demokratischer Legitimation – und dann stellt sich das Problem der Gemeinsinnbedingung jenseits des Nationalstaates wieder neu.

(a) Weshalb Demokratie jenseits des Nationalstaates nicht ausgeschlossen ist: Demokratie soll hier verstanden werden als die öffentliche Willensbildung und Entscheidungsfindung, bei der alle betroffenen Personen gleiche und wirksame Einflußmöglichkeiten besitzen und die normativ begründungsfähige Lösungen hervorbringt (vgl. Kapitel VIII). Die Möglichkeit eines solchen demokratischen Prozesses jenseits der Nationalgesellschaft stellen allerdings viele in Frage. In ihren Augen erweist sich demokratische Legitimität nur im Rahmen eines *demos* oder Gemeinwesens als möglich, wie es im Konzept der Nation zum Ausdruck kommt. Der Zusammenhang zwischen Nation und Demokratie gilt demnach nicht als historisch zufällig, sondern als logisch unauflösbar. Ohne *demos* keine Demokratie. Die Beziehung von Gemeinwesen und Demokratie umfaßt mehrere Aspekte, die zwar historisch in den Natio-

nalgesellschaften der demokratischen Wohlfahrtsstaaten zusammenlaufen, analytisch aber zu unterscheiden sind.

1. Die Mitglieder eines *demos* erkennen sich gegenseitig als Individuen an, die über das Recht auf autonome Selbstentfaltung verfügen. In diesem Sinne sind innerhalb eines Gemeinwesens die bürgerlichen Freiheitsrechte inklusive des Rechts auf physische Unversehrtheit für alle Mitglieder gleichsam konstitutionell verankert. Dieser *menschenrechtliche und sicherheitsgemeinschaftliche Aspekt* eines Gemeinwesens scheint mir in der OECD-Welt auch nationenübergreifend weitgehend gegeben zu sein. Zivilgesellschaftliche Akteure klagen Menschenrechte und den Schutz vor willkürlicher Gewalt auch im transnationalen Raum ein. Menschen organisieren sich heute zunehmend transnational, um Menschenrechtsverletzungen im »Ausland« zu verhindern. Sogar die individuell einklagbare und rechtlich bindende Konstitutionalisierung der Menschenrechte ist durch die Europäische Menschenrechtskommission gewährleistet und zeichnet sich in Ansätzen auch jenseits von Europa ab.

2. Die Mitglieder eines *demos* gestehen sich gegenseitig gleiche Einflußrechte bei der öffentlichen Willensbildung und Entscheidungsfindung zu. In diesem Sinne verankern sich innerhalb eines Gemeinwesens die politischen Partizipationsrechte. Gleichzeitig beinhaltet die Anerkennung von Mitwirkungsrechten, daß einmal eingegangene Verpflichtungen auch eingehalten werden. Dieser *politische Aspekt* eines Gemeinwesens scheint innerhalb der OECD-Welt gleichfalls einigermaßen gut etabliert zu sein. Im Falle von eindeutig grenzüberschreitenden Problemen gilt es als selbstverständlich, daß alle betroffenen Nationalgesellschaften ein volles Mitspracherecht eingeräumt wird, solange demokratisch legitimierte Politiker sie vertreten. Ferner ist die Verpflichtung, einmal eingegangene Vereinbarungen einzuhalten, allgemein akzeptiert, und die Bevölkerung fordert sie auch transnational ein. Zusätzlich zeigen die stetig zunehmenden Wahlbeobachtungen, daß politische Rechte immer stärker transnational, d. h. auch für Menschen außerhalb des eigenen Landes, verfochten werden.

3. Die Mitglieder eines vollständig ausgebildeten *demos* weisen zudem eine kollektive Identität auf, wenn das Wohlergehen bzw. das Leiden des Kollektivs in das eigene Wohlergehen mit eingeht. Es

ist dieser *Identitätsaspekt* eines Gemeinwesens, der auf der Ebene jenseits der nationalen Gesellschaften auch in der OECD-Welt nur unzureichend besteht, wenn man die transnationale Gesellschaft als Ganzes betrachtet. Es gibt keine transnationale öffentliche Debatte über die richtige Politik der westlichen Welt oder über die Notwendigkeit von Umverteilungen. Noch weniger existieren anerkannte grenzüberschreitende Sozial*verpflichtungen*. Allerdings lassen sich durchaus transnationale Öffentlichkeiten etwa im Umweltbereich erkennen, die den Anforderungen des Identitätsaspektes eines Gemeinwesens zumindest andeutungsweise entsprechen.

Aufgrund dieser Differenzierung zeigt sich, daß demokratische Prozesse jenseits des Nationalstaates nicht für immer und prinzipiell ausgeschlossen bleiben, vielmehr in Ansätzen bereits heute zu erkennen sind. Auf der Ebene der *Politikformulierung* jenseits des Nationalstaates ist in der OECD-Welt kaum umstritten, daß alle von einem denationalisierten Handlungszusammenhang Betroffenen bei der Willensbildung und Entscheidungsfindung repräsentiert sein müssen. Die Kongruenzbedingung erhält also auch transnational normative Anerkennung. Gleichzeitig lassen sich in einzelnen Sektoren Netzwerke identifizieren, die über den richtigen gemeinsamen Weg semi-öffentlich nachdenken. Zur Kontrolle der nationalstaatlichen *Politikumsetzung* und der nationalstaatlichen Anerkennung der Grundrechte von autonomen Individuen finden sich durchaus Elemente eines transnationalen Gemeinwesens, das Legitimationskontrolle ausübt. Damit soll nicht behauptet werden, das gegenwärtige Regieren jenseits des Nationalstaates sei bereits ausreichend demokratisch legitimiert. Es zeigt sich jedoch, daß einzelne Aspekte eines Gemeinwesens transnational gegeben sind und sich im Rahmen eines demokratischen Prozesses weiter ausbauen lassen. In diesem Sinne kann und muß die nationalstaatlich organisierte Demokratie auf der Ebene jenseits der Nationalgesellschaften durch »Annäherungen und Zusätze, auch Nebenwege und Surrogate« (Evers 1997:12) ausgebaut werden. Als entscheidend erweist sich dabei, die Politikformulierung jenseits des Nationalstaates stärker zu demokratisieren und dadurch ein vollständiges, alle drei Aspekte umfassendes transnationales Gemeinwesen zu entwickeln, das die transnationalen Legitimationskontrollen möglichst effektiv ausüben kann.

(b) Wie das Regieren jenseits des Nationalstaates demokratisiert werden kann: Wie läßt sich komplexes Weltregieren demokratisch weiterentwickeln? Zur Beantwortung dieser Frage gilt es, sowohl bei den konstitutiven Prozessen als auch bei den konstitutiven Akteuren der Demokratie je zwei Elemente zu unterscheiden. Der demokratische Prozeß umfaßt in der einen Dimension sowohl Momente der Willensbildung (Deliberation) als auch Momente der Entscheidungsfindung (Willensaggregation). Zur zweiten Dimension: In letzter Instanz bilden immer individuelle und autonome Personen die normativen Bezugspunkte der Demokratie. Akteure der Demokratie können hingegen *Individuen* und *kollektive Organisationen* sein. In der parlamentarischen Demokratie wählen beispielsweise Individuen individuelle, nur dem Gewissen verpflichtete Repräsentanten. Individuen als Akteure der Demokratie handeln außerdem in der sog. direkten Demokratie in Stadtversammlungen und Referenden. Kollektive Organisationen vertreten hingegen die Interessen der Individuen, die der Organisation angehören. Die Vertreter dieser Organisation, die beispielsweise bei internationalen Verhandlungen auftreten, sind mithin ihrer Organisation (und nicht ihrem Gewissen) verpflichtet. Wenn nun die beiden Typen von Akteuren mit den beiden grundlegenden Verfahren der Demokratie gekreuzt werden, ergeben sich vier Einzelkomponenten eines demokratischen Prozesses, die je unterschiedliche Formen der Interessenvermittlung bezeichnen (Tabelle XII.1).[5] Die in Klammer gesetzten Begriffe in den Zellen machen deutlich, daß eine Vereinseitigung zugunsten einer Komponente immer Probleme zeitigt und zu negativen Konnotationen führt.[6]

Die angemessene Mischform erweist sich als historisch kontingent. In Athen dominierten in den überschaubaren Bürgerversammlungen direkt-deliberative Elemente. In großen Nationalstaaten mit einer föderalen Demokratie wie in der Bundesrepublik sind alle Komponenten relativ ausgewogen vertreten: Die Mehrheitskomponente in den Wahlen; die Verhandlungskomponente in

---

5 Vgl. auch Heinelt (1998), der mit Blick auf die EU territoriale, administrative, zivilgesellschaftliche und funktionale Formen der Interessenvermittlung unterscheidet.

6 Für eine ähnliche Typologisierung von Demokratiekomponenten vgl. Cohen/Sabel (1997). Statt der konstitutiven Akteure unterscheiden diese Autoren in der zweiten Dimension zwischen direkten und repräsentativen Verfahren.

Tabelle XII.1: Komponenten des demokratischen Prozesses

Akteure Verfahren	Individuen	Organisationen (terri- torial oder sektoral)
Deliberation	Direkt-Deliberative Demokratie (Schwatz- bude)	Assoziative Demokratie (Expertokratie)
Aggregation	Mehrheitsdemokratie (Telekratie)	Verhandlungsdemo- kratie (Eurokratie)

den föderalen Elementen der deutschen Verfassung; der »Verbände-
staat«, den Theodor Eschenburg (1963) anprangerte, brachte nicht
nur verhandlungsdemokratische, sondern beispielsweise in korpo-
rativen Arrangements durchaus auch deliberative Aspekte hervor,
und das Parlament sollte zumindest vom Anspruch her der Ort der
öffentlichen Debatte über das Richtige in der Politik sein.

In internationalen Institutionen und in der Europäischen Union
besteht heute hingegen eine vereinseitigende Dominanz der Aggre-
gation von Interessen staatlicher Akteure. Intergouvernementale
Verhandlungen, die meist strategisch geprägt sind (vgl. aber Müller
1994) und nach der Entscheidungsregel der Einstimmigkeit verfahren, gelten als intransparent und am weitesten entfernt von der
unmittelbar erfahrbaren direkt-deliberativen Komponente der
Demokratie. Hier treten eindeutig demokratische Defizite auf. Insofern geht es im folgenden darum, zum einen diese Komponente
der Entscheidungsfindung selbst zu demokratisieren und zum
zweiten die anderen Komponenten relativ zur verhandlungsdemokratischen Komponente zu stärken. Der Maßstab definiert sich
dabei durch die Merkmale des demokratischen Prozesses (vgl. Kapitel VIII). Demokratiefördernd sind solche institutionellen Merkmale, die das eine oder andere der Demokratiekriterien aus Kapitel
VIII verbessern, ohne ein anderes zu verschlechtern.

*Verhandlungsdemokratie – Demokratisierung der territorialen
Vertretung*: Mehrebenenpolitik zeichnet sich im Kern dadurch aus,
daß sich Vertreter von Nationalstaaten hinter verschlossenen Türen

einstimmig auf die Normen und Regeln einigen, die in einem Problemfeld Anwendung finden sollen. Derselbe Regierungsvertreter vertritt im Regelfall danach auf der nationalen Ebene die Beschlüsse der internationalen Verhandlung in Parlament und Öffentlichkeit und setzt sie durch. Das Wirken ein und desselben Agenten auf unterschiedlichen Ebenen schafft jedoch einen Informationsvorsprung, der strategisch eingesetzt und mißbraucht werden kann. Jede Wirtschaftskrise ist dann weltwirtschaftlich verursacht, jeder Aufschwung hingegen das Resultat nationaler Wirtschaftspolitik; jede Zunahme der Kriminalität erweist sich als Ausdruck des grenzüberschreitenden Verbrechens, das Absinken dieser Quote aber als Resultat von nationalen Maßnahmen etc.

Vorschlag 9: In einfachen internationalen Regimen mit einem beschränkten Regelungsbereich halten sich die genannten Probleme noch in Grenzen. Dadurch, daß von relativ eng umgrenzten Gebieten kaum signifikante Konsequenzen auf andere Bereiche ausgehen, bleibt eine gewisse Übersichtlichkeit gewahrt. In diesem Fall reichen einfachere Maßnahmen aus, um die Transparenz und mithin die Kontrolle der Exekutive zu erhöhen. So ist vorstellbar, daß jede nationalstaatliche Verhandlungsdelegation (die sich im Regelfall aus Vertreterinnen der Regierung zusammensetzt) von einer kleinen, nicht rede- und stimmberechtigten Gruppe begleitet wird, die im wesentlichen die Funktion besitzt, die nationale Öffentlichkeit über die Position, das Verhalten und die Verhandlungsstrategie der nationalen Regierung zu informieren. Diese Gruppe könnte sich teilweise aus Parlamentariern der Oppositionsparteien zusammensetzen. Um jedoch den strategischen Informationsmißbrauch durch die Opposition zu verhindern, sollten solche Gruppen auch Experten aus dem jeweiligen Politikfeld mit öffentlichem Bekanntheitsgrad umfassen.

Vorschlag 10: Das Problem der Intransparenz stellt sich im Falle der Europäischen Union, wo die Regierungskonferenzen und der Europäische Rat über die Breite über alle Bereiche verhandeln, erst in voller Schärfe. Die Entscheidungen können hier kaum mehr bestimmten Verantwortlichen zugeordnet werden. Es scheint daher ratsam, in Mehrebenensystemen mit relativ klaren Außengrenzen (identische Mitgliedschaft bei einer Vielzahl von Feldern) die relevanten politischen Organe auf den unterschiedlichen Ebenen mit unterschiedlichen, demokratisch legitimierten Personen zu besetzen. Mit anderen Worten: Die nationalen Vertreter des Ministerrats sollten von den nationalen Wählern direkt und getrennt von der Bestellung der nationalen Regierung bestimmt werden. Dadurch verkürzte sich die Legitimationskette des Ministerrats, und er würde zudem als kollektives Organ legitimiert. Sowohl die nationalen Regierungen als auch die nationalen Vertreter im Ministerrat müßten dann ihre Entscheidungen getrennt voneinander in der nationalen Öffentlichkeit rechtfertigen. Das resultierte mit Sicherheit häufig in einem transparenzförderlichen Widerstreit, der der Bevölkerung verdeutlichen könnte, in welchem Maße sie in einem Mehrebenensystem lebt. Die nationale Öffentlichkeit könnte dann wesentlich leichter entscheiden, wer für welche Politik Verantwortung trägt. Das amerikanische Beispiel, wo die Gouverneure getrennt von den Senatoren gewählt werden, zeigt die Möglichkeiten eines solchen Verfahrens.[7] Eine derartige Demokratisierung der territorialen Vertretung im Entscheidungssystem auf der europäischen Ebene wäre auch dem Ziel der europäischen Identitätsbildung zuträglich und würde die deliberative Komponente stärken, da die abwählbaren Vertreter der Nationalstaaten bei der Rechtfertigung ihrer Politik sich gezwungen sähen, auch die »europäischen Notwendigkeiten« herauszustellen.

Mehrheitsdemokratie – Stärkung der direkten Wahlen: Die Möglichkeit, demokratische Prozesse mit Individuen als den konstitutiven Akteuren jenseits des Nationalstaates zu entwickeln, wird häufig skeptisch beurteilt. Wo eine ausreichende stabile kollektive Identität fehlt, sei es demnach ohnehin besser, verhandlungs- oder konkordanzdemokratische gegenüber mehrheitsdemokratischen Komponenten stark zu machen. Gerhard Lehmbruch (1992: 10), einer der besten Analytiker sogenannter Konkordanzdemokratien, schreibt mit Blick auf Länder wie die Schweiz oder Österreich:

»In jener Entwicklungsphase kulturell-fragmentierter Gesellschaften, die durch die Ausbildung vertikal integrierter »Lager« (oder »Säulen«) charakterisiert ist, entstehen Konkordanzdemokratien aus einem strategischen Kalkül von Organisationseliten der rivalisierenden politischen Lager, die von Mehrheitsstrategien keine sicher kalkulierbaren Gewinne erwarten.«

7 Vgl. Riker (1955) für eine in unserem Zusammenhang äußerst instruktive Analyse der Entwicklung des amerikanischen Senats.

Also: Finger weg von einer mehrheitsdemokratischen Legitimation bei Entscheidungssystemen jenseits des Nationalstaates. Diese Position warnt zu Recht vor naiven Europa- oder gar Weltstaatsvorstellungen. Allerdings mutet sie auch statisch an, weil politische Institutionen nicht nur auf einem *demos* aufbauen, sondern diesen gleichzeitig generieren und erweitern. Zutreffend ist wohl die Einschätzung von Rainer Schmalz-Bruns (1997: 65): Der verhandlungsdemokratische Einstieg »von der Seite scheint mehr von Gemeinschaftspotentialen zehren zu müssen, als daß er diese schafft«.

Vorschlag 11: In der EU müßten mehrheitsdemokratische Verfahren eingeführt werden, die erstens ohne einen vollständig ausgebildeten europäischen *demos* funktionieren und gleichzeitig zu dessen Ausbau beitragen können sowie zweitens die Intransparenzen abbauen. Zumindest im Kontext des europäischen Mehrebenensystems könnten europaweite Referenden für folgeträchtige Entscheidungen ein solches Instrument darstellen. Obwohl die nationalen Referenden über den Maastrichter Vertrag die Legitimationsprobleme der EU deutlich gemacht haben, zeigten sie auch, daß derartige politische Großereignisse einen öffentlichen Diskurs anregen können (vgl. Luthardt 1993). Referenden sind mehr als nur bloße Abstimmungen. Sie unterscheiden sich von der reinen »Telekratie« durch eine Diskursphase, die mindestens ebenso bedeutsam ist wie die Abstimmung selbst. Wenn solche Referenden zudem eine europaweite Veranstaltung bilden, liefen auch die Versuche ins Leere, sie für europaunabhängige Fragen zu instrumentalisieren. Insofern scheinen europaweite Referenden ein Instrument der politischen Entscheidungsfindung für einen erweiterten politischen Raum zu sein, das gleichzeitig ein gemeinschaftsschaffendes und sogar ein gewisses deliberatives Potential besitzt. Hinzu kommt, daß solche Referenden dafür eingesetzt werden könnten, die Chancen der Veränderung von einmal getroffenen Entscheidungen in der EU zu erhöhen. Referenden eignen sich besonders dazu, reale oder wahrgenommene Kartelle der politischen Klasse zu brechen (Frey 1994; Wagschal 1997), zudem weisen politische Systeme mit direkt-demokratischen Elementen eine höhere Zukunftsorientierung auf (Schmidt 1998).

Was auf den ersten Blick weitreichend und abgehoben klingt, ist es vielleicht gar nicht so sehr. Die vergleichende Demokratieforschung (vgl. Schmidt 1995: Kap. 3.4) zeigt, daß Referenden in der Tat helfen, die Defizite von Verhandlungsdemokratien teilweise aufzufangen. Nationale politische Systeme mit einer ausgeprägten gesellschaftlichen Heterogenität und starken verhandlungsdemokratischen Komponenten besitzen nicht selten erhebliche Möglichkeiten zur direkten Bürgerbeteiligung. Ich spreche hier insbesondere von den USA, die auf lokaler und einzelstaatlicher Ebene starke direktdemokratische Elemente aufweisen, und von der Schweiz, in der es so viele Referenden gab wie in keinem anderen demokratischen System seit 1945. Zudem bieten direktdemokratische Elemente auch keine »Prämie für Demagogen« – wie der ehemalige Bundespräsident Theodor Heuss vermutete –, sondern wirken meist als ein stabilisierendes Sicherheitsventil, das den Stimmbürgern die Möglichkeit gibt, Eigenmächtigkeiten und leeren Aktionismus der politischen Klasse zu bändigen. Referenden werden zudem integrative Leistungen zugeschrieben.

Zu klären bleibt natürlich die Frage, welche Entscheidungen in Form von europaweiten Referenden getroffen werden können. Offensichtlich gibt es eine Reihe von Bereichen, die sich zumindest anfänglich nicht dafür eignen. Zum einen muß die zur Abstimmung stehende Frage eine ausreichende Bedeutung besitzen, damit sie die erhoffte Öffentlichkeit herstellen kann. Eine neue Milchquotenregelung ist kein Thema für ein europaweites Referendum. Zum zweiten sollte die zur Abstimmung stehende Frage nicht primär eine Verteilungsfrage sein, da dies zu Konflikten zwischen den Mitgliedsländern führen kann. Umverteilungen werden im allgemeinen nur dann akzeptiert, wenn der Identitätsaspekt des *demos* bereits stark ausgebildet ist. Verteilungsfragen eignen sich aber nicht, um ein europäisches Gemeinwesen zu *generieren*. Die Gemeinsame Agrarpolitik scheint daher gleichfalls kein guter Kandidat für derartige Referenden zu sein.

Es bleibt der Bereich der sog. »Mehrheitspolitik« (Wilson/Dilulio 1995). Es handelt sich dabei um Entscheidungen, die sowohl Kosten als auch Nutzen breit streuen und in ihrer Bedeutung die der (immer vorhandenen) Partikularinteressen übertreffen. Das klassische Beispiel hierfür sind verteidigungspolitische Maßnahmen, die sich im Falle einer Ausweitung der Gemeinsamen Außen- und Sicherheitspolitik auch für europaweite Referenden eignen würden. Dementsprechend könnten auch die Ergebnisse von Beitrittsverhandlungen nicht nur in den Beitrittsländern, sondern auch europaweit in der Union zur Abstimmung gestellt werden. Gleiches gilt für die umweltpolitischen Maßnahmen, deren Kosten sich primär in höheren Verbraucherpreisen äußern und deren ökologischer Nutzen sich europaweit zeigt. Insofern es sich bei solchen Themen um Verfassungsfragen[8] handelt, müssen vor der Ansetzung eines Referendums und für dessen Annahme oder Ablehnung anspruchsvolle Bedingungen erfüllt sein, etwa wenn eine qualifizierte Mehrheit im Europäischen Parlament dies wünscht oder ein transnationales Quorum von 10 Prozent aller Stimmberechtigten in der Europäischen Union erreicht wird. Geringere, aber wiederum transnationale Quoren sollten ausreichen, um »normale« (im Gegensatz zu Verfassungs-) Fragen europaweit zur Abstimmung zu bringen. Die Bereiche, die als Mehrheitspolitiken einzustufen sind, sollte das Europäische Parlament in Form einer im Laufe der Zeit erweiterbaren Liste bestimmen.

Vorschlag 12: Einer Stärkung des Europäischen Parlaments steht das Argument entgegen, daß in dem Maße, wie es realpolitische Kompetenzen erhält, in ihm nationale Konflikte an Bedeutung gewönnen. Das Ziel muß also sein, die parteipolitischen gegenüber den nationalstaatlichen Orientierungen zu stärken. Ein einfaches Mittel hierfür bestünde darin, die Listen für die Wahl zum Europäischen Parlament nicht mehr national festzulegen. Die europäischen Parteienassoziationen müßten ihre Listen europaweit erstellen und eine Stimme für die Grünen in Berlin könnte somit auch den Grünen in Athen nützen. Diesem zwölften Vorschlag zum Bereich »demokratisches Regieren« liegt dieselbe Logik wie bei den europaweiten Referenden zugrunde. Es geht um die Schaffung von solchen mehrheitsdemokratischen Verfahren, die stärker gemeinschaftsgenerierend als -verzehrend sind und eine Entlastung für den Verhandlungskoloß EU bieten. In dem Maße, wie sich der Zusammenhalt der europäischen Parteienassoziationen stabilisiert, kann dann auch wieder über die Stärkung des Europäischen Parlaments nachgedacht werden.

---

8 Die Verwendung des Begriffs »Verfassung« ist hier breiter als der juristische, an traditionelle Staatlichkeit gebundene Verfassungsbegriff. Mit Verfassungsfragen sind hier alle Aspekte der Ausgestaltung der europäischen *polity* gemeint.

Die Vorschläge elf und zwölf lassen sich nur schwer auf die Mehrebenenpolitik außerhalb des EU-Systems übertragen. Der Mehrebenenpolitik mit herkömmlichen internationalen Institutionen geht ein Merkmal des EU-Mehrebenensystems ab, das die Einführung von mehrheitsdemokratischen Verfahren erst sinnvoll macht. Die verschiedenen europäischen Regelungen stehen in einer so engen Beziehung zueinander, daß sie als Netz gleichsam einen neuen politischen Raum (mit allerdings noch unscharfen Grenzen) konstituieren. Erst ein solcher beständiger politischer Raum macht es sinnvoll, Mehrheitsentscheidungsverfahren einzuführen, die Gemeinsinnpotentiale hervorbringen können. Für die Demokratisierung internationaler Institutionen impliziert dies zum einen, daß in den meisten Fällen zunächst die nationalen Kontrollorgane gegenüber der international verhandelnden Exekutive zu stärken sind (siehe Vorschlag 2). Die Einführung von dann wohl erst einmal repräsentativen (im Gegensatz zu direkten) Komponenten der Mehrheitsentscheidung sollte nur angestrebt werden, wenn ein internationales Regime eine gewisse Problem- und Regelungsbreite erreicht hat und Dauerhaftigkeit aufweist. Kandidaten dafür in der näheren Zukunft stellen das WTO-Regime und ein noch zu gründendes OECD-Umweltregime dar, das sich aus den zahlreichen kleineren Umweltregimen zusammensetzen müßte.

Assoziative Demokratie – Erhöhung der Repräsentativität deliberativer Netzwerke: Im Mehrebenensystem der EU waren 1996 409 Ausschüsse tätig, die für die Umsetzung der allgemeinen Ratsbeschlüsse notwendig sind und die über weitreichende Gestaltungsspielräume verfügen. In diesen Ausschüssen sitzen im wesentlichen Experten und Vertreter betroffener Interessengruppen sowie Verwaltungsbeamte, die ihr Mandat meist von den nationalen Regierungen bekommen. Die Qualität und die Angemessenheit der Entscheidungen dieser Ausschüsse finden meist positive Würdigung (vgl. Eichener 1996). Mehr noch: Insbesondere Christian Joerges und Jürgen Neyer (1997) kommen aufgrund intensiver empirischer Untersuchungen bei den Lebensmittelausschüssen zu einer positiven demokratietheoretischen Einschätzung der »Komitologie«. Die Komitologie werde zum einen der Kongruenzbedingung gerecht, weil sie die Interessen aller Betroffenen eines Handlungszusammenhangs und nicht nur der innerhalb eines

Nationalstaates berücksichtige, und zum anderen bringe sie deliberative Verhaltensweisen hervor, die über die strategische intergouvernementale Verhandlungsweise hinausgehen. In ähnlicher Weise befürwortet Giandomenico Majone (1996b: 286; Übersetzung M. Z.) die Rolle von unabhängigen Institutionen als Mittel der »sozialen Regulation«: »Neuere empirische Untersuchungen bieten zusätzliche Belege zugunsten der These, daß nicht-majoritäre Entscheidungsmechanismen angemessener für komplexe, plurale Gesellschaften sind als die Verfahren, die Macht in den Händen der politischen Mehrheit konzentrieren.«

Insbesondere im Bereich der internationalen Umweltpolitik lassen sich verwandte Entwicklungen beobachten: Die Zulassung von transnationalen Nichtregierungsorganisationen (NGOs) zu den intergouvernementalen Verhandlungen führte zu einer Dynamik, die sich von üblichen zwischenstaatlichen Verhandlungsprozessen unterscheidet. Dank dieser NGOs können sich sog. Wissensgemeinschaften besser in Szene setzen (Adler/Haas 1992). Diese haben wiederum ihren Anteil daran, daß in internationalen Umweltverhandlungen deliberative Elemente weniger deutlich ins Hintertreffen geraten als üblich und daß Partikularinteressen durch öffentliche Interessen relativiert werden (vgl. Gehring 1995). Als Resultat können »sektorale Öffentlichkeiten« entstehen, die die gemeinschaftliche Komponente bei der Politikformulierung jenseits des Nationalstaates stärken. In dem Maße, wie solche sektoralen Öffentlichkeiten in Ausnahmefällen Breitenwirkung erzielen – wie beispielsweise bei der Verhinderung der Versenkung der Bohrinsel Brent Spar –, kann sogar der entwickelte Konsens mittels einer Art Mehrheitsentscheidung (Abstimmung mit den Füßen) aufgezwungen werden.

Das Modell einer deliberativen Demokratie von gemeinwohlorientierten Assoziationen bietet, verglichen mit dem Modell der zwischenstaatlichen Verhandlungsdemokratie, Vorteile. Dennoch bestehen Beschränkungen, die dieses Modell der Demokratie ohne die Ergänzung durch mehrheitsdemokratische Verfahren und individuelle Rechte gleichfalls defizitär erscheinen lassen. Nicht-majoritäre Entscheidungsverfahren erweisen sich als ungeeignet für Umverteilungsmaßnahmen. Das Problem der demokratischen Qualität von Mehrebenenpolitik läßt sich also wohl nicht durch den Entwurf eines »neuen Modells« von Demokratie bewältigen, sondern nur durch das richtige Mischungsverhältnis der verschiedenen Demokratiekomponenten.

Diese Relativierung erlaubt es, das ergänzende demokratische Potential von deliberativen Netzwerken für das Regieren jenseits des Nationalstaates herauszustellen – ein Potential, das sehr hoch ist und keinesfalls übersehen werden darf. Deliberative Netzwerke von Interessengruppen und Experten gewinnen dann eine hohe demokratische Qualität, wenn die beteiligten Organisationen in zweierlei Hinsicht repräsentativ sind: Zum einen müssen sie ihre Mitgliedschaft angemessen repräsentieren, und zum anderen dürfen die am Netzwerk beteiligten Gruppen nicht selektiv ausgewählt sein. Die Entscheidungsnetzwerke müssen im Prinzip für alle von den potentiellen Regelungen betroffenen Gruppen offen und transparent sein. Es gilt daher, die Selbstselektion der Mitglieder eines deliberativen Entscheidungsnetzwerkes unter demokratietheoretischen Gesichtspunkten zu verhindern.

Vorschlag 13: Transnationale Entscheidungsnetzwerke sollten gestärkt, aber gleichzeitig geregelten Zutrittsmechanismen unterworfen werden. Demnach dürften *all* jene Interessengruppen an den Treffen teilnehmen, die zumindest (a) eine Betroffenheit plausibel machen und somit bei der Umsetzung der Regelung hilfreich sein können, (b) in mehreren der betroffenen Länder über eine organisatorische Verankerung verfügen und (c) demokratische und transparente Verfahren im Innern aufweisen. Die letzte Bedingung besitzt demokratietheoretisch dann zentrale Bedeutung, wenn die Interessengruppe oder die Wissensgemeinschaft eine Rolle im Entscheidungsprozeß spielt, die über bloße Einflußnahme hinausgeht, und sie mithin quasi-öffentliche Funktionen übernimmt. In dem Moment, in dem sich Interessengruppen, NGOs oder Wissensgemeinschaften entweder an der Setzung oder der Implementierung kollektiv bindender Entscheidungen beteiligen (und damit zu SOAs mit quasi-öffentlichen Funktionen werden) oder der Austritt für ihre Mitglieder (also ihre Einflußquelle) nicht kostenfrei ist, müssen sie intern demokratisch organisiert sein; d. h., eine offene Mitgliedschaft unabhängig von Parteizugehörigkeit, Rasse oder Geschlecht zulassen, eine freie Wahl der organisatorischen Leitung ermöglichen, eine transparente Politik gegenüber allen

Mitgliedern inklusive der Offenlegung der Einnahmen und Ausgaben betreiben und auf gewinnbringende Aktivitäten verzichten.

Vorschlag 14: Philippe Schmitter (1996: 11-15) legte mit Blick auf die EU kürzlich einen noch weitergehenden Vorschlag vor, gleichfalls mit dem Ziel, die Repräsentativität deliberativer Entscheidungsnetzwerke zu verbessern. NGOs, Interessengruppen und Wissensgemeinschaften sollen die Möglichkeit erhalten, einen semi-öffentlichen Status zu beantragen. Damit verbindet sich die Finanzierung dieser Gruppen durch verpflichtende Beiträge, die die EU-Kommission von den Steuerzahlern erhält. Die geringen Zusatzsteuern fließen in Form von »Gutscheinen«, mit denen die Bürger der EU beliebige, ihnen wichtige Gruppen unterstützen können, sofern sie einen semi-öffentlichen Status besitzen und zu bestimmten Entscheidungsnetzwerken zugelassen sind. Im Ergebnis steigert sich – so die Argumentation von Schmitter – dadurch die Repräsentativität dieser Netzwerke deutlich, ohne daß sie ihre deliberativen Qualitäten verlieren. Darüber hinaus wären diese Verfahren sicherlich transparenz- und identitätsfördernd.

Direkt-Deliberative Demokratie – so viel wie möglich: In einer direkt-deliberativen Demokratie fallen kollektive Entscheidungen durch öffentliche Auseinandersetzungen in lokalen Foren, an denen alle Betroffenen teilnehmen können. Diejenigen, die dieses Demokratieelement bevorzugen, sehen darin den Kern eines zukunftsorientierten Demokratieprojekts, weil die entscheidenden Probleme unserer Zeit dieser Sichtweise zufolge auf der lokalen Ebene anfallen (Cohen/Sabel 1997). Wenn allerdings die Anzahl der Betroffenen tatsächlich mit der Ausweitung sozialer Handlungszusammenhänge zunimmt, steht das Konzept vor einem grundlegenden Dilemma. Dennoch erscheint mir die Überlegung völlig zutreffend, daß für die Regelung all der sozialen Handlungszusammenhänge, die im wesentlichen nicht grenzüberschreitend sind und lokalen Charakter besitzen, die direkt-deliberative Komponente gestärkt werden sollte. *Ceteris paribus* erweist es sich nämlich in kleinen Kollektiven als einfacher, den Entscheidungsprozeß demokratisch zu gestalten, und der Umgang mit der Komplexität des Regierens fällt dem Einzelnen leichter, wenn es klar erkennbare Bereiche gibt, in denen eine *unmittelbare* Partizipation und Einflußnahme *erfahrbar* ist. Insofern erscheint mir die Stärkung direkt-deliberativer Demokratieelemente ein dringend notwendiges Korrelat zur Stärkung (der nur schwer erfahrbaren) verhandlungsdemokratischen Elemente zu bilden.

Vorschlag 15: Insbesondere in Städten, Stadtteilen und Kleinregionen mit ungefähr bis zu 2 Mio. Einwohnern sollte verstärkt Raum für lokal begrenzte Entscheidungen mit direkt-deliberativen Elementen geschaffen werden. Gleichzeitig gilt es, ein Forum für solche kleinen politischen Einheiten zu errichten, in dem der institutionalisierte Erfahrungsaustausch über die Wirkung unterschiedlicher lokaler Maßnahmen erfolgen kann. Hier würde der Gedanke des Politikwettbewerbs eine produktive Wendung erfahren.

Alle diese Vorschläge erfolgten zunächst mit Blick auf die Kriterien des demokratischen Prozesses, die von der ungleichzeitigen Denationalisierung am stärksten tangiert sind. Es mag weitere, hier nicht betrachtete Voraussetzungen und Merkmale geben, die die vorgeschlagenen Maßnahmen negativ beeinflussen. Wichtiger ist jedoch, daß eine Debatte startet, in der über den positiven Umgang mit der gesellschaftlichen Denationalisierung diskutiert wird, statt über das Ausmaß des Leidens, das sie verursacht.

4. Ungefährliche Identitätsbildung und komplexes Weltregieren

Der Nationalstaat schuf frühzeitig ein symbolisches Bezugssystem, in dem sich eine starke kollektive Identität entwickeln konnte. Der Nationalstaat verstand es somit, das Wir-Bedürfnis in unnachahmlicher Weise jenseits von direkten persönlichen Beziehungen in Form der sog. »vorgestellten Gemeinschaft« zu befriedigen (Anderson 1991). Zwar brachte dies viel Unheil über die Menschen, ohne das symbolische Bezugssystem bliebe die Dominanz des Nationalstaates als politische Organisation aber unerklärlich. Im Laufe der Zeit erhielt die nationale Identität im Kern der OECD-Welt jedoch eine zivile Konstitution. Ein solches, voll ausgebildetes ziviles Gemeinwesen erleichtert nicht nur den demokratischen Prozeß, sondern wird durch ihn auch konstituiert. Insofern schafft demokratische Mehrebenenpolitik auch Gemeinsinnorientierungen jenseits des Nationalstaates. Dennoch muß das Projekt komplexes Weltregieren sicherlich zunächst ohne vollständig ausgebildete, alle drei Aspekte umfassende Formen zivil konstituierter Identität auskommen. Wenn ein symbolisches Bezugssystem, in dem sich starke kollektive Identitäten ausbilden können, jenseits des Nationalstaates für absehbare Zeit nicht zu Verfügung steht, muß es vorrangig darum gehen, das allgegenwärtige und komplexitätsreduzierende Wir-Gefühl in einer komplexer werdenden Welt in politisch ungefährliche Bahnen zu lenken.

Die Vorschläge für ein sozialverträgliches und demokratisches Weltregieren folgen diesem Postulat. Unbefriedigte und überbordende Identifikationsbedürfnisse, die sich leicht für ethno-nationalistische und ethno-politische Bewegungen instrumentalisieren lassen, entstehen primär in einem Umfeld ausgeprägter sozialer Ungleichheit. Insofern dienen die Vorschläge zur Wiedererlangung einer sozialpolitischen Kompetenz auch der Begrenzung problematischer Identitätsbildungen. Überbordende Identifikationsbedürfnisse gehen zudem mit einer starken Ausprägung der »Die da oben – Wir da unten« Unterscheidung einher, die sich immer dann ausbreitet, wenn sich das Regieren als Produkt einer bürgerfernen, intransparenten und selbstsüchtigen politischen Klasse darstellt. Die Demokratisierung von Mehrebenenpolitiken dient also auch der Begrenzung problematischer Identitätsbildungen. So gelangt Jürgen W. Falter (1994) in seiner Studie über Merkmale und Motivationen von rechtsextremistischen Wählern genau zu diesen praktisch-politischen Empfehlungen: Mit dem Nachweis von politischer Handlungsfähigkeit im Sinne der Zielerreichung des Regierens und der Herstellung größerer Mitwirkungschancen der Individuen lassen sich die Kräfte der politischen Fragmentierung am besten bekämpfen.

Derartige, in der politischen Sphäre angesiedelte Maßnahmen können aber das zugrundeliegende Problem nicht vollständig lösen. Komplexes Weltregieren vermag politisch gesehen das Wir-Bedürfnis weniger großzügig zu befriedigen, als es der Nationalstaat zu Beginn des 20. Jahrhunderts konnte. Damit wird das Identitätsproblem freilich in die gesellschaftliche Sphäre zurückverwiesen. Es erscheint deshalb angeraten, eine größere Toleranz gegenüber »unpolitischen Identitätsbildungen« zu entwickeln.

Galt die positive Identifikation mit einem Musikverein, einem Fußballklub, einer Universität in fortschrittlichen Kreisen noch vor 15 Jahren als voraufklärerischer Anachronismus, so scheint sich hier zu Recht eine Trendwende abzuzeichnen. Gerade in solchen Assoziationen entsteht soziales Kapital (wie es Putnam et al. 1994 nennen) und können Wir-Bedürfnisse in unproblematische Kanäle geleitet werden.

Entscheidend für das Projekt komplexes Weltregieren dürfte aber letztlich das Individuum sein. Das Projekt komplexes Weltregieren beruht in letzter Instanz auf einer politisch-moralischen Vision reflexiver Selbststeuerung autonomer Individuen und Organisationen, die ihre Eigenrationalität dann zurückstellen, wenn es gute universalistische Gründe für eine gemeinwohlorientierte Verhaltensweise gibt. Dadurch wird dem Individuum fraglos ungleich mehr an intellektueller Kapazität, normativer Toleranz und Solidarität abverlangt als jemals zuvor in der Geschichte. Was die kognitive Kapazität anbetrifft, ist das Individuum historisch betrachtet sicherlich besser gewappnet als je zuvor. 1892 schrieb ein Kommentator einer renommierten Zeitschrift, daß als Folge der modernen Zeitungen der Bewohner eines Dorfes in der Provinz mehr von den allgemeinen gesellschaftlichen und politischen Entwicklungen weiß als ein Regierungschef 100 Jahre zuvor (Giddens 1990: 77). Ähnliches ließe sich heute schreiben. Jeder Mensch, der nur einmal im Jahr eine Großstadt durchstreift, sieht sich heute mit mehr unterschiedlichen Lebensstilen, Kulturen und Milieus konfrontiert, als es die Vorstellungskraft unserer Urgroßväter je vorhersah. Individuen werden im Laufe der Moderne und gerade auch in den letzten Jahrzehnten autonomer und kompetenter und erfüllen damit eine zentrale Voraussetzung für ein Projekt komplexes Weltregieren besser denn je. Ob diese *skill revolution* (Rosenau) aber ausreicht, bleibt eine offene Frage. Ein »Weltbürgertum in republikanischer Absicht« (Beck) setzt neben kognitiven auch moralische Kompetenzen auf seiten des Individuums voraus, und hier überwiegen eindeutig die negativen Einschätzungen. Ein breiter Strang in der Soziologie sieht einen Verfall der gemeinschaftlichen Orientierung, ein zivilbürgerliches Defizit, verursacht durch die Vermarktung, die solidarische Potentiale aufzehrt, und durch die Verstaatlichung, die die Einzelnen der solidarischen Verantwortung entledigt (vgl. Prisching 1992). Es gibt jedoch auch empirische Befunde, die ein anderes Bild zeichnen. Robert Wuthnow (1997) zeigt beispielsweise, daß fast jeder zweite Amerikaner über 18 Jahre sich in irgendeiner Weise als freiwilliger Helfer betätigt und diese Menschen häufig in stärkerem Maße individualistische Einstellungen besitzen als die andere Hälfte der Amerikaner. Individualisierung und gemeinschaftsorientiertes Verhalten schließen sich also nicht gegenseitig aus. Vor diesem Hintergrund klagt Ulrich Beck (1997a: 17): »Was mich erstaunt und verbittert, ist, daß die konservative Larmoyanz über den angeblichen Verfall der Werte nicht nur grundfalsch ist, sondern genau den Blick auf die Quellen und Bewegungen blockiert, aus denen die Bereitschaft zum Anpacken der Zukunftsaufgaben entstehen kann.« Ganz gleich, ob er recht hat oder nicht: Ob die Herausforderungen der ungleichzeitigen Denationalisierung tatsächlich als Chance genutzt und die Ziele des Regierens für die Menschen in der Welt mehr als gegenwärtig erreicht werden, hängt letztlich von den Menschen ab. Aber das ist nun wirklich nichts Neues.

Abkürzungsverzeichnis

Abb.	Abbildung
ANZCERTA	Australia-New Zealand Closer Economic Relations Trade Agreement (= Australisch-Neuseeländische Vereinbarung über engere wirtschaftliche Beziehungen)
APEC	Asia-Pacific Economic Cooperation (= Asiatisch-Pazifische wirtschaftliche Zusammenarbeit)
ASEAN	Association of Southeast Asian Nations (= Verband südostasiatischer Staaten)
BIP	Bruttoinlandsprodukt
BIZ	Bank für internationalen Zahlungsausgleich
BRD	Bundesrepublik Deutschland
BSP	Bruttosozialprodukt
bzw.	beziehungsweise
CA	Kanada
ca.	cirka
CUSTA	Canada-United States Free Trade Agreement (Kanadisch- Amerikanisches Freihandelsabkommen)
DE	Deutschland
d. h.	das heißt
DM	Deutsche Mark
DVU	Deutsche Volksunion
ebd.	ebenda
ECOSOC	Economic and Social Council (= Wirtschafts- und Sozialrat der VN)
EFTA	European Free Trade Association (= Europäische Freihandelszone)
EG	Europäische Gemeinschaft
EP	Europäisches Parlament
ETA	Euzkadi Ta Azkatasuna (= ›Das Baskenland und seine Freiheit‹, baskische Untergrundorganisation)
etc.	et cetera
EU	Europäische Union
EWG	Europäische Wirtschaftsgemeinschaft
FDP	Freie Demokratische Partei
F&E	Forschung und Entwicklung
FCKW	Fluorchlorkohlenwasserstoff
FPÖ	Freiheitliche Partei Österreichs
FR	Frankreich
G 6	G-7-Staaten ohne Japan

G 7	Group of Seven (Gruppe der sieben führenden Industriestaaten: Kanada, USA, GB, Frankreich, BRD, Italien, Japan)
GATT	General Agreement on Tariffs and Trade (= Allgemeines Zoll- und Handelsabkommen)
GB	Großbritannien
ggf.	gegebenenfalls
IAEA	International Atomic Energy Agency (= Internationale Atomenergiebehörde)
IGO	International Governmental Organisation (= Internationale Regierungsorganisation)
ILO	International Labour Organisation (= Internationale Arbeitsorganisation)
IMF	International Monetary Fund (= Internationaler Währungsfond)
INF	Intermediate Nuclear Forces (= nukleare Mittelstreckenwaffen)
IO	internationale Organisation
IOC	International Olympic Committee (= Internationales Olympisches Komitee)
IRM	Implementation and Review Mechanism (= Implementation und Überprüfungsmechanismen)
i. S.	im Sinne
IT	Italien
ITO	International Trade Organization (= Internationale Handelsorganisation)
JP	Japan
Kap.	Kapitel
KSZE	Konferenz für Sicherheit und Zusammenarbeit in Europa
KWS	Keynesianischer Wohlfahrtsstaat
MARPOL	International Convention for the Prevention of Pollution from Ships (= Internationales Übereinkommen zur Verhütung der Meeresverschmutzung durch Schiffe)
m. a. W.	mit anderen Worten
m. E.	meines Erachtens
Mio.	Millionen
MNC	Multinational Corporations (= multinationale Unternehmen)
Mrd.	Milliarden

MSI	Movimento Sociale Italiano
NAFTA	North American Free Trade Association (= Nordamerikanische Freihandelszone)
NATO	North Atlantic Treaty Organization (= Nordatlantische Verteidigungsgemeinschaft)
NIC	Newly Industrialized Countries (= Schwellenländer)
NGO	Non-Governmental Organisation (= Nichtregierungsorganisation)
NO_x	Stickoxid
NPD	Nationaldemokratische Partei Deutschlands
OECD	Organization for Economic Cooperation and Development (= Organisation für wirtschaftliche Zusammenarbeit und Entwicklung)
OSZE	Organisation für Sicherheit und Zusammenarbeit in Europa
PKK	Partya Karkeren Kurdistan (= Kurdische Arbeiterpartei)
SALT	Strategic Arms Limitation Talks (= Gespräche über die Begrenzung strategischer Waffen)
SNP	Scottish National Party (= Schottische Nationalpartei)
SO_2	Schwefeldioxid
sog.	sogenannte
START	Strategic Arms Reduction Talks (= Verhandlungen über die Reduzierung strategischer Waffen)
SVP	Südtiroler Volkspartei
SWS	Schumpeterian Workfare State
Tab.	Tabelle
TNGO	Transnational Non-Governmental Organisation (= Transnationale Nichtregierungsorganisation)
TNO	Transnationale Organisation
TREVI	Terrorisme, Radicalisme, Extrémisme, Violence Internationale (= informelle Zusammenarbeit der Innen- und Justizminister der EG/EU zur Bekämpfung des internationalen Terrorismus und des Drogenhandels)
TRIM	Trade-Related Investment Measures Agreement (= Vereinbarung über handelsbezogene Investitionsmaßnahmen)
TRIPS	Trade-Related Aspects of Intellectual Property Rights Agreement (= Abkommen über handelsbezogene Aspekte des geistigen internationalen Eigentumsrechts)

u. a.	unter anderem
UNCED	United Nations Conference on Environment and Development (= VN-Konferenz für Umwelt und Entwicklung)
UNEP	United Nations Environmental Program (= Umweltprogramm der VN)
US	USA
usw.	und so weiter
u. U.	unter Umständen
v. a.	vor allem
vgl.	vergleiche
VN	Vereinte Nationen
VOC-Protokoll	Volatile Organic Compounds (= Protokoll über die Behandlung flüchtiger organischer Stoffe)
WMO	World Meteorological Organisation (= Weltorganisation für Meteorologie)
WTO	World Trade Organisation (= Welthandelsorganisation)
z. B.	zum Beispiel
zit.	zitiert
z. T.	zum Teil
zus.	zusammen

Literatur

Abromeit, Heidrun 1997: Überlegungen zur Demokratisierung der Europäischen Union, in: Wolf, Klaus-Dieter (Hg.): Projekt Europa im Übergang? Probleme, Modelle und Strategien des Regierens in der Europäischen Union, Baden-Baden, 109-123.

Adler, Emanuel/Haas, Peter M. 1992: Conclusion: Epistemic Communities, World Order, and the Creation of a Reflective Research Program, in: International Organization 46:1, 367-390.

Afheldt, Horst 1994: Wohlstand für niemand? Die Marktwirtschaft entläßt ihre Kinder, München.

Alber, Jens 1992: Wohlfahrtsstaat, in: Schmidt, Manfred G. (Hg.): Lexikon der Politik. Bd. 3: Die westlichen Länder, München, 542-554.

Albert, Mathias 1996: Fallen der (Welt-)Ordnung. Internationale Beziehungen und ihre Theorien zwischen Moderne und Postmoderne, Opladen.

Albrow, Martin 1996: The Global Age. State and Society Beyond Modernity, Cambridge (Deutsche Übersetzung: Abschied vom Nationalstaat, Frankfurt a. M. 1998).

Altvater, Elmar 1995: Sozialpolitik im »globalen Dorf«, in: Hengsbach, Friedhelm/Mohring-Hesse, Matthias (Hg.): Eure Armut kotzt uns an! Solidarität in der Krise, Frankfurt a. M., 173-189.

Altvater, Elmar/Mahnkopf, Birgit 1996: Grenzen der Globalisierung. Ökonomie, Ökologie und Politik in der Weltgesellschaft, Münster.

Anderson, Benedict 1991: Imagined Communities. Reflections on the Origin and Spread of Nationalism, London, 2. überarbeitete Auflage.

Anderson, Jeffrey J. 1998: Die »soziale Dimension« der Strukturfonds: Sprungbrett oder Stolperstein?, in: Leibfried, Stephan/Pierson, Paul (Hg.): Standort Europa. Europäische Sozialpolitik, Frankfurt a. M., 155-195.

Anderson, Perry 1994: The Invention of the Region 1945-1990, European University Institute, Working Paper No. 94/2, Florenz.

Archibugi, Daniele 1993: The Reform of the UN and Cosmopolitan Democracy: A Critical Review, in: Journal of Peace Research 30:3, 301-315.

Armingeon, Klaus 1992: Steuerpolitik, in: Schmidt, Manfred G. (Hg.): Lexikon der Politik. Bd. 3: Die westlichen Länder, München, 425-430.

Armingeon, Klaus 1993: Auf dem Weg zu einem europäischen politischen System?, in: Journal für Sozialforschung 33:3, 255-273.

Armingeon, Klaus 1994: The Capacity to Act: European National Governments and the European Commission, masch. Ms., Bern.

Axelrod, Robert 1984: The Evolution of Cooperation, New York.

Bachrach, Peter/Baratz, Morton S. 1977: Macht und Armut. Eine theoretisch-empirische Untersuchung, Frankfurt a. M.

Baechler, Günther 1997: Violence Through Environmental Discrimination. Causes, Rwanda Arena, and Conflict Model, Dissertation, Bremen.

Barber, Benjamin R. 1995: Jihad against McWorld, New York.

Barro, Robert J. 1996: Getting it Right: Markets and Choices in a Free Society, Cambridge, MA.

Beck, Ulrich 1986: Risikogesellschaft. Auf dem Weg in eine andere Moderne. Frankfurt a. M.

Beck, Ulrich 1993: Die Erfindung des Politischen. Zu einer Theorie reflexiver Modernisierung, Frankfurt a. M.

Beck, Ulrich 1996: Das Zeitalter der Nebenfolgen und die Politisierung der Moderne, in: Beck, Ulrich/Giddens, Anthony/Lash, Scott (Hg.): Reflexive Modernisierung. Eine Kontroverse, Frankfurt a. M., 19-112.

Beck, Ulrich 1997a: Kinder der Freiheit: Wider das Lamento über den Werteverfall, in: ders. (Hg.): Kinder der Freiheit, Frankfurt a. M., 9-33.

Beck, Ulrich 1997b: Was ist Globalisierung? Irrtümer des Globalismus – Antworten auf Globalisierung, Frankfurt a. M.

Beisheim, Marianne/Dreher, Sabine/Walter, Gregor/Zangl, Bernhard/Zürn, Michael 1998: Im Zeitalter der Globalisierung? Thesen und Daten zur gesellschaftlichen und politischen Denationalisierung, Baden-Baden.

Bender, Peter 1981: Das Ende des ideologischen Zeitalters. Die Europäisierung Europas, Berlin.

Benedick, Richard Elliot 1991: Ozone Diplomacy, Cambridge, MA.

Benhabib, Seyla 1996: Democracy and Difference. Contesting the Boundaries of the Political, Princeton, NJ.

Bernauer, Thomas/Moser, Peter 1995: Sind große Staaten politische Dinosaurier? Wirtschaftliche Globalisierung und das Paradox der politischen Zersplitterung, in: Neue Zürcher Zeitung 216:132, 31-32.

Bernstein, Peter L. 1997: Wider die Götter. Die Geschichte von Risiko und Risikomanagement von der Antike bis heute, München.

Betz, Hans-Georg 1994: Radical Right-Wing Populism in Western Europe, Basingstoke.

Beyme, Klaus von 1994: Politikverdrossenheit und Politikwissenschaft, in: Leggewie, Claus (Hg.): Wozu Politikwissenschaft? Über das Neue in der Politik, Darmstadt, 21-33.

Bienen, Dirk/Rittberger, Volker/Wagner, Wolfgang 1996: Democracy in the United Nations – Cosmopolitan and Communitarian Principles, in: Mayer, Peter/Nielebock, Thomas/Schimmelfennig, Frank (Red.): Sovereignty, International Democracy, and the United Nations, Tübinger Arbeitspapiere zur Internationalen Politik und Friedensforschung 26, Tübingen, 19-37.

Bloch, Ernst 1970: Abschied von der Utopie? Vorträge, Frankfurt a. M.

Bonß, Wolfgang 1991: Unsicherheit und Gesellschaft – Argumente für eine soziologische Risikoforschung, in: Soziale Welt 91:4, 258-275.

Bonß, Wolfgang 1997: Die gesellschaftliche Konstruktion von Sicherheit, in: Lippert, Ekkehard/Prüfert, Andreas/Wachtler, Günther (Hg.): Sicherheit in der unsicheren Gesellschaft, Opladen, 21-41.

Borchert, Jens/Golsch, Lutz 1995: Die politische Klasse in westlichen Demokratien: Rekrutierung, Karriereinteressen und institutioneller Wandel, in: Politische Vierteljahresschrift 36:4, 609-629.

Bowles, Paul/ Wagman, Barnet 1997: Globalization and the Welfare State: Four

Hypotheses and some Empirical Evidence. Paper prepared for the 38th Annual Convention of the International Studies Association, 18-22 March 1997, Toronto, Canada.

Boyer, Robert/Drache, Daniel (Hg.) 1996: States against Markets. The Limits of Globalization, London.

Bracher, Karl Dietrich 1982: Zeit der Ideologien. Eine Geschichte politischen Denkens im 20. Jahrhundert, Stuttgart.

Braudel, Fernand 1992: The Wheels of Commerce. Vol. 2: Civilization and Capitalism 15th-18th Century, Berkeley, CA.

Breitmeier, Helmut 1996: Wie entstehen globale Umweltregime? Der Konfliktaustrag zum Schutz der Ozonschicht und des globalen Klimas, Opladen.

Breuilly, John 1994: Nationalism and the State, Chicago, Ill., 2. Auflage.

Brieden, Thomas 1996: Konfliktimport durch Immigration. Auswirkungen ethnischer Konflikte im Herkunftsland auf die Integrations- und Identitätsentwicklung von Immigranten in der Bundesrepublik Deutschland, Hamburg.

Brock, Lothar 1998: Verweltlichung der Demokratie, in: Michael Greven (Hg.): Demokratie – eine Kultur des Westens, Opladen, 39-53.

Brock, Lothar/Albert, Mathias 1995: Entgrenzung der Staatenwelt. Zur Analyse weltgesellschaftlicher Entwicklungstendenzen, in: Zeitschrift für Internationale Beziehungen 2:2, 259-285.

Brown, Chris 1995: International Political Theory and the Idea of World Community, in: Booth, Ken/Smith, Steve (Hg.): International Theory Today, Cambridge.

Bruder, Wolfgang/Dose, Nicolai: Öffentliche Verwaltung, in: Schmidt, Manfred G. (Hg.): Lexikon der Politik. Bd. 3: Die westlichen Länder, München, 274-283.

Bull, Hedley 1977: The Anarchical Society. A Study of Order in World Politics, Basingstoke/London.

Bundeskriminalamt 1975-1993: Polizeiliche Kriminalstatistik, Wiesbaden.

Bundesminister des Inneren 1988 – 1997: Verfassungsschutzbericht 1987-1996, Bonn.

Burley, Anne-Marie/Mattli, Walter 1993: Europe Before the Court: A Political Theory of Legal Integration, in: International Organization 47:1, 41-76.

Busch, Heiner 1995: Grenzenlose Polizei? Neue Grenzen und polizeiliche Zusammenarbeit in Europa, Münster.

Buzan, Barry 1991: People, States and Fears. An Agenda for International Security Studies in the Post-Cold War Era, Boulder, CO.

Buzan, Barry 1994: The Interdependence of Security and Economic Issues in the »New World Order«, in: Stubbs, Richard/Underhill, Geoffrey R.D. (Hg.): Political Economy and the Changing Global Order, London, 92 bis 112.

Buzan, Barry/Jones, Charles/Little, Richard 1993: The Logic of Anarchy. From Neorealism to Structural Realism, New York.

Camilleri, Joseph A./Falk, Jim 1992: The End of Sovereignty? The Politics of a Shrinking and Fragmenting World, London.

Cary, William 1974: Federalism and Corporate Law: Reflections upon Delaware, in: Yale Law Journal 83:4, 663-705.

Cerny, Philip G. 1995: Globalization and the Changing Logic of Collective Action, in: International Organization 49:4, 595-625 (deutsche Übersetzung: Globalisierung und die neue Logik kollektiven Handelns, in: Beck, Ulrich (Hg.): Politik der Globalisierung, Frankfurt a. M. 1998, 263-296).

Cerny, Philip G. 1996: What Next for the State?, in: Kofman, Eleonore/Youngs, Gillian (Hg.): Globalization: Theory and Practice, London, 123-137.

Chayes, Abram/Chayes, Antonia Handler 1995: The New Sovereignty. Compliance with International Regulatory Agreements, Cambridge, MA.

Checkel, Jeffrey T. 1997: Ideas and International Political Change, New Haven, CT.

Claasen, Claus Dieter 1994: Europäische Integration und demokratische Legitimation, in: Archiv des Öffentlichen Rechts 119:2, 239-260.

Claval, Paul 1991: New Industrial Spaces: Realities, Theories and Doctrines, in: Benko, Georges/Dunford, Mick (Hg.): Industrial Change and Regional Development: The Transformation of New Industrial Spaces, London, 275 bis 285.

Coakley, John 1992a: Conclusion: Nationalist Movements and Society in Contemporary Western Europe, in: ders. (Hg.): The Social Origins of Nationalist Movements. The Contemporary West European Experience, London, 212 bis 230.

Coakley, John (Hg.) 1992b: The Social Origins of Nationalist Movements. The Contemporary West European Experience, London.

Cohen, Joshua 1989: Deliberation and Democratic Legitimacy, in: Hamlin, Alan/Petitt, Philip (Hg.): The Good Polity. Normative Analysis of the State, Oxford, 18-34.

Cohen, Joshua/Sabel, Charles 1997: Directly-Deliberative Polyarchy, masch. Ms., Cambridge, MA.

Commission on Global Governance (Hg.) 1995: Our Global Neighbourhood. The Report of the Commission on Global Governance, Oxford.

Connor, Walter 1994: Ethnonationalism. The Quest for Understanding, Princeton, NJ.

Cooper, Richard 1986: Economic Policy in an Interdependent World, Cambridge, MA.

Corbey, Dorette 1995: Dialectical Functionalism. Stagnation as a Booster of European Integration, in: International Organization 49:2, 253-284.

Cox, Robert W. 1987: Production, Power, and World Order. Social Forces in the Making of History, New York.

Cox, Robert W. 1997: Democracy in Hard Times: Economic Globalization and the Limits to Liberal Democracy, in: McGrew, Anthony (Hg.): The Transformation of Democracy, Cambridge, 49-72.

Czempiel, Ernst Otto 1986: Friedensstrategien. Systemwandel durch Internationale Organisationen, Demokratisierung und Wirtschaft, Paderborn.

Czempiel, Ernst Otto 1991: Weltpolitik im Umbruch. Das internationale System nach dem Ende des Ost-West-Konflikts, München.
Czempiel, Ernst Otto 1994: Die Reform der UNO. Möglichkeiten und Mißverständnisse, München.

Dahl, Robert A. 1989: Democracy and its Critics, New Haven, CT.
Dehejia, Vivek H./Genschel, Philipp 1996: Tax Competition in the European Union. A Theoretical Model and a Plausibility Probe, Paper prepared for the German-American Academic Council's Summer Institute on the Political Economy of European Integration, August 1996, Bremen.
Delabre, R. T. 1994: Chiapas: La Communicación Enmascarada, Mexico City.
Deutsch, Karl W. 1953: Nationalism and Social Communication. An Inquiry into the Foundations of Nationality, New York.
Deutsch, Karl W. 1969: Nationalism and its Alternatives, New York.
Deutsch, Karl W. 1972: Nationenbildung – Nationalstaat – Integration, Düsseldorf.
Deutsch, Karl W. et al. 1957: Political Community and the North Atlantic Area: International Organization in the Light of Historical Experience, Princeton, NJ.
Douglas, Mary/Wildavsky, Aaron 1982: Risk and Culture. An Essay on the Selection of Technological and Environmental Dangers, Berkeley, CA.
Dreher, Sabine/Liese, Andrea 1997: Weltkultur und Menschenrechte, masch. Ms., Bremen.
Dreßler, Rudolf 1997: Globalisierung – die institutionalisierte Herausforderung, in: Fricke, Werner (Hg.): Jahrbuch Arbeit und Technik 1996: Zukunft der Industriegesellschaft, Bonn, 216-222.
Dror, Yehezkel 1995: Ist die Erde noch regierbar? Ein Bericht an den Club of Rome, München.
Dubet, François/Lapeyronnie, Didier 1994: Im Aus der Vorstädte. Der Zerfall der demokratischen Gesellschaft, Stuttgart.

Eichener, Volker 1996: Die Rückwirkungen der europäischen Integration auf nationale Politikmuster, in: Jachtenfuchs, Markus/Kohler-Koch, Beate (Hg.): Europäische Integration, Opladen, 249-280.
Eichengreen, Barry/Tobin, James/Wyplosz, Charles 1995: Two Cases for Sand in the Wheels of International Finance, in: Economic Journal 105:1, 162-172.
Elias, Norbert 1969: Über den Prozeß der Zivilisation. Soziogenetische und psychogenetische Untersuchungen, Bern.
Elias, Norbert 1987: Die Gesellschaft der Individuen, Frankfurt a. M.
Elkins, David J. 1995: Beyond Sovereignty. Territory and Political Economy in the Twenty-First Century, Toronto.
Elsenhans, Hartmut 1984: Nord-Süd-Beziehungen. Geschichte – Politik – Wirtschaft, Stuttgart.
Elster, Jon 1991: Arguing and Bargaining in Two Constituent Assemblies. Storrs Lecture, Yale Law School, unv. Ms., New Haven, CT.
Eschenburg, Theodor 1963: Herrschaft der Verbände?, Stuttgart.

Esping-Anderson, Gøsta 1994: After the Golden Age: The Future of the Welfare State in the New Global Order, Occassional Paper No.7, World Summit for Social Development 1994, Geneva.

Esping-Anderson, Gøsta (Hg.) 1996: Welfare States in Transition. National Adaptions in Global Economics, London.

Estel, Bernd 1994: Grundaspekte der Nation, in: Estel, Bernd/Mayer, Tilman (Hg.): Das Prinzip Nation in modernen Gesellschaften. Länderdiagnosen und theoretische Perspektive, Opladen, 13-81.

Eurobarometer (Kommission der Europäischen Gemeinschaft) 1989: Eurobarometer 32, Brüssel.

Eurobarometer (Kommission der Europäischen Gemeinschaft) 1996: Eurobarometer 45, Brüssel.

Evans, Peter 1993: Building an Integrative Approach to International and Domestic Politics. Reflections and Projections, in: Evans, Peter B./Jacobsen, Harold K./Putnam, Robert D. (Hg.): Double-Edged Diplomacy. International Bargaining and Domestic Politics, Berkeley, CA., 397-430.

Evans, Tony 1997: Democratization and Human Rights, in: McGrew, Anthony (Hg.): The Transformation of Democracy, Cambridge, 122-148.

Evers, Tilman 1994: Supranationale Staatlichkeit am Beispiel der Europäischen Union: Civitas civitatum oder Monstrum?, in: Leviathan 22:1, 115-134.

Evers, Tilman 1997: Auf dem Weg zum postmodernen Imperium? Im Zeitalter der Globalisierung löst sich das Prinzip der Souveränität auf, und Vergangenes kehrt zurück, in: Frankfurter Allgemeine Zeitung, 7. 10. 1997, 12.

Faist, Thomas 1997: International Migration and Transnational Social Spaces. A New Theoratical Approach and a Case Study, Paper presented at the Migration Conference, Liege/ Belgique, November, 5-7, 1997, Bremen.

Falter, Jürgen W. 1994: Wer wählt rechts? Die Wähler und Anhänger rechtsextremistischer Parteien im vereinigten Deutschland, München.

Falter, Jürgen W./Winkler, Jürgen R. 1996: Die FDP vor dem Aus? Anmerkungen zum Niedergang und den Überlebenschancen der FDP, in: Aus Politik und Zeitgeschichte B 6/96, 45-53.

Fleck, Marie Luise/Hoffmann, Wolfgang 1996: Die permanente Reform, in: Die Zeit, 26. 4. 1996, 17

Flichy, Patrice 1995: Dynamics of Modern Communication. The Shaping and Impact of New Communication Technologies, London.

Forschungsgruppe Weltgesellschaft 1996: Weltgesellschaft: Identifizierung eines »Phantoms«, in: Politische Vierteljahresschrift 37:1, 5-26.

Franck, Thomas M. 1992: The Emerging Right to Democratic Governance, in: American Journal of International Law 86:1, 46-91.

Freedom House 1992: Freedom in the World. Political Rights & Civil Liberties 1991-1992, New York.

Frey, Bruno S. 1994: Direct Democracy: Politco-Economic Lessons from Swiss Experience, in: American Economic Review 84:2, 338-342.

Frieden, Jeffry A./Rogowski, Ronald 1996: The Impact of the International Economy on National Policies: An Analytical Overview, in: Keohane Robert

O./Milner, Helen V. (Hg.): Internationalization and Domestic Politics, Cambridge, 25-47.

Gabriel, Leo 1995: Der Informations-Highway der Zapatisten, in: Lateinamerika Anders 20:5, 5-6.

Gautzel, Klaus J. 1995: Die Kriegsherde der Welt, in: Der Bürger im Staat 45:1, 8-14.

Garrett, Geoffrey 1995: Capital Mobility, Trade, and the Domestic Politics of Economic Policy, in: International Organization 49:4, 657-687.

Garrett, Geoffrey 1998: Partisan Politics in the Global Economy, Cambridge.

Garrett, Geoffrey/Lange, Peter 1995: Internationalization, Institutions and Political Change, in: International Organization 49:4, 627-655.

Gehring, Thomas 1994a: Dynamic International Regimes. Institutions for International Environmental Governance, Frankfurt a. M.

Gehring, Thomas 1994b: Der Beitrag von Institutionen zur Förderung der internationalen Zusammenarbeit. Lehren aus der institutionellen Struktur der Europäischen Gemeinschaft, in: Zeitschrift für Internationale Beziehungen 1:2, 211-242.

Gehring, Thomas 1995: Regieren im internationalen System. Verhandlungen, Normen und Internationale Regime, in: Politische Vierteljahresschrift 36:2, 197-219.

Gellner, Ernest 1991: Nationalismus und Moderne, Berlin.

Gellner, Ernest 1994: Encounters with Nationalism, Oxford.

Genschel, Philipp 1995: Standards in der Informationstechnik. Institutioneller Wandel in der internationalen Standardisierung, Frankfurt a. M.

Genschel, Philipp/Plümper, Thomas 1996: Wenn Reden Silber und Handeln Gold ist. Kooperation und Kommunikation in der internationalen Bankenregulierung, in: Zeitschrift für Internationale Beziehungen 3:2, 225-253.

Gerstenberg, Oliver 1997a: Bürgerrechte und deliberative Demokratie. Elemente einer pluralistischen Verfassungstheorie, Frankfurt a. M.

Gerstenberg, Oliver 1997b: Law's Polyarchy: A Comment on Cohen and Sabel, in: European Law Journal 3:4, 343-358.

Giddens, Anthony 1985: The National State and Violence, Berkeley, CA.

Giddens, Anthony 1990a: The Consequences of Modernity, Stanford, CA. (deutsche Übersetzung: Die Konsequenzen der Moderne, Frankfurt 1995).

Giddens, Anthony 1996: Leben in einer posttraditionalen Gesellschaft, in: Beck, Ulrich/Giddens, Anthony/Lash, Scott (Hg.): Reflexive Modernisierung. Eine Kontroverse, Frankfurt a. M., 113-194.

Giddens, Anthony 1997: Jenseits von Links und Rechts, Frankfurt a. M.

Giegel, Hans-Joachim 1997: Moralische Orientierungen im politischen Prozeß – Ein Ankerplatz für die normative Analyse der Demokratie, Papier präsentiert auf dem Rundgespräch »Politische Theorie heute« der Deutschen Forschungsgemeinschaft vom 22.-24. 5. 1997, Hamburg.

Gießmann, Hans-Joachim 1996: Europäische Sicherheit am Scheideweg – Chancen und Perspektiven der OSZE, Hamburger Beiträge zur Friedensforschung und Sicherheitspolitik 97, Hamburg.

Gilpin, Robert 1981: War and Change in World Politics, Cambridge.

Global Issues 1997: Targeting Terrorism, An Electronic Journal of the U.S. Information Agency, 2: 1.

Goldblatt, David/Held, David/McGrew, Anthony/Perraton, Jonathan 1997: Economic Globalization and the Nation-State: Shifting Balances of Power, in: Alternatives 22:3, 269-285.

Goldstein, Judith 1996: International Law and Domestic Institutions: Reconciling North American ›Unfair‹ Trade Laws, in: International Organization 50:4, 541-564.

Grande, Edgar 1994: Vom Nationalstaat zur europäischen Politikverflechtung. Expansion und Transformation moderner Staatlichkeit – untersucht am Beispiel der Forschungs- und Technologiepolitik, Habilitationsschrift, Konstanz.

Grande, Edgar 1997: Post-nationale Demokratie – Ein Ausweg aus der Globalisierungsfalle, in: Fricke, Werner (Hg.): Globalisierung und institutionelle Reform. Jahrbuch für Technik und Wirtschaft 1997, Bonn, 353-367.

Grande, Edgar/Häusler, Jürgen 1994: Industrieforschung und Forschungspolitik. Staatliche Steuerungspotentiale in der Informationstechnik, Frankfurt a. M.

Greven, Michael Th. 1997: Der politische Raum als Maß des Politischen: Europa als Beispiel, in: König, Thomas/Rieger, Elmar/Schmitt, Hermann (Hg.): Europäische Institutionenpolitik, Frankfurt a. M., 45-65.

Grieco, Joseph M. 1990: Cooperation among Nations. Europe, America, and Non-Tariff Barriers to Trade, Ithaca.

Grimm, Dieter 1994: Staatsaufgaben: Eine Bilanz, in: ders. (Hg.): Staatsaufgaben, Baden-Baden, 771-785.

Gruppe von Lissabon 1997: Grenzen des Wettbewerbs, München.

Guéhenno, Jean M. 1994: Das Ende der Demokratie, München.

Gurr, Ted Robert (Hg.) 1993: Minorities at Risk. A Global View of Ethnopolitical Conflicts, Washington, D. C.

Haas, Peter M. 1990: Saving the Mediterranean. The Politics of International Environmental Cooperation, New York.

Haas, Peter M./Keohane, Robert O./Levy, Marc A. (Hg.) 1993: Institutions for the Earth. Sources of Effective International Environmental Protection, Cambridge, MA.

Habermas, Jürgen 1992: Faktizität und Geltung, Frankfurt a. M.

Habermas, Jürgen 1995: Remarks on Dieter Grimm's »Does Europe Need a Constitution?«, in: European Law Journal 1:3, 303-307.

Habermas, Jürgen 1998: Jenseits des Nationalstaates? Bemerkungen zu Folgeproblemen der wirtschaftlichen Globalisierung, in: Beck, Ulrich (Hg.): Politik der Globalisierung, Frankfurt a. M., 1998, 67-84.

Hänsch, Klaus 1986: Europäische Integration und parlamentarische Demokratie, in: Europa Archiv 41:7, 191-200.

Haq, Mahbub ul/Kaul, Inge/Grunberg, Isabelle (Hg.) 1996: The Tobin Tax. Coping with Financial Volability, Oxford.

Hall, John A. 1995: Nationalism, Classified and Explained, in: Periwal, Suku-mar (Hg.): Notions of Nationalism, Budapest, 8-33.

Hall, Peter A./Taylor, Rosemary C.R. 1996: Political Science and the Three New Institutionalisms, Max-Planck-Institut für Gesellschaftsforschung, Discussion Paper 96/6, Köln.

Halliday, Fred 1991: State and Society in International Relations, in: Banks, Michael/Shaw, Martin (Hg.): State and Society in International Relations, New York, 191-209.

Halliday, Fred 1994: Rethinking International Relations, London.

Hasenclever, Andreas/Mayer, Peter/Rittberger, Volker 1997: Theories of International Regimes, Cambridge.

Hassner, Pierre 1993: Beyond Nationalism and Internationalism: Ethnicity and World Order, in: Brown, Michael E. (Hg.): Ethnic Conflict and International Security, Princeton, NJ., 125-141.

Haufler, Virginia 1993: Crossing the Boundary between Public and Private: International Regimes and Non-State-Actors, in: Rittberger, Volker mit Mayer, Peter (Hg.): Regime Theory and International Relations, Oxford, 94 bis 111.

Heinelt, Hubert 1998: Zivilgesellschaftliche Perspektiven einer demokratischen Transformation der Europäischen Union, in: Zeitschrift für Internationale Beziehungen 5: 1, 79-107.

Held, David 1987: Models for Democracy, Stanford, CA.

Held, David 1995: Democracy and the Global Order. From the Modern State to Cosmopolitican Governance, Cambridge.

Held, David/McGrew, Anthony G. 1993: Globalization and the Liberal Democratic State, in: Government & Opposition 28:2, 261-285.

Helleiner, Eric 1994: States and the Reemergence of Global Finance. From Bretton Woods to the 1990s, Ithaca, NY.

Helm, Carsten 1995: Sind Freihandel und Umweltschutz vereinbar?, Berlin.

Hengsbach, Friedhelm/Möhring-Hesse, Matthias (Hg.) 1995: Eure Armut kotzt uns an! Solidarität in der Krise, Frankfurt a.M.

Héritier, Adrienne/Mingers, Susanne/Knill, Christoph/Becka, Martina 1994: Staatlichkeit in Europa. Ein regulativer Wettbewerb: Deutschland, Großbritannien, Frankreich in der Europäischen Union, Opladen.

Hirsch, Joachim 1995: Der nationale Wettbewerbsstaat. Staat, Demokratie und Politik im globalen Kapitalismus, Berlin.

Hirst, Paul/Thompson, Grahame 1996: Globalization in Question. The International Economy and the Possibilities of Governance, Cambridge.

Hobbes, Thomas 1984: Leviathan oder Stoff, Form und Gewalt eines bürgerlichen und kirchlichen Staates, Frankfurt a.M.

Hobsbawm, Eric J. 1992: Nationen und Nationalismus: Mythos und Realität seit 1780, Frankfurt a.M.

Holm, Hans-Henrik/Sørensen, Georg 1995: Introduction: What has Changed?, in: dies. (Hg.): Whose World Order? Uneven Globalization and the End of the Cold War, Boulder, CO., 1-17.

Holsti, Kalevi J. 1980: Change in the International System: Interdependence,

Integration and Fragmentation, in: Holsti, Ole R./Siverson, Randolph M./ George, Alexander L. (Hg.): Change in the International System, Boulder, Co., 23-53.

Horn, Norbert 1996: Einführung in die Rechtswissenschaft und Rechtsphilosophie, Heidelberg.

Horsman, Mathew/Marshall, Andrew 1995: After the Nation-State. Citizens, Tribalism and the New World Order, London.

Hüfner, Klaus/Naumann, Jens 1974: Das System der Vereinten Nationen, Düsseldorf.

Hughes, Barry B. 1992: Delivering the Goods: The EC and Complex Governance, in: Smith, Dale L./Ray, James Lee (Hg.): The 1992 Project and the Future of Integration in Europe, New York, 46-64.

Humana, Charles 1992: World Human Rights Guide. A Comprehensive, Up-To-Date Survey of the Human Rights Records of 104 Major Countries Throughout the World, New York.

Huntington, Samuel P. 1991: The Third Wave. Democratization in the Late Twentieth Century, Norman.

Huntington, Samuel P. 1996: The Clash of Civilizations and the Remaking of World Order, New York.

Huntington, Samuel P. et al. 1993: The Clash of Civilizations? The Debate, New York.

Hurrell, Andrew 1993: International Society and the Study of Regimes. A Reflective Approach, in: Rittberger, Volker (Hg.): Regime Theory and International Relations, Oxford, 49-72.

Husbands, Christopher T. 1992: The Other Face of 1992: The Extreme-Right Explosion in Western Europe, in: Parliamentary Affairs 45:3, 267-289.

Huster, Ernst-Ulrich 1996: Reich, schön, gut. Wieviel soziale Distanz verträgt die Gesellschaft?, in: Blätter für deutsche und internationale Politik 40:1, 92-100.

IMF (International Monetary Fund) div. Jg.: World Economic Outlook, Washington, D.C.

IPOS (Institut für Praxisorientierte Sozialforschung) 1995: Einstellungen zu aktuellen Fragen der Innenpolitik in Deutschland, Mannheim.

Ischebeck, Otfried 1997: Proliferation als Gefährdung der Gesellschaft, in: Lippert, Ekkehard/Prüfert, Andreas/Wachtler, Günther (Hg.): Sicherheit in der unsicheren Gesellschaft, Opladen, 91-114.

Jachtenfuchs, Markus 1995: Ideen und internationale Beziehungen, in: Zeitschrift für Internationale Beziehungen 2:2, 417-442.

Jachtenfuchs, Markus/Kohler-Koch, Beate (Hg.) 1996a: Europäische Integration, Opladen.

Jachtenfuchs, Markus/Kohler-Koch, Beate 1996b: Regieren im dynamischen Mehrebenensystem, in: dies. (Hg.): Europäische Integration, Opladen, 15-44.

Jackson, Robert H. 1990: Quasi-States: Sovereignty, International Relations, and the Third World, Cambridge.

Jackson, Robert H. 1993: Continuity and Change in the States System, in: Jackson, Robert H./James, Alan (Hg.): States in a Changing World. A Contemporary Analysis, Oxford, 346-367.

Jänicke, Martin 1998: Umweltpolitik: Global am Ende oder am Ende global?, in: Beck, Ulrich (Hg.): Perspektiven der Weltgesellschaft, Frankfurt a.M., 332-344.

Jänicke, Martin/Weidner, Helmut (Hg.) 1997: National Environmental Policies. A Comparative Study of Capacity-Building, Heidelberg.

Jaspers, Karl 1949: Vom Ursprung und Ziel der Geschichte, München.

Jessop, Bob 1992: Changing Forms and Functions of the State in an Era of Globalization and Regionalization, Paper presented to the EAPE Conference 4.-7. 11. 1992, Paris.

Jessop, Bob 1994: Post-Fordism and the State, in: Amin, Ash (Hg.): Post-Fordism. A Reader, Oxford, 251-279.

Joerges, Christian 1991: Markt ohne Staat? Die Wirtschaftsverfassung der Gemeinschaft und die regulative Politik, in: Wildenmann, Rudolf (Hg.): Staatswerdung Europas? Optionen für eine Europäische Union, Baden-Baden, 225-268.

Joerges, Christian 1996: The Emergence of Denationalized Governance Structures and the European Court of Justice, Advanced Research on the Europeanisation of the Nation State, ARENA-Working Paper 16, Oslo.

Joerges, Christian/Neyer, Jürgen 1997: Transforming Strategic Interaction Into Deliberative Problem-Solving: European Comitology in the Foodstuff Sector, in: Journal of European Public Policy 4:4, 609-625.

Jones, R.J. Barry 1995: Globalisation and Interdependence in the International Political Economy. Rethoric and Reality, London.

Juergensmeyer, Mark 1993: The New Cold War? Religious Nationalism Confronts the Nation-State, Berkeley, CA.

Kahler, Miles 1995: International Institutions and the Political Economy of Integration, Washington, D.C.

Kaiser, David 1990: Politics and War. European Conflict from Philip II to Hitler, Cambridge, MA.

Katzenstein, Peter 1996: Cultural Norms and National Security: Police and Military in Postwar Japan, Ithaca, NY.

Kaufmann, Franz-Xaver 1994: Diskurse über Staatsaufgaben, in: Grimm, Dieter (Hg.): Staatsaufgaben, Baden-Baden, 15-41.

Kaufmann, Franz-Xaver 1997: Herausforderungen des Sozialstaates, Frankfurt a.M.

Keating, Michael 1992: Regional Autonomy in the Changing State Order: A Framework for Analysis, in: Regional Politics and Policy 2:3, 45-61.

Keating, Michael 1996: The Invention of Regions. Political Restructuring and Territorial Government in Western Europe, Advanced Research on the Europeanisation of the Nation State, Arena Working Paper 8, Oslo.

Kehr, Eckart 1970: Der Primat der Innenpolitik. Gesammelte Aufsätze zur preußisch-deutschen Sozialgeschichte im 19. und 20. Jahrhundert, Berlin, 2. Auflage.

Kennedy, Paul 1987: The Rise and Fall of the Great Powers: Economic Change and Military Conflict from 1500 to 2000, New York.

Kennedy, Paul 1996: Wenn neue Produkte über Nacht um die Welt geschickt werden, in: Frankfurter Rundschau, 1. 6. 1996, 6.

Keohane, Robert O. 1984: After Hegemony: Collaboration and Discord in the World Political Economy, Princeton, NJ.

Keohane, Robert O. 1989: International Institutions and State Power. Essays in International Relations Theory, Boulder, CO.

Keohane, Robert O. 1991: Sovereignty, Interdependence and International Relations, Harvard University, Center for International Affairs, Working Paper Series 1, Cambridge, MA.

Keohane, Robert O. 1995: Hobbes' Dilemma and Institutional Change in World Politics: Sovereignty in International Society, in: Holm, Hans-Henrik/Sørensen, Georg (Hg.): Whose World Order, Boulder, CO, 168-174.

Keohane, Robert O./Haas, Peter M./Levy, Marc A. 1993: The Effectiveness of International Environmental Institutions, in: Haas, Peter M./Keohane, Robert O./Levy, Marc A. (Hg.): Institutions for the Earth. Sources of Effective International Environmental Protection, Cambridge, MA., 3-24.

Keohane, Robert O./Nye, Joseph S. 1972: Transnational Relations and World Politics, Cambridge, MA.

Keohane, Robert O./Nye, Joseph S. 1977: Power and Interdependence. World Politics in Transition, Boston.

Keohane, Robert O./Nye, Joseph S. 1987: Power and Interdependenc Revisited, in: International Organization 41:4, 725-753.

Kielmannsegg, Peter Graf 1994: Läßt sich die Europäische Gemeinschaft demokratisch verfassen?, in: Europäische Rundschau 22:2, 23-33.

Kielmannsegg, Peter Graf 1996: Integration und Demokratie, in: Jachtenfuchs, Markus/Kohler-Koch, Beate (Hg.): Europäische Integration, Opladen, 47 bis 71.

Kindleberger, Charles P. 1973: The World in Depression. 1929-1939, Berkeley, CA.

Kirsch, Guy 1997: Die wirtschaftliche Strukturkrise muß auch als Gesellschaftskrise verstanden werden, in: Die Welt, 17. 4. 1997, 54-55.

Kitschelt, Herbert 1994: The Transformation of European Social Democracy, Cambridge.

Knieper, Rolf 1991: Nationale Souveränität: Versuch über Ende und Anfang einer Weltordnung, Frankfurt a. M.

König, Thomas/Schulz, Heiner 1996: The Efficiency of European Union Decision Making, Prepared for Presentation at the German American Academic Council Young Scholars Workshop, August 5-16, 1996, University of Bremen.

Kohl, Jürgen 1992: Stichwort: Öffentliche Ausgaben, in: Schmidt, Manfred G. (Hg.): Lexikon der Politik. Bd 3: Die westlichen Länder, München, 264 bis 275.

Kohler-Koch, Beate 1990: Interdependenz, in: Rittberger, Volker (Hg.): Theorien der Internationalen Beziehungen. Bestandsaufnahme und Forschungsperspektiven, Politische Vierteljahresschrift, Sonderheft 21, Opladen, 110 bis 129.

Kohler-Koch, Beate 1993: Die Welt regieren ohne Weltregierung, in: Böhret, Carl/Wewer, Göttrik (Hg.): Regieren im 21. Jahrhundert. Zwischen Globalisierung und Regionalisierung. Festgabe für Hans-Hermann Hartwich zum 65. Geburtstag, Opladen, 109-141.

Kohler-Koch, Beate 1994: Changing Patterns of Interest. Internationalisation in the European Union, in: Government and Opposition 29:2, 166-180.

Kohler-Koch, Beate 1996: Regionen als Handlungseinheiten in der europäischen Politik, in: WeltTrends 11, 7-35.

Kohler-Koch, Beate (Hg.) 1997: Interaktive Politik in Europa: Regionen im Netzwerk der Integration, Opladen.

Kohler-Koch, Beate 1998: Die Europäisierung nationaler Demokratien: Verschleiß eines europäischen Kulturerbes, in: Greven, Michael Th. (Hg.): Demokratie – Eine Kultur des Westens?, Opladen, 263-288.

Krasner, Stephen D. 1976: State Power and the Structure of International Trade, in: World Politics 28:3, 317-347.

Krasner, Stephen D. (Hg.) 1983: International Regimes, Ithaca, NY.

Krasner, Stephen D. 1993: Westphalia and All That, in: Goldstein, Judith/Keohane, Robert O. (Hg.): Ideas and Foreign Policy. Beliefs, Institutions, and Political Change, Ithaca, NY, 235-264.

Krasner, Stephen D. 1994: International Political Economy: Abiding Discord, in: Review of International Political Economy 1:1, 13-20.

Krippendorff, Ekkehard 1985: Staat und Krieg, Frankfurt a. M.

Krugman, Paul 1990: Rethinking International Trade, Cambridge, MA.

Krugman, Paul 1994: Peddling Prosperity, New York.

Krugman, Paul 1995: Growing World Trade: Causes and Consequences, in: Brookings Papers on Economic Activity 1, 327-362.

Krugman, Paul 1996: Wettbewerbsfähigkeit. Eine gefährliche Wahnvorstellung, in: Fricke, Werner (Hg.): Jahrbuch Arbeit und Technik 1996: Zukunft der Industriegesellschaft, Bonn, 37-49.

Kurz, Robert 1991: Der Kollaps der Modernisierung, Frankfurt a. M.

Kushnick, Louis 1995: Racism and Anti-Racism in Western Europe, in: Bowser, Benjamin P. (Hg.): Racism and Anti-Racism in World Perspective, London, 181-202.

Lanchberry, John 1995: Reviewing the Implementation of Biodiversity Agreements, in: Poole, John B./Guthrie, Richard (Hg.): Verification 1995. Arms Control, Peacekeeping and the Environment, Boulder, CO., 327-351.

Lang, Tim/Hines, Colin 1993: The New Protectionism. Protecting the Future against Free Trade, London.

Lange, Niels 1998: Zwischen Regionalismus und europäischer Integration: Wirtschaftsinteressen in regionalistischen Konflikten, Baden-Baden.

Langewiesche, Dieter 1990: Neuzeit, Neuere Geschichte, in: Dulmen, Richard van (Hg.): Fischer Lexikon Geschichte, Frankfurt a. M., 386-406.

Langhammer, Rolf 1997: Arbeitsmarktentwicklungen im internationalen Vergleich: Das Beispiel Europa, Thesen zur Expertenkonferenz »Arbeitsmärkte im Zeitalter der Globalisierung« vom 10.-11. 4. 1997 der Herbert Quandt Stiftung, Petersberg, Bonn.

Lehmbruch, Gerhard 1992: Stichwort: »Konkordanzdemokratie«, in: Schmidt, Manfred G.: Lexikon der Politik. Bd: 3: Die westlichen Länder, München, 206-211.

Leibfried, Stephan/Leisering, Lutz/Buhr, Petra/Ludwig, Monika/Mädje, Eva/ Olk, Thomas/Voges, Wolfgang/Zwick, Michael 1995: Zeit der Armut. Lebensläufe im Sozialstaat, Frankfurt a. M.

Leibfried, Stephan/Pierson, Paul (Hg.) 1998a: Standort Europa. Europäische Sozialpolitik, Frankfurt a. M.

Leibfried, Stephan/Pierson, Paul (Hg.) 1998b: Halbsouveräne Wohlfahrtsstaaten: Der Sozialstaat in der europäischen Mehrebenen-Politik, in: dies. (Hg.): Standort Europa. Europäische Sozialpolitik, Frankfurt a. M., 58-99.

Lévi-Strauss, Claude 1980: Mythos und Bedeutung, Frankfurt a. M.

Levy, Marc A. 1993: European Acid Rain. The Power of Tote-Board Diplomacy, in: Haas, Peter M./Keohane, Robert O./Levy, Marc A. (Hg.): Institutions for the Earth. Sources of Effective International Environmental Protection, Cambridge, MA., 75-132.

Levy, Marc A. 1995: International Cooperation to Combat Acid Rain, in: Bergesen, Helge Ole/Parmann, Georg (Hg.): Green Globe. Yearbook of International Co-operation and Development, Oxford, 59-68.

Levy, Marc A./Young, Oran R./Zürn, Michael 1995: The Study of International Regimes, in: European Journal of International Relations 1:3, 267-330.

Lewis, David K. 1969: Convention. A Philosophical Study, Cambridge, MA.

Lindblom, Charles E. 1980: Jenseits von Markt und Staat. Eine Kritik der politischen und ökonomischen Systeme, Stuttgart.

Lindemann, Margot 1969: Deutsche Presse bis 1815, München.

Link, Werner 1988: Der Ost-West-Konflikt. Die Organisation der internationalen Beziehungen im 20. Jahrhundert, Stuttgart, 2. Auflage.

Lippert, Ekkehard/Prüfert, Andreas/Wachtler, Günther (Hg.) 1997: Sicherheit in der unsicheren Gesellschaft, Opladen.

Lipset, Martin S. 1995: The Social Requisites of Democracy Revisited, in: Lehmbruch, Gerhard (Hg.): Einigung und Zerfall. Deutschland und Europa nach dem Ende des Ost-West-Konflikts, Opladen, 287-314.

Loughlin, John/Mathias, Jörg 1996: Die regionale Frage in Großbritannien: Das Beispiel Wales, in: WeltTrends 11, 52-68.

Lowi, Theodore 1972: Four Systems of Policy, Politics and Choice, in: Public Administration Review 32:4, 300-310.

Lütz, Susanne 1997: Die Rückkehr des Nationalstaates? Kapitalmarktregulierung im Zeichen der Internationalisierung von Finanzmärkten, in: Politische Vierteljahresschrift 38:3, 475-497.

Luhmann, Niklas 1991: Soziologie des Risikos, Berlin.

Lumsdaine, David H. 1993: Moral Vision in International Politics. The Foreign Aid Regime 1949-1989, Princeton, NJ.

Luthardt, Wolfgang 1993: European Integration and Referendums: Analytical

Considerations and Empirical Evidence, in: Cafruny, Alan W./Rosenthal, Glenda G. (Hg.): The State of the European Community. Vol. 2: The Maastricht Debates and Beyond, Boulder, CO., 53-71.

Lutz, Burkart 1984: Der kurze Traum immerwährender Prosperität. Eine Neuinterpretation der industriell-kapitalistischen Entwicklung im Europa des 20. Jahrhunderts, Frankfurt a. M.

Maddox, Bronwen 1994: Black Skies, Red Tape, Green Fields, Grey Area, in: Financial Times, 3. 3. 1994, 8.

Majone, Giandomenico 1996a: Redistributive und sozialregulative Politik, in: Jachtenfuchs, Markus/Kohler-Koch, Beate (Hg.): Europäische Integration, Opladen, 225-247.

Majone, Giandomenico (Hg.) 1996b: Regulating Europe, London.

Mann, Michael (Hg.) 1990: The Rise and Decline of the Nation-State, Oxford.

March, James G./Olsen, Johan P. 1989: Rediscovering Institutions. The Organizational Basis of Politics, New York.

Marglin, Stephen A./Schor, Juliet B. (Hg.) 1990: The Golden Age of Capitalism, Oxford.

Marks, Gary 1993: Structural Policy and Multilevel Governance, in: Cafruny, Alan W./Rosenthal, Glenda G. (Hg.): The State of the European Community. Vol. 2: The Maastricht Debates and Beyond, Boulder, Co., 391-410.

Marshall, Thomas H. 1975: Social Policy in the 20th Century, London.

Marshall, Thomas H. 1992: Staatsbürgerrechte und soziale Klassen. in : Bürgerrechte und soziale Klassen. Zur Soziologie des Wohlfahrtsstaates, übersetzt und hg. von Elmar Rieger, Frankfurt a. M., 33-94.

Mayer, Peter/Rittberger, Volker/Zürn, Michael 1993: Regime Theory: State of the Art and Perspectives, in: Rittberger, Volker (Hg.): Regime Theory and International Relations, Oxford, 391-430.

Mayntz, Renate 1996: Politische Steuerung: Aufstieg, Niedergang und Transformation einer Theorie, in: Beyme, Klaus von/Offe, Claus (Hg.): Politische Theorien in der Ära der Transformation, Politische Vierteljahresschrift, Sonderheft 26, Opladen, 148-168.

Mayntz, Renate/Scharpf, Fritz W. (Hg.) 1995a: Gesellschaftliche Selbstregelung und politische Steuerung, Frankfurt a. M.

Mayntz, Renate/Scharpf, Fritz W. 1995b: Steuerung und Selbstorganisation in staatsnahen Sektoren, in: dies. (Hg.): Gesellschaftliche Selbstregelung und politische Steuerung, Frankfurt a. M., 9-38.

Mearsheimer, John J. 1990: Back to the Future. Instability in Europe After the Cold War, in: International Security 15:1, 5-56.

Mendez, Ruben P. 1995: The Provision and Financing of Universal Public Goods, in: Desai, Meghnad/Redfern, Paul (Hg.): Ethics and Economics of the World Order, London, 39-59.

Menzel, Ulrich 1992: Das Ende der Dritten Welt und das Scheitern der großen Theorie, Frankfurt a. M.

Menzel, Ulrich 1997: Globalisierung versus Fragmentierung, Frankfurt a. M.

Mestmäcker, Ernst-Joachim 1994: Zur Wirtschaftsverfassung in der Europäischen Union, in: Hasse, Rolf H./Molsberger, Josef/Watrin, Christian (Hg.): Ordnung in Freiheit. Festgabe für Hans Willgerodt zum 70. Geburtstag, Stuttgart, 263-292.

Meyer, Berthold/Müller, Harald/Schmidt, Hans-Joachim 1996: NATO 96: Bündnis im Widerspruch, Hessische Stiftung für Friedens- und Konfliktforschung, HSFK Report 3/1996, Frankfurt a. M.

Milner, Helen V. 1988: Resisting Protectionism, Princeton, NJ.

Milner, Helen V./Keohane, Robert O. 1996: Internationalization and Domestic Politics: An Introduction, in: Keohane, Robert O./Milner, Helen V. (Hg.): Internationalization and Domestic Politics, Cambridge, 3-24.

Milward, Alan S./Brennan, George/Romero, Federico 1992: The European Rescue of the Nation State, Berkeley, CA.

Mitchell, Ronald B. 1993: Intentional Oil Pollution of the Oceans, in: Haas, Peter M./Keohane, Robert/Levy, Marc A. (Hg.): Institutions for the Earth. Sources of Effective International Environmental Protection, Cambridge, MA., 183-248.

Mitchell, Ronald B. 1994: Intentional Oil Pollution at Sea. Environmental Policy and Treaty Compliance, Cambridge, MA.

Modelski, George 1987: Long Cycles in World Politics, Seattle.

Moore, Barrington 1969: Soziale Ursprünge von Diktatur und Demokratie, Frankfurt a. M.

Moran, Theodore H. 1996: Grand Strategy: The Pursuit of Power and the Pursuit of Plenty, in: International Organization 50:1, 175-205.

Moravcsik, Andrew 1994: Why the European Community Strengthens the State: Domestic Politics and International Cooperation, Center for European Studies, Harvard University, Working Paper Series 52, Cambridge, MA.

Moravcsik, Andrew 1995: Explaining International Human Rights Regimes: Liberal Theory and Western Europe, in: European Journal of International Relations 1:2, 157-189.

Morgenthau, Hans J. 1967: Politics among Nations. The Struggle for Power and Peace, New York, 4. Auflage.

Müller, Harald 1994: Internationale Beziehungen als kommunikatives Handeln. Zur Kritik der utilitaristischen Handlungstheorien, in: Zeitschrift für Internationale Beziehungen 1:1, 15-44.

Müller, Harald 1995a: Nuklearschmuggel: Tödliches Risiko?, in: Internationale Politik 50:2, 23-30.

Müller, Harald 1995b: Spielen hilft nicht immer. Die Grenzen des Rational-Choice-Ansatzes und der Platz der Theorie des kommunikativen Handelns in der Analyse internationaler Beziehungen, in: Zeitschrift für Internationale Beziehungen 2:2, 371-391.

Nairn, Tom 1977: The Break-Up of Britain. Crisis and Neo-Nationalism, London.

Narr, Wolf-Dieter/Schubert, Alexander 1994: Weltökonomie. Die Misere der Politik, Frankfurt a. M.

Neusel, Hans 1997: Das Problem der inneren Sicherheit im Zusammenhang mit sozialstrukturellen Entwicklungen, in: Lippert, Ekkehard/Prüfert, Andreas/ Wachtler, Günther (Hg.): Sicherheit in der unsicheren Gesellschaft, Opladen, 59-79.

Neyer, Jürgen 1996: Spiel ohne Grenzen: Weltwirtschaftliche Strukturveränderungen und das Ende des sozial kompetenten Staates, Marburg.

Neyer, Jürgen/Seeleib-Kaiser, Martin 1995: Bringing the Economy Back In: Economic Globalization and the Re-Commodification of the Workforce, ZeS-Arbeitspapier Nr. 16/95, Bremen.

Niess, Frank 1994: Eine Welt oder keine. Vom Nationalismus zur globalen Politik, München.

Nohlen, Dieter 1992: Wahlrecht, in: Schmidt, Manfred G. (Hg.): Lexikon der Politik. Bd. 3: Die westlichen Länder, München, 510-518.

North, Douglass C. 1981: Structure and Change in Economic History, New York.

North, Douglass C. 1990: Institutions, Institutional Change and Economic Performance, Cambridge.

Nozick, Robert 1974: Anarchy, State, and Utopia, New York.

O'Brien, Richard 1992: Global Financial Integration: The End of Geography, London.

Oberthür, Sebastian 1997: Umweltschutz durch Internationale Regime. Interessen, Verhandlungsprozesse, Wirkungen, Opladen.

Obstfeld, Maurice 1986: Rational and Self Fulfilling Balance of Payment Crisis, in: American Economic Review 76:1, 72-81.

OECD 1981, 1982, 1990, 1995, 1996a, 1997a: Revenue Statistics of OECD Member Countries, Paris.

OECD 1986, 1996b: Labour Force Statistics, Paris.

OECD 1996c: Bildung auf einen Blick. OECD-Indikatoren, 2 Bde., Paris.

OECD 1997b: Employment Outlook 15:1, Paris.

OECD 1997c: National Accounts. Main Aggregates, Vol. 1, Brüssel.

Offe, Claus 1975: Berufsbildungsreform. Eine Fallstudie über Reformpolitik, Frankfurt a. M.

Offe, Claus 1984: Politische Legitimation durch Mehrheitsentscheidung, in: Guggenberger, Bernd/Offe, Claus (Hg.): An den Grenzen der Mehrheitsdemokratie, Opladen, 150-183.

Offe, Claus 1996: Bewährungsproben – Über einige Beweislasten bei der Verteidigung der liberalen Demokratie, in: Weidenfeld, Werner (Hg.): Die Demokratie am Wendepunkt. Die demokratische Frage als Projekt des 21. Jahrhunderts, Berlin, 144-157.

Ohmae, Kenichi 1993: The Rise of the Regional State, in: Foreign Affairs 72:2, 78-87.

Olsen, Johan P. 1996: Europeanization and Nation-State Dynamics, in: Gustavsson, Sverker/Lewin, Leif (Hg.): The Future of the Nation-State, Stockholm, 245-285.

Ostner, Ilona/Lewis, Jane 1998: Geschlechterpolitik zwischen europäischer und nationalstaatlicher Regelung, in: Leibfried, Stephan/Pierson, Paul (Hg.): Standort Europa. Europäische Sozialpolitik, Frankfurt a. M., 196-239.

Oye, Kenneth A. (Hg.) 1986: Cooperation Under Anarchy, Princeton, NJ.

Parson, Edward A. 1993: Protecting the Ozone Layer, in: Haas, Peter M./ Keohane, Robert O./Levy, Marc A. (Hg.): Institutions for the Earth. Sources of Effective International Environmental Protection, Cambridge, MA., 27 bis 74.

Parson, Edward A./Greene, Owen 1995: The Complex Chemistry of the International Ozone Agreements, in: Environment 37:2, 16-20 und 35-43.

Peschel, Karin 1989: Die Wirkungen der europäischen Integration auf die Regionalentwicklung: Lehren aus der Vergangenheit, in: Informationen zur Raumentwicklung 8-9, 549-566.

Peters, Bernhard 1991: Rationalität, Recht und Gesellschaft, Frankfurt a. M.

Peters, Bernhard 1994: Der Sinn von Öffentlichkeit, in: Neidhardt, Friedhelm (Hg.): Öffentlichkeit, Öffentliche Meinung, Soziale Bewegungen, Kölner Zeitschrift für Soziologie und Sozialpsychologie, Sonderheft 34, Opladen, 42-76.

Petschen, Santiago 1996: Kataloniens internationale Politik: Zum auswärtigen Handeln einer spanischen Comunidad Autónoma, in: WeltTrends 11, 69 bis 82.

Pfetsch, Frank R./Billing, Peter 1994: Datenhandbuch nationaler und internationaler Konflikte, Baden-Baden.

Pieper, Dietmar 1996: Aktion Augen auf, in: Der Spiegel 46/1996, 30-43.

Pierson, Paul 1994: Dismantling the Welfare State. Reagan, Thatcher and the Politics of Retrenchment, Cambridge.

Pierson, Paul 1996: The New Politics of the Welfare State, in: World Politics 48:2, 143-179.

Pinder, John 1968: Positive and Negative Integration. Some Problems of Economic Union in the EEC, in: World Today 24:3, 88-110.

Polanyi, Karl 1957: The Great Transformation. The Political and Economic Origins of Our Time, Boston, MA.

Porter, Michael E. 1991: Nationale Wettbewerbsvorteile, München.

Preuß, Ulrich K. (Hg.) 1994: Zum Begriff der Verfassung. Die Ordnung des Politischen, Frankfurt a. M.

Princen, Thomas/Finger, Mathias 1994: Environmental NGOs in World Politics. Linking the Local and the Global, London.

Prisching, Manfred 1992: Solidarität in der Moderne – zu den Varianten eines gesellschaftlichen Koordinationsmechanismus, in: Journal für Sozialforschung 32:3-4, 267-281.

Prittwitz, Volker von 1990: Das Katastrophenparadox. Elemente einer Theorie der Umweltpolitik, Opladen.

Prittwitz, Volker von (Hg.) 1996: Verhandeln und Argumentieren. Dialog, Interessen und Macht in der Umweltpolitik, Opladen.

Putnam, Robert D./Bayne, Nicholas 1985: Weltwirtschaftsgipfel im Wandel, Bonn.

Putnam, Robert D./Henning, C. Randall 1989: The Bonn Summit of 1978: A Case Study in Coordination, in: Cooper, Richard/Eichengreen, Barry/Henning, Rendall C./Holtham, Gerald/Putnam, Robert D. (Hg.): Can Nations Agree? Issues in International Economic Cooperation, Washington, D.C., 12-140.

Putnam, Robert D./Leonardi, Robert/Nanetti, Rafaella Y. 1994: Making Democracy Work. Civic Traditions in Modern Italy, Princeton, NJ.

Rehbinder, Eckhard/Stewart, Richard 1985: Environmental Protection Policy, Berlin.

Reich, Robert 1991: The Work of Nations. Preparing Ourselves for 21st Century Capitalism, New York.

Rhodes, Martin 1995: ›Subversive Liberalism‹: Market Integration, Globalization and the European Welfare State, in: Journal of European Public Policy 2:3, 384-406.

Rieger, Elmar 1995: Politik supranationaler Integration. Die Europäische Gemeinschaft in institutionentheoretischer Perspektive, in: Nedelmann, Brigitta (Hg.): Politische Institutionen im Wandel, Kölner Zeitschrift für Soziologie und Sozialpsychologie – Sonderheft 35, Opladen, 349-367.

Rieger, Elmar 1998: Schutzschild oder Zwangsjacke: Zur institutionellen Struktur der Gemeinsamen Agrarpolitik, in: Leibfried, Stephan/Pierson, Paul (Hg.): Standort Europa. Europäische Sozialpolitik, Frankfurt a. M., 240-280.

Rieger, Elmar/Leibfried, Stephan 1997: Sozialpolitische Grenzen der Globalisierung. Wohlfahrtsstaatliche Gründe außenwirtschaftlicher Schließung und Öffnung, in: Politische Vierteljahresschrift 38:4, 771-796.

Rifkin, Jeremy 1995: Das Ende der Arbeit und ihre Zukunft, Frankfurt a. M.

Riker, William H. 1955: The Senate and American Federalism, in: American Political Science Review 49:2, 452-469.

Risse-Kappen, Thomas 1994: Ideas Do Not Float Freely: Transnational Coalitions, Domestic Structures, and the End of the Cold War, in: International Organization 48:2, 185-214.

Risse-Kappen, Thomas 1995a: Bringing Transnational Relations Back In: Introduction, in: ders. (Hg.): Bringing Transnational Relations Back In: Non-State Actors, Domestic Structures and International Institutions, Cambridge, 3 bis 33.

Risse-Kappen, Thomas 1995b: Cooperation among Democracies, Princeton, NJ.

Risse-Kappen, Thomas (Hg.) 1995c: Bringing Transnational Relations Back In. Non-State Actors, Domestic Structures and International Institutions, Cambridge.

Rittberger, Volker 1993: Regime Theory and International Relations, Oxford.

Rittberger, Volker 1996: Das internationale Olympische Komitee – Eine Weltregierung des Sports?, in: Die Friedenswarte 71:2, 155-189.

Rittberger, Volker/Zürn, Michael 1990: Towards Regulated Anarchy in East-West Relations, in: Rittberger, Volker (Hg.): International Regimes in East-West Politics, London, 9-63.

Robertson, Roland 1992: Globalization. Social Theory and Global Culture, London.

Rodrick, Dan 1996: Why Do More Open Economies Have Bigger Governments?, National Bureau of Economic Research, National Bureau for Economic Research, Working Paper 5537, Cambridge, MA.

Röttger, Bernd 1996: »Ausgrabungen der Zukunft«?! Archäologie sozialwissenschaftlicher »Globalisierungs«-Analysen, Arbeitspapier des Instituts für Internationale Politik 029, Berlin.

Romer, Paul M. 1990: Endogoenous Technological Change, in: Journal of Political Economy 98:4, 79-102.

Ronge, Volker 1979: Bankenpolitik im Spätkapitalismus, Starnberger Studien 3, Frankfurt a. M.

Ronge, Volker (Hg.) 1980: Am Staat vorbei?, Frankfurt a. M.

Ronit, Karsten/Schneider, Volker 1996: Private Organizations in Global Governance, Paper prepared for the Conference »Problem Solving Capacity of Transnational Governance Systems«, Max Planck Institut für Gesellschaftsforschung, 8./9. 11. 1996, Köln.

Rosenau, James N. 1990: Turbulence in World Politics. A Theory of Change and Continuity, Princeton, NJ.

Rosenau, James N. 1992: Governance, Order, and Change in World Politics, in: Rosenau, James N./Czempiel, Ernst Otto (Hg.): Governance without Government. Order and Change in World Politics, Cambridge, 1-29.

Rosenau, James N. 1994: New Dimensions of Security: The Interaction of Globalizing and Localizing Dynamics, in: Security Dialogue 25:3, 255-281.

Rosenau, James N. 1997: Along the Domestic-Foreign Frontier. Exploring Governance in a Turbulent World, Cambridge.

Rosenau, James N./Czempiel, Ernst Otto (Hg.) 1992: Governance Without Government: Order and Change in World Politics, Cambridge.

Ruggie, John Gerard 1983: International Regimes, Transactions, and Change: Embedded Liberalism in the Postwar Economic Order, in: Krasner, Stephen D. (Hg.): International Regimes, Ithaca, NY., 195-231.

Ruggie, John Gerard 1993: Territoriality and Beyond, in: International Organization 47:1, 139-174.

Ruggie, John Gerard 1994: Trade, Protectionism and the Future of Welfare Capitalism, in: Journal of International Affairs 48:1, 1-12.

Ruggie, John Gerard 1996: Winning the Peace. America and World Order in the New Era, New York.

Ruzza, Carlo E./Schmidtke, Oliver 1993: Roots of Success of the Lega Lombarda: Mobilisation Dynamics and the Media, in: West European Politics 16:2, 1-23.

Sabel, Charles F. 1994: Flexible Specialisation and the Re-emergence of Regional Economies, in: Amin, Ash (Hg.): Post-Fordism. A Reader, Oxford, 101-156.

Sandel, M. 1996: Democracy's Discontent, Cambridge.

Sandholtz, Wayne/Zysman, John 1989: 1992 – Recasting the European Bargain, in: World Politics 42:1, 95-128.

Sbragia, Alberta M. 1992: Thinking about the European Future: The Uses of Comparison, in: dies. (Hg.): Europolitics. Institutions and Policymaking in the »New« European Community, Washington, D. C., 257-291.

Schäfer, Wolf 1994: Ungleichzeitigkeit als Ideologie, in: Meurer, Bernd (Hg.): Die Zukunft des Raums, Frankfurt a. M., 145-163.

Scharpf, Fritz W. 1970: Demokratietheorie zwischen Utopie und Anpassung, Konstanz.

Scharpf, Fritz W. 1985: Die Politikverflechtungs-Falle: Europäische Integration und deutscher Föderalismus im Vergleich, in: Politische Vierteljahresschrift 26:4, 323-356.

Scharpf, Fritz W. 1987: Sozialdemokratische Krisenpolitik in Europa, Frankfurt a. M.

Scharpf, Fritz W. 1993a: Legitimationsprobleme der Globalisierung. Regieren in Verhandlungssystemen, in: Böhret, Carl/Wewer, Göttrik (Hg.): Regieren im 21. Jahrhundert – Zwischen Globalisierung und Regionalisierung. Festgabe für Hans-Hermann Hartwich zum 65. Geburtstag, Opladen, 165 bis 185.

Scharpf, Fritz W. 1993b: Soziale Gerechtigkeit im globalen Kapitalismus, in: Neue Gesellschaft/Frankfurter Hefte 40:6, 544-547.

Scharpf, Fritz W. 1993c: Autonomieschonend und gemeinschaftsverträglich: Zur Logik der europäischen Mehrebenenpolitik, Max-Planck-Institut für Gesellschaftsforschung, Discussion Paper 93/9, Köln.

Scharpf, Fritz W. 1996: Politische Optionen im vollendeten Binnenmarkt, in: Jachtenfuchs, Markus/Kohler-Koch, Beate (Hg.): Europäische Integration, Opladen, 109-140.

Scharpf, Fritz W. 1997a: Economic Integration, Democracy, and the Welfare State, in: Journal of European Public Policy 4:1, 18-36.

Scharpf, Fritz W. 1997b: The Problem-Solving Capacity of Multi-Level Governance, in: Journal of European Public Policy 4:4, 520-538.

Scharpf, Fritz W. 1997: Games Real Actors Play. Actor-Centered Institutionalism in Policy Research, Boulder, Co.

Scharpf, Fritz W. 1998: Demokratie in der transnationalen Politik, in: Beck, Ulrich (Hg.): Politik der Globalisierung, Frankfurt a. M., 228-253.

Schettkat, Roland 1996: Das Beschäftigungsproblem der Industriegesellschaften, in: Aus Politik und Zeitgeschichte, B 26/96, 25-35.

Schimmelfennig, Frank 1995: Debatten zwischen Staaten. Eine Argumentationstheorie internationaler Systemkonflikte, Opladen.

Schimmelfennig, Frank 1996: Legitimate Rule in the European Union. The Academic Debate, Tübinger Arbeitspapiere zur Internationalen Politik und Friedensforschung 27, Tübingen.

Schlotter, Peter/Ropers, Norbert/Meyer, Berthold 1994: Die neue KSZE. Zukunftsperspektiven einer regionalen Friedensstrategie, Leverkusen.

Schmalz-Bruns, Rainer 1997: Bürgergesellschaftliche Politik – Ein Modell der Demokratisierung der Europäischen Union, in: Wolf, Klaus-Dieter (Hg.): Projekt Europa im Übergang? Probleme, Modelle und Strategien des Regierens in der Europäischen Union, Baden-Baden, 63-90.

Schmidbauer, Bernd 1995: Illegaler Nuklearhandel und Nuklearterrorismus, in: Internationale Politik 50:2, 19-22.

Schmidt, Manfred G. 1995: Demokratietheorien. Eine Einführung, Opladen.

Schmidt, Manfred G. 1996: Der Januskopf der Transformationsperiode: Kontinuität und Wandel der Demokratietheorien, in: Beyme, Klaus von/Offe, Claus (I Ig.): Politische Theorien in der Ära der Transformation, Politische Vierteljahresschrift, Sonderheft 26, Opladen, 182-210.

Schmidt, Manfred G. 1998: Das politische Leistungsprofil der Demokratie, in: Greven, Michael Th. (Hg.): Demokratie – Eine Kultur des Westens?, Opladen, 181-199.

Schmidtke, Oliver 1996: Politics of Identity. Ethnicity, Territories, and the Political Opportunity Structure in Modern Italian Society, Sinzheim.

Schmitter, Philippe C. 1996: How to Democratize the Emerging Euro-Polity: Citizenship, Representation, Decision-Making, masch. Ms., Instituto Juan March, Madrid.

Schmitter, Philippe C./Lehmbruch, Gerhard 1979: Trends towards Corporatist Intermedation, Beverly Hills.

Schmuck, Otto/Wessels, Wolfgang (Hg.) 1989: Das Europäische Parlament im dynamischen Integrationsprozeß: Auf der Suche nach einem zeitgemäßen Leitbild, Bonn.

Schneider, Gerald 1995: The Limits of Self-Reform. Institution-Building in the European Union, in: European Journal of International Relations 1:1, 59 bis 86.

Schröder, B. 1995: Schnüffler am Ende, in: Die Zeit, 8. 9. 1995, 76.

Schultze, Rainer-Olaf/Schneider, Steffen 1995: Hat der kanadische Nationalstaat eine Zukunft? Aktuelle Probleme und Herausforderungen kanadischer Innenpolitik, in: Aus Politik und Zeitgeschichte B 17/95, 22-31.

Schultze, Rainer-Olaf/Sturm, Roland 1992: Stichwort: »Regionalismus«, in: Schmidt, Manfred G. (Hg.): Lexikon der Politik. Bd. 3: Die westlichen Länder, München, 404-416.

Schulze, Hagen 1994: Staat und Nation in der europäischen Geschichte, München.

Senghaas, Dieter 1970: Zur Pathologie des Rüstungswettlaufs. Beiträge zur Friedens- und Konfliktforschung, Freiburg.

Senghaas, Dieter 1992: Vom Nutzen und Elend der Nationalismen im Leben der Völker, in: Aus Politik und Zeitgeschichte, B 31-32/92, 3-12.

Senghaas, Dieter 1994: Wohin driftet die Welt? Über die Zukunft friedlicher Koexistenz, Frankfurt a. M.

Senghaas, Dieter 1996a: Geokultur: Wirklichkeit oder Fiktion? Drei Abhandlungen über den ›Zusammenprall der Zivilisationen‹, Institut für interkulturelle und internationale Studien, Arbeitspapier 1/96, Bremen.

Senghaas, Dieter 1996b: Standort D: Die Dialektik des Erfolgs, in: Blätter für deutsche und internationale Politik 41:11, 1295-1299.

Shanks, Cheryl/Jacobson, Harold K./Kaplan, Jeffrey H. 1996: Inertia and Change in the Constellation of International Governmental Organzations 1981-1992, in: International Organization 50:4, 593-629.

Shaw, Martin 1994: Global Society and International Relations. Sociological Concepts and Political Perspectives, Cambridge.

Shonfield, Andrew 1965: Modern Capitalism, Oxford.

Sieveking, Klaus 1997: Der Europäische Gerichtshof als Motor der sozialen Integration der Gemeinschaft, in: Zeitschrift für Sozialreform 43:3, 187 bis 207.

Simonis, Udo E. (Hg.) 1996: Weltumweltpolitik. Grundriß und Bausteine eines neuen Politikfeldes, Berlin.

Singer, Max/Wildavsky, Aaron 1993: The Real World Order, Chatham.

SIPRI (Stockholm International Peace Research Institute) 1995: SIPRI Yearbook 1995. World Armaments and Disarmament, Oxford.

Smith, Adam 1993: Der Wohlstand der Nationen. Eine Untersuchung seiner Natur und seiner Ursachen, München, 6. Auflage.

Smith, Anthony D. 1979: Nationalism in the Twentieth Century, Oxford.

Snyder, Jack 1991: Myths of Empire: Domestic Politics and International Ambition, Ithaca.

Snyder, Jack 1993: Nationalism and the Crisis of the Post-Soviet-State, in: Brown, Michael E. (Hg.): Ethnic Conflict and International Security, Princeton, NJ, 79-101.

Solomos, John 1995: Racism and Anti-Racism in Great Britain: Historical and Contemporary Issues, in: Bowser, Benjamin P. (Hg.): Racism and Anti-Racism in World Perspective, London, 157-180.

Sørensen, Georg 1993: Democracy and Democratization. Processes and Prospects in a Changing World, Boulder, CO.

Sørensen, Georg 1996: Individual Security and National Security. The State Remains the Principal Problem, in: Security Dialogue 27:4, 371-386.

Sørensen, Georg 1997: An Analysis of Contemporary Statehood: Consequences for Conflict and Cooperation, in: Review of International Studies 23:3, 253-269.

Spruyt, Hendrik 1994a: Institutional Selection in International Relations: State Anarchy as Order, in: International Organization 48:4, 527-557.

Spruyt, Hendrik 1994b: The Sovereign State and its Competitors. The Analysis of Systems Change, Princeton, NJ.

Spybey, Tony 1996: Globalization and World Society, Cambridge.

Stalker, Peter (Hg.) 1995: States of Disarray. The Social Effects of Globalization, London.

Statistisches Bundesamt 1995: Statistisches Jahrbuch 1995, Stuttgart.

Streeck, Wolfgang 1995a: Der deutsche Kapitalismus: Gibt es ihn? Kann er überleben?, in: Industriegewerkschaft Metall-Vorstand (Hg.): Interessenvertretung, Organisationsentwicklung und Gesellschaftsform, Frankfurt a. M., 33-61.

Streeck, Wolfgang (Hg.) 1995b: Staat und Verbände, Opladen.

Streeck, Wolfgang 1997: Öffentliche Gewalt jenseits des Nationalstaates? Das Beispiel der Europäischen Gemeinschaft, in: Fricke, Werner (Hg.): Globalisierung und institutionelle Reform. Jahrbuch für Technik und Wirtschaft 1997, Bonn, 311-325.

Streeck, Wolfgang 1998: Vom Binnenmarkt zum Bundesstaat? Überlegungen zur politischen Ökomomie der europäischen Sozialpolitik, in: Leibfried, Stephan/Pierson, Paul (Hg.): Standort Europa. Europäische Sozialpolitik, Frankfurt a. M., 369-421.

Streeck, Wolfgang/Schmitter, Philippe C. (Hg.) 1985: Private Interest Government. Beyond Market and State, London.

Streeck, Wolfgang/Schmitter, Philippe C. 1991: From National Corporatism to Transnational Pluralism: Organized Interests in the Single European Market, in: Politics and Society 19:2, 133-164.

Swaan, Abram de 1988: In Care of the State. Health Care, Education and Welfare in Europe and the USA in the Modern Era, Cambridge.

Swenson, Peter 1991: Labor and the Limits of the Welfare State, in: Comparative Politics 32:2, 379-399.

Taggart, Paul 1995: New Populist Parties in Western Europe, in: West European Politics 18:1, 34-51.

Tarrow, Sidney 1994: Power in Movement. Social Movements, Collective Action and Politics, Cambridge.

Taylor, Michael 1987: The Possibility of Cooperation, Cambridge.

Taylor, Paul 1993: International Organization in the Modern World. The Regional and the Global Process, London.

Thomson, Janice E. 1994: Mercenaries, Pirates and Sovereigns. State-building and Extraterritorial Violence in Early Modern Europe, Princeton, NJ.

Thomson, Janice E./Krasner, Stephen D. 1989: Global Transactions and the Consolidation of Sovereignty, in: Czempiel, Ernst Otto/Rosenau, James N. (Hg.): Global Changes and Theoretical Challenges. Approaches to World Politics for the 1990s, Lexington, MA., 195-219.

Thränhardt, Dietrich 1992: Globale Probleme, globale Normen, neue globale Akteure, in: Politische Vierteljahresschrift 33:2, 219-234.

Tilly, Charles 1985: War Making and State Making as Organized Crime, in: Evans, Peter B./Rueschemeyer, Dietrich/Skocpol, Theda (Hg.): Bringing the State Back In, Cambridge, 169-191.

Tilly, Charles 1990: Coercion, Capital, and European States, AD 990-1990, Oxford.

Traxler, Franz/Schmitter, Philippe C. 1995: The Emerging Euro-Polity and Organized Interests, in: European Journal of International Relations 1:2, 191 bis 218.

Ulbert, Cornelia 1997: Ideen, Institutionen und Kultur, in: Zeitschrift für Internationale Beziehungen 4:1, 9-40.

Ulram, Peter A. 1997: Sozialstruktur und Wahlmotive der FPÖ-Wähler: Zur Modernität des Rechtspopulismus am Beispiel des Phänomens Haider, Papier präsentiert auf der 5. Bielefelder Konferenz: Autoritäre Entwicklungen im Zeitalter der Globalisierung – Eine Herausforderung für die Demokratie, 8.-10. 10. 1997, Bielefeld.

United Nations 1995: The United Nations in its Second Half-Century. A Report of the Independent Working Group on the Future of the United Nations, Yale, CT.

Uterwedde, Henrik 1988: Die Wirtschaftspolitik der Linken in Frankreich, Frankfurt a. M.

Victor, David 1998: The Operation and Effectiveness of the Montreal Protocol's Non-Compliance Procedure, in: Victor, David/Rausliala, Kal/Skolnikoff, Eugene B. (Hg.): The Implementation and Effectiveness of International Environmental Commitments, Cambridge, MA, 137-176.

Victor, David G./Lanchberry, John/Greene, Owen 1994: An Empirical Study of Review Mechanisms. Environmental Regimes, International Institute for Applied System Analysis, Working Paper 94-115, Laxenburg.

Victor, David/Rausliala, Kal/Skolnikoff, Eugene B. (Hg.) 1998: The Implementation and Effectiveness of International Environmental Commitments, Cambridge, MA.

Vogel, David 1995: Trading up. Consumer and Environmental Regulation in a Global Economy, Cambridge, MA.

Vogel, David 1997: Trading Up and Governing Across. Transnational Governance and Environmental Protection, in: Journal of European Public Policy 4:4, 556-571.

Wagschal, Uwe 1997: Direct Democracy and Public Policymaking, in: Journal for Public Policy 17:3, 223-245.

Wallerstein, Immanuel 1974: The Modern World System I. Capitalist agriculture and the Origins of the European World Economy in the Sixteenth Century, New York.

Waltz, Kenneth N. 1979: Theory of International Politics, New York.

Waltz, Kenneth N. 1981: The Spread of Nuclear Weapons. More May Be Better, in: Adelphi Papers 171, 1-32.

Waltz, Kenneth N. 1990: Nuclear Myths and Political Realities, in: American Political Science Review 84:3, 731-745.

WBGU (Wissenschaftlicher Beirat der Bundesregierung Globale Umweltveränderungen) 1996: Welt im Wandel: Wege zur Lösung globaler Umweltprobleme. Jahresgutachten 1995, Berlin.

Weiler, Joseph H. H. 1981: The Community System. The Dual Character of Supranationalism, in: Yearbook of European Law 1, 257-306.

Weiler, Joseph 1987: The European Community in. Change: Exit, Voice and Loyalty. Vorträge, Reden und Berichte aus dem Europa-Institut, Universität des Saarlandes 109, Saarbrücken.

Weiler, Joseph H. H. 1989: Europäisches Parlament, europäische Integration, Demokratie und Legitimität, in: Schmuck, Otto/Wessels, Wolfgang (Hg.): Das Europäische Parlament im dynamischen Integrationsprozeß: Auf der Suche nach einem zeitgemäßen Leitbild, Bonn, 73-94.

Weller, Christoph 1997: »Kollektive Identitäten« in der internationalen Politik. Anmerkungen zur Konzeptualisierung eines modischen Begriffs, masch. Ms., Bremen.

393

Wievorka, Michel 1995: The Arena of Racism, London.
Wilde, Jaap de 1991: Saved from Oblivion: Interdependence Theory in the First Half of the 20th Century. A Study on the Causality Between War and Complex Interdependence, Aldershot.
Williams, Shirley 1991: Sovereignty and Accountability in the European Community, in: Keohane, Robert O./Hoffmann, Stanley (Hg.): The New European Community. Decisionmaking and Institutional Change, Boulder, CO., 155-176.
Wilson, James Q./DiLulio, John J. 1995: American Government: Institutions and Policies, Lexington, MA., 6. Auflage.
Windfuhr, Michael 1994: Handel, Umwelt und Entwicklung. Herausforderungen aus der Sicht deutscher Nichtregierungsorganisationen, in: Nord-Süd-Aktuell 8:1, 97-107.
Windhoff-Héritier, Adrienne 1987: Policy-Analyse. Eine Einführung, Frankfurt a. M.
Winter, Gerd 1997: Das Umweltrecht der Europäischen Union unter dem Druck der globalen Konkurrenz, in: Reich, Norbert/Heine-Mernik, Renate (Hg.): Umweltverfassung und nachhaltige Entwicklung in der Europäischen Union, Baden-Baden, 33-62.
Wolf, Dieter 1998: Integrationstheorien im Vergleich. Funktionalistische und intergouvernementalistische Erklärungen für die Europäische Wirtschafts- und Währungsunion im Vertrag von Maastricht, Baden-Baden.
Wolf, Klaus-Dieter 1996: Defending State Autonomy. Intergovernmental Governance in the European Union, World Society Research Paper 5, Darmstadt.
Wolf, Klaus-Dieter 1997: Entdemokratisierung durch Selbstbindung in der Europäischen Union, in: ders. (Hg.): Projekt Europa im Übergang? Probleme, Modelle und Strategien des Regierens in der Europäischen Union, Baden-Baden, 271-294.
Wolf, Klaus-Dieter/Zürn, Michael 1989: Regeln für und wider den Markt. Internationale Regime als Mittel der Analyse des Technologietransfers, in: Albrecht, Ulrich (Hg.): Technikkontrolle und Internationale Politik, Leviathan Sonderheft, Opladen, 30-75.
Wolf, Martin 1997: Markt für die Armen, in: Le Monde Diplomatique, Beilage zur Tageszeitung, 12. 6. 1997, 12.
Wolf, Reinhard 1996: Renationalisation of Western Defence and Security Policies: A German View on a Hesitant Spectre, in: Trifunovska, Snezana (Hg.): The Transatlantic Alliance on the Eve of the New Millenium, Den Haag, 129-141.
Woods, Dwayne 1992: The Center no Longer Holds: The Rise of Regional Leagues in Italian Politics, in: West European Politics 15:2, 56-76.
Woods, Dwayne 1994: The Crisis of Center-Periphery Integration in Italy and the Rise of Regional Populism, in: Comparative Politics 27:2, 187-203.
World Bank 1997: World Development Report 1997, Washington D.C.
Wortmann, Michael/Dörrenbacher, Christoph 1997: Multinationale Konzerne und der Standort Deutschland, in: Fricke, Werner (Hg.): Globalisierung und institutionelle Reform. Jahrbuch Arbeit und Technik 1997, Bonn, 28-42.

Wuthnow, Robert 1997: Handeln aus Mitleid, in: Beck, Ulrich (Hg.): Kinder der Freiheit, Frankfurt a. M., 34-84.

Yinger, Milton J. 1994: Ethnicity. Source of Strength? Source of Conflict?, Albany.

Young, Oran R. 1986: International Regimes: Toward a New Theory of Institutions, in: World Politics 39:1, 104-122.

Young, Oran R. 1994: International Governance. Protecting the Environment in a Stateless Society, Ithaca, NY.

Zacher, Mark W. 1992: The Decaying Pillars of the Westphalian Temple: Implications for International Order and Governance, in: Rosenau, James N./ Czempiel, Ernst Otto (Hg.): Governance Without Government: Order and Change in World Politics, Cambridge, 58-108.

Zacher, Mark W. mit Sutton, Brent A. 1996: Governing Global Networks. International Regimes for Transportation and Communication, Cambridge.

Zachert, Hans L. 1995: Die international organisierte Kriminalität, in: Internationale Politik 50:2, 3-10.

Zangl, Bernhard/Zürn, Michael 1996: Argumentatives Handeln bei internationalen Verhandlungen. Moderate Anmerkungen zur post-realistischen Debatte, in: Zeitschrift für Internationale Beziehungen 3:2, 341-366.

ZENS (Zentrum für Europa- und Nordamerikastudien) (Hg.) 1997: Standortrisiko Wohlfahrtsstaat?, Opladen.

Zevin, Robert B. 1992: Are World Financial Markets More Open? If so, why and with which Effects?, in: Banuri, Tariq/Schor, Juliet B. (Hg.): Financial Openess and National Autonomy, Oxford, 43-83.

Zoll, Rainer 1994: Staatsbürgereinkommen für Sozialdienste. Vorschläge zur Schaffung eines zweiten, nicht marktförmigen Sektors der Gesellschaft, in: Negt, Oskar (Hg.): Die zweite Gesellschaftsreform, Göttingen, 79-96.

Zürn, Michael 1992a: Jenseits der Staatlichkeit, in: Leviathan 20:4, 490-513.

Zürn, Michael 1992b: Interessen und Institutionen in der internationalen Politik. Grundlegung und Anwendungen des situationsstrukturellen Ansatzes, Opladen.

Zürn, Michael 1995a: Globale Gefährdungen und internationale Kooperation, in: Der Bürger im Staat 45:1, 49-56.

Zürn, Michael 1995b: Das Ende des Ost-West-Gegensatzes und die Globalisierung – eine Nachbetrachtung, in: Comparativ 5:4, 146-160.

Zürn, Michael 1995c: What has Changed in Europe? The Challenge of Globalization and Individualization, in: Holm, Hans-Henrik/Sørensen, Georg (Hg.): Whose World Order? Uneven Globalization and the End of the Cold War, Boulder, CO, 137-163.

Zürn, Michael/Brozus, Lars: Kulturelle Konfliktlinien – Ersatz für den kalten Krieg?, in: Internationale Poltik 51:12, 45-54.

Zürn, Michael/Take, Ingo 1996: Weltrisikogesellschaft und öffentliche Wahrnehmung globaler Gefährdungen, in: Aus Politik und Zeitgeschichte B 24-25/96, 3-12.

Was meint ›Zweite Moderne‹
Warum eine Edition Zweite Moderne?

Eine Weltordnung ist zusammengebrochen. Welche Chance für den Aufbruch in eine Zweite Moderne!

›Zweite Moderne‹ – wie sehen die Herausforderungen, Widersprüche und Chancen in der alltäglichen Lebensführung, aber auch in Wirtschaft, Kultur und Politik in einer Welt aus, in der die Nationalökonomien in den Sog der ›Globalisierung‹ geraten, in der über die Grenzen von Betrieben, Branchen, Nationen hinweg Produktion, Arbeit und Steuern neu verteilt (bzw. vorenthalten) werden?

Den Blick dafür begrifflich zu öffnen und zu eichen, darauf im wahrsten Sinne des Wortes neugierig zu machen, darauf zielen die in dieser Reihe vorgelegten Bände. Sie sollen eine öffentliche Kontroverse darüber anzetteln, wie die Orthodoxie der Ersten Moderne gebrochen werden kann. Es muß endlich unter Beteiligung der Sozialwissenschaften darüber gestritten werden, wohin der Weg führt. Was an Sicherheit verlorengeht, kann als Freiheit gewonnen werden.

In der Edition Zweite Moderne wechseln sich die Monographien und Essaysammlungen ab. Es versteht sich von selbst, daß Autoren aus den unterschiedlichsten Sachgebieten und Weltregionen hier zu Worte kommen – doch welcher Disziplin sie auch zugehören, ihre Ausführungen brechen aus dem »ehernen Gehäuse« der Wissenschaften aus und bestimmen die Prozesse der Zweiten Moderne in einer lebendigen und verständlichen Sprache.

Ulrich Beck

Edition Zweite Moderne
Herausgegeben von Ulrich Beck

Anthony Giddens
Jenseits von Links und Rechts
Die Zukunft radikaler Demokratie
Aus dem Englischen von Joachim Schulte
344 Seiten

In diesem Buch skizziert Anthony Giddens eine radikal-kritische Politik jenseits aller eingefahrenen Denkmuster: Ausgehend von den Begriffen Globalisierung, Enttraditionalisierung und Unsicherheit beleuchtet er die sozialen Revolutionen unserer Zeit, zeigt die Widersprüche konservativer Politik, stellt zwei Theorien der Demokratisierung einander gegenüber und entwirft ein Programm radikaler Demokratie.

Aus dem Inhalt:
- Globalisierung, Tradition, Unsicherheit
- Die sozialen Revolutionen unserer Zeit
- Einfache und reflexive Modernisierung
- Das Aufkommen der Politik der Lebensführung
- Hergestellte Unsicherheit und globale Risikoumfelder
- Widersprüche des Sozialstaats
- Erfinderische Politik und positive Wohlfahrt
- Positive Wohlfahrt, Armut und Lebenswerte
- Moderne mit negativem Vorzeichen: Ökologische Fragestellungen und die Politik der Lebensführung
- Politische Theorie und das Problem der Gewalt